应用经济学研究与教学方法论丛书

门槛模型与空间回归案例分析

主　编　刘耀彬
副主编　况　明　邵　翠
蔡梦云　付艳琴

科学出版社
北　京

内 容 简 介

本书主要介绍非线性门槛理论、常用的门槛模型及空间回归案例分析。本书包括门槛模型的文献综述、预备概念及预备理论。本书采取理论与实例相结合的方式，系统介绍了时间序列门槛模型中的门槛自回归理论、非对称单位根检验、门槛协整检验和门槛格兰杰检验，面板门槛模型中的静态面板门槛回归模型、动态面板门槛回归模型和面板平滑转换回归模型，空间面板门槛模型中的静态空间面板门槛模型、动态空间面板门槛模型和空间面板平滑转移模型，以及空间面板门槛模型的扩展中的空间过滤面板门槛和空间面板门槛单位根与协整。通过理论介绍、模型介绍与案例分析，读者容易掌握相关模型，提高分析问题和解决问题的能力。

本书既可作为普通高等学校经济类专业高年级本科生、研究生的教学用书，也可作为从事经济管理工作人员的参考用书。

图书在版编目（CIP）数据

门槛模型与空间回归案例分析 / 刘耀彬主编. —北京：科学出版社，2019.3

（应用经济学研究与教学方法论丛书）

ISBN 978-7-03-057676-7

Ⅰ. ①门… Ⅱ. ①刘… Ⅲ. ①计量经济模型－研究 Ⅳ. ①F224.0

中国版本图书馆 CIP 数据核字（2018）第 123473 号

责任编辑：郝 静 / 责任校对：贾娜娜
责任印制：张 伟 / 封面设计：蓝正设计

科学出版社出版
北京东黄城根北街 16 号
邮政编码：100717
http://www.sciencep.com

北京虎彩文化传播有限公司 印刷

科学出版社发行 各地新华书店经销

*

2019 年 3 月第 一 版 开本：787×1092 1/16
2021 年 3 月第三次印刷 印张：12 1/4
字数：245 000

定价：96.00 元

（如有印装质量问题，我社负责调换）

目　录

第1章 绪　　论

1.1 本书的写作目的和意义

1.1.1 门槛模型是解释现实问题的理论需要

现实生活中存在许多非线性现象，需要非线性理论和方法进行解释。许多现实问题，如经济周期、收入曲线、环境库兹涅兹曲线等都呈现出明显的非线性特征，在当今经济学研究中，以探索经济系统非线性机制及其规律为目标的非线性理论已成为现代经济学前沿。正是在经济学面临诸多现实难题、经济学呼唤着新的理论与方法的同时，非线性理论逐步孕育、形成。特别是进入20世纪60年代，各学科领域的非线性特征的研究日趋成熟，并逐渐走向融合，旨在揭示非线性系统本质，描述复杂系统内在规律的非线性理论便逐渐形成了。许多人们先前难以把握的复杂现象，用非线性科学加以描述，便获得了许多重要结果。非线性理论为整个经济学研究提供了新思路、新视角。无论是从理论根据还是从它的方法论基础上看，这一研究都具有开拓性和创新性。

1.1.2 门槛模型是回归现实现象的技术需要

从统计和计量基础来看，分岔、突变和混沌现象也需要非线性模型的解释。在经典计量经济学领域中，线性模型占据着重要的地位，是其他计量模型的基础。线性模型在模型设定方面较为简便，其参数估计和模型预测方法也都较为成熟，并且线性模型的结果在经济学理论上也易于解释和理解。认知能力的提高，以及越来越多的经济现象表现出来的非线性特征，使得人们对非线性时间序列模型的重视程度不断增加。但是对经济中出现的这种非线性特征，理论经济学家和计量经济学家给出了两种不同的认识，前者认为经济现象的非线性特征主要包括分岔、突变和混沌这样的确定性模型；而许多计量经济学家和应用经济学家考虑到经济运行过程中存在着各种不确定性和不可观测的因素，认为经济变量显然应该是随机变量，他们认为随机模型更能反映真实的经济情况。分岔和突变的特征一般比较明显，并且易于理解，而混沌特征在经济和物理等领域的判断比较麻烦。虽然统计推断应该是一个很好地用来区分数据特征的工具，并且已经有了比较完善的数学基础，但是许多仿真模拟实验表明，根据这些统计量的数字特征（如均值、方差、功率谱等）已经不能区分一个时间序列是一个随机过程，还是由确定性的非线性系统产生的混沌序列。因此，从各种非线性特征中分析出这种混沌特性至关重要，而传统的计量方法对非线性的特征难以估计。大量经济学理论和实证检验表明，很多重要的宏观经济变量可能表现出非线性动态调整特征。例如，国内生产总值（gross domestic product，GDP）增长率、通货膨胀率、失业率等重要的宏观经济变量在不同的商业周期呈现出不同的动态调整机制（Enders and Siklos，2001）。在上述情况下，如果使用线性模型进行研究，会遗漏经济现象中可能的非线性特征，以致得出不准确甚至错误的结论，非线性动态调整特征需要依靠非线性模型才能准确地进行分析。

1.1.3　门槛模型是总结现实案例的示范需要

目前非线性门槛理论和模型散见于学术论文与教材中，急需一本似工具又似研究的教材来总结示范。近年来，国内外研究的新趋势不断走向科学化，如 *American Economic Association* 上刊登的论文开始附着原始论文数据和代码，要求科学研究实现可重复性特点。随着时间的发展，非线性时间序列的研究越来越受到国内外经济学家的重视，门槛模型作为主流的非线性模型之一被广泛应用于经济学领域，在对非线性经济现象的研究上有着不可替代的重要作用。门槛模型不仅能揭示各经济变量间的内在联系，对各种经济现象进行正确有力的解释，而且对计量经济学学科的发展也能起到一定贡献。现实生活中的各类非线性现象需要借助门槛模型方法来破解，也需要作为案例总结示范，因此，本书将对非线性门槛模型进行系统的介绍。

1.2　关于时序数据门槛模型的研究进展

1.2.1　时间序列断裂点检验的研究进展

时间序列断裂点检验最早来源于独立时间序列模型，Lee（1998）提出 RCA（1）模型局部最优一致统计量检验，Lee 等（2003）基于 CUSUM 方法研究了 RCA（1）模型的参数突变点检验问题。Aue 和 Horvath（2011）考虑了独立时间序列的平稳和非平稳两种情况下 RCA（1）模型的参数突变点。

独立时间序列断裂点检验主要检验单变量突变情况，但现实社会中，单一变量往往与其他变量相关联，因此，学者开始关注多变量时间序列图断裂点检验研究。Maekawa 等（2005）基于残差构造 CUSUM 型统计量检验 GARCH（1，1）模型的参数突变点检验。Tahmasbi 和 Rezaei（2008）构造了新型的 Cramer-Vonmises 型统计量检验 GARCH（p，q）模型断裂点检验问题。Chen 和 Hong（2013）基于局部最大似然估计和最大似然估计两种情况下的对数似然比率检验了 GARCH（p，q）平滑的结构突变点。

学术研究中，单变量往往服从分布函数。Karunamuni 和 Zhang（1996）在假设变点前后随机序列分布函数的情况下利用贝叶斯方法研究了独立随机序列的断裂点检验。Inoue（2001）针对多变量时间序列分布断裂点问题，提出了加权 Kolmogorov-Smirnov 型统计量和加权 Cramer-VonMises 型统计量。Horvath 等（2001）推导出 ARCH（P）模型残差平方经验过程的极限分布。Kokoszka 和 Teyssiere（2002）利用 Kolmogorov-Smirnov 型统计量讨论了残差平方的分布断裂点检验。Horvath 和 Huskova（2005）针对独立同分布随机序列分布断裂点检验提出了对称核型 U 统计量。

综上所述，时间序列断裂点检验的研究由独立时间序列模型发展为关联时间序列模型，最后推广至分布时间序列模型，三种模型时间序列断裂点检验一脉相承。

1.2.2 非对称单位根检验的研究进展

非对称单位根检验即原假设是单位根过程，而备择假设是平稳门槛自回归（threshold autoregressive，TAR）模型的假设检验。经典 ADF（augmented Dickey-Fuller）检验法和 PP（Phillips-Perron）检验法是针对线性自回归模型而构造的单位根检验方法：Pippenger 和 Goering（1993）首次针对 ADF 检验法和 PP 检验法在 TAR 模型中做了系统研究。结果表明，经典 ADF 检验法与 PP 检验法在 TAR 模型下具有较低的检验势。Balke 和 Fomby（1997）通过仿真也发现，如果数据过程确实是均衡门槛自回归（EQ-TAR）模型和带通门槛自回归（Band-TAR）模型，并且自回归系数接近 1 或者中间单位根机制的宽度相对于误差项的方差较大时，ADF 检验法和 PP 检验法具有较低的检验势。

1）两机制的非对称单位根检验：原假设是单位根过程，而备择假设是平稳的两机制 TAR 模型。由于传统 ADF 检验的低势，Enders 和 Granger（EG）针对这种非对称调整的单位根检验提出了一个 F 检验统计量（Enders and Granger，1998）。同时 EG 方法认为如果拒绝了原假设，则利用标准的检验方法（F 检验、Wald 检验或 t 检验）来进一步检验自回归系数是否相等，作为判断时间序列是线性 AR 过程还是非对称的平稳 TAR 过程的依据。他们的仿真表明，在 TAR 模型下，F 检验统计量的检验势要低于相应的 ADF 检验势，这似乎与预期结果相反。Enders 和 Siklos（2001）对该方法进行了进一步研究，其认为该方法具有低势的原因在于未知参数的估计是有偏且非一致估计量，即如果真正的数据生成机制是非对称时，平均值和趋势参数估计量都是非一致估计量。因此，Enders 和 Siklos（2001）对该检验方法进行了改进，即引入 Chan（1993）的超一致估计（super-consistent estimation）法来求得参数的一致估计量。研究表明，在 TAR 模型下虽然 Chan 的超一致估计法提高了方法的检验势，但是在近对称的（两机制中的一阶自回归近似相等）数据生成机制下，ADF 检验势还是要大于 F 检验统计量检验势，而在非对称程度很大时，F 检验统计量检验势要大于 ADF 检验势。Berben 和 van Dijk（BVD）对 EG 方法进行了进一步研究，他们认为 EG 方法没有对检验统计量分布进行研究，且当样本趋于无穷大时，采用转换变量分位数构造的阈值区间在原假设下是无界的，因而统计量渐近分布不存在（Berben and van Dijk，1999）。BVD 方法的仿真表明，BVD 方法要比 ADF 检验法具有更高的检验势，即使在线性自回归模型下也如此，因此，该方法无疑要比 EG 方法具有较高的检验势，但 BVD 方法并没有对其检验水平扭曲进行研究。Caner 和 Hansen（CH）针对备择假设所包含的各种情形提出了单边（one-sided）检验，但仿真结果表明，该检验统计量具有比 ADF 检验法较严重的检验水平扭曲（test size distortions），因此，具有严重的过度拒绝单位根原假设倾向（Caner and Hansen，2001）。

2）三机制的非对称单位根检验：Bec、Guay 和 Guerre（BGG）在定义适应性阈值集即有界阈值集（bounded thresholds set）和渐近无界阈值集基础上，分别求得了上沃尔德（Sup Wald）统计量在原假设下的极限分布，并对其有限样本下临界值也进行了仿真。仿真表明，落在平稳机制中的数据比例对统计量检验势具有十分重要的影响，比例越高则检验势越高，反之检验势呈下降趋势（Bec et al.，2004）。但是 Kapetanios 和 Shin（KS）研究后认为，BGG 方法只讨论了对称的三机制 TAR 模型，而没有对非对称的三机制模型进行研究（Kapetanios and Shin，2006）。他们认为，对称 TAR 模型太受约束，而非对称 TAR 模型具有更大的经济意义［如汇率的“贬值恐惧”（dread of depreciation）］。KS 方法通过构造一个阈值区间，这个区间必须满足无论是原假设下还是备择假设下都是有界的条件，这样获得检验统计量渐近分布。Bec、Salem 和 Carrasco（BSC）首先对一般 TAR（*P*）模型的遍历性进行了研究，提出了 TAR（*P*）模型满足遍历性所应当具备的条件；其次在 BVD 方法基础上，运用类似 BVD 方法的阈值区间推导了 Sup Wald 统计量的渐近分布（Bec et al.，2004）。

1.2.3 TAR 模型的研究进展

TAR 模型最早由 Tong（1978）提出，后又对该方法进行了系统的介绍（Tong，1978，1983；Chan and Tong，1990）。该模型能够刻画传统线性自回归模型所没有的特点：①有限的周期；②波动的幅值与波动的频率相关；③局部的“剧烈波动”现象，可以很好地描述具有非对称有限周期及发生局部剧烈运动波动的许多重要经济变量。TAR 方法是用多体制“分段式”的局部线性自回归模型对数据进行建模逼近。依据门槛变量的取值，把时间序列区分成多个体制，对每个体制各自建立不同的线性自回归模型。这样，TAR 模型就可以用不同体制对经济变量中不同的动态特征进行刻画，实现对经济变量的准确描述。Tsay（1989）定义了自激励门槛自回归（self-exciting threshold autoregression，SETAR）模型。SETAR 模型的特点是门槛变量是因变量本身或它的滞后项。Balke 和 Fomby（1997）列举的用于描述 z_t 的几种特定的 TAR 模型，包括 EQ-TAR 模型、Band-TAR 模型、趋回漂移门槛自回归（RD-TAR）模型，均属于 SETAR 模型范畴，因为以上这 3 个 TAR 模型中，门槛变量均被设为 z_{t-1}，即 $\{z_t\}$ 序列中的滞后一期值。在此基础上，Enders 和 Granger（1998）又提出了冲量门槛自回归（momentum threshold autoregression，M-TAR）模型。这类模型采用 z_t 的滞后一期差分作为门槛变量。

在 TAR 模型中，要估计的参数包括不同机制中自回归参数、转换变量滞后阶数、门槛值等。Chan（1993）对具有不连续的两机制 TAR 模型的参数估计进行了系统研究，证明在给定转换变量滞后阶数和门槛值的情况下，处于不同机制中自回归参数的普通最小二乘（ordinary least square，OLS）估计是一致估计量，收敛阶为 $n_i^{-0.5}$（n_i 是第 i 个机制中样本观测个数），且在样本容量趋于无穷大时，自回归参数估计量渐近服从多元联合正态分布。而对滞后阶数和门槛值的估计，Chan（1993）认为，通过 TAR 模型的残差平方和最小来搜索滞后阶数与门槛值，在样本趋于无穷大时就可以获得两个参数的超一致估计量，且收敛阶是 n^{-1}（n 表示总的样本容量），同时也和自回归参数的 OLS 估计量渐近独立。对连续的两机制 TAR 模型参数的估计，Chan 和 Tsay（1998）对有关参数的估计做了进一步研究，研究表明，在连续的 TAR 模型中，通过搜索连续 TAR 模型的残差最小而得到的阈值估计量是一致估计量，不过此时的收敛阶是 $n^{-1/2}$，而不再是 n^{-1}，说明不连续是门槛值估计获得超一致估计量的必备条件。同时 Chan 和 Tsay（1998）也证明，在样本趋于无穷大时，连续 TAR 模型的自回归参数估计量仍然服从多元联合正态分布。

虽然 Chan（1993）的参数估计方法目前已成为 TAR 模型参数估计的主要方法，但是对门槛估计量抽样分布的研究进展非常缓慢。Chan（1993）首次推导了不连续 TAR 模型的门槛估计量渐近分布，认为门槛估计量的抽样分布是一个依赖于混合泊松过程（compound Poisson process）的极限分布，且依赖于未知的冗余参数。Hansen（1997a，2000a）对不连续 TAR 模型的门槛估计量极限分布也进行了研究，并指出门槛效应（即指两机制中自回归参数之差）随着样本容量增大而减小时，门槛的极限分布不依赖于未知的冗余参数。Chan 和 Tsay（1998）针对连续 TAR 模型的门槛估计量渐近分布进行了推导，认为此时的极限分布是正态分布，但依赖于其他自回归参数，这与 Chan（1993）不同，在不连续的 TAR 模型中，阈值估计量的抽样分布独立于其他自回归参数。

从目前有关文献来看，对 TAR 模型进行的拓展研究仍在不断加深，如钟秋海等（1985）在 Tong 的建模方法基础上，提出用黄金分割法优化门槛值的备选范围，控制两点间的距离以决定是否继续分割，得到了更好的效果；钟秋海（1989）在对 TAR 模型中的参数进行最小二乘（least square，LS）估计时，发现先对数据的一阶差分求变换后的模型参数，再返回去求原模型参数，可以节省计算机的 60%的计算时间；Tsay（1989）介绍了 TAR 模型的建模步骤及各种参数估计和“门槛非线性”检验方法，并应用太阳黑子数据和加拿大山猫数据进行实证研究；Tiao 和 Tsay（1994）应用 Tsay（1989）介绍的建模方法对美国国民生产总值（gross national product，GNP）增长率进行实证研究，得到两个延迟变量、四个状态空间的分片线性自回归函数，并对各状态空间的表现给出合理的经济学解释；金菊良等（1999）用加速遗传算法优化了门槛值和自回归系数的估计，避免了 TAR 建模过程中大量复杂的寻优工作，并应用实证研究证实预报精度有所提高；刘维奇和王景乐（2009）基于小波方法构造两种估计量来识别门槛区间的个数，给出了这些估计量的收敛情况和分布特征，并说明此门槛估计量是具有最佳收敛速度的；金光球等（2006）在构建 TAR 模型时，发现在半个周期内用预报值代替观测值，可以增强模型的稳定性和实用性，改善模型的预报效果，但是降低了模型的拟合效果，这种方法在大坝安全位移监测预报中得到成功验证；顾鞍明和徐化冰（2011）应用自相关性质分析确定延迟参数和自回归阶数，结合点值图估计门槛区间个数和门槛值，用随机算法优化门槛值和自回归系数，并应用太阳黑子数据进行实证研究，得到较好的预报结果。

1.2.4 时间序列门槛协整的研究进展

门槛协整的研究始于 Balke 和 Fomby 在 1997 年发表于 *International Economic Reviews* 上的文章 *Threshold Cointegration*。他们提出了一个检验门槛协整的两步法。第一步根据用于检验线性时间序列模型的 Engle-Granger 方法来检验是否存在单位根，从而确定是否存在协整关系；第二步为线性对非线性的检验，决定时间序列中是否出现门槛。同时，Balke 和 Fomby 也检验了一些已经知道的利用非线性检验去侦察双门槛自回归的能力，并考虑了对线性的 Sup Wald 统计量用于检验具体设定为双门槛模型的备选假设的表现。Balke 和 Fomby 的工作开创了门槛协整检验的先河，其分两步检验的思想也多被后人传承。

随后，Caner 和 Hansen（CH）、Enders 和 Granger 与 Berben 和 van Dijk 已经提出了在单变量 AR 模型中将一个平稳 TAR 模型作为备选假设时检验单位根原假设的检验方法（Enders and Granger，1998；Caner and Hansen，2001；Berben and van Dijk，1999）。他们的检验势比先前完全忽视备选假设 TAR 模型的具体形式的单位根检验的检验势更高。但需要注意的是，CH 检验要求在单位根原假设下门槛变量是平稳的。然而，本书用协整残差作为转移变量，因此，CH 检验在此是不能被应用的。而 EG 检验和 BVD 检验中不要求转移变量为平稳的，因此，在此种背景下能够被应用。但 BVD 检验指出，EG 检验里面利用的是一个门槛参数的有偏估计量（EG 检验利用门槛变量的样本均值作为门槛值的估计量），因此，BVD 检验对此进行了改进，采用了门槛参数的一致估计量来提高统计量的检验势。Hansen 和 Seo（2002）提出了一个相对简单的算法计算出了双变量门槛协整模型的极大似然估计量。由于存在恼人的参数问题，他们建议用 Sup-LM 检验来检验非线性，并推导出了原假设情形下的渐近分布，展示如何通过模拟来得到渐近临界值，并且通过蒙特卡罗实验表明他们的检验方法表现非常好。Ming 和 Zivot（2001）将这些检验推广到多变量向量误差纠正模型（vector error correction model，VECM）中，并将这种情形下的门槛协整行为所对应的 VECM 称为 TVECM（threshold VECM）。Bec、Salem 和 Carrasco（BSC），Bec、Guay 和 Guerre（BGG）在三体制 SETAR 模型中提出了 Sup Wald 检验程序（Bec et al.，2004，2008）。Hansen（2004）、Gonzalo 和 Pitarakis（2005）也一直推进利用极大似然估计方法来检验在协整关系中的门槛效应，在 Sup-LM、Sup Wald、Exp-Wald（指数加权平均 Wald 统计量）等统计量性质研究方面取得了较大的进展。

1.3 关于面板数据门槛回归的研究进展

1.3.1 结构突变面板单位根检验与面板协整检验

1. 结构突变面板单位根检验

随着时间序列数据结构突变单位根检验方法的不断发展，结构突变面板单位根检验也在不同方面发展。结构突变的处理方式越来越成为学者研究的重点，从已有研究来看，结构突变的形式主要有两种，即瞬时结构突变和平滑结构突变。

（1）瞬时结构突变

Jorion 和 Sweeney（1996）基于 SUR 回归方法将 Perron（1989）的结构突变单位根检验推广为结构突变面板单位根检验，率先研究了纵剖面同期相关面板的外生同期截距突变的同质面板单位根检验。

Strauss（2000）在面板单位根的 ADF 检验式中增加外生斜率突变的虚拟变量项，利用 Abuaf 和 Jorion（1990）、Levin 等（2002）和 Im 等（2003）的面板单位根检验研究了美国 48 个州实际人均收入的稳定性。研究发现，实际人均收入是存在结构突变趋势的平稳过程，并且 1973 年石油危机的结构突变影响了美国经济的增长速度。

Papell（2002）提出了一种内生同期斜率突变的同质面板单位根检验，该检验首先利用 FGLS-SUR 回归方法以最大化联合对数似然函数为目标确定多个内生的同期斜率突变位置，其次分别利用 OLS 剔除斜率突变的异质确定性趋势项，最后对纵剖面相关的残差面板数据进行 FGLS-SUR 同质面板单位根检验。

Im 等（2005）利用组平均方法将时间序列结构突变单位根 LM 检验（Schmidt and Phillips，1992；Amsler and Lee，1995）推广为纵剖面独立面板的异期内生结构突变同质单位根检验，该检验的渐近分布与结构突变的位置参数无关，即有结构突变的面板单位根 LM 检验与无结构突变的 LM 检验具有相同的分布。

Carrion-i-Silvestre 等（2005）基于 Hadri（2000）提出的 KPSS 检验研究了允许多个结构突变点的面板单位根检验，蒙特卡罗模拟证实了该检验具有良好的有限样本性质。

Tam（2006）利用组合检验将时间序列结构突变单位根 LM 检验推广为纵剖面独立面板的内生结构突变异质单位根检验和基于 Fisher 的组合检验构造结构突变的面板单位根检验统计量。另外，利用自举模拟方法提出了同期相关面板数据的异质结构突变单位根自举检验。

白仲林（2008a）根据 Banerjee 等（1992）的模型变换方法和内生突变点选择原理，得到了一种纵剖面时间序列相互独立面板数据的内生结构突变单位根的联合检验—— F_T^* 检验。

Hadri 和 Rao（2008）将 Hadri（2000）的异质面板单位根检验扩展为结构突变单位根检验，设定了 4 种不同结构突变形式的模型，通过特征函数推导了 4 种模型对应统计量的封闭矩，证明了原假设下所有统计量的渐近分布为正态分布，模拟结果表明，该检验具有优良的有限样本性质。

白仲林（2008b）研究了同期相关面板数据外生同期截距突变同质面板单位根检验的统计性质。研究发现，该检验对大面板数据具有良好的实际检验水平，面板数据的大小，同期相关程度、结构突变位置和结构突变幅度等因素对该检验的检验功效具有显著影响。此外，利用该检验研究了中国省级居民消费价格指数（consumer price index，CPI），发现 CPI 是趋势结构突变的平稳过程。

Bai 和 Carrion-i-Silvestre（2009）同时考虑了多个结构突变和截面相关的面板单位根检验，研究了面板数据模型设定下改进的 Sargan-Bhargava 检验，构建了一个简化的检验统计量，并证明该统计量的极限分布对均值突变和趋势突变均不变。

Karavias 和 Tzavalis（2012）针对短面板数据，在假定扰动项异质且序列相关的条件下，发展出了允许个体效应或线性趋势中出现结构突变的面板单位根检验，推导了突变点未知和已知情况下检验统计量的渐近分布，蒙特卡罗模拟表明，其检验对短面板数据具有满意的检验势。

（2）平滑结构突变

一些学者（Granger and Teräsvirta，1993；Lin and Teräsvirta，1994；Lundbergh et al.，2003）指出，渐变可能比瞬时突变更适合用来描述体制依赖的经济和金融变量的特性，就综合数据而言，只有当所有经济主体同时对冲击作出相同方向的反应时，瞬时结构突变才是合理的。而实际上，由于许多异质经济体面临着代理冲突和信息不对称问题，经济和金融变量结构突变的时间路径可能是平滑的。

陈海燕和杨宝臣（2011）采用逻辑平滑转换函数对 IPS 单位根检验进行平滑修正，针对结构变化的面板数据提出了 LSTR-IPS 检验方法，通过模拟研究发现，LSTR-IPS 检验方法比传统的面板单位根检验具有更高的功效。

Lee 等（2016）发展出一个同时考虑横截面相关和平滑结构突变的面板单位根检验，使用与 Pesaran 等（2013）相似的方法处理横截面相关，采用傅里叶函数来处理结构突变，并推导出了单位根检验 t 统计量的极限分布，该检验可称为第三代面板单位根检验。但 Lee 等（2016）的检验方法较为复杂且限制性过强。

杨利雄等（2016）建立了一个考虑异质性平滑结构突变的面板单位根检验，该检验放松了 Lee 等（2016）的限制，可处理结构突变包含多个频率的傅里叶函数的情形，并证明了检验统计量趋于正态分布，采用蒙特卡罗模拟给出了临界值。

Omay 等（2017）提出了一个同时考虑平滑结构突变和截面相关的面板单位根检验，与 Lee 等（2016）不同的是，Omay 等（2017）采用逻辑斯蒂平滑转换函数来处理结构突变，采用与 Pesaran（2006，2007）相同的方法及自助重复抽样方法（bootstrap re-sampling approach）处理横截面相关。

2. 结构突变面板协整检验

Westerlund（2006）提出了一个允许面板协整回归模型的常数项和趋势项存在多个结构突变点的 LM 检验，并推导了检验统计量的极限分布。该检验的适用性很强，它允许模型中出现内生解释变量、序列相关及未知个数的结构突变点，而对不同个体，这些结构突变点可能出现在不同时期。

Gutierrez（2010）将 Gregory 和 Hansen（1996）提出的带有结构突变的 ADF^*、Z_α^*、Z_t^* 协整检验方法推广到结构突变面板协整检验中，并用该检验以 16 个经济合作与发展组织（Organization for Economic Co-operation and Development，OECD）国家为样本对 Feldstein-Horioka 之谜进行了分析，发现在允许结构突变的情况下，有很强的证据表明，投资和储蓄率之间存在协整关系。

一些学者考虑了面板数据同时出现结构突变和截面相关的情况。他们首先采用 Bai 和 Ng（2004）提出的公共因子法来解决截面相关性问题，其次构建相关检验统计量进行面板协整检验。

例如，Banerjee 和 Carrion-i-Silvestre（2015）研究了同时考虑结构突变和截面相关的面板协整检验，推导了不存在结构突变、常数项和趋势项存在结构突变时统计量的极限分布，并计算了临界值。通过蒙特卡罗模拟发现，该检验具有很好的功效。

再如，Westerlund 和 Edgerton（2008）发展了原假设为不存在协整关系的面板协整 LM 检验。该检验同时允许异方差、序列相关、截面相关和未知结构突变点的存在，协整回归的截距和斜率中可同时出现未知结构突变点，即对不同个体，未知结构突变点可能出现在不同时期。在原假设下，检验的极限分布是正态的且不受多余参数影响。

Di Iorio 和 Fachin（2007）在运用分块自举法保留原始数据的截面相关特征的基础上，改进了存在结构突变的 Gregory 和 Hansen（1996）协整检验方法。

Bai 和 Carrion-i-Silvestre（2009）在具有截面相关性和多个结构突变的面板协整检验中，比较了 Bai 和 Ng 的共同因子法及 Choi 退势法 p 值检验的功效。

1.3.2 静态面板门槛模型的应用

Fazzari 等（1988）依据财务约束的不同程度，将美国公司划分为不同类别，估计了不同类别的公司现金流对投资的不同影响。他们的研究存在两个问题，一是采用了内生变量而不是外生变量对样本进行分割；二是采用了一种特殊的方法选择样本分割点。为了完善和解决这些问题，Hansen（1999a）介绍了适合静态面板门槛回归模型的计量方法，在去除个体效应之后采用 LS 对模型进行估计，采用自举程序（Hansen，1996）进行门槛效应检验，并推导了门槛参数和斜率系数的渐近分布。

1.3.3 动态面板门槛模型的应用

Caner 和 Hansen（2004）针对含有内生解释变量和外生门槛变量的截面数据门槛回归模型，提出了门槛参数的两阶段最小二乘（2SLS）估计方法和广义矩（generalized methods of moments，GMM）估计方法。动态面板数据固定模型存在固有的内生性问题，Caner 和 Hansen（2004）的程序解决了解释变量的内生性问题；Kremer 等（2013）对动态面板门槛回归模型进行相关处理，使得 Caner 和 Hansen（2004）的估计方法和分布理论可用于动态面板门槛回归模型。Seo 和 Shin（2011）发展了允许解释变量和门槛变量同时出现内生性的动态面板门槛回归模型，并依据门槛变量是否具有内生性提出了一阶差分广义矩估计方法（FD-GMM）和一阶差分两阶段最小二乘（FD-2SLS）估计。

1.3.4 面板平滑转换回归模型的应用

在面板数据框架下，介绍门槛效应的最简单的方式即为 Hansen（1999a）提出的面板门槛回归（panel threshold regression，PTR）模型。该模型自被提出以来，被广泛应用于各种经济现象的研究中。但面板门槛回归模型的一个很严重的缺陷是它的转换函数是二值化的，即零或一，这导致模型仅允许少数的类别，即回归系数是较少的，因而降低了模型在实际应用中的可行性。

González 等（2005）提出了静态面板平滑转换回归（panel smooth transition regression，PSTR）模型，介绍了同质性检验、无剩余异质性检验及模型的估计方法。PSTR 模型和 PTR 模型的本质相同，可称为广义的 PTR 模型，不同的是，PSTR 模型通过连续的转换函数使得回归系数从一个区制到另一个区制能够平滑地变换，更好地描述了系数随时间和个体而发生改变的现象，即面板数据的异质性。

Colletaz 和 Hurlin（2006）将 PSTR 模型运用于公共资本生产率的研究，结果表明，无论转换机制如何设定，产出与公共投入之间都存在很强的门槛效应。

随后，面板平滑转换模型也得到了快速发展，如杨继生和王少平（2008）在动态线性面板模型的基础上，提出了动态面板平滑转换回归（dynamic panel smooth transition regression，DPSTR）模型，并提出了估计方法——条件 GMM 估计。Gørgens 等（2009）将杨继生和王少平（2008）提出的 DPSTR 模型估计方法中的广义矩条件进行替换，使得预测结果有了很大改进。

1.4 关于空间数据门槛回归的研究进展

1.4.1 空间效应检验与非线性检验研究进展

截至目前，空间效应检验与非线性检验理论已较为成熟，但基于空间门槛效应的检验研究却刚刚起步。在选择一个空间门槛模型之前，首先要对模型是否存在空间效应及是否存在非线性进行检验。需要注意的是，空间门槛模型中空间效应及非线性的检验不能分离，即不能单独进行空间效应及非线性检验，而需构建能够同时检验模型是否存在空间效应及是否适用非线性建模的联合检验。如何合理有效地构建上述联合检验统计量是空间面板门槛模型研究过程中重大难点之一。

对空间效应进行检验的常见方法有 Moran's *I* 检验、拉格朗日乘数（LM）检验、Wald 检验和 LR 检验等，其中，较常用的方法主要有 Moran's *I* 检验、LM 检验。Moran's *I* 检验为空间自相关检验，只能用于检验变量是否存在空间自相关。Moran（1950）最早提出了 Moran's *I* 检验；Cliff 和 Ord（1972）进一步提出了空间截面数据模型 Moran's *I* 检验统计量；为检验局部地区是否存在相似的或相异的观察值集聚，Anselin（1995）提出了一个局部的 Moran's 指数；Arbia（2005）将截面数据 Moran's *I* 检验扩展到空间面板数据模型。LM 检验则可进一步对变量空间自相关形式进行检验，分别使用 LM-Error 检验和 LM-Lag 检验来判断其空间效应是空间误差自相关还是空间滞后。为检验横截面数据中的空间效应，Burridge（1980）和 Anselin（1988a）分别提出了对空间滞后被解释变量和空间误差自相关进行检验的 LM 检验法；Anselin 等（1996）提出了一个稳健的 LM-Error 检验和 LM-Lag 检验，适用于上述 LM-Error 检验和 LM-Lag 检验均显著而无法判断空间效应形式的情况；类似地，为检验空间面板数据模型的空间效应形式，Anselin（2006）也对空间面板数据模型设定了传统的 LM 检验。

经济问题的复杂性对经济计量方法的要求越来越高，许多经济现象均表现出非线性特征，线性模型已不能满足实证分析的需求，非线性模型应运而生。将模型的非线性特征考虑到空间数据模型中，则有了空间门槛模型。空间门槛模型中涉及的非线性模型主要有门槛回归模型及平滑转换回归模型，因此，其中涉及的非线性检验主要为门槛效应检验及平滑转换回归模型下的遗漏交叉变量检验。对 TAR 模型进行非线性检验时，通常会面临由原假设下推导得到的分布包含冗余参数而导致分布函数不再具备渐近正态性质的问题。这一问题最早由 Davies 和 Harte（1987）进行研究，故该问题也被称为 Davies 问题。为解决这一问题，Davies 和 Harte（1987）提出采用综合统计量的方法；Tsay（1989）则选择采用非参数的方法，构建一个排列回归方程建立 *F* 统计量对 TAR 模型的非线性特征进行检验，并将该检验推广到向量 TAR 模型中；Chan 和 Tong（1990）基于似然比检验原理提出了一个备择假设为体制模型的 F 检验统计量；Hansen（1996）在研究 TAR 的非线性检验时，采用了一个局部近似原假设，并基于构建的 P 值转换函数计算出一个稳健异方差的 Wald 统计量。对面板门槛模型，Hansen（1999b）建议用自举法得到 LR 检验统计量的渐近分布进行门槛效应检验。若考虑模型机制的转换是连续的，则 TAR 模型可一般化为平滑转移自回归（smooth transition autoregressive，STAR）模型（Hansen，1997b）。类似地，对 STAR 进行非线性检验时同样会面临 Davies 问题，Luukkonen 等（1988）用泰勒展开式进行展开后的 STAR 模型的非线性 LM 检验；Escribano 和 Jorda（1999）指出指数函数的一阶泰勒近似不能完全表明指数函数的特征，并建议使用二阶泰勒近似函数对 STAR 模型进行展开以建立辅助回归模型。

纵观上文可知，空间计量模型下的空间效应检验与门槛模型下的非线性检验理论及实证研究已较为成熟。因而对构建空间门槛模型来说，如何结合上述检验构建一个能够同时检验空间效应与非线性的联合检验统计量是其发展过程中的重点。目前，学术界在这一领域的研究仍较为少见，仅有 Pede 等（2009，2014）在研究空间 STAR 模型簇时对这一联合检验进行了推导，基于空间 STAR 模型构建了能够同时检验模型空间及非线性的 LM 检验统计量；赵玉等（2015）将这一检验方法推广到动态空间 STAR 模型中。除此外，这一联合检验研究仍近于空白，也是空间计量经济学与门槛理论结合过程中的难点。

1.4.2 空间计量模型估计与门槛模型估计研究

计量经济模型与非线性门槛模型估计均已自成体系且研究成果较为完善，但空间门槛模型的估计方法研究却几近空白。对空间门槛模型的估计是空间计量经济学与门槛理论结合过程中的另一难点。推导出一个能够有效估计空间门槛模型的估计方法也是空间门槛理论的未来重点研究方向。

空间计量经济学的估计方法主要包括最大似然（maximum likelihood，ML）估计方法（Ord，1975）、准最大似然（quasi maximum likelihood，QML）法（Lee，2004）、工具变量（instrumental variable，IV）法（Anselin，1988a）、GMM 估计方法（Kelejian and Prucha，1998）和贝叶斯空间模型 MCMC 估计方法（Lesage，1997）。空间计量模型较早出现的估计方法是由 Besag 和 Moran（1975）提出的编码（coding method）法，而 Anselin（2001）认为，编码方案的选择存在较大的随意性，因而不是一个有效的估计方法；Ord（1975）首次同时概括了空间滞后（即空间自回归，simultaneous auto-regressive，SAR）模型和空间误差模型（spatial error model，SEM）的 ML 估计，此后 ML 估计成为空间计量模型的主要估计方法（Cliff and Ord，1981；Mardia and Marshall，1984；Anselin，1988a；Haining，1988；Anselin and Bera，1998）；Anselin（1990）、Kelejian 和 Robinson（1993）针对空间滞后被解释变量的内生性提出了 IV 法；Kelejian 和 Prucha（1997，1998）还给出了空间自相关模型（spatial auto correlation model，SAC）的 2SLS 估计；Conley（1999）借鉴 Hansen（1982）提出的 GMM 法给出了 SEM 的 GMM 估计程序，GMM 法开始引起了更多学者的

重视，Kelejian 和 Prucha（1999）给出了 SAR 模型的 GMM 估计，Lee（2007）对混合回归 SAR 模型（在其文中记为 MRSAR 模型）进行了 GMM 估计；Besag 等（1991，1995）和 Hepple（1995）最早将贝叶斯方法应用到了空间计量模型的估计中，而 Lesage（1997，2000）分别研究了 SAR 模型和受限因变量的 SAR 模型的贝叶斯估计，Lesage 和 Pace（2009）给出了多种空间计量模型的非经典贝叶斯估计方法，这些估计方法为空间计量模型的贝叶斯分析奠定了重要的基础。

对门槛回归模型的估计，Davies 和 Petruccelli（1986）证明了 TAR 模型的条件最小二乘（conditional least squares，CLS）法估计量是一致估计量；Chan（1993）证明了通过门槛值格点搜索法得到的 SETAR 模型参数 LS 估计是一致估计量，并发现一个极限分布的经验过程表达形势；Chan 和 Tsay（1998）推导得到了 CLS 估计参数的收敛级数，并证明其是渐近正态的；Hansen（1999a）建议以模型的残差平方和最小为目标函数进行门槛值估计；Hansen（2000a）认为，Chan（1993）得到的参数估计量的分布依赖于不可识别的冗余参数，他分析得到了门槛值估计的一个与冗余参数是渐近无关的分布；Caner 和 Hansen（2004）研究了带有内生解释变量和外生门槛变量的动态面板数据门槛回归模型，提出了门槛参数的 2SLS 估计及斜率系数的 GMM 估计。对 STAR 模型的估计，一般采用非线性最小二乘（non-linear least squares，NLS）法，而运用 NLS 法需要合适的优化算法，常用的算法有两种搜索算法和迭代算法；但由于 STAR 模型本身是非线性模型，其在估计过程中容易面临渐近正态分布不成立的问题，大多学者倾向于将它转换成线性问题来处理，如 Granger 和 Teräsvirta（1993）、Teräsvirta（1994）等均采用泰勒展开式将原模型展开得到一个线性辅助回归模型，再采用 LS 或 ML 估计方法进行参数估计。一般情况下，NLS 估计与 ML 估计是等价的。

对空间门槛模型的估计，Pede 等（2009）首次提出了采用 ML 估计方法对同时具有空间误差自相关及非线性门槛效应的 SEM-STAR 模型进行估计，并将该模型的估计与检验过程应用到一个无条件新古典增长模型中；Pede 等（2014）将这一联合估计方法扩展到了包含空间滞后效应的 AR-STAR 模型及同时包含空间滞后与空间误差自相关效应的 ARAR-STAR 模型中，并使用蒙特卡罗对模型估计的有效性进行了仿真实验。空间门槛模型估计方法的研究才刚刚起步，对这一估计方法的研究是完善非线性门槛理论体系的突破点。

1.4.3 空间平滑转移自回归模型研究进展

20 世纪 70 年代以来，非线性时间序列及面板数据模型在应用经济学研究中得到了长足的发展，这使得近几年来学术界对空间数据类型的非线性模型产生了极大的兴趣。非线性模型因其灵活性而能够较好地模拟经济对象内在规律，逐渐成为经济学界实证分析经济现象的重要方法，非线性模型理论也得到较好发展。例如，经济周期中的非对称性及非线性可以很好地由 STAR 模型来拟合，STAR 模型相对于一般线性回归模型具有更加符合实际经济情况的数据生成过程。STAR 模型属于带有机制依赖及机制转换形式的非线性门槛模型中的一类。

STAR 模型通过建立由服从一阶 Markov 过程的一个或多重机制的数据生成过程来对时间序列中的非线性动态进行建模。总体来说，STAR 模型放松了数据生成过程中的参数随时间变化固定不变的假设，允许存在内生的结构间断。机制依赖或机制转移STAR模型最早由Goldfeld和Quandt(1973)提出；随后，STAR模型被广泛运用于工业产出(Teräsvirta and Anderson，1992)、hog-corn周期(Holt and Craig，2006)、汇率(Baharumshah and Liew，2006)、利率（Franses and van Dijk，2000）及失业率（Skalin and Teräsvirta，2002）中的非线性及非对称响应的建模。

正如它的名字所暗示的那样，STAR模型允许模型参数在一个潜在的平稳转移过程中在不同的机制中呈现不同的估计值。尽管这一方法更多地运用在生物统计科学中，平滑过渡机制转移模型在时间序列文献中也很常见(Schabenberger and Pierce，2002)。然而，STAR模型在空间经济学文献中却少有提及。在空间经济研究中，空间层面上的结构突变主要通过在模型中加入使得斜率与参数随空间变化的虚拟变量（Anselin，1988a；Lambert and McNamara，2009)、构建包括地理加权回归（geographically weighted regression，GWR）模型的半参数模型（Fotheringham et al.，2003)、构建空间扩展回归模型（Casetti，1972）或建立随机系数模型（Anselin，1988a）等方法进行处理。空间层面的结构非平稳性可能是不同的响应函数或参数的非系统性导致的。这些方法背后的核心假设是，由于在消费者行为、生产者供应或行业技术方面的局限性或区域差异，回归参数在空间上有所不同。这意味着企业可以采用不同的生产技术。熟练的劳动力集聚可能存在，其将从行业信息、需求方或供给侧溢出效应中获益更多或更接近聚集经济。“有地铁”与“没有地铁”、“北方”与“南方”的对比等，也可能是空间异质性的来源。由本地化的、未观察到的因素(如文化偏好、本地知识或政策、习俗或社会网络）的差异造成的测量误差可能会导致整个空间的结构性破坏。当这些问题被忽略时，模型统计有效性的通常结果是低效的预测、有偏的参数和无效的检验。鉴于此，可以将STAR模型集成到同时允许存在空间自回归滞后和空间误差自相关结构的更复杂的空间过程模型中。

Whittle（1954）描述了一个广义的空间过程模型，其中内生变量被指定为依赖于横截面单位之间的空间相互作用加上一个扰动项。这些相互作用被建模为附近的横截面单位的加权平均值，而由相互作用组成的内生变量通常被称为空间滞后变量。空间权重为一个用于识别邻里关系的矩阵，空间权重矩阵使得模型形成了具有独特核心的空间过程模型。这个模型被称为一阶空间自回归滞后模型［SAR（1)］(Anselin and Florax，1995)。Whittle的SAR（1）得到了极大的推广，Cliff和Ord（1973，1981）将其扩展为一个扰动项中存在空间自回归过程的模型。同时包含空间滞后内生变量、空间误差自回归和外生变量的一般空间过程模型被称为SAR模型，其自回归（AR）扰动阶数为（1，1)(Anselin，1988a；Kelejian and Prucha，2004；Lee，2007)。空间过程通常被认为是线性的，尽管空间动力学更有可能以一种类似于时间序列模型的方式呈现非线性特征（Florax et al.，2001)。

在少量的研究中，已经开发出了可以类比到空间过程中的时间序列STAR方法。例如，Lebreton（2005）通过在转换函数中加入空间自相关，并允许平稳过渡过程，开发了时间序列STAR模型的空间版本；此外，Basile和Gress（2004)、Basile（2008）还提出了一种非参数估计的空间模拟模型；Dorfman（2009）开发了一种类似于使用贝叶斯视角的STAR模型，但他们的方法是分级而不是具有传染性的自回归过程。Pede等（2009）在其工作论文中首次将传统的空间过程模型加入 STAR 框架中构建空间误差 STAR 模型，正式开发了一系列识别空间非线性结构异质性的检验，允许在传统的空间过程模型的背景下，以平稳的过渡自回归过程的方式，逐步、内生地切换不同机制，这意味空间计量模型与 STAR 模型真正意义上的结合。Pede 等（2014）将这一非线性估计与检验方法扩展到空间滞后 STAR（SAR-STAR）模型、空间误差 STAR（SEM-STAR）模型及 ARAR 模型（ARAR-STAR）三个嵌套模型中，这些检验均为基于最大似然框架的 LM 检验。

1.4.4 空间门槛的扩展研究

除一般意义上结合空间计量与门槛模型的空间门槛模型外，空间过滤门槛模型及非平稳空间计量经济学也是空间门槛理论的内容之一。随着经典空间计量经济学的发展，特别是时间序列模型中非平稳理论的发展，Granger 和 Newbold 首次提出了基于变量非平稳性导致的“伪回归”的概念，为主流计量经济学的发展带来了一场革命。这为空间计量经济学发展提供了两个全新的思路：一种是将不符合经典分析框架的空间效应通过某种变换，重新纳入经典框架中，这一方法称为空间过滤法；另一种则是基于变量可能存在的结构突变特征，建立起非平稳空间计量经济学框架，在这一框架下，单位根和协整理论得到了长足的发展。

空间过滤法的思想来源于时间序列中滤波方法的思想，即通过某种转换机制，将潜在的空间相关关系“过滤”掉。在空间统计和空间计量经济学中将空间滤波（spatial filtering）定义为可以对地理数据间潜在联系得到稳健的分析的一种广义方法，构造的数理算子用于将地理数据中的地理结构噪声从趋势和随机噪声中分离出来，从而得到更加直观的结果和更加准确的统计推断。空间滤波可以运用数理方法校正由任意尺度、层次或者区域划分导致的潜在扭曲。空间滤波的基本思想是从某种空间关系矩阵中提取空间代理变量，并将其作为控制变量放入模型设定中。这种方法最大的好处就是这些控制变量将空间数据中的随机空间相依性识别并分离开来，使得我们可以认为变量间是独立的，再使用传统的回归分析方法来分析模型。目前，在实际处理存在空间分布形式的观测值的时候，有参数方法（Griffith，1979；Haining，1991）、非参数方法（Getis，1990；Griffith，1996）和半参数方法（Tiefelsdorf and Griffith，2007）三种空间滤波方法。对空间过滤门槛模型的研究尚未成熟，少数学者如孙建（2011）等通过对利用空间过滤技术消除样本数据的空间相关性后的面板门槛模型进行估计以达到空间计量模型与门槛机制的结合，空间过滤门槛理论仍有待完善。

截至目前，非平稳空间计量经济学发展初具雏形，空间视角下结构突变的单位根与协整理论及非对称单位根协整理论研究却还未起步。Fingleton（1999）首次提出空间单位根、空间协整理论和空间误差纠正模型，开创了非平稳空间计量经济学研究领域；Mur 和 Trívez（2003）进一步提出了在空间趋势（非）平稳框架下的空间伪回归理论；Lauridsen（2006）运用工具变量方法，研究了空间误差纠正模型的估计问题；Lauridsen 和 Kosfeld（2006）提出了区分平稳空间正自相关和空间非平稳的两步 LM 检验，运用类似的方法进一步给出了空间协整的检验理论；Lee 和 Yu（2010）同样对空间伪回归进行了研究，在近单位根设定和列标准化空间权重矩阵下，他们的研究发现，与非平稳时间序列情形相比，空间变量可能存在伪回归的现象较弱，但仍然非常有力地说明存在空间伪回归。空间单位根和空间协整理论的发展尚不完善，特别是目前空间协整理论的检验类似于时间序列分析中 EG 两步法的思想尚待进一步验证；非平稳空间计量经济学中的结构突变与非对称检验研究是空间计量经济学未来发展的热点和难点问题。

第 2 章　预备概念及预备理论

2.1　数 据 类 型

2.1.1　截面数据

截面数据是在给定时点对个人、家庭、企业、城市或一系列其他单位采集的样本所构成的数据，其特点包括：①数据的随机性；②样本点的同质性；③容易引起误差项的异方差问题。

2.1.2　时间序列数据

时间序列数据由对一个或几个变量不同时间的观测值构成，即一个标有时间脚标的随机变量序列被称为一个时间序列过程。其特点包括：①数据间往往存在强相关即自相关性；②有时样本观察值过于集中，不能反映经济变量之间的结构关系；③样本点之间数据的可比性，价值形态出现的数据往往不可比，应该消除物价因素的影响；④样本区间内经济行为的一致性。

2.1.3　面板数据

面板数据也叫平行数据，是指在时间序列上取多个截面，在这些截面上同时选取样本观测值所构成的样本数据，其有时间序列和截面两个维度。面板数据通过对同一单位的多次观测，使我们可以控制观测单位的某些观测不到的特征，并且能够研究决策行为或结果中滞后的重要性。

2.1.4　空间数据

空间数据就是在原来的横截面或面板数据上，加上横截面单位的位置信息（或相互距离）。其是指用来表示空间实体的位置、形状、大小及其分布特征诸多方面信息的数据，它可以用来描述来自现实世界的目标，具有定位、定性、时间和空间关系等特性。空间数据是一种用点、线、面及实体等基本空间数据结构来表示人们赖以生存的自然世界的数据。

2.2 建模步骤

计量经济学通过建立计量经济模型来研究经济问题，一般可分为四个连续的阶段：模型设定、参数估计、模型检验和模型应用，以下对这四个阶段进行简要的说明。

2.2.1 模型设定

模型设定是运用计量经济学研究客观经济现象的第一步，在模型设定阶段，一般从以下三个部分考虑：①经济理论分析；②确定模型包含的变量；③确定模型的方程形式。

2.2.2 参数估计

计量经济模型设定以后，就要估计模型中的参数。参数估计首先要根据模型包含的经济变量搜集有关的样本数据，样本数据的性质直接影响模型的质量。在参数估计阶段，细分为以下两个部分：①样本数据的搜集；②参数估计。

2.2.3 模型检验

参数估计之后，要检验模型是否符合实际，能否解释实际经济过程。只有通过检验的模型，才能实际应用，若检验不能通过，则需要修正模型。一个计量经济模型的检验要经过以下四个方面：①经济意义检验；②统计检验；③计量经济模型假定的检验；④模型的预测检验。

2.2.4 模型应用

一个模型通过了上述检验就可以进行应用。模型应用是建立计量经济模型的最终目的。计量经济模型通常用于以下四个方面：①结构分析；②经济预测；③政策评价；④检验和发展经济理论。

2.3 估计方法

2.3.1 LS 估计

LS 是单一方程线性回归模型最常见、最基本的估计方法。定义一个简单线性回归模型为

$$y = \beta_0 + \beta_1 x + u \quad (2.1)$$

式中，y 为被解释变量；x 为解释变量；β_1 为斜率参数；β_0 为常数项的截距参数；u 为误差项或者干扰项，表示其他的影响因素。

式（2.1）的线性形式意味着，不管 x 的初始值为多少，它的任何一单位变化对 y 的影响都是相同的，只有在我们对无法观测的 u 与解释变量 x 之间的关系加以约束时，才能从一个随机数据样本中获得 β_0 和 β_1 的可靠估计量。假定方程满足 $E(u|x)=E(u)=0$，即零条件均值假定。

在估计式（2.1）中的参数 β_0 和 β_1 时，需要从总体中找一个样本，令 $\{(x_i, y_i): i=1,2,\cdots,n\}$ 表示从总体中抽取的一个容量为 n 的随机样本，对每个 i，都可以写为

$$y_i = \beta_0 + \beta_1 x_i + u_i \quad (2.2)$$

零条件均值假定的一个重要含义是：在总体中，u 与 x 不相关。因此，可以看到，u 的期望值为零，x 和 u 之间的协方差也为零：

$$E(u)=0，\ \mathrm{Cov}(x,u)=E(xu)=0 \quad (2.3)$$

用可观测变量 x 和 y 及未知参数 β_0 和 β_1 来表示，即

$$E(y-\beta_0-\beta_1 x)=0，\ E[x(y-\beta_0-\beta_1 x)]=0 \quad (2.4)$$

式（2.4）意味着对总体中 (x,y) 的联合概率分布的两个限制。给定一个样本数据，本书选择估计值 $\hat{\beta}_0$ 和 $\hat{\beta}_1$，求解式（2.4）的样本对应值：

$$n^{-1}\sum_{i=1}^{n}(y_i-\hat{\beta}_0-\hat{\beta}_1 x_i)=0，\ n^{-1}\sum_{i=1}^{n}x_i(y_i-\hat{\beta}_0-\hat{\beta}_1 x_i)=0 \quad (2.5)$$

这两个方程可用来解出 $\hat{\beta}_0$ 和 $\hat{\beta}_1$，有 $\overline{y}=\hat{\beta}_0+\hat{\beta}_1\overline{x}$，其中，$\overline{y}=n^{-1}\sum_{i=1}^{n}y_i$ 是 y_i 的样本均值，类似地有 $\overline{x}$。利用这个方程，可以用 $\hat{\beta}_1$、$\overline{y}$ 和 $\overline{x}$ 表示 $\hat{\beta}_0$：

$$\hat{\beta}_0=\overline{y}-\hat{\beta}_1\overline{x} \quad (2.6)$$

$$\sum_{i=1}^{n}x_i[y_i-(\overline{y}-\hat{\beta}_1\overline{x})-\hat{\beta}_1 x_i]=0$$

整理后便得到

$$\sum_{i=1}^{n}x_i(y_i-\overline{y})=\hat{\beta}_1\sum_{i=1}^{n}x_i(x_i-\overline{x})$$

有 $\sum_{i=1}^{n}x_i(x_i-\overline{x})=\sum_{i=1}^{n}(x_i-\overline{x})^2$ 和 $\sum_{i=1}^{n}x_i(y_i-\overline{y})=\sum_{i=1}^{n}x_i(x_i-\overline{x})(y_i-\overline{y})$。

因此，只要有 $\sum_{i=1}^{n}(x_i-\overline{x})^2>0$，估计的斜率就为

$$\hat{\beta}_1 = \frac{\sum_{i=1}^{n}(x_i - \overline{x})(y_i - \overline{y})}{\sum_{i=1}^{n}(x_i - \overline{x})^2} \tag{2.7}$$

式（2.6）和式（2.7）所给出的估计值叫作 β_0 和 β_1 的 OLS 估计值。

2.3.2　工具变量法

工具变量法是用来解决一个或多个解释变量的内生性问题，假设回归模型为

$$y_i = \beta_1 x_{i1} + \beta_2 x_{i2} + \cdots + \beta_{K-1} x_{i,K-1} + \beta_K x_{iK} + \varepsilon_i \tag{2.8}$$

式中，只有最后一个解释变量 x_{iK} 为内生变量，即 $\mathrm{Cov}(x_{iK}, \varepsilon_i) \neq 0$，因此，OLS 是不一致的。假设有一个有效工具变量 w 满足 $\mathrm{Cov}(x_{iK}, \varepsilon_i) \neq 0$（相关性），已经 $\mathrm{Cov}(w_i, \varepsilon_i) = 0$（外生性）。$x_1, x_2, \cdots, x_{K-1}$ 不是内生变量，故可以把自身作为自己的工具变量。

记解释向量 $\boldsymbol{x}_i \equiv (x_{i1} x_{i2} \cdots x_{i,K-1} x_{iK})'$，则原模型为 $y_i = \boldsymbol{x}_i' \beta + \varepsilon_i$。记工具向量 $\boldsymbol{z}_i \equiv (z_{i1} z_{i2} \cdots z_{i,K-1} z_{iK})' \equiv (x_{i1} x_{i2} \cdots x_{i,K-1} w_i)'$。定义 $\boldsymbol{g}_i \equiv \boldsymbol{z}_i \varepsilon_i$。工具向量与扰动项正交，故 $E(\boldsymbol{g}_i) \equiv E(\boldsymbol{z}_i \varepsilon_i) = 0$ 为“总体矩条件”或“正交条件”。由此可得

$$\beta = [E(\boldsymbol{z}_i \boldsymbol{x}_i')]^{-1} E(\boldsymbol{z}_i y_i) \tag{2.9}$$

以样本矩代替式（2.9）中总体矩，即可得到工具变量估计量：

$$\hat{\beta}_{\mathrm{IV}} = \left(\frac{1}{n} \sum_{i=1}^{n} \boldsymbol{z}_i \boldsymbol{x}_i' \right)^{-1} \left(\frac{1}{n} \sum_{i=1}^{n} \boldsymbol{z}_i y_i \right) = (Z'X)^{-1} Z'y \tag{2.10}$$

式中，$Z \equiv (\boldsymbol{z}_1 \boldsymbol{z}_2 \cdots \boldsymbol{z}_{n-1} \boldsymbol{z}_n)'$。显然，OLS 也是一种工具变量法。这是因为，如果 $\boldsymbol{x}_i$ 全部是前定变量，则可以将自己作为工具变量，即 $\boldsymbol{z}_i = \boldsymbol{x}_i$，$Z = X$。因此，$\hat{\beta}_{\mathrm{IV}} = (Z'X)^{-1} Z'y = (X'X)^{-1} X'y = \hat{\beta}_{\mathrm{OLS}}$。

2.3.3　GMM 估计方法

首先引入 GMM 估计方法的假定

假定 1　线性假定 $y_i = \boldsymbol{x}_i' \beta + \varepsilon_t$。　（2.11）

其中，$\boldsymbol{x}_i \equiv (x_{i1} x_{i2} \cdots x_{iK})'$ 为第 i 个观测数据。

假定 2　渐近独立的平稳过程。

记 L 维工具变量为 $\boldsymbol{z}_i$（可能与 x_i 有重叠部分），w_i 由 $\{y_i, \boldsymbol{x}_i, \boldsymbol{z}_i\}$ 中不重复的变量构成且不含常数项。随机过程 $\{w_i\}$ 为渐近独立的平稳过程。

假定 3　工具变量的正交性。

所有工具变量 $\boldsymbol{z}_i$ 均为“前定”，即与同期扰动项正交。定义 L 维列向量 $\boldsymbol{g}_i \equiv \boldsymbol{z}_i \varepsilon_i$，则 $E(\boldsymbol{g}_i) = E(\boldsymbol{z}_i \varepsilon_i) = 0$。

假定 4　秩条件。

$L \times K$ 维矩阵 $\boldsymbol{E}(\boldsymbol{z}_i\boldsymbol{x}_i')$ 满列秩，即 $\mathrm{rank}[\boldsymbol{E}(\boldsymbol{z}_i\boldsymbol{x}_i')] = K$ 。记 $\Sigma_{ZX} = \boldsymbol{E}(\boldsymbol{z}_i\boldsymbol{x}_i')$ 。

假定 5　$\{g_i\}$ 为鞅差分序列，其协方差矩阵 $\boldsymbol{S} \equiv \boldsymbol{E}(g_i g_i') = \boldsymbol{E}(\varepsilon_i^2 z_i \boldsymbol{z}_i')$ 为非退化矩阵。

假定 6　四阶矩 $\boldsymbol{E}[(x_{ik}z_{ij})^2]$ 存在且有限，$\forall i, j, k$ 。

与总体矩条件 $\boldsymbol{E}(\boldsymbol{g}_i) = E(\boldsymbol{z}_i\varepsilon_i) = 0$ 相对应的样本矩条件为

$$g_n(\hat{\beta}) = \frac{1}{n}\sum_{i=1}^{n} z_i(y_i - \boldsymbol{x}_i'\hat{\beta}) = 0 \tag{2.12}$$

将式（2.12）看成一个联立方程组，则未知数 $\hat{\beta}$ 共有 K 个，而方程个数为 L 个。如果 $L < K$ ，为不可识别，则 $\hat{\beta}$ 有无穷多解。如果 $L = K$ ，为恰好识别，则 $\hat{\beta}$ 有唯一解，即 $\hat{\beta}_{\mathrm{IV}}$ 。如果 $L > K$ ，为过度识别，则 $\hat{\beta}$ 无解。此时传统的矩估计法行不通。虽然无法找到 $\hat{\beta}$ 使得 $g_n(\hat{\beta}) = 0$ ，但可以找到 $\hat{\beta}$ ，使得向量 $g_n(\hat{\beta})$ 尽可能地接近 0，如使二次型 $[g_n(\hat{\beta})]'[g_n(\hat{\beta})]$ 最小。更一般地，可以用一个“权重矩阵” W 来构成二次型。假定 $\hat{W}$ 为一个 $L \times L$ 维对称正定矩阵，而且，其中 W 为非随机的对称正定矩阵。定义最小化的目标函数为

$$\min_{\hat{\beta}} J(\hat{\beta}, \hat{W}) \equiv n[g_n(\hat{\beta})]'\hat{W}[g_n(\hat{\beta})] \tag{2.13}$$

式中，因子 n 只是为了统计量计算方便而加上的，不影响最小化。定义“GMM 估计量”为此无约束二次型最小化问题的解：

$$\hat{\beta}_{\mathrm{GMM}}(\hat{W}) \equiv \arg\min_{\hat{\beta}} J(\hat{\beta}, \hat{W}) \tag{2.14}$$

式中，arg min 表示能使 $J(\hat{\beta}, \hat{W})$ 最小化的取值。显然，GMM 估计量取决于权重矩阵 $\hat{W}$ 。对 $\hat{W}$ 的自由选择式的最大优点之一，是可以最优地选择 $\hat{W}$ 使得 $\hat{\beta}_{\mathrm{GMM}}$ 最有效。不同矩条件的强弱程度一般不同，一个强的矩条件意味着其对应的方差较小，是一个比较紧的约束，故会通过 $\hat{W}$ 得到较大的权重。

根据式（2.14），$g_n(\hat{\beta})$ 是 $\hat{\beta}$ 的一次函数，故 $J(\hat{\beta}, \hat{W})$ 是 $\hat{\beta}$ 的二次函数，通过向量微分可以得到其最小化问题的解：

$$\hat{\beta}_{\mathrm{GMM}}(\hat{W}) \equiv (\boldsymbol{S}_{zx}'\hat{W}\boldsymbol{S}_{zx})^{-1}\boldsymbol{S}_{zx}'\hat{W}\boldsymbol{S}_{zy} \tag{2.15}$$

式中，$\boldsymbol{S}_{zx} \equiv \frac{1}{n}\sum_{i=1}^{n} \boldsymbol{z}_i\boldsymbol{x}_i'$，$S_{zy} \equiv \frac{1}{n}\sum_{i=1}^{n} z_i y_i$ 。秩条件 $\mathrm{rank}[E(\boldsymbol{z}_i\boldsymbol{x}_i')] = K$ 及 $\hat{W}$ 为正定矩阵保证了在大样本下，$(\boldsymbol{S}_{zx}'\hat{W}\boldsymbol{S}_{zx})^{-1}$ 存在。

2.3.4　ML 估计方法

假设随机向量 y 的概率密度函数为 $f(y;\theta)$，θ 为 K 维未知参数向量，$\theta \in \Theta$ 。其中，Θ 为参数空间，即参数 θ 所有可能取值所构成的集合。通过抽取随机样本 $\{y_1, y_2, \cdots, y_n\}$ 来估计。假设 $\{y_1, y_2, \cdots, y_n\}$ 为独立同分布（independently and identically distributed，IID），则样本数据的联合密度函数为 $f(y_1;\theta)f(y_2;\theta)f(y_n;\theta)$ 。

在抽样之前，$\{y_1, y_2, \cdots, y_n\}$ 被视为随机向量。抽样之后，$\{y_1, y_2, \cdots, y_n\}$ 就有了特定的

样本值。因此，可以将样本的联合密度函数视为在 $\{y_1, y_2, \cdots, y_n\}$ 给定的情况下，未知参数 θ 的函数。定义“**似然函数**”为

$$L(\boldsymbol{\theta}; y_1, y_2, \cdots, y_n) = \prod_{i=1}^{n} f(\boldsymbol{y}_i; \boldsymbol{\theta}) \tag{2.16}$$

由此可知，似然函数与联合密度函数完全相等，只是 θ 与 $\{y_1, y_2, \cdots, y_n\}$ 的角色互换，即把其作为自变量，而视 $\{y_1, y_2, \cdots, y_n\}$ 为已给定的。为了运算方便，常将似然函数取对数，将乘积的形式转化为求和的形式。

$$\ln L(\boldsymbol{\theta}; y_1, y_2, \cdots, y_n) = \sum\nolimits_{i=1}^{n} \ln f(y_i; \theta) \tag{2.17}$$

最大似然估计法来源于一个简单而深刻的思想：给定样本取值后，该样本最有可能来自参数 θ 为何值的总体。换言之，寻找 $\hat{\theta}_{ML}$，使得观测到样本数据的可能性最大，即最大化对数自然函数：

$$\max_{\theta \in \Theta} \ln L(\boldsymbol{\theta}; \boldsymbol{y}) \tag{2.18}$$

在数学上，常把 ML 函数估计量 $\hat{\theta}_{\mathrm{ML}}$ 写为

$$\hat{\theta}_{\mathrm{ML}} = \arg\max \ln L(\theta; y) \tag{2.19}$$

其中，arg max 表示能使 $\ln L(\theta; y)$ 最大化的 θ 取值。假设存在唯一内点解，则该无约束极值问题的一阶条件为

$$s(\theta; y) \equiv \frac{\partial \ln L(\theta; y)}{\partial \theta} \equiv \begin{pmatrix} \dfrac{\partial \ln L(\theta; y)}{\partial \theta_1} \\ \vdots \\ \dfrac{\partial \ln L(\theta; y)}{\partial \theta_K} \end{pmatrix} = 0 \tag{2.20}$$

此一阶条件要求，对数似然函数的梯度向量 $s(\theta; y)$ 为 0。这实际上是一个由 K 个未知参数 $(\theta_1, \theta_2, \cdots, \theta_K)$、$K$ 个方程构成的方程组。该梯度向量也称为“得分函数”或“得分向量”。得分函数 $s(\theta; y)$ 本身是 y 的函数，故也是随机向量，得分函数的期望值为 0。

2.4　时序数据模型

2.4.1　平稳性与白噪声

平稳时间序列粗略地讲，一个时间序列，如果均值没有系统的变化（无趋势）、方差没有系统变化，且严格消除了周期性变化，就称为是平稳的。根据观察记录对随机过程的结构进行统计推断时，通常必须对其做出某些简化的假设，其中最重要的假设是平稳性。一个时间序列如果不是平稳的，就很难由变量之间的统计关系来推断计量经济模型的形式，由此得到的模型往往不能反映实际情况，用于预测决策等也会有较大的失真，被称为“伪回归”问题。因此，本节引入两类平稳性的定义，即（弱）平稳性和严平稳性。

平稳性的基本思想是：决定过程特性的统计规律不随时间的变化而变化。本节定义，

如果对一切时滞 k 和时点 $t_1,t_2,\cdots,t_n$，都有 $Y_{t_1},Y_{t_2},\cdots,Y_{t_n}$ 与 $Y_{t_1-k},Y_{t_2-k},\cdots,Y_{t_n-k}$ 的联合分布相同，则称过程 $\{Y_t\}$ 为严平稳。如果一个过程是严平稳的，并且具有有限方差，那么协方差函数一定只依赖于时间的滞后长度。

一个随机过程 $\{Y_t\}$ 称为（弱）平稳的条件是：①均值函数在所有时间上恒为常数；②对每个 k，$\mathrm{Cov}(X_t,X_{t-k})$ 与 t 无关。

平稳性的常用检验方法是图示法与单位根检验法。图示法即对所选各个时间序列变量及其一阶差分作时序图，再经过单位根检验来确定各个非平稳变量的单整阶数。单位根检验方法很多，一般有 DF 检验、ADF 检验和 Philips 的非参数检验（PP 检验），下面将进行详细介绍。

其中，白噪声是平稳过程中一个重要的例子，定义为独立同分布的随机变量序列 $\{e_t\}$，很多过程可由白噪声过程构造出来，显然可以看出 $\{e_t\}$ 是严平稳的，因为

$$
\begin{aligned}
&\Pr(e_{t_1}\leqslant x_1,e_{t_2}\leqslant x_2,\cdots,e_{t_n}\leqslant x_n)\\
&=\Pr(e_{t_1}\leqslant x_1)\Pr(e_{t_2}\leqslant x_2)\cdots\Pr(e_{t_n}\leqslant x_n)\\
&=\Pr(e_{t_1-k}\leqslant x_1)\Pr(e_{t_2-k}\leqslant x_2)\cdots\Pr(e_{t_n-k}\leqslant x_n)\\
&=\Pr(e_{t_1-k}\leqslant x_1,e_{t_2-k}\leqslant x_2,\cdots,e_{t_n-k}\leqslant x_n)
\end{aligned}
$$

因为 $\mu_t=E(e_t)$ 是常数，且 $\boldsymbol{\gamma}_k=\begin{cases}\mathrm{Var}(e_t), & k=0\\ 0, & k\neq 0\end{cases}$

$\boldsymbol{\gamma}_k$ 为协方差矩阵。模型的频域分析表明，与白光的情形类似，模型中平等地包含了所有的频率。通常假设白噪声过程具有 0 均值，且记方差 $\mathrm{Var}(e_t)$ 为 δ_e^2。

2.4.2　单位根检验法

如前所提，对变量进行单位根检验可以避免经典回归分析中的“伪回归”问题，因为如果对相互独立的单位根过程进行回归分析时，回归方程往往会通过所有的显著性检验。传统的单位根检验假设时间序列是线性和具有对称调整机制，下面将分别介绍DF检验法、ADF 检验法和 PP 检验法的相关理论。

设变量为 x_t，数据生成过程为以下 3 种形式之一：

$$
\begin{aligned}
&x_t=\beta_1x_{t-1}+u_t,x_0=0,u_t\sim \mathrm{IID}(0,\delta^2)\\
&x_t=\beta_0+\beta_1x_{t-1}+u_t,x_0=0,u_t\sim \mathrm{IID}(0,\delta^2)\\
&x_t=\beta_0+\alpha t+\beta_1x_{t-1}+u_t,x_0=0,u_t\sim \mathrm{IID}(0,\delta^2)
\end{aligned}
$$

式中，β_0 为位移项；αt 为时间趋势项。

对上述模型中的时间序列 x_t 的单位根检验，零假设和备择假设分别是

$\mathrm{H_0}$：$\beta_1=1$（x_t 非平稳）；

$\mathrm{H_1}$：$\beta_1<1$（x_t 平稳）。

检验原则：

DF≥临界值，则接受 $\mathrm{H_0}$，说明 x_t 非平稳；

DF<临界值，则拒绝 H_0，说明 x_t 平稳。

上述 DF 检验还可用另一种形式表达。上述 3 个方程式两侧同减 x_{t-1}，下面不再进行赘述。

在实际检验中，若 H_0 不被拒绝，则接下来应该继续检验 Δx_t 的平稳性，即检验模型的形式为

$$\Delta^2 x_t = \beta_1 \Delta x_{t-1} + u_t, x_0 = 0, u_t \sim \mathrm{IID}(0, \delta^2)$$
$$\Delta^2 x_t = \beta_0 + \beta_1 \Delta x_{t-1} + u_t, x_0 = 0, u_t \sim \mathrm{IID}(0, \delta^2)$$
$$\Delta^2 x_t = \beta_0 + \alpha t + \beta_1 \Delta x_{t-1} + u_t, x_0 = 0, u_t \sim \mathrm{IID}(0, \delta^2)$$

直到检验结论表明几次差分后的序列平稳为止，从而确定 x_t 为几阶单整序列（几阶差分后的序列平稳则表明被检验序列 x_t 为几阶单整序列）。

以上方法只适用于 AR（1）过程的单位根检验，适用性很窄。当时间序列为 AR(p) 形式，或者由以上形式检验得到的残差序列存在自相关时，应采用如下形式检验单位根：

$$\Delta x_t = \beta_1 x_{t-1} + \sum_{i=1}^{k} \hat{\gamma}_t \Delta x_{t-i} + \hat{u}_t, x_0 = 0, \hat{u}_t \sim \mathrm{IID}(0, \delta^2)$$
$$\Delta x_t = \beta_0 + \beta_1 x_{t-1} + \sum_{i=1}^{k} \hat{\gamma}_t \Delta x_{t-i} + \hat{u}_t, x_0 = 0, \hat{u}_t \sim \mathrm{IID}(0, \delta^2)$$
$$\Delta x_t = \beta_0 + \alpha t + \beta_1 x_{t-1} + \sum_{i=1}^{k} \hat{\gamma}_t \Delta x_{t-i} + \hat{u}_t, x_0 = 0, \hat{u}_t \sim \mathrm{IID}(0, \delta^2)$$

因为上式中含有 Δx_t 的滞后项，所以对 $\beta_1 = 0$ 的检验称为 ADF 检验，它是在 DF 检验法的基础上，假定扰动项序列相关，对 DF 检验 AR（1）模型中加入变量的滞后差分项使残差项达到独立同分布。实际检验中并不会先验知道被检验序列的数据生成过程属于哪一种形式，一般方法是检验第三种形式中的位移项和时间趋势项是否通过显著性检验，如果通过则保留，否则予以剔除，方程则简化为前两种形式。

而 PP 检验法假设 x_t 中的随机干扰 u_t 服从无穷阶的移动平均过程，其中 $\{\hat{u}_t\}$ 独立同分布，即 MA(∞) 过程：$u_t = \sum_{j=0}^{\infty} \varphi_j \hat{u}_t$ 。通过假设扰动项为平稳的无穷阶移动平均过程，应用维纳过程和泛函中心极限定理表征统计量的渐近分布，当扰动项不是独立同分布时，需调整检验统计量，使其分布独立于这个参数，且调整后的统计量收敛于相同的分布，因此，PP 检验法是一种非参数检验法。

2.4.3　线性协整回归

如果变量之间有着长期的稳定关系，即它们之间是协整的，则可以使用经典回归模型方法建立回归模型。例如，中国居民人均消费水平与人均 GDP 变量的例子中：因果关系回归模型要比自回归滑动平均（auto-regressive and moving average，ARMA）模型有更好的预测功能，因为从经济理论上说，人均 GDP 决定着居民人均消费水平，而且它们之间有着长期的稳定关系，即它们之间是协整的。

本书定义序列$\{X_{1t},X_{2t},\cdots,X_{nt}\}$都是$d$阶单整，存在向量$\alpha=(\alpha_1,\alpha_2,\cdots,\alpha_n)$，使得$Y_t=\alpha X' \sim I(d-b)$，其中$b>0$，$X=(X_{1t},X_{2t},\cdots,X_{nt})'$，则认为序列$\{X_{1t},X_{2t},\cdots,X_{nt}\}$是$(d,b)$阶协整，记为$X_t \sim \mathrm{CI}(d,b)$，$\alpha$为协整向量。由此可见，如果两个变量都是单整变量，只有当它们的单整阶数相同时，才可能协整；如果它们的单整阶数不相同，就不可能协整。此外三个以上的变量，如果具有不同的单整阶数，有可能经过线性组合构成低阶单整变量。

从协整的定义可以看出，(d,d)阶协整是一类非常重要的协整关系，它的经济意义在于：两个变量虽然它们具有各自的长期波动规律，但是如果它们是(d,d)阶协整的，则它们之间存在着一个长期稳定的比例关系。

为了检验两变量Y_t、X_t是否为协整关系，Engle和Granger于1987年提出两步检验法，也称为EG检验。首先用OLS估计方程$Y_t=\alpha_0+\alpha_1X_t+\mu_t$，并计算非均衡误差，得到$\hat{Y}_t=\hat{\alpha}_0+\hat{\alpha}_1X_t$，$\hat{e}_t=Y_t-\hat{Y}_t$，称为协整回归。其次检验$\hat{e}_t$的单整性。如果$\hat{e}_t$为稳定序列，则认为变量$Y_t,X_t$为（1，1）阶协整；如果$\hat{e}_t$为1阶单整，则认为变量$Y_t,X_t$为（2，1）阶协整，$\hat{e}_t$的单整性的检验方法仍然是DF检验或者ADF检验，即检验误差项e_t是否为平稳序列，如果e_t是平稳序列，则说明X与Y间是协整的。

对多变量的协整检验过程，基本与双变量情形相同，即需检验变量是否具有同阶单整性，以及是否存在稳定的线性组合。在检验是否存在稳定的线性组合时，需通过设置一个变量为被解释变量，其他变量为解释变量，进行OLS估计并检验残差序列是否平稳。如果不平稳，则需更换被解释变量，进行同样的OLS估计及相应的残差项检验。当所有的变量都被作为被解释变量检验之后，仍不能得到平稳的残差项序列，则认为这些变量间不存在(d,d)阶协整。

2.4.4　误差修正模型

前面已经提到，对非稳定时间序列，可通过差分的方法将其化为稳定序列，然后才可建立经典的回归分析模型。但简单差分不一定能解决非平稳时间序列所遇到的全部问题，因此，误差修正模型便应运而生。ECM是一种具有特定形式的计量经济学模型，它的主要形式是由Davidson、Hendry、Srba和Yeo于1978年提出的，称为DHSY模型。

本节通过一个具体的模型来介绍它的结构。假设两变量X与Y的长期均衡关系为$Y_t=\alpha_0+\alpha_1X_t+\mu_t$，由于现实经济中$X$与$Y$很少处在均衡点上，实际观测到的只是$X$与$Y$间的短期的或非均衡的关系，假设具有如下（1，1）阶分布滞后形式：$Y_t=\beta_0+\beta_1X_t+\beta_2X_{t-1}+\mu Y_{t-1}+\xi_t$，由于变量可能是非平稳的，不能直接运用OLS。对上述分布滞后模型适当变形得

$$\begin{aligned}\Delta Y_t&=\beta+\beta_1\Delta X_t+(\beta_1+\beta_2)X_{t-1}-(1-\mu)Y_{t-1}+\xi_t\\&=\beta_1\Delta X_t-(1-\mu)\left(Y_{t-1}-\frac{\beta_0}{1-\mu}-\frac{\beta_1+\beta_2}{1-\mu}X_{t-1}\right)+\xi_t\\&=\beta_1\Delta X_t-\chi(Y_{t-1}-\alpha_0-\alpha_1X_{t-1})+\xi_t\end{aligned}$$

式中，$\chi = 1-\mu, \alpha_0 = \beta_0/(1-\mu), \alpha_1 = (\beta_1+\beta_2)/(1-\mu)$，表明，$Y$ 的变化取决于 X 的变化及前一时期的非均衡程度。同时，上式也弥补了简单差分模型的不足，因为该式含有用 X、Y 水平值表示的前期非均衡程度。因此，Y 的值已对前一时期的非均衡程度做出了修正。

$$\Delta Y_t = \beta_1 \Delta X_t - \chi(Y_{t-1} - \alpha_0 - \alpha_1 X_{t-1}) + \xi_t$$

称为一阶误差修正模型。该模型可以写为

$$\Delta Y_t = \beta_1 \Delta X_t - \chi \mathrm{ecm} + \xi_t$$

式中，ecm 为误差修正项。由分布滞后模型 $Y_t = \beta_0 + \beta_1 X_t + \beta_2 X_{t-1} + \mu Y_{t-1} + \xi_t$ 得知，一般情况下 $|\mu|<1$，由关系式 $\lambda = 1-\mu$ 得 $0<\chi<1$。可以据此分析 ecm 的修正作用：①若 $(t-1)$ 时刻 Y 大于其长期均衡解 $\alpha_0+\alpha_1 X$，ecm 为正，则 $(-\chi\mathrm{ecm})$ 为负，使得 ΔY_t 减少；②若 $(t-1)$ 时刻 Y 小于其长期均衡解 $\alpha_0+\alpha_1 X$，ecm 为负，则 $(-\chi\mathrm{ecm})$ 为正，使得 ΔY_t 增大，体现了对长期非均衡误差的控制。

于是：①长期均衡模型 $Y_t = \alpha_0 + \alpha_1 X_t + \mu_t$ 中的 α_1 可视为 Y 关于 X 的长期弹性；②短期非均衡模型 $Y_t = \beta_0 + \beta_1 X_t + \beta_2 X_{t-1} + \mu Y_{t-1} + \xi_t$ 中的 β_1 可视为 Y 关于 X 的短期弹性。更复杂的 ECM 可依照一阶 ECM 类似地建立。

ECM 有许多明显的优点，但是否变量间的关系都可以通过 ECM 来表述？就此问题，Engle 与 Granger 于 1987 年提出了著名的 Granger 表述定理：如果变量 X 与 Y 是协整的，则它们间的短期非均衡关系总能由一个误差修正模型表述：

$$\Delta Y_t = \mathrm{lagged}(\Delta Y, \Delta X) - \chi \mu_{t-1} + \xi_t, \quad 0<\chi<1$$

式中，μ_{t-1} 为非均衡误差项；χ 为短期调节参数。

对（1，1）阶自回归分布滞后模型 $Y_t = \beta_0 + \beta_1 X_t + \beta_2 X_{t-1} + \mu Y_{t-1} + \xi_t$，如果 $Y_t \sim I(1)$，$X_t \sim I(1)$；那么 $\Delta Y_t = \beta_1 \Delta X_t - \chi(Y_{t-1} - \alpha_0 - \alpha_1 X_{t-1}) + \xi_t$ 的左边 $\Delta Y_t \sim I(0)$，右边 $\Delta X_t \sim I(0)$，因此，只有 Y 和 X 协整，才能保证右边也是 $I(0)$。因此，建立 ECM，需要首先对变量进行协整分析，以发现变量之间的协整关系，即长期均衡关系，并以这种关系构成误差修正项。然后建立短期模型，将误差修正项看作一个解释变量，连同其他反映短期波动的解释变量一起，建立短期模型，即 ECM。

由协整与 ECM 的关系，可以得到 ECM 建立的 E-G 两步法：第一步，进行协整回归（利用 OLS），检验变量间的协整关系，估计协整向量（长期均衡关系参数）；第二步，若协整性存在，则以第一步求到的残差作为非均衡误差项加入 ECM 中，并用 OLS 估计相应参数。

也可以采用打开 ECM 中非均衡误差项括号的方法直接用 OLS 估计模型，但仍需事先对变量间的协整关系进行检验。例如，对双变量 ECM：$\Delta Y_t = \beta_1 \Delta X_t - \chi(Y_{t-1} - \alpha_0 - \alpha_1 X_{t-1}) + \xi_t$；可打开非均衡误差项的括号直接估计下式：$\Delta Y_t = \chi\alpha_0 + \beta_1 \Delta X_t - \chi Y_{t-1} + \chi\alpha_1 X_{t-1} + \xi_t$，这时短期弹性与长期弹性可一并获得。

2.4.5　格兰杰因果检验

格兰杰因果检验是检验经济变量间因果关系常用的一种计量经济学方法，其本质是用条件概率来定义因果关系。对时间序列数据来说，经常出现伪相关问题，即经济意义表明几乎没有联系的序列却可能计算出现较大的相关系数，此时需要格兰杰因果关系检验来检测经济变量间是否存在因果关系。其原理是：首先考察变量Y的当前值在多大程度上能被它的滞后值解释，其次考虑加上变量X的滞后值是否能增进这种解释。如果变量X有助于对变量Y的预测，那么变量Y是被变量X格兰杰引致的（即变量Y是变量X的格兰杰果，变量X是变量Y的格兰杰因），反过来，如果变量Y有助于变量X的预测，那么变量X是被变量Y格兰杰引致的（即变量X是变量Y的格兰杰果，变量Y是变量X的格兰杰因），其表达式如下：

$$y_t = \alpha_0 + \alpha_1 y_{t-1} + \cdots + \alpha_k y_{t-k} + \beta_1 x_{t-1} + \cdots + \beta_k x_{t-k}$$

$$x_t = \alpha_0 + \alpha_1 x_{t-1} + \cdots + \alpha_k x_{t-k} + \beta_1 y_{t-1} + \cdots + \beta_k y_{t-k}$$

k是滞后阶数，对变量之间的格兰杰因果关系检验就是对一个变量的滞后项在另一个变量的回归方程中的系数进行联合显著性检验，如果系数不是显著的不为零，即$\beta_1 = \beta_2 = \cdots = \beta_k = 0$，则该变量不是回归方程解释变量的格兰杰原因；若一个变量的滞后项在另一个变量的回归方程中是显著的，那么就称该变量是回归方程解释变量的格兰杰原因。此外，格兰杰定理指出，如果变量之间是协整的，那么至少存在一个方向上的格兰杰原因；在非协整的情况下，任何原因的推断都是无效的。

2.4.6　断裂点检验

计量中结构性变化检验可以回溯到著名的邹氏（Chow，1960）检验法，当回归模型涉及时间序列数据时，因变量与自变量之间可能会发生结构变化。结构变化可能源于内部原因（如美国 1973 年、1979 年及 1990～1991 年的海湾战争期间，由石油输出国组织发起的石油禁运），有时候，结构变化可能源于政策的变化，如 1973 年由固定汇率制转换为浮动汇率制，或由于政府采取的某些行动，如里根政府推行的新税收政策、中国 1978 年的改革开放等。

Chow 检验假定条件是：① 分段模型中的随机误差项服从同方差正态分布。② 两随机误差项相互独立。Chow 检验步骤如下：① 估计整个时期回归方程，如果不存在结构变化，则是一个准确的回归方程。求当自由度为$n_1 + n_2 - k$时的残差平方和S，k是估计参数个数，称S为限制的残差平方和。② 估计第一段回归方程，得到自由度为$n_1 - k$时的残差平方和S_2。③ 估计第二段回归方程，得到自由度为$n_2 - k$的残差平方和S_3。④ 由于两组样本相互独立，可将S_2和S_3相加，得到非限制残差平方和：$\text{ESS}_{\text{UR}} = S_2 + S_3$，$\text{df} = n_1 + n_2 - 2k$。⑤ Chow 检验的思想：如果模型中确实存在结构变化，那么RSS_{R}与RSS_{UR}就是统计上不同的，即有显著的差异，因此，得到如下的F统计量，$F = \dfrac{(\text{RSS}_{\text{R}} - \text{RSS}_{\text{UR}})/k}{\text{RSS}_{\text{UR}}/(n_1 + n_2 - 2k)}$。在零假设：两个回归方程统计形式相同下，$F$服从分子自由度为$k$，分母自由度为$n_1 + n_2 - 2k$的$F$分布。⑥ 如果计算的$F$值$<$ F临界值，接受原假设，即不存在结构变化；反之，存在结构变化，分段的回归模型是不同的。

2.5　面板数据模型

2.5.1　静态面板数据模型

1. 固定效应模型

固体效应模型将横截面个体之间的差异解释为截距不同，而斜率系数相同。它处理不同横截面个体之间差异的思路是每个横截面个体都有各自的截距，即允许截距在横截面上变动，但是每个个体的截距在各个时期保持不变。固体效应模型又分为 3 种类型，即个体固定效应模型、时点固定效应模型和个体时点双固定效应模型。

（1）个体固定效应模型

个体固定效应模型定义为

$$Y_{it}=\beta_{0i}+\beta_1X_{1it}+\beta_2X_{2it}+\cdots+\beta_kX_{kit}+u_{it}$$

式中，β_{0i} 为随机变量，表示第 i 个个体有自己的截距项，且其变化与 X_{it} 有关。个体固定效应模型的估计可以分四步走：第一步，求出变量在时间序列上的均值；第二步，求出变量与对应均值的差作为新变量；第三步，根据新变量建立新的无截距项模型，并用 LS 进行回归估计；第四步，根据无截距项模型的参数估计量计算原模型的截距项参数估计量。事实上，新模型和原模型的参数中，斜率的估计量相同。

（2）时点固定效应模型

时点固定效应模型定义为

$$Y_{it}=\beta_{0t}+\beta_1X_{1it}+\beta_2X_{2it}+\cdots+\beta_kX_{kit}+u_{it}$$

式中，β_{0t} 为随机变量，表示对每个时期都有自己的截距项，且其变化与 X_{it} 有关。时点固定效应模型的估计也可以分四步走：第一步，求出变量在横截面上的均值；第二步，求出变量与对应均值的差作为新变量；第三步，根据新变量建立新的无截距项模型，并用 LS 进行回归估计；第四步，根据无截距项模型的参数估计量计算原模型的截距项参数估计量。事实上，新模型和原模型的参数中，斜率的估计量相同。

（3）个体时点双固定效应模型

个体时点双固定效应模型定义为

$$Y_{it}=\beta_{0i}+\beta_{0t}+\beta_1X_{1it}+\beta_2X_{2it}+\cdots+\beta_kX_{kit}+u_{it}$$

如果个体时点双固定效应模型的设定形式正确并且满足通常的假定条件，那么对模型进行混合 OLS 估计得到的全部参数估计量都是不一致的。

2. 随机效应模型

随机效应模型定义为

$$Y_{it}=\beta_{0i}+\beta_1X_{1it}+\beta_2X_{2it}+\cdots+\beta_kX_{kit}+u_{it}$$

式中，β_{0i} 为随机变量，其分布与 X_{it} 无关。模型的随机扰动项有两部分，都假定为独立同分布：$\beta_{0i}\sim\text{IID}(\beta_0,\sigma_\beta^2)$ 和 $u_{it}\sim\text{IID}(0,\sigma_u^2)$。随机变量 β_{0i} 还可以写成 $\beta_{0i}=\beta_0+\eta_i$，其中，$\beta_0$

为均值，$\mathrm{Cov}(\eta_i,\eta_j)=0$，$\eta_i \sim \mathrm{IID}(0,\sigma_\beta^2)$，$\mathrm{Cov}(\eta_i,u_{it})=0$。这样，随机效应模型还可以表示为

$$Y_{it}=\beta_0+\beta_1 X_{1it}+\beta_2 X_{2it}+\cdots+\beta_k X_{kit}+\eta_i+u_{it}$$

对随机效应模型的估计需要消除η_i的随机影响，因此，先要估计出η_i的方差和u_{it}的方差，再对数据进行处理，然后进行回归分析。这个过程可以分为七步：第一步，先用LS对固定效应模型作参数估计，模型中引入虚拟变量表示各个时点相对固定的差异；第二步，得出误差项和方差估计量$\hat{\sigma}_1^2/\hat{\sigma}_2^2$；第三步，计算变量在时间序列上的均值$\bar{X}_i$和$\bar{Y}_i$，并以均值设立回归模型，用LS进行估计；第四步，再用均值模型求得其误差项和方差估计量$\hat{\sigma}_2^2$；第五步，检验$\hat{\sigma}_2^2>\hat{\sigma}_1^2$；第六步，计算校正系数$\lambda=1-\hat{\sigma}_1^2/\hat{\sigma}_2^2$；第七步，进行变量修正，设立$X_{it}^*=X_{it}-\lambda\bar{X}_i$和$Y_{it}^*=Y_{it}-\lambda\bar{Y}_i$，对$Y_{it}^*=\beta_0+\beta_1 X_{1it}^*+\beta_2 X_{2it}^*+\cdots+\beta_k X_{kit}^*+u_{it}$进行LS估计，得出的结果就是最佳的线性的无偏估计。

3. Hausman 检验

面板数据模型的一般回归式为

$$\boldsymbol{y}_{it}=\mu+\boldsymbol{X}_{it}'\beta+v_{it}\text{，}\quad i=1,2,\cdots,N\text{，}\quad t=1,2,\cdots,T \tag{2.21}$$

记$\boldsymbol{y}_t=(y_{1t},y_{2t},\cdots,y_{Nt})'$为因变量，$\boldsymbol{X}_t=(X_{1t},X_{2t},\cdots,X_{Nt})'$为自变量；其中，$\boldsymbol{X}_{it}=(x_{it1},x_{it2},\cdots,x_{itK})'$表示有$K$个解释变量；$\boldsymbol{\beta}=(\beta_1,\beta_2,\cdots,\beta_K)'$表示待估计的参数；$\mu$为模型在时空上的共同均值项；$v_{it}$为误差项；$i$为截面个体；$t$为时间；$N$为面板数据中含有的个体数；$T$为时间序列的长度。

面板数据模型（2.21）满足高斯马尔可夫假设时得到的OLS估计量才是BLUE估计量。当$E(v_{it}|X_{it})\neq 0$时，参数的OLS估计量不再是无偏估计量，当$\mathrm{Var}(v_{it}|X_{it})\neq\sigma_i^2\boldsymbol{I}$时，参数的OLS估计量不再是有效估计量。

Maddala（1971）和 Mundlak（1978）均指出，面板数据模型（2.21）如果不能满足假设$E(v_{it}|X_{it})=0$，则个体随机效应模型的广义最小二乘（generalized least squares，GLS）估计量$\hat{\beta}_{\mathrm{GLS}}$是有偏和不一致的，但是个体固定效应模型的组内估计量$\hat{\beta}_{\mathrm{Within}}$并不受此条件的影响。在面板回归模型中，区分固定效应和随机效应对模型检验与估计都是很有必要的。对固定效应模型，可通过一阶差分估计和组内估计；对随机效应模型，可采用GLS估计。因此，可通过检验误差项与解释变量之间的相关性来区分模型中的固定效应与随机效应。

Hausman（1978）、Hausman 和 Taylor（1981）提出的 Hausman 检验是对可观测的经济变量和不可观测的经济因素间是否存在相关关系的检验，即检验$E(v_{it}|\boldsymbol{X}_{it})=0$是否成立。当$E(v_{it}|\boldsymbol{X}_{it})=0$成立时，说明模型中不可观测的因素是随机变化的，与自变量无关，模型可确定为随机效应模型；当$E(v_{it}|\boldsymbol{X}_{it})=0$不成立时，说明模型中不可观测的因素与可观测的变量之间具有相关性，对模型的影响具有可测性，可考虑为固定效应模型。

参数β的几个不同估计量：组内估计量$\hat{\beta}_{\mathrm{Within}}$、组间估计量$\hat{\beta}_{\mathrm{Between}}$、GLS估计量$\hat{\beta}_{\mathrm{GLS}}$，是在不同假设条件下对不同情形面板数据模型进行估计而得到的。

Hausman 检验的原假设为 H_0：$E(v_{it}|\boldsymbol{X}_{it})=0$，备择假设为 H_1：$E(v_{it}|\boldsymbol{X}_{it})\neq 0$。检验的主要思想为：当原假设不成立时，$\hat{\beta}_{\mathrm{GLS}}$ 和 $\hat{\beta}_{\mathrm{Within}}$ 具有不同的概率极限。因为无论原假设 H_0 是否成立，$\hat{\beta}_{\mathrm{Within}}$ 都是 β 的一致性估计量；而对 $\hat{\beta}_{\mathrm{GLS}}$，当原假设 H_0 成立时，$\hat{\beta}_{\mathrm{GLS}}$ 是 β 的一致性估计量，反之，$\hat{\beta}_{\mathrm{GLS}}$ 不是 β 的一致性估计量。

Hausman（1978）中设定

$$\hat{q}_1=\hat{\beta}_{\mathrm{GLS}}-\hat{\beta}_{\mathrm{Within}} \tag{2.22}$$

在原假设 H_0 成立时，有 $p\lim\hat{q}_1=0$，$\mathrm{Cov}(\hat{q}_1,\hat{\beta}_{\mathrm{GLS}})=0$。

由于 $\hat{\beta}_{\mathrm{Within}}-\beta=(\boldsymbol{XQX})^{-1}\boldsymbol{X}'Qu$，$\hat{\beta}_{\mathrm{GLS}}-\beta=(\boldsymbol{X}'\Omega^{-1}\boldsymbol{X})^{-1}\boldsymbol{X}'\Omega^{-1}u$，有 $E(\hat{q}_1)=0$。

又 $\hat{\beta}_{\mathrm{Within}}=\hat{\beta}_{\mathrm{GLS}}-\hat{q}_1$，则 $\mathrm{Var}(\hat{\beta}_{\mathrm{Within}})=\mathrm{Var}(\hat{\beta}_{\mathrm{GLS}})+\mathrm{Var}(\hat{q}_1)$，所以

$$\mathrm{Var}(\hat{q}_1)=\mathrm{Var}(\hat{\beta}_{\mathrm{Within}})-\mathrm{Var}(\hat{\beta}_{\mathrm{GLS}})=\sigma_u^2[(\boldsymbol{X}'Q\boldsymbol{X})^{-1}-(\boldsymbol{X}'\Omega^{-1}\boldsymbol{X})^{-1}] \tag{2.23}$$

Hausman 检验统计量为

$$m_1=\hat{q}_1'[\mathrm{Var}(\hat{q}_1)]^{-1}\hat{q}_1 \tag{2.24}$$

当原假设 H_0：$E(v_{it}|X_{it})=0$ 成立时，m_1 的渐近分布为 χ_k^2，k 为斜率向量 β 的维数。原假设成立，说明模型为随机效应模型，反之为固定效应模型。

Hausman 和 Taylor（1981）增加了两个统计量进行检验，设定

$$\hat{q}_2=\hat{\beta}_{\mathrm{GLS}}-\hat{\beta}_{\mathrm{Between}},\quad \hat{q}_3=\hat{\beta}_{\mathrm{Within}}-\hat{\beta}_{\mathrm{Between}} \tag{2.25}$$

检验统计量为

$$m_2=\hat{q}_2'[\mathrm{Var}(\hat{q}_2)]^{-1}\hat{q}_2,\quad m_3=\hat{q}_3'[\mathrm{Var}(\hat{q}_3)]^{-1}\hat{q}_3 \tag{2.26}$$

当原假设 H_0：$E(v_{it}|X_{it})=0$ 成立时，m_2 和 m_3 的渐近分布均为 χ_k^2。

2.5.2　动态面板数据模型及其估计

动态面板数据模型的基本形式如下：

$$y_{it}=\alpha y_{it-1}+\beta\boldsymbol{X}_{it}+\varepsilon_{it}$$
$$\varepsilon_{it}=\mu_i+v_{it}$$

式中，$i=1,2,\cdots,N$ 为横截面单元；$t=1,2,\cdots,T$ 为时间维度；y_{it} 为第 i 个截面自变量在 t 时刻的观察值；$\boldsymbol{X}_{it}$ 为 k 维解释变量向量；$|\alpha|<1$ 为滞后内生变量的待估参数；β 为解释变量向量 $\boldsymbol{X}_{it}$ 的待估参数；ε_{it} 为随机误差项，由两部分组成；μ_i 为不可观察的具有时间不变性的个体效应；v_{it} 为异质性冲击。

由于个体效应和滞后的内生解释变量相关，对动态面板数据模型采用传统的估计方法，其估计结果是有偏且非一致的。IV 和 GMM 估计方法能有效消除这种相关性，从而得到一致性的估计量。为方便叙述，简单地以向量形式表示的方程 $y=\boldsymbol{X}\beta+\varepsilon$ 进行说明，其中，$\boldsymbol{X}$ 与随机误差项相关，即 $E(\boldsymbol{X}'\varepsilon)\neq 0$。

1. IV 估计

在时间序列模型的估计中，IV 方法常用来消除解释变量与随机误差的相关性，从而

纠正估计的渐近有偏性。IV 可理解为找到一个变量集 $\boldsymbol{Z}$，其与解释变量 $\boldsymbol{X}$ 高度相关，而与随机误差项 ε 不相关。$\boldsymbol{Z}$ 既能够表达 $\boldsymbol{X}$ 所含有的信息，又解决了 $\boldsymbol{X}$ 与 ε 的相关性问题。

用 IV 集 $\boldsymbol{Z}$ 的转置左乘原方程 $y = \boldsymbol{X}\beta + \varepsilon$，得 $\boldsymbol{Z}'y = \boldsymbol{Z}'\boldsymbol{X}\beta + \boldsymbol{Z}'\varepsilon$，此时随机误差项为 $\boldsymbol{Z}'\varepsilon$，其方差为 $\mathrm{Var}(\boldsymbol{Z}'\varepsilon) = \boldsymbol{Z}'\mathrm{Var}(\varepsilon)\boldsymbol{Z} = \sigma^2\boldsymbol{Z}'\boldsymbol{Z}$。采用 $V^{-1} = (\boldsymbol{Z}'\boldsymbol{Z})^{-1}$ 作为加权矩阵对 $Z'y = Z'X\beta + Z'\varepsilon$ 进行 GLS 估计，所得估计量为

$$\begin{aligned}\hat{\beta}_{\mathrm{IV}} &= [(Z'X)'V^{-1}Z'X]^{-1}(Z'X)'V^{-1}Z'y \\ &= [X'Z(Z'Z)^{-1}Z'X]^{-1}X'Z(Z'Z)^{-1}Z'y\end{aligned}$$

将 $y = X\beta + \varepsilon$ 代入 $\hat{\beta}_{\mathrm{IV}}$ 中，有

$$\begin{aligned}\hat{\beta}_{\mathrm{IV}} &= [X'Z(Z'Z)^{-1}Z'X]^{-1}X'Z(Z'Z)^{-1}Z'(X\beta + \varepsilon) \\ &= \beta + [X'Z(Z'Z)^{-1}Z'X]^{-1}X'Z(Z'Z)^{-1}Z'\varepsilon\end{aligned}$$

由于变量 Z 与随机误差项 ε 正交，所以有

$$p\lim\hat{\beta}_{\mathrm{IV}} = \beta + p\lim[X'Z(Z'Z)^{-1}Z'X]^{-1}X'Z(Z'Z)^{-1}Z'\varepsilon = \beta$$

所以估计量 $\hat{\beta}_{\mathrm{IV}}$ 是一致性的。由此可看出，IV 方法的一致性估计的核心在于所选工具变量 Z 与随机误差项 ε 正交。

IV 方法也可按两步估计进行：第一步，以 X 作为被解释变量，以 Z 作为解释变量，做 LS 回归，得到 X 的估计量 $\hat{X}$；第二步，以 y 作为被解释变量，$\hat{X}$ 作为解释变量，并用第一步产生的随机误差的估计值的协方差矩阵作为加权矩阵进行回归。

2. GMM 估计

当统计量的 ML 函数的推导较为困难时，Hansen（1982）提出的 GMM 方法是一种比较简单的选择，其核心思想是使用正交条件对未知参数进行估计。

OLS 估计量的一致性，源于模型中解释变量的外生性。如果解释变量是随机的，则假设它与随机误差项不相关，将这一约束条件用矩估计形式表示，矩条件为解释变量与随机误差项不相关，即 $E(X'\varepsilon) = 0$，被称为总体矩条件，相应的样本矩条件为 $X'(y - X\hat{\beta}) = 0$，解此方程可得 $\hat{\beta} = (X'X)^{-1}X'y$，与 OLS 估计结果一致。

在上述矩估计的例子中，待估参数个数为 k，与矩条件个数相同，称为恰好识别。但大多数情况下，矩条件的个数要大于待估参数个数，这称为过度识别，此时就需要采用 GMM 估计方法，传统计量经济学中常用的 OLS、GLS、IV 估计方法都可以在 GMM 框架下推导出来。

对模型 $y = X\beta + \varepsilon$，解释变量 $X = (X_1, X_2, \cdots, X_k)$，工具变量 $Z = (Z_1, Z_2, \cdots, Z_j)$，$j > k$，$Z$ 与 X 可含有共同的观察值。此时总体矩条件为 $E(Z'\varepsilon) = 0$，相应的样本矩条件为 $Z'\varepsilon = 0$，但由于矩条件个数 j 大于待估参数 k，所以对该方程的估计无法找到一组唯一的估计值满足所有的矩条件。GMM 的估计思想是：找到一组估计值，尽量使样本矩接近于 0，即令总体矩条件得到最大限度的满足。这一思想可通过极小化目标函数 $(\hat{\varepsilon}'ZAZ'\hat{\varepsilon})$ 来实现，其中，$\boldsymbol{A}$ 为 m 维正定对称矩阵，它所起的作用在于为不同的矩条件设定不同的权重，以反映这些矩条件在 GMM 估计中的相对重要性，其估计过程可简述为

$$0=\frac{\mathrm{d}}{\mathrm{d}\hat{\beta}}(\hat{\varepsilon}'\boldsymbol{ZAZ}'\hat{\varepsilon})=\frac{\mathrm{d}}{\mathrm{d}\hat{\varepsilon}}[\hat{\varepsilon}'(\boldsymbol{ZAZ}')\hat{\varepsilon}]\frac{\mathrm{d}(y-\boldsymbol{X}\hat{\beta})}{\mathrm{d}\hat{\beta}}=2\hat{\varepsilon}'\boldsymbol{ZAZ}'(-\boldsymbol{X})$$

将 $\hat{\varepsilon}=y-\boldsymbol{X}\hat{\beta}_{\mathrm{GMM}}$ 代入上式，可得

$$\hat{\beta}_{\mathrm{GMM}}=(\boldsymbol{X'ZAZ'X})^{-1}\boldsymbol{X'ZAZ'}y$$

把 $y=\boldsymbol{X}\beta+\varepsilon$ 代入 $\hat{\beta}_{\mathrm{GMM}}$，有

$$\begin{aligned}\hat{\beta}_{\mathrm{GMM}}&=(\boldsymbol{X'ZAZ'X})^{-1}\boldsymbol{X'ZAZ'}(\boldsymbol{X}\beta+\varepsilon)\\&=\beta+(\boldsymbol{X'ZAZ'X})^{-1}\boldsymbol{X'}\ \boldsymbol{ZAZ'}\varepsilon\end{aligned}$$

样本矩条件为 $\boldsymbol{Z}'\varepsilon=0$，所以

$$p\lim\hat{\beta}_{\mathrm{GMM}}=\beta+p\lim(\boldsymbol{X'ZAZ'X})^{-1}\boldsymbol{X'ZAZ'}\varepsilon=\beta$$

因此，GMM 估计量是具有一致性的。

GMM 估计量的有效性取决于加权矩阵 $\boldsymbol{A}$ 的选择。理论上，估计量的无效性是由各个矩条件的异质性和相关性造成的，因此，加权矩阵的有效性取决于其是否能使各个矩条件的方差相同，并去除其相关性，即有效加权矩阵 $\boldsymbol{A}_{\mathrm{E}}$ 应为矩条件方差协方差矩阵的逆矩阵：

$$\boldsymbol{A}_{\mathrm{E}}=[\mathrm{Var}(\boldsymbol{Z}'\varepsilon)]^{-1}=[\boldsymbol{Z}'\mathrm{Var}(\varepsilon)\boldsymbol{Z}]^{-1}=(\boldsymbol{Z}'\Omega\boldsymbol{Z})^{-1}$$

记 $y^*=(\boldsymbol{Z}'\Omega\boldsymbol{Z})^{-1/2}\boldsymbol{Z}'y$，$\boldsymbol{X}^*=(\boldsymbol{Z}'\Omega\boldsymbol{Z})^{-1/2}\boldsymbol{Z'X}$，$\varepsilon^*=(\boldsymbol{Z}'\Omega\boldsymbol{Z})^{-1/2}\boldsymbol{Z}'\varepsilon$，使用有效加权矩阵 $\boldsymbol{A}_{\mathrm{E}}$ 的 GMM 估计，相当于对方程 $y^*=\boldsymbol{X}^*\beta+\varepsilon^*$ 进行 OLS 估计。因此，残差的方差协方差矩阵为

$$\mathrm{Var}(\varepsilon^*)=(\boldsymbol{Z}'\Omega\boldsymbol{Z})^{-1/2}\boldsymbol{Z}'\mathrm{Var}(\varepsilon)\boldsymbol{Z}(\boldsymbol{Z}'\Omega\boldsymbol{Z})^{-1/2}=(\boldsymbol{Z}'\Omega\boldsymbol{Z})^{-1/2}\boldsymbol{Z}'\Omega\boldsymbol{Z}(\boldsymbol{Z}'\Omega\boldsymbol{Z})^{-1/2}=I$$

即随机误差的方差协方差矩阵为单位矩阵。由此可得，使用有效加权矩阵 $\boldsymbol{A}_{\mathrm{E}}$ 的 GMM 估计量 $\hat{\beta}_{\mathrm{E}}=[\boldsymbol{X'Z}(\boldsymbol{Z}'\Omega\boldsymbol{Z})^{-1}\boldsymbol{Z'X}]^{-1}\boldsymbol{X'Z}(\boldsymbol{Z}'\Omega\boldsymbol{Z})^{-1}\boldsymbol{Z}'y$ 为有效估计量。但在实际中，Ω 通常是未知的，这时需要对其进行估计后才能得到 $\hat{\beta}_{\mathrm{E}}$。

2.5.3 面板数据平稳性检验

1. 面板单位根检验

面板单位根检验法最早由 Abuaf 和 Jorion 于 1990 年提出，用以改善传统单一方程式的单位根检验的检定力问题。Levin 等（2002）延续其概念，在其回归方程式中加入滞后阶数项，使残差项符合白噪声的过程，修正了残差项具有异质序列相关的问题。考虑到实际中数据未必能达到同质的要求，IPS（Im-Pesaran-Shin）检验对 LL（Levin-Lin）检验的备择假设进行了拓展，其模型形式为

$$\Delta y_{it}=\alpha_i+\rho_i y_{it-1}+\zeta_{it}，\quad i=1,2,\cdots,N；\quad t=1,2,\cdots,T \tag{2.27}$$

式中，原假设为 H_0：$\rho_i=0,i=1,2,\cdots,N$；备择假设为 H_1：$\rho_i<0,i=1,2,\cdots,N_1;\rho_i=0,i=N_1+1,N_1+2,\cdots,N$。

写出式（2.27）的对数似然函数为

$$l_{NT}(\rho,\ \varphi)=\sum_{i=1}^{N}\left\{-\frac{T}{2}\ln 2\pi\sigma_i^2-\frac{1}{2\sigma_i^2}\sum_{i=1}^{T}(\Delta y_{it}-\alpha_i-\rho_i y_{it-1})^2\right\}$$

式中，$\rho=(\rho_1,\rho_2,\cdots,\rho_N)'$；$\varphi_i=(\alpha_i,\sigma_i^2)'$；$\varphi=(\varphi_1',\varphi_2',\cdots,\varphi_N')'$。使用式（2.28）进行面板数据单位根检验。在 IPS 检验中，Im、Pesaran 和 Shin 采用 LM 统计量，其基于组均值的 t 检验统计量为

$$\varphi_i=\frac{\sqrt{N}\left\{\overline{t}_{NT}-N^{-1}\sum_{i=1}^{N}E[t_{it}(p_i,0)|\rho_i=0]\right\}}{\sqrt{N^{-1}\sum_{i=1}^{N}\mathrm{Var}[t_{it}(p_i,0)|\rho_i=0]}} \tag{2.28}$$

式中，$\overline{t}_{NT}=N^{-1}\sum_{i=1}^{N}t_{NT}(p_i,\theta_i)$；$t_{NT}(p_i,\theta_i)$ 为个体的 t 检验；$E[t_{NT}(p_i,0)|\rho_i=0]$，$\mathrm{Var}[t_{it}(p_i,0)|\rho_i=0]$ 同样由随机模拟得到。

2. 面板协整检验

纵观面板协整检验的理论研究文献，按检验方法的基本思路划分，面板协整检验可分为两类：第一类面板协整检验是基于面板数据协整回归式残差数据单位根检验的面板协整检验，即 Engle-Granger 二步法的推广；第二类面板协整检验是从推广 Johansen 迹检验方法的方向发展面板协整检验。

Kao（1999）提出了下面两类面板协整检验：DF 检验和 ADF 检验。

考虑下列的面板模型

$$\begin{aligned}&y_{it}=x_{it}'\beta+z_{it}'\gamma+u_{it},i=1,2,\cdots,N;t=1,2,\cdots,T\\&x_{it}=x_{it-1}+\varepsilon_{it}\end{aligned} \tag{2.29}$$

DF 检验就是针对下面的残差进行回归：$\hat{u}_{it}=\hat{\rho}\hat{u}_{it-1}+v_{it}$。

零假设：没有协整关系，即 H_0：$\rho=1$，运用 OLS 可以得到这些估计值

$$\hat{\rho}=\frac{\sum_{i=1}^{N}\sum_{t=2}^{T}\hat{u}_{it}\hat{u}_{i,t-1}}{\sum_{i=1}^{N}\sum_{t=2}^{T}\hat{u}_{it}^2},t_{\rho}=\frac{(\hat{\rho}-1)\sqrt{\sum_{i=1}^{N}\sum_{t=2}^{T}\hat{u}_{it}^2}}{s_{\mathrm{e}}}$$

$$s_{\mathrm{e}}^2=(1/NT)\sum_{i=1}^{N}\sum_{t=2}^{T}(\hat{u}_{it}-\hat{\rho}\hat{u}_{i,t-1})^2$$

假定 $z_{it}=\alpha_i$，考虑到下列四类 DF 检验统计量

$$\mathrm{DF}_{\rho}=\frac{\sqrt{N}T(\hat{\rho}-1)+3\sqrt{N}}{\sqrt{10.2}}$$

$$\mathrm{DF}_t=\sqrt{1.25}t_{\rho}+\sqrt{1.875N}$$

$$\mathrm{DF}_{\rho}^{*}=\frac{\sqrt{N}T(\hat{\rho}-1)+\frac{3\sqrt{N}\hat{\sigma}_v^2}{\hat{\sigma}_{0v}^2}}{\sqrt{3+\frac{36\hat{\sigma}_v^4}{5\hat{\sigma}_{0v}^4}}}$$

$$\mathrm{DF}_t^* = \frac{t_\rho + \dfrac{\sqrt{6N}\hat{\sigma}_v}{2\hat{\sigma}_{0v}}}{\sqrt{\dfrac{\hat{\sigma}_{0v}^2}{2\hat{\sigma}_v^2} + \dfrac{3\hat{\sigma}_v^2}{10\hat{\sigma}_{0v}^2}}}$$

式中，$\hat{\sigma}_v^2 = \hat{\Sigma}_u - \hat{\Sigma}_{u\varepsilon}\hat{\Sigma}_\varepsilon^{-1}$，$\hat{\sigma}_{0v}^2 = \hat{\Omega}_u - \hat{\Omega}_{u\varepsilon}\hat{\Omega}_\varepsilon^{-1}$。

前两个统计量有一个前提假定也就是解释变量和随机扰动项之间的强外生性，后两个允许解释变量内生。

对 ADF 检验，进行下面的回归

$$\hat{u}_{it} = \rho\hat{u}_{i,t-1} + \sum_{j=1}^{p}\hat{v}_j\Delta\hat{u}_{i,t-j} + v_{itp} \tag{2.30}$$

零假设：没有协整关系，ADF 检验统计量为

$$\mathrm{ADF} = \frac{t_{\mathrm{ADF}} + \dfrac{\sqrt{6N}\hat{\sigma}_v}{2\hat{\sigma}_{0v}}}{\sqrt{\dfrac{\hat{\sigma}_{0v}^2}{2\hat{\sigma}_v^2} + \dfrac{3\hat{\sigma}_v^2}{10\hat{\sigma}_{0v}^2}}}$$

式中，t_{ADF} 为式（2.30）对应的 t 值，上述的四类 DF 检验统计量、ADF 检验统计量根据序贯收敛极限理论，它们都收敛于标准正态分布 $N(0,1)$。

2.6　空间数据模型

2.6.1　空间计量模型设定

1. 横截面数据线性空间依赖模型

在考虑建立包含各空间单位间的空间交互效应的模型时，通常先建立经典非空间线性回归模型，然后再逐步加强模型设定的假设条件，并通过模型设定检验来进行模型的比较与选择。经典的非空间线性回归模型为

$$\begin{aligned} &\boldsymbol{y} = \alpha\boldsymbol{I}_N + \boldsymbol{X}\boldsymbol{\beta} + \boldsymbol{\varepsilon} \\ &\boldsymbol{\varepsilon} \sim N(0, \sigma^2\boldsymbol{I}_n) \end{aligned} \tag{2.31}$$

式中，$\boldsymbol{y}$ 为 $N\times 1$ 向量，它由样本中每一个单位的被解释变量（$i=1,2,\cdots,N$）的样本观测值构成；α 为待估计的常数项参数；$\boldsymbol{I}_N$ 为一个 $N\times 1$ 的单位向量；$\boldsymbol{X}$ 为一个由每个单位的解释变量的样本观测值构成的 $N\times k$ 的矩阵；$\boldsymbol{\beta}$ 为包括 k 个待估参数的 $k\times 1$ 列向量；$\boldsymbol{\varepsilon}$ 为包含 N 个干扰项的列向量，其中，假设对所有 i 来说，$\boldsymbol{\varepsilon}_i$ 服从独立同分布（independent identically distributed，IID），其均值为零且方差为 σ^2，$\boldsymbol{I}_N$ 为 $N\times N$ 的矩阵。这种线性回归模型通常都使用 OLS 进行估计，故称这一模型为 OLS 模型。

如果将被解释变量 Y 的空间滞后项即内生交互效应考虑到模型中，这表示一个空间单位的被解释变量的取值会受到其他相邻空间单位的被解释变量的影响。通常，把这种含有内生交互效应的模型称为 SAR 模型，其模型形式设定如下：

$$
\begin{aligned}
&\boldsymbol{y}=\rho \boldsymbol{W}\boldsymbol{y}+\alpha \boldsymbol{I}_N+\boldsymbol{X}\boldsymbol{\beta}+\boldsymbol{\varepsilon}\\
&\boldsymbol{\varepsilon}\sim N(0,\sigma^2\boldsymbol{I}_n)
\end{aligned}
\tag{2.32}
$$

式中，$\boldsymbol{W}\boldsymbol{y}$ 为被解释变量间存在的内生交互效应；ρ 为空间自回归系数，表示了被解释变量间空间相关性的强弱；$\boldsymbol{W}$ 为 $N\times N$ 非负空间权重矩阵，它刻画的是截面上各空间单位间的空间相关结构，对它的选择与设定涉及一系列平稳性条件及对其进行的标准化过程，这将在 2.6.2 节中进行详细探讨。

如果将解释变量 $\boldsymbol{X}$ 的空间滞后项考虑到模型中，这表示特定空间单位的被解释变量取决于其他单位的独立的解释变量，这是一种外生交互效应。通常，把这种含有外生交互效应的模型称为 SLX 模型（带有因变量空间滞后项的模型），其模型形式设定如下：

$$
\begin{aligned}
&\boldsymbol{y}=\alpha \boldsymbol{I}_N+\boldsymbol{X}\boldsymbol{\beta}+\boldsymbol{W}\boldsymbol{X}\boldsymbol{\theta}+\boldsymbol{\varepsilon}\\
&\boldsymbol{\varepsilon}\sim N(0,\sigma^2\boldsymbol{I}_n)
\end{aligned}
\tag{2.33}
$$

式中，$\boldsymbol{W}\boldsymbol{X}$ 为解释变量间存在的外生交互效应；$\boldsymbol{\theta}$ 为包含了 k 个固定且未知的待估参数的列向量。一般来说，理论研究者并不重视带有外生交互效应的计量经济学模型，因为这些模型的估计并不会产生任何计量经济学问题。因此，空间计量经济学理论研究者通常不会将 SLX 作为所使用的分析工具的组成部分。

与 SAR 模型相反，SEM 考虑的是一般非空间线性模型中被遗漏的被解释变量的决定因素是相关的，或者不可观测的冲击服从空间交互的形式，即模型中随机干扰项具有相关性，其模型形式设定如下：

$$
\begin{aligned}
&\boldsymbol{y}=\alpha \boldsymbol{I}_N+\boldsymbol{X}\boldsymbol{\beta}+\boldsymbol{u}\\
&\boldsymbol{u}=\lambda \boldsymbol{W}\boldsymbol{u}+\boldsymbol{\varepsilon}\\
&\boldsymbol{\varepsilon}\sim N(0,\sigma^2\boldsymbol{I}_n)
\end{aligned}
\tag{2.34}
$$

式中，λ 为空间自相关系数，衡量了样本观测值中的空间依赖作用，即相邻空间单位的观测值对特定空间单位观测值的影响方向和程度。对 SEM 与 SAR 模型的估计与检验过程通常会伴随一系列计量经济学问题，因此，这两种空间经济计量模型成为空间计量研究的一大热点。

当同时考虑多个空间交互效应时，多种交互效应空间计量经济学模型应运而生。其中，主要有同时包含内生交互效应（$\boldsymbol{W}\boldsymbol{y}$）与误差项间交互效应（$\boldsymbol{W}\boldsymbol{u}$）的 SAC 模型；同时包含内生交互效应（$\boldsymbol{W}\boldsymbol{y}$）与外生交互效应（$\boldsymbol{W}\boldsymbol{X}$）的 SDM；同时包含外生交互效应（$\boldsymbol{W}\boldsymbol{X}$）与内生交互效应（$\boldsymbol{W}\boldsymbol{y}$）的空间杜宾误差模型（SDEM）及同时包含所有类型交互效应的一般嵌套的空间模型即广义嵌套空间（GNS）模型。

为了更直观地对截面数据空间计量模型的不同类别进行比较，将截面数据下不同空间依赖模型整理见表 2.1。

表 2.1　截面数据空间计量模型类别

模型	参数	模型形式
GNS	ρ、β、θ、λ	$\boldsymbol{y}=\rho \boldsymbol{W}\boldsymbol{y}+\alpha \boldsymbol{I}_N+\boldsymbol{X}\boldsymbol{\beta}+\boldsymbol{W}\boldsymbol{X}\boldsymbol{\theta}+\boldsymbol{u}$ $\boldsymbol{u}=\lambda \boldsymbol{W}\boldsymbol{u}+\boldsymbol{\varepsilon}$ $\boldsymbol{\varepsilon}\sim N(0,\sigma^2\boldsymbol{I}_n)$

续表

模型	参数	模型形式
SDEM	β、θ、λ	$\boldsymbol{y}=\alpha\boldsymbol{I}_N+\boldsymbol{X\beta}+\boldsymbol{WX\theta}+\boldsymbol{u}$ $\boldsymbol{u}=\lambda\boldsymbol{Wu}+\boldsymbol{\varepsilon}$ $\boldsymbol{\varepsilon}\sim N(0,\sigma^2\boldsymbol{I}_n)$
SDM	ρ、β、θ	$\boldsymbol{y}=\rho\boldsymbol{Wy}+\alpha\boldsymbol{I}_N+\boldsymbol{X\beta}+\boldsymbol{WX\theta}+\boldsymbol{\varepsilon}$ $\boldsymbol{\varepsilon}\sim N(0,\sigma^2\boldsymbol{I}_n)$
SAC	ρ、β、λ	$\boldsymbol{y}=\rho\boldsymbol{Wy}+\alpha\boldsymbol{I}_N+\boldsymbol{X\beta}+\boldsymbol{u}$ $\boldsymbol{u}=\lambda\boldsymbol{Wu}+\boldsymbol{\varepsilon}$ $\boldsymbol{\varepsilon}\sim N(0,\sigma^2\boldsymbol{I}_n)$
SEM	β、λ	$\boldsymbol{y}=\alpha\boldsymbol{I}_N+\boldsymbol{X\beta}+\boldsymbol{u}$ $\boldsymbol{u}=\lambda\boldsymbol{Wu}+\boldsymbol{\varepsilon}$ $\boldsymbol{\varepsilon}\sim N(0,\sigma^2\boldsymbol{I}_n)$
SLX	β、θ	$\boldsymbol{y}=\alpha\boldsymbol{I}_N+\boldsymbol{X\beta}+\boldsymbol{WX\theta}+\boldsymbol{\varepsilon}$ $\boldsymbol{\varepsilon}\sim N(0,\sigma^2\boldsymbol{I}_n)$
SAR	ρ、β	$\boldsymbol{y}=\rho\boldsymbol{Wy}+\alpha\boldsymbol{I}_N+\boldsymbol{X\beta}+\boldsymbol{\varepsilon}$ $\boldsymbol{\varepsilon}\sim N(0,\sigma^2\boldsymbol{I}_n)$
OLS	β	$\boldsymbol{y}=\alpha\boldsymbol{I}_N+\boldsymbol{X\beta}+\boldsymbol{\varepsilon}$ $\boldsymbol{\varepsilon}\sim N(0,\sigma^2\boldsymbol{I}_n)$

注：其中参数定义同上。

2. 面板数据空间计量模型

空间面板数据模型（spatial panel data model）具有空间数据结构特性且具有面板数据的多维性特征，在空间面板数据经济计量模型研究中，既要考虑空间特性，还需考虑面板数据截面维度与时间序列维度，具有更强的实用性。但是，空间面板数据模型结构更为复杂，涉及空间相关系数、空间权重矩阵、截面相关和时间序列相关问题，使得空间相关性检验和参数估计难度更大。Anselin 等（2004）和 Elhorst（2001，2003）将空间截面数据模型扩展到了空间面板数据模型，并给出了模型的设定、检验和估计等方法。通过添加下标 t 便可将上一节中的截面空间计量模型扩展成一个具有 N 个截面观测值且时间跨度为 T 的面板数据的空间-时间模型，其中，时间 t 从 1 到 T，它适用于这个模型的所有变量和误差项。扩展为 T 个时期观测值后的面板数据 GNS 模型为

$$\begin{aligned}\boldsymbol{y}_t&=\rho\boldsymbol{W}\boldsymbol{y}_t+\alpha\boldsymbol{I}_N+\boldsymbol{X}_t\boldsymbol{\beta}+\boldsymbol{W}\boldsymbol{X}_t\boldsymbol{\theta}+\boldsymbol{u}_t\\ \boldsymbol{u}_t&=\lambda\boldsymbol{W}\boldsymbol{u}_t+\boldsymbol{\varepsilon}_t\end{aligned} \tag{2.35}$$

通过对上述模型的一个或多个参数施加约束，这种相同的方法也可以适用于 OLS、SAR、SEM、SLX、SAC、SDM、SDEM 等其他空间模型中。但这种将截面与时间序列数据简单混合的估计模型没有考虑空间或时间的异质性。例如，不同背景下变量空间单位很可能是不同的，这些背景变量通常是特定空间的非时变变量且影响被解释变量，且这些空间背景变量很难测量或者很难获得，但不考虑这些变量可能导致估计结果出现偏误。解决

这一问题的一种方法是增加一个截距变量 μ_i，它表示被省略变量的效应且它对每个研究的空间单位具有不同的影响。增加的截距变量 μ_i 则是模型中加入的空间特定效应，通过空间特定效应对非时变变量进行控制，有利于减缓模型估计出现偏误。类似地，通过在模型中加入时间特定效应 ξ_t 则是对所有非空间变异变量进行控制。将上述空间-时间模型扩展为具有特定空间效应及特定时间效应的模型为

$$\begin{aligned} &\boldsymbol{y}_t = \rho \boldsymbol{W}\boldsymbol{y}_t + \alpha \boldsymbol{I}_N + \boldsymbol{X}_t\boldsymbol{\beta} + \boldsymbol{W}\boldsymbol{X}_t\boldsymbol{\theta} + \boldsymbol{\mu} + \boldsymbol{\xi}_t\boldsymbol{I}_N + \boldsymbol{u}_t \\ &\boldsymbol{u}_t = \lambda \boldsymbol{W}\boldsymbol{u}_t + \boldsymbol{\varepsilon}_t \\ &\boldsymbol{\mu} = (\mu_1, \mu_2, \cdots, \mu_N)' \end{aligned} \tag{2.36}$$

特定空间效应和特定时间效应可以视为固定效应或随机效应。在固定效应模型中对每一个空间单位和每一个时间都引入一个虚拟变量，然而在随机效应模型中 μ_i 和 ξ_t 都被当作随机变量，它们分别服从均值为0、方差为 σ_μ^2 和 σ_ξ^2 的独立同分布。而且假设随机变量 μ_i、ξ_t 和 ε_{it} 是独立同分布的。

空间相关性在面板数据模型中的设定方法与其在截面数据模型中的设定方法类似。空间面板数据模型最常见的形式主要包括固定效应空间模型（fixed effects spatial model）、随机效应空间模型（random effects spatial model）、空间似无关回归模型（spatial seeming unrelated regression model）、动态空间面板数据模型（dynamic spatial panel data model）。本节对各种类型的空间面板计量模型设定的表达式进行介绍，需要指出的是，特定时间效应的扩展很简单，除有特定说明，本节将暂时忽略特定时间效应。

（1）固定效应空间模型

固定效应空间滞后模型（fixed effects spatial lag model）表达式为

$$\boldsymbol{y}_t = \alpha \boldsymbol{I}_N + \rho \boldsymbol{W}\boldsymbol{y}_t + \boldsymbol{X}_t\boldsymbol{\beta} + \boldsymbol{\mu} + \boldsymbol{\varepsilon}_t, \boldsymbol{\varepsilon}_t \sim (0, \sigma^2{}_\varepsilon \boldsymbol{I}_n) \tag{2.37}$$

固定效应空间误差模型（fixed effects spatial error model）的表达式为

$$\boldsymbol{y}_t = \alpha \boldsymbol{I}_N + \boldsymbol{X}_t\boldsymbol{\beta} + \boldsymbol{\mu} + \boldsymbol{u}_t, \boldsymbol{u}_t = \lambda \boldsymbol{W}\boldsymbol{u}_t + \boldsymbol{\varepsilon}_t, \boldsymbol{\varepsilon}_t \sim (0, \sigma_\varepsilon{}^2 \boldsymbol{I}_n) \tag{2.38}$$

固定效应空间模型的一般表达式为

$$\boldsymbol{y}_t = \alpha \boldsymbol{I}_N + \rho \boldsymbol{W}\boldsymbol{y}_t + \boldsymbol{X}_t\boldsymbol{\beta} + \boldsymbol{\mu} + \boldsymbol{u}_t, \boldsymbol{u}_t = \lambda \boldsymbol{W}\boldsymbol{u}_t + \boldsymbol{\varepsilon}_t, \boldsymbol{\varepsilon}_t \sim (0, \sigma_\varepsilon{}^2 \boldsymbol{I}_n) \tag{2.39}$$

（2）随机效应空间模型

随机效应空间滞后模型（random effects spatial lag model）的表达式为

$$\boldsymbol{y}_t = \alpha \boldsymbol{I}_N + \rho \boldsymbol{W}\boldsymbol{y}_t + \boldsymbol{X}_t\boldsymbol{\beta} + \boldsymbol{\mu} + \boldsymbol{\varepsilon}_t, \boldsymbol{\mu} \sim (0, \sigma_\mu^2 \boldsymbol{I}_n), \boldsymbol{\varepsilon}_t \sim (0, \sigma_\varepsilon^2 \boldsymbol{I}_n) \tag{2.40}$$

随机效应空间误差模型（random effects spatial error model）的表达式为

$$\boldsymbol{y}_t = \alpha \boldsymbol{I}_N + \boldsymbol{X}_t\boldsymbol{\beta} + \boldsymbol{\mu} + \boldsymbol{u}_t, \boldsymbol{u}_t = \lambda \boldsymbol{W}\boldsymbol{u}_t + \boldsymbol{\varepsilon}_t, \boldsymbol{\mu} \sim (0, \sigma_\mu^2 \boldsymbol{I}_n), \boldsymbol{\varepsilon}_t \sim (0, \sigma^2{}_\varepsilon \boldsymbol{I}_n) \tag{2.41}$$

随机效应一般空间模型（random effects general spatial model）的表达式为

$$\boldsymbol{y}_t = \alpha \boldsymbol{I}_N + \rho \boldsymbol{W}\boldsymbol{y}_t + \boldsymbol{X}_t\boldsymbol{\beta} + \boldsymbol{\mu} + \boldsymbol{u}_t, \boldsymbol{u}_t = \lambda \boldsymbol{W}\boldsymbol{u}_t + \boldsymbol{\varepsilon}_t, \boldsymbol{\mu} \sim (0, \sigma_\mu^2 \boldsymbol{I}_n), \boldsymbol{\varepsilon}_t \sim (0, \sigma^2{}_\varepsilon \boldsymbol{I}_n) \tag{2.42}$$

式中，$\boldsymbol{\mu}(\mu_1, \mu_2, \cdots, \mu_N)$ 为那些不随时间改变的影响因素，这些因素多数情况下都是无法直接观测或难以量化的，如个人的消费习惯、国家的社会制度等，这种特定空间效应一般被

称为“个体效应”。固定效应空间计量模型即将“个体效应”视为不随时间改变的固定因素，而随机效应空间计量模型则将其视为随机因素，将特定空间效应作为一个虚拟变量引入空间面板滞后及空间面板误差模型中，则得到了修正后的固定效应 SAR 模型、SEM；相应地，若将空间效应当作服从均值为 0、方差为σ_μ^2的随机变量加入模型中，则得到修正后的“随机效应”模型。

（3）空间似无关回归模型

似无关回归（seeming unrelated regression，SUR）模型包括 N 个方程（N 为面板数据的截面个数），也就是说，针对每个截面单元有一个方程，其模型形式如下：

$$\boldsymbol{y}_{Nt} = \alpha \boldsymbol{I}_N + \boldsymbol{X}_{Nt}\boldsymbol{\beta}_{Nt} + \boldsymbol{\varepsilon}_{Nt}, \boldsymbol{\varepsilon}_{Nt} \sim (0, \sigma^2{}_\varepsilon \boldsymbol{I}_n) \tag{2.43}$$

SUR 模型的空间滞后模型形式如下：

$$\boldsymbol{y}_{Nt} = \alpha \boldsymbol{I}_N + \rho \boldsymbol{W}_N \boldsymbol{y}_{Nt} + \boldsymbol{X}_{Nt}\boldsymbol{\beta}_{Nt} + \boldsymbol{\varepsilon}_{Nt}, \boldsymbol{\varepsilon}_{Nt} \sim (0, \sigma^2{}_\varepsilon \boldsymbol{I}_n) \tag{2.44}$$

SUR 模型的空间误差模型形式如下：

$$\boldsymbol{y}_{Nt} = \alpha \boldsymbol{I}_N + \boldsymbol{X}_{Nt}\boldsymbol{\beta}_{Nt} + \boldsymbol{u}_{Nt}, \boldsymbol{u}_{Nt} = \lambda \boldsymbol{W} \boldsymbol{u}_{Nt} + \boldsymbol{\varepsilon}_{Nt}, \boldsymbol{\varepsilon}_{Nt} \sim (0, \sigma^2{}_\varepsilon \boldsymbol{I}_n) \tag{2.45}$$

在 SUR 模型中同时引入因变量空间自相关项和误差空间自相关项，得到 SUR 模型的一般空间面板数据模型（SUR general spatial panel data model）形式：

$$\boldsymbol{y}_{Nt} = \alpha \boldsymbol{I}_N + \rho \boldsymbol{W}_N \boldsymbol{y}_{Nt} + \boldsymbol{X}_{Nt}\boldsymbol{\beta}_{Nt} + \boldsymbol{u}_{Nt}, \boldsymbol{u}_{Nt} = \lambda \boldsymbol{W} \boldsymbol{u}_{Nt} + \boldsymbol{\varepsilon}_{Nt}, \boldsymbol{\varepsilon}_{Nt} \sim (0, \sigma^2{}_\varepsilon \boldsymbol{I}_n) \tag{2.46}$$

式中，$\boldsymbol{y}_{Nt}$ 为时期 t 的因变量 $N \times 1$ 维向量；$\boldsymbol{X}_{Nt}$ 为时期 t 的 $N \times k$ 维自变量矩阵；$\boldsymbol{\beta}_{Nt}$ 为时期 t 的 $N \times k$ 维回归参数向量；$\boldsymbol{W}_N$ 为空间权重矩阵；ρ 为空间滞后系数；λ 为空间自相关系数。

此外，在模型中引入自变量空间自相关项也是一种重要的空间模型形式，不过，一般来说，自变量空间自相关项（$\boldsymbol{WX}$）实质上相当于一个外生变量，该变量的引入，并不需要改变模型所需的参数估计方法。而引入自变量的滞后项后，随机效应、固定效应及空间 SUR 模型即可扩展到 SDM、SDEM 中。

（4）动态空间面板数据模型

将解释变量或（和）被解释变量、模型误差项的时间或（和）空间的滞后项（通常为一阶滞后项）加入静态空间面板数据模型中则形成了一个动态空间面板数据模型。首先研究一个在时间和空间上的广义的空间面板动态模型，它是现有研究的几个简单模型的一般化。这个一般化的模型在估计过程中可能产生识别问题，但对这个一般化模型的研究有利于我们更好地理解空间面板模型的动态。广义的动态空间面板数据模型公式如下：

$$\begin{aligned}
&\boldsymbol{y}_t = \tau \boldsymbol{y}_{t-1} + \rho \boldsymbol{W} \boldsymbol{y}_t + \eta \boldsymbol{W} \boldsymbol{y}_{t-1} + \boldsymbol{X}_t \boldsymbol{\beta}_1 + \boldsymbol{W} \boldsymbol{X}_t \boldsymbol{\beta}_2 + \boldsymbol{X}_{t-1} \boldsymbol{\beta}_3 + \boldsymbol{W} \boldsymbol{X}_{t-1} \boldsymbol{\beta}_4 + \boldsymbol{Z}_t \pi + \boldsymbol{u}_t \\
&\boldsymbol{u}_t = \nu \boldsymbol{u}_{t-1} + \lambda \boldsymbol{W} \boldsymbol{u}_t + \boldsymbol{u} + \boldsymbol{\xi}_t \boldsymbol{I}_N + \boldsymbol{\varepsilon}_t \\
&\boldsymbol{\mu} = \kappa \boldsymbol{W} \boldsymbol{\mu} + \boldsymbol{\zeta}
\end{aligned} \tag{2.47}$$

式中，$\boldsymbol{y}_t$ 为一个 $N \times 1$ 的向量，由时间 $t(t = 1, 2, \cdots, T)$ 上的样本中每个空间单位 $(i = 1, 2, \cdots, N)$ 的被解释变量的一个观测值构成；$\boldsymbol{X}_t$ 为 $N \times K$ 的外生解释变量矩阵；Z_t 为 $N \times L$ 的内生解释变量矩阵；带有下标 $t-1$ 的向量或矩阵是其序列滞后值，前面乘以 $\boldsymbol{W}$ 的向量或

矩阵是其空间滞后值；$\boldsymbol{W}$ 为一个已知的非负的常数权重矩阵。参数 τ 、ρ 和 η 分别为被解释变量在时间上的滞后值 $\boldsymbol{y}_{t-1}$、被解释变量在空间上的滞后值 $\boldsymbol{W}\boldsymbol{y}_t$ 及被解释变量在空间和时间上的滞后值 $\boldsymbol{W}\boldsymbol{y}_{t-1}$ 的响应参数；$\boldsymbol{\beta}_1$、$\boldsymbol{\beta}_2$、$\boldsymbol{\beta}_3$ 和 $\boldsymbol{\beta}_4$ 分别为外生解释变量的响应参数，且 π 为模型中内生解释变量的响应参数；$\boldsymbol{u}_t$ 为模型设定中的误差项，其中，ν 为误差项序列相关的系数；λ 为其空间自相关的系数，误差项在时间和空间上的滞后项由于在实证研究中并不常见，不将 $\boldsymbol{W}\boldsymbol{u}_{t-1}$ 考虑到模型中。$\boldsymbol{\mu}=(\mu_1,\mu_2,\cdots,\mu_N)'$ 包含了特定空间效应；$\boldsymbol{\xi}_t$ 则包含了特定时间效应，它们既可作为虚拟变量加入模型中（固定效应），也可被视为模型中的随机变量（随机效应）。若将空间效应设定为空间自相关的，则在模型中加入响应参数为 $\boldsymbol{\kappa}$ 的 $\boldsymbol{W}\boldsymbol{\mu}$ 项。此外，$\boldsymbol{\varepsilon}_t$、$\boldsymbol{\zeta}$ 均服从均值为 0，方差分别为 σ_ε^2、σ_ζ^2 的独立同分布。

现有文献大多集中表现在对动态但非空间的面板数据模型（Hsiao，2003；Arellano，2003）及空间但非动态模型的建立及估计上，少有研究混合了时间和空间上的动态空间面板数据模型。早期扩展的空间动态模型将误差项设定中的时间和空间混合在一起（Baltagi et al.，2003；Kapoor et al.，2007），但这种方法没有考虑到回归方程中的被解释变量和解释变量的时间-空间滞后项。Elhorst（2005）及 Yang 等（2006）通过将回归方程设定为一个动态面板数据模型，并把随机误差项设定为空间误差模型的方式扩展时间-空间动态空间面板模型。Ertur 和 Koch（2007）及 Elhorst 等（2010）在研究国家或地区之间的增长和收敛的问题上，构建了包含动态效应的 SDM：

$$\boldsymbol{y}_t=\tau\boldsymbol{y}_{t-1}+\rho\boldsymbol{W}\boldsymbol{y}_t+\eta\boldsymbol{W}\boldsymbol{y}_{t-1}+\boldsymbol{X}_t\boldsymbol{\beta}_1+\boldsymbol{W}\boldsymbol{X}_t\boldsymbol{\beta}_2+\boldsymbol{u}_t \tag{2.48}$$

这一模型同时考虑了被解释变量在时间上的滞后值 $\boldsymbol{y}_{t-1}$、被解释变量在空间上的滞后值 $\boldsymbol{W}\boldsymbol{y}_t$ 及被解释变量在空间和时间上的滞后值 $\boldsymbol{W}\boldsymbol{y}_{t-1}$，但其使用范围仍十分有限。目前还未有动态空间面板数据模型进行直接估计的程序，原因在于当将这些方法/模型综合在一起时，使用动态但非空间的面板数据模型或空间但非动态的面板数据模型的估计程序所得到的估计是有偏的。

2.6.2　空间权重矩阵

空间权重矩阵的选取问题是空间计量模型中一个重要的研究热点，如何有效合理地设定空间权重矩阵对空间计量模型的估计、检验及模型整体的拟合效果都有显著的影响。权重矩阵的构造通常建立在人们对空间数据的先验认识和可操作性的基础之上，Getis 指出，权重矩阵的选取可以从理论分析、图形的拓扑性质、经验方法等多种角度进行比较和权衡。从近几十年来不同中外学者提出的空间权重矩阵的构造方法来看，大致可将这些方法分为两类：基于外生变量构造空间权重矩阵和基于数据统计量来构造空间权重矩阵。

从构造空间权重矩阵的发展轨迹来看，基于外生变量构造的方法最为经典，主要是利用样本在地理分布上的信息来计算空间权重矩阵。自 20 世纪 50 年代 Moran（1948）提出构造较为简单的二进制连接权重矩阵起，许多改进方法和技术相继问世，如 Berry 和 Marble（1968）重新设定了连接的定义，提出用 Queen 型定义来构造权重矩阵，Cliff 和 Ord（1973，1981）通过距离和公共边界来计算空间变量相互影响的程度大小来确定权重矩阵，Zhang

和 Murayama（2000）基于 Delaunay 三角不规则网络提出了 K 阶近邻矩阵。当然，随着理论研究的继续发展和越来越多统计学方法的引入，空间权重矩阵的构造方法得到了进一步的拓展和延伸，包括带宽衰减、高斯距离衰减和三次距离衰减等。

同时伴随着计算方法的改进，采用空间样本数据的局部统计量来确定空间权重矩阵的方法也得到了发展，如 Anselin（1995）提出通过最大化 Moran's I 的方法来选取合适的空间权重矩阵，Getis 和 Aldstadt（2004）建议采用最大化局部统计量来确定空间样本的关联程度，从而计算合适的空间权重矩阵。

$\boldsymbol{W}$ 可用矩阵表示为

$$\boldsymbol{W}=\begin{pmatrix} w_{11} & \cdots & w_{1n} \\ \vdots & \ddots & \vdots \\ w_{m1} & \cdots & w_{mn} \end{pmatrix} \tag{2.49}$$

最初对空间依赖性或空间自相关的测度，是基于空间单元间的二进制邻接性思想进行的，邻接性由 0 和 1 两个值表达。如果两个空间单元有非零长度的公共边界，就认为两者是相邻的，对应的二进制连接矩阵的元素赋值为 1。这种定义下的空间权重矩阵也叫作二进制连接矩阵（binary contiguity matrix）。元素定义形式如下：

$$\boldsymbol{W}_{ij}=\begin{cases} 1, & i\text{与}j\text{相邻} \\ 0, & i=j\text{或}i\text{与}j\text{不相邻} \end{cases} \tag{2.50}$$

式中，i、j 分别为第 i 个和第 j 个空间单元（i、$j\in[1,n]$），n 为空间单元个数。二进制的邻接性认为只有相邻的空间单元之间才有空间交互，这只是对空间模型中的空间单元之间交互程度的一个很有限的表达方式。而且这种邻接性对许多拓扑转换并不敏感，换句话说，一个相同的连接矩阵可以代表许多不同的空间单元的分布方式。因此，许多空间分析学家对空间权重矩阵做了进一步研究。

二进制式的邻接性概念经 Cliff 和 Ord 扩展，引入了对两个空间单元的潜在相互影响的总体测度，即采用空间权重矩阵 $\boldsymbol{W}$，也称为 Cliff Ord 权重矩阵。一般形式为

$$\boldsymbol{W}_{ij}=[d_{ij}]^{-a}[\beta_{ij}]^{b} \tag{2.51}$$

式中，d_{ij} 为空间单元 i 和 j 之间的距离；β_{ij} 为第 i 个空间单元与第 j 个空间单元共享的边界长度占 i 单元总边界长度的比例；a 和 b 为参数。

Dacey（1968）提出权值的确定还要考虑空间单元的相对面积，他给出 $\boldsymbol{W}_{ij}$ 的定义为

$$\boldsymbol{W}_{ij}=d_{ij}\times a_{i}\times\beta_{ij} \tag{2.52}$$

式中，d_{ij} 对应二进制元素 1 或 0；a_i 为第 i 个单元的面积占整个空间系统所有单元的总面积的比例；β_{ij} 为第 i 个空间单元与第 j 个空间单元共享的边界长度占 i 单元总边界长度的比例。这两种权值的定义方法都与空间单元的物理特征紧密相连，与二进制连接矩阵一样，当空间单元由点构成时，这种定义方法就会失效，而采用的解决办法即利用泰森多边形所确定的边界长度和面积又存在很大程度的主观性。另外，当所考虑的空间相互关系由某些因素如纯粹的经济变量决定，而这可能与地图上的空间边界的结构关系很小时，采用基于空间邻近及空间距离生成的空间权重矩阵是没有意义的。

为了进行更简单的解释，常见的做法是对 $\boldsymbol{W}$ 进行标准化，以此使其每一行的元素的

和等于 1。$\boldsymbol{W}$ 非负，确保了所有的权重都介于 0～1，且把加权操作所带来的效应解释为对其邻近单位的取值进行平均化。作为一种替代，也可以对 $\boldsymbol{W}$ 进行列标准化，使其每一列元素的和等于 1。新的社会经济文献中有时会使用这种类型的标准化方法（Leenders，2002）。值得注意的是，空间权重矩阵列元素表示一个特定空间单位对所有其他空间单位的影响，而空间权重矩阵行元素表示所有其他空间单位对一个特定空间单位的影响。因此，行标准化的效应是把其他空间单位对一个特定空间单位的影响进行均等化，而列标准化的效应是把一个特定空间单位对所有其他空间单位的影响进行均等化。

在实际应用中，要根据具体情况选择空间权重矩阵。在区域科学的大多数应用中，空间权重矩阵是根据距离关系和简单相邻性生成，距离可以通过游历时间来计算；而在大多数社会逻辑学的空间分析应用中，空间权重矩阵由社会网络理论概念来确定。对选择哪种空间权重矩阵没有很强的理论依据的时候，可以考察空间回归模型对采用各种权重矩阵的适用程度，检验回归结果对权重矩阵形式的敏感性。如果统计分析的目的是建立更适合观测数据的模型，那么具有更好的方差分析结果的权重矩阵形式就应该是我们的选择，这也意味着空间权重矩阵 $\boldsymbol{W}$ 是在考察模型的方差分析之后指定的。

2.6.3　空间自相关

1. 截面空间自相关检验

从地理学的角度来说，空间自相关性是指一些变量在同一个分布区内的观测数据之间潜在的相互依赖性。Tobler（1970）提出“地理学第一定律”，即任何东西与别的东西之间都是相关的，但近处的东西比远处的东西相关性更强。空间自相关统计量是用于度量地理数据的一个基本性质：某位置上的数据与其他位置上的数据间的相互依赖程度。通常把这种依赖称为空间依赖。地理数据由于受空间相互作用和空间扩散的影响，彼此之间可能不再相互独立，而是相关的。在统计上，透过相关分析可以检测两种现象（统计量）的变化是否存在相关性，如消费水平往往与人的收入有关。若其分析统计量为不同观测对象的同一属性变量，则称为自相关，即空间自相关是研究“某空间单元与其周围的空间单元的某种属性值，通过统计方法进行空间自相关程度的计算，以分析这些空间单元在空间上分布现象的特征”。自相关的三种形式分别为正相关、负相关及无相关。正相关即相邻地区间存在较为相似的属性，也称为空间依赖性；负相关则反映出相邻地区间属性差异较大，也称为空间异质性；无相关是指无法辨别空间效应，观测值在空间上随机变化。

测度空间自相关的度量方法分为全局空间自相关检验及局部空间自相关检验，全局空间自相关是对属性在整个区域空间特征的描述，局部空间自相关是研究范围内各空间位置与各自周围邻近位置的同一属性相关性。全局空间自相关分析主要是从整体上刻画变量之间的空间关联和集聚模式，常用全局 Moran's I 来进行全局空间自相关性检验；局部空间自相关分析可用来测量每个地区与周围地区的空间关联程度和空间差异状况，并将局部关联和局部差异的空间格局可视化，可以直观地揭示变量在局部空间上的关联程度和集聚模式，一般采用 Moran 散点图、局部空间关联指标（LISA）（如局部 Moran's I、局部 Getis-Ord G、局部 Geary's C 等指标）来衡量。

（1）全局空间自相关性

全局空间自相关性检验整个研究区域内空间单位间是否存在空间关联性特征，通常用全局 Moran's I（Moran，1950）测度，公式如下：

$$I=\frac{\sum_{i=1}^{n}\sum_{j=1}^{n}w_{ij}(x_i-\overline{x})(x_j-\overline{x})}{S^2\sum_{i=1}^{n}\sum_{j=1}^{n}w_{ij}} \tag{2.53}$$

式中，$S^2=\frac{1}{n}\sum_{i=1}^{n}(x_i-\overline{x})^2, \overline{x}=\frac{1}{n}\sum_{i=1}^{n}x_i$；$x_i$、$x_j$ 为第 i 个、第 j 个空间单位的观测值；n 为空间单位个数；w_{ij} 为空间单位 i 和 j 的邻近关系。I 的取值范围为 $I\in(-1,1)$。I 值越接近 1，越表明具有相似属性的空间单元产生集聚；I 值越接近−1，越表明具有相异属性的空间单元产生集聚。如果 Moran's I 接近或等于 0，表明空间单元属性属于随机分布状态（Cliff and Ord，1981）。

对全局 Moran's I，可以用标准化统计量 $Z(I)$ 来检验全局空间自相关的显著性水平。$Z(I)$ 的计算公式为

$$Z(I)=\frac{[I-E(I)]}{\sqrt{\mathrm{Var}(I)}} \tag{2.54}$$

式中，$E(I)=\frac{-1}{(n-1)}$ 为 Moran's I 的理论期望；$\mathrm{Var}(I)$ 为 Moran's I 的理论方差。

另一种全局空间自相关的度量方法是全局 Geary's C，公式如下：

$$C=\frac{(n-1)\sum_{i=1}^{n}\sum_{j=1(i\neq j)}^{n}w_{ij}(x_i-x_j)^2}{2nS^2\sum_{i=1}^{n}\sum_{j=1(i\neq j)}^{n}w_{ij}} \tag{2.55}$$

式中，参数含义同全局 Moran's I。全局 Geary's C 值的取值范围为 $C\in(0,2)$，数学期望恒为 1。C 值为 1 表示无空间自相关性，当全局 Geary's C 的观察值小于 1 并且具有统计意义时，表示存在正空间自相关即空间依赖性，当全局 Geary's C 的观察值大于 1 时表示存在负空间自相关即空间差异性。其假设检验的方法同全局 Moran's I。值得注意的是，全局 Geary's C 的数学期望不受空间权重、观察值和样本量的影响且恒为 1，导致全局 Geary's C 较全局 Moran's I 指数的统计性能差，这可能是全局 Moran's I 应用更为广泛的原因，且相对于 Moran's I，Geary's C 更适用于局域空间自相关的检验。

全局 Getis-Ord G 与全局 Moran's I 和全局 Geary' s C 测量空间自相关的方法相似，其分子的交叉乘积项不同，即测量邻近空间位置观察值近似程度的方法不同，其计算公式为

$$G(d)=\frac{\sum_{i=1}^{n}\sum_{j=1(i\neq j)}^{n}w_{ij}(d)x_ix_j}{\sum_{i=1}^{n}\sum_{j=1(i\neq j)}^{n}x_ix_j} \tag{2.56}$$

式中，参数含义同上。全局 Getis-Ord G 直接采用邻近空间单位的观察值之积来测量其近

似程度，与全局 Moran's I 和全局 Geary's C 不同的是，全局 Getis-Ord G 定义空间邻近的方法只能是距离权重矩阵 $w_{ij}(d)$，是通过距离 d 定义的，认为在距离 d 内的空间单位是邻近的，如果空间单位 j 在空间单位 i 的距离 d 内，那么权重 $w_{ij}(d)=1$，否则为 0。从式(2.56)中可以看出，在计算全局 Getis-Ord G 时，如果空间单位 i 和 j 在设定的距离 d 内，那么它们包括在分子中；如果距离超过 d，则没有包括在分子中，而分母中则包含了所有空间单位 i 和 j 的观察值 x_i、x_j，即分母是固定的。如果邻近空间单位的观察值都大，全局 Getis-Ord G 的值也大；如果邻近空间单位的观察值都小，全局 Getis-Ord G 的值也小。因此，可以区分"热点区"（观察值大的空间单位相互邻近得到的正空间自相关）和"冷点区"（观察值小的空间单位相互邻近得到的正空间自相关）两种不同的正空间自相关，这是全局 Getis-Ord G 的典型特性，但是它在识别负空间自相关时效果不好。全局 Getis-Ord G 的数学期望 $E(G)=\dfrac{W}{n(n-1)}$，当大于数学期望并具有统计意义时，处于"热点区"；小于数学期望则处于"冷点区"。其假设检验的方法同全局 Moran's I 及全局 Geary's C 指数。

（2）局部空间自相关性

Anselin（1995）指出，地区间空间关联的局部分布可能会出现全域指标所不能反映的"非典型"情况，甚至出现局部空间关联趋势与全域趋势相反的情况。Moran's I 是对空间相关性的整体进行评估，容易忽略空间过程的潜在不稳定性，特别是对空间差异较大的空间过程，因此，需要进一步考虑是否存在观测值的高值或低值局部集聚现象，以及空间相关性的全局评估在多大程度上掩盖了反常的局部状况或小范围的局部不稳定性。

对空间关联的局部特性进行观察最常用的指标是 Anselin（1995）提出的 LISA，可以揭示空间参考单元与其邻近的空间单元属性特征值之间的相似性或相关性，识别空间集聚和空间孤立特征，探测空间异质性。在 LISA 中最常用的是局部 Moran's I，其计算公式为

$$I_i=\frac{x_i-\overline{x}}{\sigma}\sum_{j=1(i\neq j)}^{n}w_{ij}\frac{x_j-\overline{x}}{\sigma} \tag{2.57}$$

式中，σ 为观察值之间的标准差，其余参数定义同全局 Moran's I。对局部 Moran's I 值通过计算 Z 值 $Z(I_i)=\dfrac{I_i-E(I_i)}{\sqrt{\mathrm{Var}(I_i)}}$ 进行有无统计学意义的假设检验。$E(I_i)$ 为空间单位 i 的局部 Moran's I 的数学期望，$\mathrm{Var}(I_i)$ 为空间单位的局部 Moran's I 的方差。

与全局 Geary's C 相对应的检验局部空间自相关的指数称为局部 Geary's C。其计算公式如下：

$$C_i=\sum_{j=1(i\neq j)}^{n}w_{ij}\left(\frac{x_i-\overline{x}}{\sigma}-\frac{x_j-\overline{x}}{\sigma}\right)^2 \tag{2.58}$$

参数定义和假设检验同局部 Moran's I。局部 Geary's C 的值小于数学期望，并且有统计学意义时，提示存在局部的正空间自相关；大于数学期望，提示存在局部的负空间自相关。

局部 Getis-Ord G 同全局 Getis-Ord G 一样，只能采用距离定义的空间邻近方法生成权重矩阵，其计算公式为

$$G_i(d)=\frac{\sum_{j=1(i\neq j)}^{n} w_{ij}(d)x_j}{\sum_{j=1}^{n} x_j} \tag{2.59}$$

参数定义与假设检验同全局 Getis-Ord G。当局部 Getis-Ord G 的值大于数学期望，并且有统计学意义时，提示存在“热点区”；当局部 Getis-Ord G 的值小于数学期望，提示存在“冷点区”。缺点是识别负空间自相关时效果较差。

Moran 散点图可将各空间单位直观地分为四个象限的可视集聚模式，分别识别各空间单位之间的空间关系。

2. 面板数据空间自相关检验

与截面空间计量模型相关性检验相似，空间面板数据模型自相关性检验最常用的方法为 Moran's I 检验。Moran（1950）提出的 Moran's I 检验是截面数据模型空间自相关性检验最常用的方法，但不能直接应用于空间面板数据模型空间相关性的检验。Arbia（2005）将截面数据 Moran's I 检验扩展到空间面板数据模型：

$$I=\frac{\boldsymbol{e}'\boldsymbol{W}_{NT}\boldsymbol{e}}{\boldsymbol{e}'\boldsymbol{e}} \tag{2.60}$$

式中，$\boldsymbol{e}$ 为面板数据模型 OLS 估计残差；$\boldsymbol{W}_{NT}=I_T\otimes W$ 为空间权重矩阵，$\boldsymbol{I}_T$ 为 T 维单位矩阵，$\otimes$ 为克罗内克积。同截面空间经济计量模型空间相关性 Moran's I 检验一样，空间面板数据模型空间相关性 Moran's I 检验依赖于误差项服从经典分布。

2.6.4　空间效应检验

1. 截面数据下的空间效应检验

空间效应检验是空间经济计量分析的前提。目前，学术界对空间效应的研究主要集中在空间相关性的检验方面。空间经济计量模型空间相关性检验的方法较多，也较为成熟，常见的有空间 Moran's I 及 LM、LR 和 Rao's Score 等检验方法。实际上，根据空间效应中空间相关性的产生机理，可直接将这些检验方法分为两类：空间误差依赖性检验和空间滞后依赖性检验。其中，Moran's I 检验是最常见的空间自相关性检验方法，但是不能对空间经济计量模型是空间滞后相关还是空间误差相关进行直接辨识。因此，需要通过 LM 检验来进行判断。LM 检验可分为空间滞后模型（LM-Lag）检验和空间误差模型（LM-Error）检验，通过比较 LM-Lag 检验和 LM-Error 检验的显著性确定空间经济计量模型是 LM-Lag 检验还是 LM-Error 检验。Moran's I、LM 检验是空间经济计量模型空

间相关性检验最常用的检验方法，在不需要区分空间经济计量模型具体形式时，可以采用Moran's I检验，在需要区分空间经济计量模型具体形式的情形下，则可以采用LM-Lag检验和LM-Error检验。

在进行空间计量模型选择时，依据截面空间依赖及空间误差依赖检验结果，判定观测值所包含的空间交互效应的类型。其中，SEM及SAR模型是应用最为广泛的模型。Anselin（1988b）针对空间计量经济学的建模给出了模型选择的流程：空间计量经济学建模首先要从OLS模型开始，用OLS回归后的残差进行LM检验。该检验包含两个统计量：LM-Error和LM-Lag。如果这两个统计量均不显著，则选择OLS模型作为最终模型；若只有一个统计量显著，那么LM-Error统计量显著则指向SEM，而LM-Lag统计量显著则指向SAR模型。如果两个统计量均显著，则可继续进行稳健性（Robust）的LM检验，相应地该检验也包含两个统计量，即Robust LM-Error和Robust LM-Lag。其中，若Robust LM-Error统计量显著则指向SEM，而Robust LM-Lag统计量显著则指向SAR模型。在实证分析中，LM检验结果是判断两种模型优劣的标准检验。但是，该检验仅仅是基于统计推断，而忽略了经济学的基本理论基础，也就是说该检验并不负责因变量空间滞后项是否有理论基础。因此，仅仅依据LM检验结果可能导致错误的模型设定。在判断空间计量经济学模型时，不应该仅仅依据LM检验结果，而应该结合实际的经济学意义进行建模。有关空间回归模型设定的选择，Anselin提出三个统计量，并且若模型设定正确，应该遵从Wald统计量＞Log likelihood统计量＞LM统计量。因此，在空间回归模型的结果中，应该报告出这3个统计量的数值大小并进行对比。在实证分析中，SEM作为一种空间回归模型经常被选择性地遗忘，而该模型的适用性较SAR模型要广泛。在因变量的空间溢出效应缺乏理论基础时，应当首先考虑误差可能存在的空间依赖性。而在选择空间误差模型时，也应该考虑外生变量的空间交互效应，即考虑SDEM。

Burridge（1980）最早提出误差项是否存在空间相关性即观测值是否存在空间误差依赖的LM-Error检验并且给出了检验统计量的表达式。截面空间滞后效应检验方法主要有空间自回归移动平均的LM检验SARMA（Anselin and Florax，1995）、空间滞后依赖性的LM检验LM-Lag（Anselin，1988b）和基于空间误差依赖性存在稳健性的空间滞后依赖性检验LM-el（Bera and Yoon，1993），其中，国内最常用的是Anselin（1988b）推导出的可以直接检验SAR模型是否存在相关性的LM-Lag检验统计量。特殊地，当数据生成过程满足模型经典分布时，基于渐近分布理论的LM-Error检验效果和LM-Lag检验效果较好，且模型设定正确时，LM-Error检验和LM-Lag检验具有良好的有限样本性质。然而，当模型设定错误时，仍采用LM-Error检验和LM-Lag检验进行空间相关性检验将产生较大的水平扭曲。Bera和Yoon（1993）提出了因变量存在自相关但被忽略时的稳健LM-Error检验统计量及误差项存在空间自相关但被忽略时的稳健LM-Lag检验统计量。

2. 面板数据空间依赖效应检验

（1）LM检验

空间面板数据模型的个体效应也包括随机效应和固定效应两种。已有研究只涉及随机个体效应检验，包括边际检验（无其他空间效应，针对个体效应的检验）和条件检验（假定存在其他空间效应时，针对个体效应即固定效应和随机效应的检验）。Baltagi 等（2003）推导出了可以用于空间随机效应面板模型误差相关的边际 LM 检验方法。Baltagi 等（2007）提出了空间面板数据误差自相关模型的随机效应条件的检验统计量。接着，Baltagi 和 Liu（2008）提出了随机效应空间滞后模型的条件 LM 检验的检验统计量。Montes-Rojas（2010）提出了存在因变量相关的随机效应稳健检验的检验统计量。He 和 Lin（2011）提出了随机效应 SAR 模型的 LM 检验统计量。目前，学者仅对空间面板数据模型个体效应随机效应的关注较多，较少有研究涉及固定效应的检验。

根据空间面板数据模型个体效应设定不同，LM-Lag 检验统计量分为固定效应 LM-Lag 检验和随机效应 LM-Lag 检验。LM-Error 检验也可以分为固定效应 LM-Error 检验和随机效应 LM-Error 检验。Debarsy 和 Ertur（2010）提出固定效应 SAR 模型的 LM-Lag 检验和 LM-Error 检验统计量。Baltagi 和 Liu（2008）提出随机效应 SAR 模型的 LM-Lag 检验统计量。He 和 Lin（2011）提出了随机效应 SAR 模型的 LM-Error 检验统计量。当数据生成过程模型设定正确时，LM-Lag 检验和 LM-Error 检验十分有效。但当模型存在误设时或数据生成过程不满足假定条件的情况下，LM-Lag 检验和 LM-Error 检验将会失效。Sen 和 Bera（2011）提出了空间面板数据模型空间相关性稳健 LM 检验，可以解决模型存在误设情形时的空间相关性检验问题；Elhorst（2010）在 Anselin 等（2008）研究的基础上，推导出了空间混合模型稳健 LM-Lag 检验和 LM-Error 检验的检验统计量；He 和 Lin（2011）分别推导出存在固定效应和随机效应的稳健 LM 检验统计量，并进行了模拟实验。

Anselin 等（2008）对空间面板模型设定了传统的 LM 检验，Elhorst（2010）证明了用于空间面板回归模型的 LM 检验的稳健形式。

（2）Hausman 检验

经典面板数据模型的 Hausman 检验用来检验面板数据模型个体效应，发展得已经较为成熟。但是，在空间面板数据模型中，由于引入了空间相关性，经典面板数据模型的 Hausman 检验不能用于空间面板数据模型的个体效应检验。Pace 和 Lesage（2008）提出了适用于空间面板数据模型的空间 Hausman 检验方法，但该方法仅能用于辨别模型的估计形式，而不能用于判断空间面板数据模型个体效应的具体形式（固定效应还是随机效应）；Baltagi 和 Pirotte（2010）通过研究认为，空间面板数据模型 Hausman 检验在检验上具有较大的水平扭曲，这说明 Hausman 检验在空间面板数据模型个体效应检验中无效；Mutl 和 Pfaffermayr（2011）构造了空间 Hausman 检验，并证明空间 Hausman 检验服从 $\chi^2(k)$ 分布。以 Mutl 和 Pfaffermayr（2011）构造的 Cliff-Ord 模型的空间 Hausman 检验为例，空间 Hausman 统计量计算公式如下：

$$\hat{H}_N = NT(\hat{\theta}_{\mathrm{FGLS},N} - \hat{\theta}_{\mathrm{FW},N})'(\hat{\Sigma}_{\mathrm{FW},N} - \hat{\Sigma}_{\mathrm{FGLS},N})(\hat{\theta}_{\mathrm{FGLS},N} - \hat{\theta}_{\mathrm{FW},N}) \tag{2.61}$$

式中，$\hat{\theta}_{\mathrm{FGLS},N}$、$\hat{\theta}_{\mathrm{FW},N}$ 分别为可行 GLS 估计方法下的空间随机效应模型及空间固定效应模型的估计量；$\hat{\Sigma}_{\mathrm{FGLS},N}$、$\hat{\Sigma}_{\mathrm{FW},N}$ 分别为其对应的方差协方差矩阵。特别地，Mutl 和 Pfaffermayr（2011）指出一旦变量进行了空间 Cochrane-Orcutt 转换，标准经济计量软件将直接报告 Hausman 统计量。

2.6.5 空间计量模型估计

空间计量经济学的估计方法主要包括 ML 估计方法(Ord，1975)、QML 法(Lee，2004)、IV 法（Anselin，1988a）、GMM 估计方法（Kelejian and Prucha，1998）和贝叶斯空间模型 MCMC[①]估计方法（Lesage，1997）。根据数据结构的差异，空间计量模型有三种不同的估计模型，分别是横截面模型估计、空间面板模型估计和动态空间面板模型估计。在截面数据中 QML 和 IV/GMM 的优点是模型的误差扰动项不依赖于正态分布的假设，Liu 和 Lee（2013）的研究表明，IV/GMM 在估计线性空间依赖性模型或处理模型内生性方面具有很强的优势；对空间面板模型的估计方法，Lesage 和 Pace（2009）、Elhorst（2014）主张采用 ML 估计方法和贝叶斯法，但是对空间面板下的不同模型估计，设定有所差异。

ML 估计方法是空间计量模型中使用最广泛的方法。ML 估计方法首先假定误差项服从某种分布，根据该分布推导似然函数，然后根据似然函数对各个参数进行估计。由于需要事先假定误差项符合某种分布，ML 估计方法往往需要大样本数据。本节将只考虑一个既包含空间自相关同时也存在空间误差自相关的广义模型对 ML 估计方法进行简单引入，在第 5 章介绍常见的空间面板模型中将会对各类模型的 ML 估计步骤进行更为详尽的介绍。

考虑一个既包含空间自相关同时也存在空间误差自相关的 SAC 模型，定义 $\boldsymbol{A}=\boldsymbol{I}-\delta\boldsymbol{W}_1$，$\boldsymbol{B}=\boldsymbol{I}-\lambda\boldsymbol{W}_2$，上述模型可改写为

$$\boldsymbol{BAy}=\boldsymbol{BX\beta}+\boldsymbol{u} \tag{2.62}$$

由

$$\boldsymbol{\Omega}\equiv \mathrm{Var}[\boldsymbol{uu}']=\boldsymbol{BA}\mathrm{Var}[\boldsymbol{y}]\boldsymbol{A}'\boldsymbol{B}'$$

若满足 $|\boldsymbol{A}|\neq 0$ 且 $|\boldsymbol{B}|\neq 0$，则上式可化为

$$|\mathrm{Var}[\boldsymbol{y}]|=|\boldsymbol{\Omega}|\cdot[|\boldsymbol{A}|\cdot|\boldsymbol{B}|]^{-2}$$

由此可得对数似然函数如下：

$$\ln L=-\frac{N}{2}\ln 2\pi-\frac{1}{2}\ln\{|\boldsymbol{\Omega}|\cdot[|\boldsymbol{A}|\cdot|\boldsymbol{B}|]^{-2}\}[\boldsymbol{BAy}-\boldsymbol{BX\beta}]'\boldsymbol{\Omega}^{-1}[\boldsymbol{BAy}-\boldsymbol{BX\beta}] \tag{2.63}$$

对上述对数似然函数求一阶导条件 $\frac{\partial L}{\partial \boldsymbol{\beta}}=0$、$\frac{\partial L}{\partial \delta}=0$、$\frac{\partial L}{\partial \lambda}=0$ 进行参数求解，但这一问题没有解析解，只能通过数值方法进行求解，即 ML 估计量在数值上实际等价于 GLS 估计量。

① MCMC 表示马尔可夫链蒙特卡罗。

第3章　时序数据门槛模型

3.1　时序数据门槛模型概述

3.1.1　时序数据门槛模型的发展历程

对时间序列分析从其起源直到20世纪70年代，一直被线性的假设主导，几乎所有的时间序列模型都是线性的。在70年代后期，人们越来越清楚地看到线性模型存在的诸多局限，而非线性时间序列分析的运用较好地解决了这些问题。特别是1989年，Hamilton运用马尔可夫转换模型（Markov switching model）分析美国GDP增长率变化的论文发表之后，人们对非线性时间序列模型的兴趣空前高涨。大量实证发现，许多经济理论或重要经济变量大多呈现非线性过程。

时间序列模型产生非线性的原因主要有三种：一是由于模型形式和结构上的非线性。例如，多项选择模型（多项Probit模型和Logistic模型等）、双线性模型和动态优化模型等。此时非线性的出现经常同经济系统的复杂性和混沌性质有关，并且也同经济系统动态调整和动态反应的非对称性有关。二是由于线性模型中残差项的非Gauss-Markov性质。即不满足残差序列不相关和等方差要求，这促使了自相关模型和ARCH模型成为研究的重点，进而出现了大量的随机波动性（stochastic volatility，SV）模型等。三是由于时间序列的非平稳性和非对称性。时间序列非平稳，要么是由于非线性结构，要么是由于含有确定或者随机趋势。此时时间序列的趋势和波动成分分解，便成为时间序列平稳化的重要方法。例如，比较成熟的TS平稳（趋势平稳）、DS平稳（差分平稳）和滤波平稳（H-P滤波、Band-pass滤波和Kalman滤波等）。

另外，时间序列自相关的长记忆性和短记忆性，可以由分整理论和模型处理；时间序列当中出现的机制转换（regime switching），可以由结构性状态空间模型处理；机制转换、随机波动性和非线性之间的相互结合，可以通过状态转移的Markov过程、ARCH结构和贝叶斯先验分布等多种非线性形式表示，并构成了门槛回归模型、门槛ARCH模型和时变参数选择模型等一系列新的时间序列模型，进一步推广了传统的参数估计、统计推断和假设检验方法，并给出了可以模拟的渐近分布的性质。

Tong（1978）首先提出TAR模型，是最早被提出的非线性时间序列模型之一。Tong于1999年又发表文章系统地介绍了以ARCH模型和TAR模型为主的参数化的非线性时间序列，进一步理论性地阐述了非线性时间序列分析方法。后人在此基础上又对TAR模型进行了一系列的发展，该领域的研究进展迅速，TAR模型被广泛用于分析非平稳时间序列。门槛模型作为非线性时间序列模型中重要的分析方法，在经济社会分析中起到了越来越重要的作用。

3.1.2　时序数据门槛模型的分类

随着时序数据门槛模型的不断发展，其主要模型大致可以分为 TAR 模型、门槛向量误差修正模型、STAR 模型等。其中，最重要的是 TAR 模型，根据转换变量、滞后阶数和自变量个数的不同，又可以进一步划分为连续的 TAR 模型、M-TAR 模型、SETAR 模型和门槛向量自回归（threshold vector autoregressive，TVAR）模型等。

3.2　TAR 模型的设定、估计与检验

3.2.1　TAR 模型的设定

1. TAR 模型

TAR 模型由 Tong（1983）首次提出，它的原理与方法是基于“分段”线性逼近，即把时间序列分割成几个机制，每个机制上都采用不同的线性自回归（AR）模型进行逼近，其中，机制分割是由门槛来划分。相对于线性 AR 模型而言，TAR 模型能捕捉到这种非对称的动态调整特征，具有比线性 AR 模型无法比拟的优势，因此，在时间序列分析中具有十分重要的地位。TAR 模型的定义如下：

$$\boldsymbol{X}_t=\sum_{i=1}^{k}(\alpha_{i0}+\alpha_{i1}\boldsymbol{X}_{t-1}+\cdots+\alpha_{ip_i}\boldsymbol{X}_{t-p_i}+\sigma_i\varepsilon_t)I(\boldsymbol{X}_{t-d}\in A_i) \tag{3.1}$$

式中，$\alpha_{i\theta}(\theta=0,1,2,\cdots,p_i)$ 为待估计的自回归系数；$\varepsilon_t \sim \text{IID}(0,1)$；$\boldsymbol{X}_{t-d}$ 为转换变量；d 为滞后参数；A_i 构成了整个定义域上一个机制分割，其含义是 $A_i \cap A_j=\varnothing$（i 和 j 不相等）；$I(\cdot)$ 为示性函数，满足：

$$I=\begin{cases}1, & \boldsymbol{X}_{t-d}\in A_i\\ 0, & \boldsymbol{X}_{t-d}\notin A_i\end{cases} \tag{3.2}$$

在以上模型中，每个 A_i 上拟合一个线性 AR 模型，分割的机制由转换变量 $\boldsymbol{X}_{t-d}$ 来确定，通常由下式决定：$A_i=(\gamma_{i-1},\gamma_i]$，$-\infty=\gamma_0<\gamma_1<\cdots<\gamma_k=\infty$，$\gamma_i(i=0,1,\cdots,k)$ 是门槛（此模型中门槛是不连续的）。这一过程将空间分成 k 个机制，在每个机制里为一个 AR 模型，当存在至少两个不同的线性模型体制时，$\boldsymbol{X}_t$ 过程就是非线性的。

示例 1：**两机制 TAR 模型。**

假定时间序列 $\boldsymbol{X}_t$ 具有 n 个观测数据，其初始值 $X_{-p+1},X_{-p+2},\cdots,X_0$ 已知。两机制 TAR 模型定义为

$$\boldsymbol{X}_t=\begin{cases}\alpha_0+\alpha_1\boldsymbol{X}_{t-1}+\cdots+\alpha_p\boldsymbol{X}_{t-p}+\varepsilon_{1t}, & \boldsymbol{X}_{t-d}\leqslant\gamma\\ \beta_0+\beta_1\boldsymbol{X}_{t-1}+\cdots+\beta_p\boldsymbol{X}_{t-p}+\varepsilon_{2t}, & \boldsymbol{X}_{t-d}>\gamma\end{cases} \tag{3.3}$$

式中，α_i、$\beta_i(i=1,2,\cdots,p)$ 为不同机制中时间序列的自回归系数；α_0、β_0 为截距；$\boldsymbol{X}_{t-d}$ 为转换变量；d 为滞后参数且 $d\leqslant p$；γ 为门槛。该模型有两个设定：①模型中机制数确定；

②各机制中自回归滞后阶确定。如果随机干扰项ε_{1t}、ε_{2t}是服从期望为 0、方差为σ^2的独立同分布随机变量，则式（3.3）可以写成

$$\begin{aligned}\boldsymbol{X}_t &= (\alpha_0+\alpha_1\boldsymbol{X}_{t-1}+\cdots+\alpha_p\boldsymbol{X}_{t-p})I(\boldsymbol{X}_{t-d}\leqslant\gamma)\\ &\quad+(\beta_0+\beta_1\boldsymbol{X}_{t-1}+\cdots+\beta_p\boldsymbol{X}_{t-p})[1-I(\boldsymbol{X}_{t-d}\leqslant\gamma)]+\varepsilon_t\end{aligned} \tag{3.4}$$

令$\boldsymbol{x}_t=(1,X_{t-1},\cdots,X_{t-p})'$，$\boldsymbol{Y}_t(\gamma)=[\boldsymbol{x}_t'\,I(X_{t-d}\leqslant\gamma),\boldsymbol{x}_t'\,I(\boldsymbol{X}_{t-d}>\gamma)]'$，$\boldsymbol{\theta}=(\boldsymbol{\alpha}',\boldsymbol{\beta}')'$，$\boldsymbol{\alpha}=(\alpha_0,\alpha_1,\cdots,\alpha_p)'$，$\boldsymbol{\beta}=(\beta_0,\beta_1,\cdots,\beta_p)'$，则（3.4）可以简写成

$$X_t=\boldsymbol{Y}_t(\gamma)'\theta+\varepsilon_t \tag{3.5}$$

示例 2：**三机制 TAR 模型**。

同理，假定时间序列$\boldsymbol{X}_t$具有n个观测数据，其初始值$X_{-p+1},X_{-p+2},\cdots,X_0$已知。三机制 TAR 模型定义为

$$\boldsymbol{X}_t=\begin{cases}\alpha_0+\alpha_1\boldsymbol{X}_{t-1}+\cdots+\alpha_p\boldsymbol{X}_{t-p}+\varepsilon_{1t}, & \boldsymbol{X}_{t-d}<\gamma_1\\ \beta_0+\beta_1\boldsymbol{X}_{t-1}+\cdots+\beta_p\boldsymbol{X}_{t-p}+\varepsilon_{2t}, & \gamma_1\leqslant\boldsymbol{X}_{t-d}\leqslant\gamma_2\\ \chi_0+\chi_1\boldsymbol{X}_{t-1}+\cdots+\chi_p\boldsymbol{X}_{t-p}+\varepsilon_{3t}, & \boldsymbol{X}_{t-d}>\gamma_2\end{cases} \tag{3.6}$$

2. 连续的 TAR 模型

连续的 TAR（C-TAR）模型由 Chan 和 Tsay（1998）提出，对式（3.3），如果满足以下两个条件：①$\alpha_j=\beta_j$，$1\leqslant j\neq d\leqslant p$，即除转换变量的自回归系数不同之外，其他的自回归系数相等；②$\alpha_0+\gamma\alpha_d=\beta_0+\gamma\beta_d$，$\gamma$是门槛，即当转换变量等于门槛时，纵坐标相等，则此时的 TAR 模型就是 C-TAR 模型，因此，基于式（3.3）的 C-TAR 模型可以表示为

$$\boldsymbol{X}_t=u+\sum_{j=1,\neq d}^{p}\theta_j\boldsymbol{X}_{t-j}+\begin{cases}\theta_{d^-}(\boldsymbol{X}_{t-d}-\gamma)+\varepsilon_{1t}, & \boldsymbol{X}_{t-d}\leqslant\gamma\\ \theta_{d^+}(\boldsymbol{X}_{t-d}-\gamma)+\varepsilon_{2t}, & \boldsymbol{X}_{t-d}>\gamma\end{cases} \tag{3.7}$$

式中，$u=\alpha_0+\gamma\alpha_d=\beta_0+\gamma\beta_d$；$\theta_{d^-}=\alpha_d$；$\theta_{d^+}=\beta_d$；$\theta_j=\alpha_j=\beta_j$，$j\neq d$；$\gamma$为门槛。如果随机干扰项$\varepsilon_{1t}$、$\varepsilon_{2t}$是服从期望为 0、方差为$\sigma^2$的独立同分布随机变量，则式（3.7）可以写为

$$\boldsymbol{X}_t=u+\sum_{j=1,\neq d}^{p}\theta_j\boldsymbol{X}_{t-j}+\theta_{d^-}(\boldsymbol{X}_{t-d}-\gamma)I(\boldsymbol{X}_{t-d}\leqslant\gamma)+\theta_{d^+}(\boldsymbol{X}_{t-d}-\gamma)[1-I(\boldsymbol{X}_{t-d}\leqslant\gamma)]+\varepsilon_t \tag{3.8}$$

3. M-TAR 模型

M-TAR 模型由 Enders 和 Granger（1998）引入经济分析，与 TAR 模型的主要区别在于转换变量不同。在 TAR 模型中以滞后时间序列作为转换变量，而在 M-TAR 模型中，转换变量是滞后时间序列变化量，即 M-TAR 模型具体形式为

$$\boldsymbol{X}_t=\alpha_0+\alpha_1\boldsymbol{X}_{t-1}+\cdots+\alpha_p\boldsymbol{X}_{t-p}+I_t+(\beta_0+\beta_1\boldsymbol{X}_{t-1}+\cdots+\beta_p\boldsymbol{X}_{t-p})(1-I_t)+\varepsilon_t \tag{3.9}$$

由式（3.9）可以看出，TAR 模型中转换变量是$\boldsymbol{X}_{t-d}$，而在 M-TAR 模型中转换变量不再是$\boldsymbol{X}_{t-d}$，而是$\Delta\boldsymbol{X}_{t-d}$，即示性函数是

$$I_t=\begin{cases}1, & \Delta X_{t-d}\leqslant\gamma \\ 0, & \Delta X_{t-d}>\gamma\end{cases} \tag{3.10}$$

4. SETAR 模型

SETAR 模型是 TAR 模型的一种特殊情形。

一个简单的二制度 SETAR 模型的表达式为

$$\boldsymbol{y}_t=\left(\mu_1+\sum_{i=1}^{k_1}\alpha_{1i}\boldsymbol{y}_{t-i}\right)I(\boldsymbol{y}_{t-d};c)+\left(\mu_2+\sum_{i=1}^{k_2}\alpha_{2i}\boldsymbol{y}_{t-j}\right)[1-I(\boldsymbol{y}_{t-d};c)]+\xi_t(1) \tag{3.11}$$

式中，$\boldsymbol{y}_t$ 为被研究时间序列；c 为门槛参数；d 为延迟参数，是一个大于 0 的正整数值；$\boldsymbol{y}_{t-d}$ 为过渡变量；k_1 和 k_2 分别为不同的制度下作为解释变量的滞后因变量的滞后步长；假设误差项 $\xi_t\sim\text{IID}(0,\sigma^2)$。

令指示函数 $I(y_{t-d};c)$ 为

$$I(y_{t-d};c)=\begin{cases}1, & \boldsymbol{y}_{t-d}<c \\ 0, & \boldsymbol{y}_{t-d}\geqslant c\end{cases} \tag{3.12}$$

因此，指示函数等于 0 和 1 分别对应于两种不同的数据生成过程，或两种不同的制度。

5. TVAR 模型

上述 TAR 模型及扩展 TAR 模型均是只涉及单个变量，接下来针对多个变量之间存在的非线性动态调整行为进行分析，则需建立 TVAR 模型。TVAR 模型的优势就在于系统中区制的转换是可以追踪的。

区制转换模型经常用来研究经济受到外生冲击时发生的系统性变化，Ang 和 Timmermann（2012）全面总结了这类文献。而区制转换模型中的 TVAR 模型则主要用来刻画货币政策的非对称效应，Cover（1992）最早对此进行了实证研究。TVAR 方法随后被广泛用来评估财政政策在经济危机时段与正常状态下政策效果的差异（Auerbach and Gorodnichenko，2012；Fazzari et al.，2012）。

此处仅简单介绍两区制 TVAR 模型，多区制的情况是两区制模型的扩展形式。具体模型设定如下。

假设 $\boldsymbol{y}_t$ 由 $k\times1$ 维内生变量向量组成，记为 $\boldsymbol{y}_t=(y_{1t},y_{2t},\cdots,y_{kt})'$；$\boldsymbol{c}_i$ 为 $k\times1$ 维常数向量，$\boldsymbol{A}_{i,j}$ 为 $k\times k$ 维的系数矩阵，其中 $i=1,2$ 表示区制数，$j=1,2,\cdots,p$ 表示向量自回归的阶数；$I(\cdot)$ 为示性函数；z_t 为门槛变量；d 为滞后期，若门槛值为 r，有

$$I(z_{t-d})=\begin{cases}1, & z_{t-d}>r \\ 0, & z_{t-d}\leqslant r\end{cases} \tag{3.13}$$

那么，一个两区制 TVAR 模型就可以表示为

$$\boldsymbol{y}_t=\left(c_1+\sum_{j=1}^{p}\boldsymbol{A}_{1,j}\boldsymbol{y}_{t-j}\right)+\left(c_2+\sum_{j=1}^{p}\boldsymbol{A}_{2,j}\boldsymbol{y}_{t-j}\right)I(z_{t-d})+\boldsymbol{\xi}_t \tag{3.14}$$

式中，ξ_t 是 $k\times 1$ 维扰动向量，均值为 0，方差为 Σ，当 $t\neq l$ 时，$\sum(\xi_l\xi_t')=0$。还有一点要说明的是，门槛变量 z_t 应为 y_t 中的一个分量，且满足平稳性要求。

3.2.2　TAR 模型的估计

为了介绍 TAR 模型的参数估计，本书以不连续的两机制 TAR 模型为例，即以模型（3.4）和模型（3.5）来介绍 Chan（1993）的一致估计方法。令人感兴趣的参数估计量是 θ 和 γ，因为式（3.5）是一个回归模型（虽然是参数非线性），LS 仍然是适用的。在 ε_t 服从独立同分布的假定的辅助下，LS 估计等价于 ML 估计。由于自回归方程是非线性且不连续的，最简单的获得 LS 估计的方法是使用序贯条件 LS 估计。首先假设门槛 γ 已知，则自回归系数 θ 的 OLS 估计量可以写成

$$\hat{\theta}(\gamma)=\left(\sum_{t=1}^{n}\boldsymbol{Y}_t(\gamma)\boldsymbol{Y}_t(\gamma)'\right)^{-1}\left(\sum_{t=1}^{n}\boldsymbol{Y}_t(\gamma)\boldsymbol{X}_t\right)\tag{3.15}$$

$$\hat{\varepsilon}_t(\gamma)=\boldsymbol{X}_t-\boldsymbol{Y}_t(\gamma)'\hat{\theta}(\gamma)\tag{3.16}$$

$$\hat{\sigma}_n^2(\gamma)=\frac{1}{n}\sum_{t=1}^{n}\hat{\varepsilon}_t(\gamma)^2\tag{3.17}$$

门槛 γ 的 LS 估计量就是式（3.17）取得的最小值：

$$\hat{\gamma}=\arg\min_{\gamma\in\Gamma}\hat{\sigma}_n^2(\gamma)\quad \Gamma=[\underline{\gamma},\overline{\gamma}]\tag{3.18}$$

Γ 表示门槛 γ 的潜在取值范围，在实际计算中可以通过在 $\Gamma=[\underline{\gamma},\overline{\gamma}]$ 范围内搜索 OLS 估计残差平方和的最小值来求得 γ，进而可以得到自回归参数的 OLS 估计。对门槛 γ 的潜在取值范围 Γ 的确定，从目前的文献来看，一般都是采用 Andrews（1993）的方法来构造潜在区间，认为一般首先对转换变量从小到大进行排序，其次取中间一定百分数转换变量作为潜在门槛范围，认为中间 70%的转换变量作为潜在门槛是合适的。式（3.18）是在 TAR 模型的拟合下，使得残差平方和最小时的门槛 γ 的估计，式（3.16）是式（3.15）的 OLS 估计残差，此时 TAR 模型的自回归参数的估计式为式(3.15)，γ 为门槛的估计值，通过式(3.18)得到。当 γ 变化时，残差平方和为 $\hat{\sigma}_n^2(\gamma)$，并且这些值与 $\hat{\sigma}_n^2(X_{t-1})$，$t=1,2,\cdots,n$ 有关。因此，要找到式（3.18）的 LS 估计值，本节使用下面的算法。式（3.5）采用 OLS 回归，对每一个 $\boldsymbol{X}_{t-1}\in\Gamma$，令 $\gamma=\boldsymbol{X}_{t-1}$，计算每一次回归结果的残差平方和，选出使残差平方和最小的 γ，可以表述为

$$\hat{\gamma}=\arg\min_{X_{t-1}\in\Gamma}\hat{\sigma}_n^2(\boldsymbol{X}_{t-1})\tag{3.19}$$

θ 的 LS 估计量就是 $\hat{\theta}=\hat{\theta}(\hat{\gamma})$，同样地，LS 残差是 $\hat{\varepsilon}_t=\boldsymbol{X}_t-\boldsymbol{Y}_t(\hat{\gamma})'\hat{\theta}$，$\hat{\sigma}_n^2=\hat{\sigma}_n^2(\hat{\gamma})$。

3.2.3　TAR 模型的检验

TAR 模型的门槛效应检验中最重要的问题是和线性 AR(p) 相比，式（3.4）的 TAR 模

型是否是统计显著的。有关的零假设是 H_0：$\alpha=\beta$，本节采用 Hansen（1996）提出的检验方法。根据 Davies（1977）、Davies 和 Harte（1987）、Andrews（1993）的理论，如果残差服从独立同分布，选择接近最优的势来拒绝零假设的 F 统计量：

$$F_n = n\left(\frac{\tilde{\sigma}_n^2 - \hat{\sigma}_n^2}{\hat{\sigma}_n^2}\right) \tag{3.20}$$

$$\tilde{\sigma}_n^2 = \frac{1}{n}\sum_{t=1}^{n}(\boldsymbol{x}_t - \boldsymbol{y}_t'\,\tilde{\alpha})^2 \tag{3.21}$$

$$\tilde{\alpha} = \left(\sum_{t=1}^{n}\boldsymbol{y}_t\boldsymbol{y}_t'\right)^{-1}\left(\sum_{t=1}^{n}\boldsymbol{x}_t\boldsymbol{y}_t\right) \tag{3.22}$$

式（3.22）是在 $\alpha=\beta$ 的假定下 α 的 OLS 估计值，因为 F_n 是 $\hat{\sigma}_n^2$ 的单调函数，所以得到：

$$F_n = \operatorname*{Sup}_{\gamma\in\Gamma} F_n(\gamma) \tag{3.23}$$

$$F_n(\gamma) = n\left(\frac{\tilde{\sigma}_n^2 - \hat{\sigma}_n^2(\gamma)}{\hat{\sigma}_n^2(\gamma)}\right) \tag{3.24}$$

式（3.24）是当 γ 已知，备择假设 H_1：$\alpha\neq\beta$ 的 F 统计量。

由于 γ 是不确定的，F_n 的渐近分布不是 χ^2 分布，Hansen（1996）提出渐近分布可能逼近自举法。假定 u_t^*，$t=1,2,\cdots,n$ 是服从独立同分布 $N(0,1)$ 的随机分布，令 $x_t^*=u_t^*$，利用 x_t，$t=1,2,\cdots,n$ 的观测值，将 x_t^* 对 y_t^* 作回归得到残差平方和 $\tilde{\sigma}_n^{*2}$，用 $x_t(\gamma)$ 回归得到残差平方和 $\hat{\sigma}_n^{*2}(\gamma)$，并得到 $F_n^*(\gamma)=n\left(\dfrac{\tilde{\sigma}_n^{*2}-\hat{\sigma}_n^{*2}(\gamma)}{\hat{\sigma}_n^{*2}(\gamma)}\right)$ 和 $F_n^*=\operatorname*{Sup}_{\gamma\in\Gamma}F_n^*(\gamma)$。

3.3　门槛向量误差修正模型的设定、估计与检验

3.3.1　门槛向量误差修正模型的设定

Balke 和 Fomby（1997）通过对 ECM 的分析，认为 ECM 实际上假设在每一期经济变量都在向长期均衡的方向调整，但这和现实经济是有差异的，他们认为经济变量在长期均衡关系的条件下，当偏离均衡状态后，并不是完全在每一期向均衡方向调整，原因在于经济机构调整经济变量需要一定的成本，只有当调整经济变量的收益超过了一定的门槛值时，经济体才会将变量向均衡状态调整，正是基于这样的分析，他们对 Engle 和 Granger（1987）提出的 ECM 进行修正。其特征是在误差修正项中加入了门槛变量，把误差修正对差分变量的调节按非对称处理。

首先假定 $\boldsymbol{x}_t$ 是 P 维的一阶单整时间序列，即满足 $I(1)$，该序列存在 $p\times1$ 维的协整向量为 $\boldsymbol{\beta}$，用 $W_t(\beta)=\boldsymbol{\beta}'x_t$ 表示 ECM 的误差修正项，则阶数为 $l+1$ 的线性向量误差修正模型可表示为

$$\Delta\boldsymbol{x}_t = \boldsymbol{A}'\boldsymbol{X}_{t-1}(\beta) + \boldsymbol{u}_t \tag{3.25}$$

式中，回归变量 $\boldsymbol{X}_{t-1}=[1,w_{t-1}(\beta),\Delta x_{t-1},\Delta x_{t-2},\cdots,\Delta x_{t-l}]'$，其维数为 $k\times 1$，$\boldsymbol{A}$ 的维数为 $k\times p$，其中 $k=pl+2$，误差项 $\boldsymbol{u}_t$ 设定为 2×1 维的向量，且协方差矩阵 $\boldsymbol{\Sigma}=E(\boldsymbol{u}_t\boldsymbol{u}_t')$。$\boldsymbol{X}_{t-1}(\beta)$ 和 $W_{t-1}(\beta)$ 是 β 的函数。在假设误差项 $\boldsymbol{u}_t$ 为独立同分布的条件下，可以通过 ML 估计算出参数 $(\beta,A,\boldsymbol{\Sigma})$，令估计量为 $(\tilde{\boldsymbol{\beta}},\tilde{\boldsymbol{A}},\tilde{\boldsymbol{\Sigma}})$，$\tilde{\boldsymbol{u}}_t=\Delta\boldsymbol{x}_t-\tilde{\boldsymbol{A}}'\boldsymbol{X}_{t-1}(\tilde{\boldsymbol{\beta}})$。

线性向量误差修正模型假设模型中的参数都是固定不变的，而门槛向量误差修正模型则假设模型中的参数会根据门槛变量取值的不同而发生改变。通过对一般式进一步具体化，两区制下的门槛协整模型具体形式为

$$\Delta\boldsymbol{x}_t=\begin{cases}\boldsymbol{A}_1'\boldsymbol{X}_{t-1}(\beta)+u_t, & w_{t-1}(\beta)\leqslant\gamma\\ \boldsymbol{A}_2'\boldsymbol{X}_{t-1}(\beta)+u_t, & w_{t-1}(\beta)\geqslant\gamma\end{cases}\tag{3.26}$$

式中，γ 为门槛参数。对上述模型进行变化，可进一步简化为

$$\Delta\boldsymbol{x}_t=\boldsymbol{A}_1'\boldsymbol{X}_{t-1}(\beta)d_{1t}(\beta,\gamma)+\boldsymbol{A}_2'\boldsymbol{X}_{t-1}(\beta)d_{2t}(\beta,\gamma)+u_t\tag{3.27}$$

式中，$d_{1t}(\beta,\gamma)=I[w_{t-1}(\beta)\leqslant\gamma]$；$d_{2t}(\beta,\gamma)=I[w_{t-1}(\beta)\geqslant\gamma]$；$I(\cdot)$ 表示示性函数。TVECM 模型一共具有两个区制，参数的取值由误差修正项的取值决定，模型允许参数的取值在两个区制内发生变化。门槛效应只有在门槛值 γ 存在的情况下才能满足，否则模型（3.27）会变成线性协整方程。即 w_{t-1} 必须满足 $\pi_0\leqslant P(w_{t-1}\leqslant\gamma)\leqslant 1-\pi_0$，$\pi_0$ 为修正参数，式中 $\pi_0>0$，在实证研究中，许多学者会令其等于 0.05。

3.3.2　门槛向量误差修正模型的估计

通过 ML 估计法能够得到模型中参数的估计结果，假设误差项是一个独立同分布的高斯过程，那么在样本量为 n 的条件下，似然函数具体表示为

$$L_n(A_1,A_2,\Sigma,\beta,\gamma)=-\frac{n}{2}\ln|\Sigma|-\frac{1}{2}\sum_{t=1}^{n}u_t(A_1,A_2,\beta,\gamma)'\Sigma^{-1}(A_1,A_2,\beta,\gamma)\tag{3.28}$$

式中，$u_t(A_1,A_2,\beta,\gamma)=\Delta x_t-\boldsymbol{A}_1'\boldsymbol{X}_{t-1}(\beta)d_{1t}(\beta,\gamma)-\boldsymbol{A}_2'\boldsymbol{X}_{t-1}(\beta)d_{2t}(\beta,\gamma)$，这里用 MLE$(\hat{A}_1,\hat{A}_2,\hat{\Sigma},\hat{\beta},\hat{\gamma})$ 表示似然函数 $L_n(A_1,A_2,\Sigma,\beta,\gamma)$ 的最大值。首先，(β,γ) 保持不变，只关注 (A_1,A_2,Σ)，通过 OLS 分别在 $w_{t-1}\leqslant\gamma$ 和 $w_{t-1}>\gamma$ 的条件下进行回归，可得到参数 A_1、A_2 的估计值为

$$\hat{A}_1(\beta,\gamma)=\left(\sum_{t=1}^{n}\boldsymbol{X}_{t-1}(\beta)\boldsymbol{X}_{t-1}(\beta)'d_{1t}(\beta,\gamma)\right)^{-1}\left(\sum_{t=1}^{n}\boldsymbol{X}_{t-1}(\beta)\Delta\boldsymbol{X}_t'd_{1t}(\beta,\gamma)\right)\tag{3.29}$$

$$A_2'(\beta,\gamma)=\left(\sum_{t=1}^{n}\boldsymbol{X}_{t-1}(\beta)\boldsymbol{X}_{t-1}(\beta)'d_{2t}(\beta,\gamma)\right)^{-1}\left(\sum_{t=1}^{n}\boldsymbol{X}_{t-1}(\beta)\Delta\boldsymbol{X}_t'd_{2t}(\beta,\gamma)\right)\tag{3.30}$$

$$\hat{u}_t(\beta,\gamma)=u_t[\hat{A}_1(\beta,\gamma),\hat{A}_2(\beta,\gamma),\beta,\gamma]\tag{3.31}$$

$$\hat{\Sigma}(\beta,\gamma)=\frac{1}{n}\sum_{t=1}^{n}\hat{u}_t(\beta,\gamma)\hat{u}_t(\beta,\gamma)'\tag{3.32}$$

因此，集中似然函数为

$$L_n(\beta,\gamma)=L_n[\hat{A}_1(\beta,\gamma),\hat{A}_2(\beta,\gamma),\hat{\Sigma}(\beta,\gamma),\beta,\gamma]=-\frac{n}{2}\ln|\hat{\Sigma}(\beta,\gamma)|-\frac{np}{2}\tag{3.33}$$

这就意味着似然函数的最大值 $\mathrm{MEL}(\hat{\boldsymbol{\beta}},\hat{\gamma})$ 在函数 $\ln|\hat{\Sigma}(\boldsymbol{\beta},\gamma)|$ 取最小值时取得。其中 $(\boldsymbol{\beta},\gamma)$ 必须满足 $\pi_0 \leqslant n^{-1}\sum_{t=1}^{n} I(\boldsymbol{x}_t'\beta \leqslant \gamma) \leqslant 1-\pi_0$。这样就给出了基本的估计过程，先通过式（3.33）得到 $(\boldsymbol{\beta},\gamma)$，然后通过式（3.29）和式（3.30）分别估计 A_1、A_2。

上述的似然函数并不是平滑的，所以传统的梯度爬坡求最大值的方法并不合适，可以用格点搜索法来替代。

3.3.3 门槛向量误差修正模型的检验

在得到模型中参数的估计结果之后，剩下的另外一项重要的工作是要检验是否存在显著的门槛效应。假设原假设 H_0 代表线性的 VECM，而 H_1 则代表两区制的门槛 VECM，要检验 H_0 是否成立，也就等价于检验 $A_1 = A_2$ 是否成立。Hansen 和 Seo（2002）提出在原假设不存在门槛效应和备择假设为门槛协整模型的条件下应用 heteroskedastic-consistent LM 方法对原假设进行检验。

假设 (β,γ) 都是已知的，则 H_0 被表述为 $\Delta\boldsymbol{x}_t = \boldsymbol{A}'\boldsymbol{X}_{t-1}(\boldsymbol{\beta}) + u_t$，而 H_1 被表述为 $\Delta\boldsymbol{x}_t = \boldsymbol{A}_1'\boldsymbol{X}_{t-1}(\beta)d_{1t}(\beta,\gamma) + \boldsymbol{A}_2'\boldsymbol{X}_{t-1}(\beta)d_{2t}(\beta,\gamma) + u_t$。

假设 (β,γ) 都是已知的条件下，上述模型都是线性模型，所以 ML 估计量就等价于 LS 估计量。

定义：

$$M_1(\beta,\gamma) = I_p \otimes \boldsymbol{X}_1(\beta,\gamma)'\boldsymbol{X}_1(\beta,\gamma)$$

$$M_2(\beta,\gamma) = I_p \otimes \boldsymbol{X}_2(\beta,\gamma)'\boldsymbol{X}_2(\beta,\gamma)$$

$$\Omega_1(\beta,\gamma) = \boldsymbol{\xi}_1(\beta,\gamma)'\boldsymbol{\xi}_1(\beta,\gamma)$$

$$\Omega_2(\beta,\gamma) = \boldsymbol{\xi}_2(\beta,\gamma)'\boldsymbol{\xi}_2(\beta,\gamma)$$

接着得到 Eicker-Whiter 协方差矩阵：

$$\widehat{V}_1(\beta,\gamma) = M_1(\beta,\gamma)^{-1}\Omega_1(\beta,\gamma)M_1(\beta,\gamma)^{-1}$$

$$\widehat{V}_2(\beta,\gamma) = M_2(\beta,\gamma)^{-1}\Omega_2(\beta,\gamma)M_2(\beta,\gamma)^{-1}$$

从而可以得到异方差稳健的 LM 检验统计量：

$$\mathrm{LM}(\beta,\gamma) = \mathrm{vec}[\hat{A}_1(\beta,\gamma) - \hat{A}_2(\beta,\gamma)]'[\hat{V}_1(\beta,\gamma) + \hat{V}_2(\beta,\gamma)]^{-1} \times \mathrm{vec}[\hat{A}_1(\beta,\gamma) - \hat{A}_2(\beta,\gamma)]$$

由于 (β,γ) 都是未知的，取 LM 的上确界得到新的检验统计量：

$$\mathrm{SupLM} = \operatorname*{Sup}_{\gamma_{\mathrm{L}} \leqslant \gamma \leqslant \gamma_{\mathrm{U}}} \mathrm{LM}(\tilde{\beta},\gamma) \tag{3.34}$$

特别地，当 β 为已知向量 β_0 时，此时检验统计量简化为如下形式：

$$\mathrm{SupLM}^0 = \operatorname*{Sup}_{\gamma_{\mathrm{L}} \leqslant \gamma \leqslant \gamma_{\mathrm{U}}} \mathrm{LM}(\beta_0,\gamma) \tag{3.35}$$

$[\gamma_{\mathrm{L}},\gamma_{\mathrm{U}}]$ 搜寻区间由 w_{t-1} 的 π_0 分位点 γ_{L} 及 w_{t-1} 的 $1-\pi_0$ 的分位点 γ_{U} 决定，并通过两步 bootstrap 法算出非对称区间的临界值及相应的 p 值。

3.4　STAR 模型的设定、估计与检验

TAR 模型把时间序列划分成不同的机制，同时暗含了一个假定，在某一特定的时点，时间序列的运动方式由一个机制向另一个机制的转换是急剧的，或者说是突然跳跃的，由此，转换机制是离散的。Granger 和 Teräsvirta（1993）发展了一种新的能够体现机制的连续型变化的模型——STAR 模型。STAR 模型作为非线性时间序列模型中的经典模型，也体现了非线性时间序列模型最基本的特征，能够更有效地捕捉到经济变化的非线性特征。这类模型描述变量在不同机制中的转换时，认为这种变化是平滑的、连续的，并且利用尺度参数来反映转换的速度。与 TAR 模型相比，STAR 模型充分体现了变化的平稳性。

3.4.1　STAR 模型的设定

1. 平滑转移模型

先给出单方程平滑转移回归（smooth transition regression，STR）模型的结构框架，其形式如下：

$$y_t = \alpha_0 + \alpha_1 \boldsymbol{X}_{t-1} + (\beta_0 + \beta_1 \boldsymbol{X}_{t-1}) F(\boldsymbol{X}_{t-1} - u) + \varepsilon_t \tag{3.36}$$

式中，ε_t 为独立同分布的随机向量；y_t 为被解释变量；$\boldsymbol{X}_{t-1}$ 为转换变量；$F(x)$ 为转化函数，且为连续的奇函数或偶函数，取值范围在 0～1。

式（3.36）是最简单的 STR 模型的形式，它主要根据转换函数的形式在不同机制中进行转换。

如果 F 是单调递增函数的奇函数，$|X_{t-1} - u|$ 较大，且 $X_t < u$，则 $F = 0$

$$y_t = \alpha_0 + \alpha_1 X_{t-1} + \varepsilon_t \tag{3.37}$$

如果 $|X_{t-1} - u|$ 较大，$X_t > u$，则 $F = 1$

$$y_t = (\alpha_0 + \beta_0) + (\alpha_1 + \beta_1) X_{t-1} + \varepsilon_t \tag{3.38}$$

可以看出，该模型主要通过转换变量 X_{t-1} 的中间值给出相应值的组合，由此实现不同机制的相互转换。

STR 模型的一般形式：

设由 m 个解释变量构成上述向量 $\boldsymbol{X}_t$，$\boldsymbol{X}_t = (y_{t-1}, y_{t-2}, \cdots, y_{t-p}, X_{1t}, X_{2t}, \cdots, X_{kt})$，模型变成

$$y_t = \boldsymbol{\beta}' \boldsymbol{X}_t + (\boldsymbol{\theta}' \boldsymbol{X}_t) F(z_t; \gamma, c) + \varepsilon_t \tag{3.39}$$

其中，$\varepsilon_t \sim N(0, \sigma^2)$；$EX_t\varepsilon_t = 0$；$Ez_t\varepsilon_t = 0$；$\boldsymbol{\beta}' = (\beta_0, \beta_1, \cdots, \beta_m)'$；$\boldsymbol{\theta}' = (\theta_0, \theta_1, \cdots, \theta_m)'$；$\boldsymbol{X}_t = (1, y_{t-1}, y_{t-2}, \cdots, y_{t-p}, X_{1t}, X_{2t}, \cdots, X_{kt})'$；$F(z_t; \gamma, c)$ 为转化函数，取值在 0～1；z_t 为转化变量；γ 为平滑参数或尺度参数，用来衡量不同制度间的转换速度；c 为门槛参数。

根据转移函数形式的不同可以有不同的划分：如果转移函数具有对数函数的形式，则模型称为 LSTR，如果转移函数具有指数函数的形式，则模型称为 ESTR。

2. STAR 模型

如果令式（3.39）中的解释变量 $\boldsymbol{X}_t = (1, y_{t-1}, y_{t-2}, \cdots, y_{t-p})'$，则模型称为 STAR 模型。

一个二制度的 STAR 模型的一般表达式为

$$y=(\theta_{10}+\theta_{11}y_{t-1}+\cdots+\theta_{1p}y_{t-p})[1-F(z_{t-d};\gamma,c)]$$
$$+(\theta_{20}+\theta_{21}y_{t-1}+\cdots+\theta_{2p}y_{t-p})[1-F(z_{t-d};\gamma,c)]+\varepsilon_t,\quad t=1,2,\cdots,T \tag{3.40}$$

令 $\boldsymbol{X}_t=(1,y_{t-1},y_{t-2},\cdots,y_{t-d})'$，$\boldsymbol{\theta}_i=(\theta_{i0},\theta_{i1},\cdots,\theta_{ip})'\ (i=1,2)$，模型简写成

$$\begin{aligned}y_t&=\boldsymbol{\theta}_1'\boldsymbol{X}_t[1-F(z_{t-d};\gamma,c)]+\boldsymbol{\theta}_2'\boldsymbol{X}_t[1-F(z_{t-d};\gamma,c)]+\varepsilon_t\\&=\boldsymbol{\theta}_1'\boldsymbol{X}_t+(\boldsymbol{\theta}_2'-\boldsymbol{\theta}_1')\boldsymbol{X}_tF(z_{t-d};\gamma,c)+\varepsilon_t\\&=\boldsymbol{\beta}'\boldsymbol{X}_t+\boldsymbol{\theta}'\boldsymbol{X}_tF(z_{t-d};\gamma,c)+\varepsilon_t\end{aligned} \tag{3.41}$$

变量的定义与 STR 模型类似，其中，z_{t-d} 为转换变量，它既可以是内生变量的滞后值 y_{t-d}，也可以是所有内生变量滞后值的函数值 $h(y_1,y_2,\cdots,y_{t-d})$，还可以是其他外生变量 x_t 及其函数值 $h(x_t)$，甚至是一个时间趋势 t 都可以作为转移变量。

转换函数 F 反映了不同机制之间的转换过程，值域是 $[0,1]$。因此，STAR 模型存在两种极端情况：

1）当 $F(z_{t-d};\gamma,c)=0$ 时，STAR 模型退化成一个 p 阶自回归过程，$y_t=\theta_{10}+\theta_{11}y_{t-1}+\cdots+\theta_{1p}y_{t-p}$。

2）当 $F(z_{t-d};\gamma,c)=1$ 时，STAR 模型退化成另一个 p 阶自回归过程，$y_t=\theta_{20}+\theta_{21}y_{t-1}+\cdots+\theta_{2p}y_{t-p}$。

STAR 模型所反映的正是事物在两种极端机制中的相互转换，而这种转换与 TAR 模型最大的区别在于这两种机制的转换是平滑的、连续的，而不是跳跃的、离散的。

同样地，STAR 模型根据转换函数 $F(z_{t-d};\gamma,c)$ 形式的不同形成了不同的转换机制，如对数转换、指数转换和三角转换。

对数 STAR（LSTAR）模型中的转换函数 $F(z_{t-d};\gamma,c)$ 被定义为

$$F(z_{t-d};\gamma,c)=\frac{1}{1+\exp[-\gamma(z_{t-d}-c)]},\gamma>0 \tag{3.42}$$

在该模型中，转换函数 $F(z_{t-d};\gamma,c)$ 是关于 z_{t-d} 的单调递增函数，当 z_{t-d} 趋于 c 时，$F(z_{t-d};\gamma,c)$ 趋于 0；当 z_{t-d} 远离 c 时，$F(z_{t-d};\gamma,c)$ 趋于 1；γ 决定了对数函数值变化的平滑程度。如果 γ 很大，即使 z_{t-d} 相对于 c 有很小的变化，也会使得变量在两种机制之间是瞬间实现的。当 $\gamma\to 0$ 或 $\gamma\to\infty$ 时，$F(z_{t-d};\gamma,c)$ 会趋于恒定值。

指数 STAR（ESTAR）模型中的转换函数 $F(z_{t-d};\gamma,c)$ 被定义为

$$F(z_{t-d};\gamma,c)=1-\exp[-\gamma(z_{t-d}-c)^2],\gamma>0 \tag{3.43}$$

在该模型中，当 z_{t-d} 趋于 c 时，$F(z_{t-d};\gamma,c)$ 趋于 0；当 z_{t-d} 远离 c 时，$F(z_{t-d};\gamma,c)$ 趋于 1。当 $\gamma\to 0$ 或 $\gamma\to\infty$ 时，$F(z_{t-d};\gamma,c)$ 会趋于恒定值。

三角 STAR（TSTAR）模型中的转换函数 $F(z_{t-d};\gamma,c)$ 被定义为

$$F(z_{t-d};\gamma,c)=\frac{1}{2}\{1-\sin[\gamma(z_{t-d}-c)]\},\gamma>0 \tag{3.44}$$

在该模型中，当 z_{t-d} 趋于 c 时，$F(z_{t-d};\gamma,c)$ 趋于 0；当 z_{t-d} 远离 c 时，$F(z_{t-d};\gamma,c)$ 趋于 1；γ 决定了对数函数值变化的平滑程度。同样地，当 $\gamma\to 0$ 或 $\gamma\to\infty$ 时，$F(z_{t-d};\gamma,c)$ 会趋于恒定值，即 TSTAR 模型会周期性地在不同机制中相互转换。

LSTAR 模型描述高制度和低制度有不同的动态性，从一种制度向另一种制度的过渡是平滑的；而 ESTAR 模型则意味着两个外制度有相似的动态性，其过渡区间有着不同的动态性。

STAR 模型设定的步骤：①设定线性模型，形成进一步分析的出发点。首先需要设定线性模型 AR(p)，y_t 的最大滞后阶数可采用赤池信息量准则（Akaike information criterion，AIC）或贝叶斯信息准则（Bayesian information criterion，BIC）的可行模型选择准则来确定合适的线性模型。②对所设定的线性模型进行检验。利用①设定的线性模型为原假设，实施非线性检验，备择假设的模型是 STAR 模型。当拒绝原假设时，从数据确定转换变量或转换变量的线性组合。③选择最终模型。在非线性检验的基础上，根据检验结果从 LSTAR 模型、ESTAR 模型、TSTAR 模型中选择模型。

3.4.2 STAR 模型的估计

当转换函数的形式确定之后，可以采用 NLS 对模型中的各个参数进行估计，而运用 NLS 需要合适的优化算法。

$$\hat{\Theta} = \arg\min_{\gamma,\tau} \sum_t \varepsilon_t^2 \tag{3.45}$$

式中，$\varepsilon_t = y_t - f(\tilde{X}_t, \hat{\theta})$；$\tilde{X}_t = \begin{pmatrix} X_t[1 - F(z_{t-d};\gamma,c)] \\ X_t F(z_{t-d};\gamma,c) \end{pmatrix}$。其中，$f(\tilde{X}_t, \hat{\theta})$ 是非线性的，所以不能像 LS 那样用求多元函数极值的方法来求得参数的估计值，而是采用复杂的优化算法来求解。常用的算法有两种：搜索算法和迭代算法。搜索算法一般是按一定的规则选择若干组参数值，分别计算其目标函数值并做比较，选出使目标函数值最小的参数值，同时舍弃其他参数值，然后按规则补充新的参数值，再与原来的做比较，选出使目标函数值最小的参数值，如此进行下去，直到找不到更好的参数值为止。根据所选的规则不同，构成不同的搜索算法。常见的方法有单纯形算法、复合形算法、随机搜索法等。迭代算法是从参数的某一初始猜测值出发，通过迭代方法，产生一系列的参数点，构成参数序列，如果这个参数序列中某个参数值使得目标函数最小，则该参数为所求参数。常见的迭代算法有牛顿-拉弗森（Newton-Raphson）算法、Marquardt 算法、高斯迭代法、变尺度法等。

在 LSTAR 模型估计时，为了能够更快地得到 γ 的初始值，一般使用转换变量的标准差对转换函数进行调整，通过式（3.48）估计 γ。

$$F(z_{t-d};\gamma,c) = \frac{1}{1 + \exp[-\gamma(z_{t-d} - c)] / \hat{\sigma}(z_{t-d})} \tag{3.46}$$

在 ESTAR 模型估计时，为了能使估计尽快收敛，同样地对转换函数进行调整，通过式（3.49）估计参数。

$$F(z_{t-d};\gamma,c) = 1 - \exp[-\gamma(z_{t-d} - c)^2 / \hat{\sigma}(z_{t-d})] \tag{3.47}$$

如果采用式（3.49）的形式进行估计，NLS 的迭代估计的最合理初始值是 $\gamma = 1$，而门槛值以样本平均值作为初始值。

3.4.3 STAR 模型的检验

在对 STAR 模型进行非线性检验时，非线性模型的参数（门槛参数c、平滑参数γ和转换变量z_{t-d}）并不存在于线性模型中，因此，不能直接对非线性与线性假设进行检验，这就是 Davies'问题。Luukkonen 等（1988）为避免上述问题，提出了利用转换函数$F(z_{t-d};\gamma,c)$在$\gamma=0$处的三阶泰勒展开式进行替代，构造辅助回归模型进行检验，这样就避免了不能直接对线性和非线性假设进行检验的问题。

转换函数$F(z_{t-d};\gamma,c)$的泰勒展开式为

$$F(z_{t-d};\gamma,c)=\xi_0+\xi_1 z_{t-d}+\xi_2 z_{t-d}^2+\xi_3 z_{t-d}^3+R_3 \tag{3.48}$$

式中，R_3为三阶泰勒展开余项。

将式（3.45）代入式（3.41），可以得到辅助回归方程：

$$y_t=\beta_0' X_t+\lambda_1' X_t z_{t-d}+\lambda_2' X_t z_{t-d}^2+\lambda_3' X_t z_{t-d}^3+\varepsilon_t \tag{3.49}$$

用式（3.46）代替式（3.41）对时间序列y_t进行非线性假设检验：

$$\begin{aligned}&\mathrm{H_0}:\ \lambda_i=0\\&\mathrm{H_1}:\ \lambda_i\text{中至少有一个不为}0\end{aligned}\quad (i=1,2,3)$$

这一模型的检验统计量一般有F统计量、似然比（likelihood ratio，LR）统计量和 LM 统计量。这三个统计量都是针对被估参数的约束检验，是渐近等价的。

在$\mathrm{H_0}$成立的条件下，构造F统计量：

1）做回归$y_t=\beta_0' X_t+\varepsilon_t$，计算残差平方和$\mathrm{SSR_0}=\sum_{t=1}^{T}\hat{\varepsilon}_t$。

2）对辅助回归模型（3.46）进行回归，计算残差平方和$\mathrm{SSR_1}=\sum_{t=1}^{T}\hat{\varepsilon}_t$。

3）计算F统计量：$F=\dfrac{(\mathrm{SSR_0}-\mathrm{SSR_1})/3p}{\mathrm{SSR_1}/(T-4p-1)}\sim F(3p,T-4p-1)$。

在$\mathrm{H_0}$成立的条件下，计算 LM 统计量：

$$\mathrm{LM}=\frac{T(\mathrm{SSR_0}-\mathrm{SSR_1})}{\mathrm{SSR_0}}=\frac{(\mathrm{SSR_0}-\mathrm{SSR_1})/3(p+1)}{\mathrm{SSR_1}/[T-4(p+1)]}$$

式中，T为时间序列时间长度；$3(p+1)$为受约束参数的个数；$T-4(p+1)$为分母所对应的自由度。

3.5　时序数据非对称单位根检验

通过对传统 ADF 和 PP 单位根检验法在 TAR 模型下的检验势研究表明，在 TAR 模型数据生成机制下，非对称性程度越大使得 ADF 方法和 PP 方法越具有低势，即在 TAR 模型的非对称单位根检验（asymmetric unit root test）中，传统 ADF 和 PP 检验势会随着对称性程度增大而下降，因此，在非对称单位根检验中 ADF 方法与 PP 方法是不适用的，发展新的非对称单位根检验方法具有十分重要的理论与应用价值。非对称单位根检验是针

对原假设是单位根过程，而备择假设是 TAR 模型（也包括线性 AR 模型）进行假设检验的一类检验方法。它最初由 Enders 和 Granger（EG）提出，他们认为 ADF 检验和 PP 检验是线性单位根（对称单位根）检验方法，在非对称 TAR 模型下 ADF 和 PP 单位根检验式存在设定误差（specification error）。鉴于此，Enders 和 Granger 提出一个 F 统计量，并对有限样本下临界值和检验势进行了仿真研究，但研究表明，F 统计量具有比 ADF 方法较低的检验势，这似乎与预期相反。究其原因在于构造 F 统计量之前估计了一个额外的未知参数（如均值，在构造检验统计量之前 EG 方法要先对数据过程进行退势），从而降低了检验势。Enders 和 Siklos（2001）通过分析原始 EG 方法后发现，不仅额外的未知参数估计导致了检验势下降，而且未知参数估计量的有偏性降低了检验势。因此，Enders 和 Siklos（2001）采取 Chan（1993）一致估计方法来估计未知参数，但是仿真结果表明，效果并不理想，即虽然检验势与原始 EG 方法相比有所增加，但在 TAR 模型检验中 F 统计量检验势要普遍低于 ADF 检验势。鉴于此，在随后的方法论发展中都是基于原始 Enders-Granger 思想建立 F 或 Wald 检验统计量，再建立合适的阈值区间来提高检验势，或通过自助法来改进收敛到统计量有限样本分布的收敛速度。例如，Berben 和 van Dijk（1999）、Caner 和 Hansen（2001）等，在下文将对这些方法进行详细分析。

3.5.1　恩格尔和格兰杰检验（EG）方法

为了简单起见，本章只讨论不含截距和趋势项的非对称单位根检验，即针对式（3.50）介绍和研究该方法：

$$\Delta Y_t = I_t\rho_1 Y_{t-1} + (1-I_t)q_1 Y_{t-1} + \varepsilon_t, I_t = \begin{cases} 1, & Y_{t-1} \leqslant \lambda \\ 0, & Y_{t-1} > \lambda \end{cases} \tag{3.50}$$

式中，I_t 为示性函数；Y_{t-1} 为转换变量；ρ_1、q_1 为系数。

随机干扰项服从独立同分布随机变量。原假设 H_0：Y_t 是单位根过程，备择假设 H_1：Y_t 服从 TAR 的数据生成过程。即

$$H_0\text{：} \rho_1 = q_1 = 0\text{；} H_1\text{：} \rho_1 < 0,\ q_1 < 0 \tag{3.51}$$

EG 方法是基于退势（detrend）后的数据序列来建立标准 F 统计量，因此，在式（3.50）中示性函数中门槛值 λ 为一常数，转换变量是 X_{t-1}，EG 方法检验原假设的步骤如下：

1）首先求数据序列的样本平均值 $\bar{y}$，然后得到退势序列 $\bar{y} = Y_t - \tilde{Y}_t$；

2）对退势时间序列 $\tilde{Y}_t$ 作回归模型：$\Delta\tilde{Y}_t = I_t\rho_1\tilde{Y}_{t-1} + (1-I_t)q_1\tilde{Y}_{t-1} + \varepsilon_t$，其中，示性函数 I_t 为：$I_t = \begin{cases} 1, & \tilde{Y}_{t-1} \leqslant 0 \\ 0, & \tilde{Y}_{t-1} > 0 \end{cases}$，并对模型应用 OLS 估计；

3）对式（3.51）表示的原假设建立 $\varPhi$（F 统计量）统计量，即 $F = \dfrac{(R_{\text{UR}}^2 - R_{\text{R}}^2)/2}{(1-R_{\text{UR}}^2)/n}$，其中，$R_{\text{UR}}^2$ 为无约束模型（即在备择假设下）的拟合优度系数；R_{R}^2 为受约束模型（即在原假设下）的拟合优度系数；n 为样本容量。

4）根据 Enders 和 Granger（1998）的仿真临界值判断是接受还是拒绝原假设，如果拒绝了原假设则利用标准检验方法（F 检验或 t 检验）来进一步检验系数 ρ_1、q_1 是否相

等，如果 $\rho_1 = q_1$ 成立，则认为时间序列是线性 AR 过程；反之当 $\rho_1 \neq q_1$ 时，则认为时间序列是非对称调整的平稳过程。

如果数据序列包含常数项与趋势项，则先对数据进行包含常数项和趋势项回归，然后用残差序列建立检验统计量。Enders 和 Granger（1998）对 F 统计量的临界值进行了仿真，并在仿真临界值基础上对统计量检验势进行了研究。结果表明，在 TAR 模型下，Φ 统计量的检验势要低于相应 ADF 检验势，这似乎与预期结果相反。究其原因他们认为，Φ 统计量由于估计了未知参数（如样本均值估计），从而导致检验势下降；即虽然 Φ 统计量检验式设定不存在设定误差，但是未知参数的估计导致检验势下降效应要大于正确设定检验式所增加的检验势效应，因此，总体上检验势呈下降趋势。

鉴于 EG 方法的非对称单位根检验具有比 ADF 方法更低的检验势，Enders 和 Siklos（2001）对该方法进行了进一步研究，他认为，该方法具有低势的原因在于未知参数的估计是有偏估计量，即如果真正的数据生成机制是非对称时，平均值和回归参数估计量都是有偏估计量。因此，Enders 和 Siklos（2001）对该检验方法进行了改进，即引入 Chan（1993）的超一致估计法，此时潜在门槛 λ 范围是基于转换变量 Y_{t-1} 的分位数，门槛估计原则是基于式（3.52）：

$$\lambda = \arg\min_{\lambda \in \Gamma} \sum_{i=1}^{n} \hat{\sigma}_i^2 \tag{3.52}$$

式中，$\sum_{i=1}^{n} \hat{\sigma}_i^2$ 为 TAR 模型下 OLS 估计的残差平方和，即备择假设下的残差平方和，Γ 为 Y_{t-1} 顺序统计量 15%～85%分位数的潜在取值（Andrews，1993）。由于在备择假设中包含有冗余参数（即门槛），这就是 Davies 问题，因此，Ender 和 Siklos（2001）采取如下的统计量：

$$\text{Sup} - F = \operatorname*{Sup}_{\gamma \in \Gamma} \Phi \tag{3.53}$$

式中，Γ 为潜在门槛区间，这样可以避免 EG 方法中平均值 $\bar{Y}$ 和回归参数的有偏且非一致估计问题。Enders 和 Siklos（2001）也对统计量临界值进行了仿真，并且利用新临界值对检验势进行了仿真。研究表明，在 TAR 模型下虽然 Chan 的超一致估计法提高了方法检验势，但是在近对称（nearly symmetric，即两机制中各自的自回归系数近似相等）数据生成机制下，ADF 检验势还是要大于 Φ 统计量检验势，而在非对称程度很大时，Φ 统计量检验势要大于 ADF 检验势。同时由于实际经济生活中随机误差项并不是独立同分布过程，Enders 和 Siklos（2001）引入滞后项来减弱随机误差项之间相关性，但是这种方法一方面通过不同信息准则可能得到不同滞后阶，那么相应临界值也不同，会影响 EG 方法检验势；另一方面随机误差项之间相关关系的具体形式可能会影响检验势。另外，Enders 和 Siklos（2001）也没有对包含滞后项 TAR 模型检验势进行仿真。但 Enders 和 Siklos（2001）对其检验统计量的有限样本下临界值进行了仿真，仿真步骤如下：

1）由 $Y_t = Y_{t-1} + \varepsilon_t$ 生成单位根数据序列，其中 ε_t 是独立同分布标准正态分布随机变量，初始值取标准正态随机数，样本容量分别为 50、100、250；

2）根据 Y_{t-1} 由小到大排列，取其 15%～85%的分位数作为潜在门槛范围；

3）根据 $\Delta Y_t = I_t\rho_1 Y_{t-1} + (1-I_t)q_1 Y_{t-1} + \eta_t$，其中示性函数 $I_t = \begin{cases} 1, & Y_{t-1} \leqslant \gamma, \\ 0, & Y_{t-1} > \gamma, \end{cases}$ 在潜在门槛区间内门槛估计值（基于残差平方和最小），然后利用估计的门槛构造原假设是 $\rho_1 = q_1 = 0$ 的 F 统计量，此 F 统计量即 Sup F 统计量；

4）如果存在滞后项，则通过下式：

$$\Delta Y_t = I_t\rho_1 Y_{t-1} + (1-I_t)q_1 Y_{t-1} + \sum_{i=1}^{k}\phi_i \Delta Y_{t-i} + \eta_t \tag{3.54}$$

式中，ϕ_i 为统计量。

生成数据序列，再利用 $Y_t = Y_{t-1} + \Delta Y_{t-1}$ 生成 Y_t 数据序列。

3.5.2 博弈和迪克检验（BVD）方法

Berben 和 van Dijk（1999）对 EG 方法进行了进一步研究，他们认为，EG 方法没有对检验统计量渐近分布进行研究，因而仿真临界值可能不准确，导致统计量检验势要低于传统 ADF 检验势。式（3.50）在式（3.51）的原假设下检验统计量可以写成：

$$F_n[\gamma(\tau)] = \frac{n}{2}\left\{\frac{\tilde{\sigma}_n^2 - \hat{\sigma}_n^2[\gamma(\tau)]}{\hat{\sigma}_n^2[\gamma(\tau)]}\right\} \tag{3.55}$$

式中，$\tilde{\sigma}_n^2$ 为有约束模型（备择假设下）的残差平方和；$\hat{\sigma}_n^2[\gamma(\tau)]$ 为无约束模型（原假设下）的残差平方和；n 为样本容量。由于在备择假设中包含有冗余参数（nuisance parameters）（即门槛），需采取如下的检验统计量：

$$\mathrm{Sup}F_n = \mathop{\mathrm{Sup}}_{\tau\in\gamma} F_n[\gamma(\tau)] \tag{3.56}$$

式中，γ 为潜在门槛区间，即潜在门槛区间内搜索统计量最大值。BVD 方法认为在单位根原假设下 $F_n[\gamma(\tau)]$ 统计量在固定门槛情况下不存在渐近分布（Hansen 认为当门槛已知时，如果数据过程在原假设下是平稳的，则 $F_n[\gamma(\tau)]$ 统计量在大样本下有渐近的 χ^2 分布），因此，为了避免这个问题，BVD 方法把门槛潜在区间定义如下［BVD 方法称这种门槛区间为“漂移门槛”（drifting threshold）］：

$$\gamma(\tau) = (1-\tau)\min_{1\leqslant t\leqslant n} Y_{t-1} + \tau \max_{1\leqslant t\leqslant n} Y_{t-1} \equiv (1-\tau)Y_{(0)} + \tau Y_{(n-1)} \tag{3.57}$$

式中，$\tau\in\gamma = \{\gamma \mid \gamma_0 \leqslant \gamma \leqslant 1-\gamma_1\}$，$\gamma_0$、$\gamma_1 \in (0,1)$，$Y_{(0)}, Y_{(1)}, \cdots, Y_{(n-1)}$ 表示 Y_{t-1} 的顺序统计量，这样就可以获得统计量渐近分布。BVD 方法证明式（3.57）统计量在潜在门槛区间内存在如下渐近分布：

$$\mathrm{Sup}F_n \Rightarrow \mathop{\mathrm{Sup}}_{\tau\in\gamma} \frac{1}{2}\int_0^1 \mathrm{d}W(r)\boldsymbol{K}_\tau(r)'\left[\int_0^1 \boldsymbol{K}_\tau(r)\boldsymbol{K}_\tau(r)'\mathrm{d}r\right]^{-1}\int_0^1 \boldsymbol{K}_\tau(r)\mathrm{d}W(r) \tag{3.58}$$

式中，$\boldsymbol{K}_\tau(r) = \begin{pmatrix} V_\tau(r)1[V_\tau(r)<0] \\ V_\tau(r)1[V_\tau(r)>0] \end{pmatrix}$，$W(r)$ 是在区间 $[0,1]$ 上的标准 Wiener 过程。

$$V_\tau(r) = W(r) - (1-\tau)\min_{0\leqslant s\leqslant 1} W(s) - \tau\max_{0\leqslant s\leqslant 1} W(s)$$

对未知参数估计，BVD 方法也采取 Enders 和 Siklos（2001）的超一致估计法来估计未知门槛，然后以估计的门槛为条件对其他未知参数进行 OLS 估计，用公式表示为

$$\gamma = \arg\min_{\gamma \in \Gamma} \hat{\sigma}_n^2[\gamma(\tau)] \tag{3.59}$$

$\hat{\sigma}_n^2[\gamma(\tau)]$表示无约束模型（备择假设下）的残差平方和。$\varGamma$表示潜在门槛区间：

$$\varGamma = \{\gamma \mid Y_{[\pi_0(n-1)]} \leqslant \gamma \leqslant Y_{[(1-\pi_0)(n-1)]}\} \tag{3.60}$$

式（3.60）表示每个机制中至少包含有总样本容量的π_0比例样本，即每个机制中至少包含总样本的π_0%样本。一般情况下取$\pi_0 = 0.15$（Andrews，1993；Hansen，1996，1997a；Enders and Siklos，2001），所以采用 BVD 方法必须进行如下转换：

$$\gamma_0 = \frac{Y_{\{[\pi_0(n-1)]\}} - Y_{(0)}}{Y_{(n-1)} - Y_{(0)}} \quad \gamma_1 = \frac{Y_{(n-1)} - Y_{\{[(1-\pi_0)(n-1)]\}}}{Y_{(n-1)} - Y_{(0)}} \tag{3.61}$$

在前面研究中知道，这种估计法得到的参数 OLS 估计量具有渐近正态分布，因而在拒绝单位根原假设之后，同 EG 方法一样可以采用标准F检验或t检验进一步检验是否是非对称的自回归模型（TAR 模型）。

3.5.3 Caner 和 Hansen 方法

EG 方法和 BVD 方法都是基于标准F统计量来进行检验，EG 方法分别对应 TAR 模型与 M-TAR 模型检验，分别采取不同的转换变量Y_{t-1}和ΔY_{t-1}。而 BVD 方法转换变量在原假设下是非平稳，即只能检验 TAR 模型，对 M-TAR 模型检验 BVD 方法并不适用。另外，这两个方法的原假设和备择假设分别为

$$\mathrm{H_0}:\ \theta_1 = \theta_2 = 0;\quad \mathrm{H_1}:\ \theta_1 < 0,\quad \theta_2 < 0 \tag{3.62}$$

而对备择假设的进一步研究发现，备择假设中还包含另一种情况，即部分单位根过程（Caner and Hansen，2001）：

$$\mathrm{H_2}:\begin{cases} \theta_1 < 0 \quad 且 \quad \theta_2 = 0 \\ \theta_1 = 0 \quad 且 \quad \theta_2 < 0 \end{cases} \tag{3.63}$$

如果备择假设$\mathrm{H_2}$成立，则数据序列在其中之一的机制中呈单位根过程，而在另一机制中是平稳过程，因此，总体上数据序列是非平稳的，但不是传统意义上的单位根过程。EG 和 BVD 检验方法都没有研究备择假设$\mathrm{H_2}$的这种情形。因此，

Caner 和 Hansen（2001）提出了如下原假设和备择假设：

$$\mathrm{H_0}:\ \theta_1 = \theta_2 = 0;\quad \mathrm{H_1}:\ \theta_1 < 0 \quad 或 \quad \theta_2 < 0 \tag{3.64}$$

Caner 和 Hansen（2001）针对上述检验提出了如下的单边（one-sided）检验统计量：

$$R_{1T} = t_1^2 1(\hat{\theta}_1 < 0) + t_2^2 1(\hat{\theta}_2 < 0) \tag{3.65}$$

式中，$\hat{\theta}_1$、$\hat{\theta}_2$分别为参数θ_1、θ_2的条件 OLS 估计值（在已知阈值或估计阈值条件下），分别是参数估计量的t统计量。根据 Caner 和 Hansen（2001），通过检验如果拒绝了单位根原假设，那么此时的时间序列要么是 TAR 模型，要么是部分单位根过程，因此，需进一步采用其他统计方法进行检验。Caner 和 Hansen（2001）采取的统计量是$-t_1$和$-t_2$（t_1和t_2分别是θ_1、θ_2的条件 OLS 估计量的t统计量，采取负统计量的目的在于保证较大统计量值能拒绝原假设），如果两个检验统计量都显著，则时间序列一定是平稳的门槛自回

归模型（TAR 模型）；如果只有其中一个显著，而另一个不显著则模型一定是部分单位根过程。

从前面的论述已经知道，EG 方法和 BVD 方法都不要求转换变量是平稳的，而 Caner 和 Hansen（2001）方法要求转换变量在原假设下是平稳的，即 Caner 和 Hansen（2001）是基于式（3.66）来建立检验统计量：

$$\Delta Y_t = \theta_1 Y_{t-1} 1(Z_{t-1} \leqslant \gamma) + \theta_2 Y_{t-1} 1(Z_{t-1} > \gamma) + \varepsilon_t \tag{3.66}$$

式中，转换变量 $Z_t = Y_t - Y_{t-m}$； m 为大于或等于 1 的正整数，因此，转换变量在原假设下是平稳的。如果 $m=1$ 则式（3.66）就变成 M-TAR 模型。由于在统计量中包含有冗余参数（即门槛），需采取如下的检验统计量：

$$\text{Sup} - R_{1T} = \underset{\tau \in \Gamma}{\text{Sup}}\, R_{1T} \tag{3.67}$$

首先，Caner 和 Hansen（2001）对式（3.67）统计量渐近分布进行了详细研究，由于备择假设中包含两种情形，渐近分布也具有两种不同的形式。Caner 和 Hansen（2001）把这两种情形分为存在门槛（即 TAR 模型）和不存在门槛（即 AR 模型），在不同情形下统计量具有不同的渐近分布和不同的仿真临界值。其次，Caner 和 Hansen（2001）对统计量基于临界值的检验水平（test size）和 ADF 检验水平进行了仿真研究，认为检验统计量比 ADF 方法具有较严重的检验水平扭曲（test size distortions），因此，该统计量具有较严重过度拒绝（over-reject）单位根原假设倾向。最后，Caner 和 Hansen（2001）对统计量检验势也进行了仿真研究，认为无论是存在门槛或不存在门槛情况下，在大多数情形下该统计量具有比 ADF 检验较高的检验势。

鉴于 $\text{Sup}R_{1T}$ 具有较严重的检验水平扭曲，Caner 和 Hansen（2001）提出了自助法来确定统计量有限样本分布下的临界值和渐近 P 值，为了描述该自助方法，设定如下模型：

$$\Delta Y_t = (\theta_1 Y_{t-1} + \alpha_1 \Delta Y_{t-1}) 1(\Delta Y_{t-1} < \gamma) + (\theta_2 Y_{t-1} + \alpha_2 \Delta Y_{t-1}) 1(\Delta Y_{t-1} \geqslant \lambda) + \varepsilon_t \tag{3.68}$$

第一，利用 Chan（1993）方法求得门槛估计值 $\hat{\lambda}$，以已知门槛 $\hat{\lambda}$ 为条件对模型（3.68）进行条件 OLS 估计求得其他回归参数估计值，所有参数为 $(\hat{\theta}_1, \hat{\alpha}_1, \hat{\theta}_2, \hat{\alpha}_2, \hat{\lambda}, \hat{F})$，其中 $\hat{F}$ 表示式（3.68）OLS 估计残差的经验分布函数。第二，由于原假设是单位根过程，所以必须施加约束 $\hat{\theta}_1 = \hat{\theta}_2 = 0$，通过式（3.69）求得原假设下自助数据序列 ΔY_t^b：

$$\Delta Y_t^b = 1(\Delta Y_{t-1}^b < \hat{\lambda}) \hat{\alpha}_1 \Delta Y_{t-1}^b + 1(\Delta Y_{t-1}^b \geqslant \hat{\lambda}) \hat{\alpha}_2 \Delta Y_{t-1}^b + \hat{\varepsilon}_t^b \tag{3.69}$$

式中，$\hat{\varepsilon}_t^b$ 为从 $\hat{F}$ 分布中随机抽取。第三，利用自助数据序列计算检验统计量的值 $\text{Sup}R_{1T}^b$，用以下公式计算渐近 P 值：

$$\text{asy} - P = \Pr(\text{Sup}R_{1T}^b > \text{Sup}R_{1T}) \tag{3.70}$$

Caner 和 Hansen（2001）通过 MC 仿真发现，自助方法检验水平较统计量渐近临界值检验水平有较大程度改善，虽然仍然存在一定程度的检验水平扭曲，然而扭曲程度比临界值方法的扭曲程度要小得多，甚至比传统 ADF 方法检验水平扭曲程度要小。

3.6　时序数据门槛协整模型设定、估计与检验

3.6.1　时序数据门槛协整模型的设定

Balke 和 Fomby（1997）最早提出了门槛协整模型，将传统线性协整理论与 TAR 模型完美结合，准确刻画了短期偏离向长期均衡的离散的调整行为，其基本模型为：考虑一个双变量系统(y_t, x_t)

$$y_t + \alpha x_t = z_t,\text{其中 } z_t = \rho^{(t)} z_{t-1} + \varepsilon_t \tag{3.71}$$

$$y_t + \beta x_t = B_t,\text{其中 } B_t = B_{t-1} + \eta_t \tag{3.72}$$

假设ε_t和η_t是期望为零的独立同分布（IID）随机变量。式（3.71）表示y_t和x_t之间存在的长期均衡关系，z_t为与均衡值的偏离误差，协整向量为（$1,\alpha$）。式（3.72）中B_t表示y_t和x_t之间的共同随机趋势。与 Engle 和 Granger（1987）不同的是，z_t并不是一个不变参数的线性自回归过程，而服从 TAR 形式。具体地，

$$\rho^{(t)} = 1,\text{若} |z_{t-1}| \leqslant \theta \tag{3.73}$$

$$\rho^{(t)} = \rho(|\rho|<1)，\text{若} |z_{t-1}| > \theta$$

式中，θ表示一个临界门槛参数。只要$|z_{t-1}| \leqslant \theta$，$z_t$就是为一个单位根过程，因此，不会表现出任何向均衡值趋回调节的趋势；而一旦$|z_{t-1}| > \theta$，z_t变为一个平稳的自回归过程，就会产生向均衡值趋回调节的趋势。也就是说z_t在“局部”呈现出单位根过程的特性，而在“总体”表现为平稳序列。

Balke 和 Fomby（1997）给出的模型（3.71）实际上是一种比较特殊的 SETAR 模型描述，若把非零截距项的门槛值考虑进来，则可以一般化上述 SETAR 模型。此时，

$$z_t = \begin{cases} u^{(u)} + \rho^{(u)}(L) z_{t-1} + \varepsilon_t^{(u)}, \theta^{(u)} < z_{t-d} \\ u^{(m)} + \rho^{(m)}(L) z_{t-1} + \varepsilon_t^{(m)}, \theta^{(l)} \leqslant z_{t-d} < \theta^{(u)} \\ u^{(l)} + \rho^{(l)}(L) z_{t-1} + \varepsilon_t^{(l)}, \theta^{(l)} > z_{t-d} \end{cases} \tag{3.74}$$

式中，$\rho^{(i)}(L)$为滞后多项式，$\varepsilon_t^{(i)}(i = l,m,u)$是均值为零、方差为$\sigma^{(i)}$的随机干扰项。这里，$z_t$服从根据转移变量$z_{t-d}$的取值划分为不同机制的 TAR 过程。整数$d$表示误差纠正的滞后项，从经济角度考虑，它反映的是经济个体在偏离均衡后进行趋回调节的滞后程度。$u^{(i)}$和$\rho^{(i)}(L)$的取值保证z_t的全局平稳性和局部可能出现的非平稳性。

3.6.2　时序数据门槛协整模型的估计

根据前面对门槛协整模型检验的介绍发现，该模型的估计和检验从一定程度上来讲具有一致性。现有的门槛参数估计方法都基于一个基本思想：在一定范围内选出多个备选门槛值，根据每个门槛值分别对数据进行分段 OLS（或 ML）估计，对估计的残差平方和进行比较，选出使残差平方和最小的门槛值。两种主流的方法分别是 Tsay（1989）的排列自回归法和 Hansen（1996）的二维网格搜索法。

Tsay（1989）在研究 TAR 模型时采用了排列自回归（arranged autoregressive，ARR）的方法对门槛参数γ进行估计。这种方法根据 TAR 模型中的门槛变量（如z_{t-1}或 M-TAR 模型中的Δz_{t-1}）的大小对所有样本进行排序，对排序后的样本数据进行分段 OLS（或 ML）估计，并计算其残差平方和（或残差方差），选择使残差平方和（或残差方差）最小的分段估计的临界门槛值。Chan（1993）证明了 ARR 法得到的门槛估计值是一个超一致估计量。

其后，Hansen（1996）提出使用二维网格搜索（grid search，GS）法对协整向量为$[1,\beta]$的两变量协整系统中均衡偏离误差z_t的门槛参数γ进行估计。为实现这种网格搜索，首先需要在二维空间(β,γ)中建立一个搜索区域。令$[\beta_{\mathrm{L}},\beta_{\mathrm{H}}]$表示$\beta$的线性估计量$\tilde{\beta}$（基于渐近正态分布的近似）的置信区间。令$\tilde{z}_{t-1}=z_{t-1}(\tilde{\beta})$，$[\gamma_{\mathrm{L}},\gamma_{\mathrm{H}}]$为$\tilde{z}_{t-1}$的经验概率测度。在$[\beta_{\mathrm{L}},\beta_{\mathrm{H}}]$和$[\gamma_{\mathrm{L}},\gamma_{\mathrm{H}}]$上取等距划分的若干个网格点$(\beta_i,\gamma_i)$作为备选的门槛参数估计量，然后对$z_t$的样本数据进行分段 OLS 估计。根据总的残差平方和（或残差方差）最小的原则，选取最佳网格点(β^*,γ^*)作为模型的门槛参数估计量。

3.6.3　时序数据门槛协整模型的检验

1. 基于残差的门槛协整检验

基于残差的门槛协整检验，即检验协整误差项是否存在门槛自回归模式。关于对基于残差的门槛协整检验主要有两个方向：一是假定协整向量已知，进行非协整针对线性协整的检验；二是假定协整向量未知，进行非协整针对线性协整的检验。Lo 和 Zivot（2001）考虑了 Horvath 和 Watson（1995）的标准似无关回归 Wald 统计量，其思想为，假定忽略门槛效应的 VECM 服从式（3.75）：

$$\Delta y_t=\alpha_0+\theta z_{t-1}+\sum_{i=1}^{i=k-1}\varphi_i\Delta y_{t-i}+\varepsilon_t \tag{3.75}$$

原假设为不存在协整，即$\theta=0$，构造检验统计量：

$$\mathrm{HW}=\hat{\theta}\mathrm{Var}(\hat{\theta})^{-1}\hat{\theta} \tag{3.76}$$

式中，$\hat{\theta}$表示 OLS 估计的θ。$\mathrm{Var}(\hat{\theta})$为 OLS 估计的$\theta$的协方差矩阵。在原假设下，受限的 HW 分布为二元布朗运动并且 Horvath 和 Watson 提供了对应的临界值表。Horvath 和 Watson 表明，其检验方法比仅仅针对残差z_t进行单变量的 ADF 检验有更高的势，尤其是当ε_t存在较强自相关的时候。此外，Zivot（2000）指出，当数据动态性使得 ADF 检验中共同因子限制无效时，HW 检验普遍比 ADF 检验有更高的势。Lo 和 Zivot（2001）认为，鉴于 HW 检验比 ADF 检验表现出的更好性质，可以猜测在门槛协整检验中，其应该也有更高的势。

一旦确定了协整关系的存在，下一步即检验这种协整是线性协整还是门槛协整。假设协整系统的残差服从式（3.77）：

$$\Delta z_t=\alpha_1 z_{t-1}I(z_{t-1}\leqslant\gamma)+\alpha_2 z_{t-1}I(z_{t-1}>\gamma)+u_t \tag{3.77}$$

式中，允许误差项$\{u_t\}$中存在序列相关性。可以将模型（3.77）扩展为

$$\Delta z_t = \begin{cases} \alpha_{10} z_{t-1} + \alpha_{11} \Delta z_{t-1} + \cdots + \alpha_{1p} \Delta z_{t-p} + \varepsilon_t, z_{t-1} \leqslant \gamma \\ \alpha_{20} z_{t-1} + \alpha_{21} \Delta z_{t-1} + \cdots + \alpha_{2p} \Delta z_{t-p} + \varepsilon_t, z_{t-1} > \gamma \end{cases} \tag{3.78}$$

其中，$\{\varepsilon_t\}$ 是一个 IID 序列。

令 $\hat{\sigma}^2(\gamma)$ 表示对式（3.78）进行估计后得到的残差平方和 $n^{-1}\sum_{t=p+1}^{n}\hat{e}_t(\gamma)^2$，令 $\hat{\sigma}_0^2$ 表示在原假设 H_0：$\alpha_1 = \alpha_2 = 0$ 估计成立时估计得到的残差平方和。则 Wald 检验统计量为

$$W_n(\gamma) = n\left(\frac{\hat{\sigma}_0^2}{\hat{\sigma}^2} - 1\right) = \operatorname*{Sup}_{\gamma \in \Gamma}\left(\frac{\hat{\sigma}_0^2}{\hat{\sigma}^2(\gamma)} - 1\right) = \operatorname*{Sup}_{\gamma \in \Gamma} W_n(\gamma) \tag{3.79}$$

$\hat{\sigma}_0^2$ 独立于 γ，$W_n(\gamma)$ 是 $\hat{\sigma}^2(\gamma)$ 的减函数。在估计中得到的 γ 使残差平方和 $\hat{\sigma}^2(\gamma)$ 达到最小，所以 W_n 是一个上确界值，即 Sup-Wald。

2. 基于 VECM 的门槛协整检验

关于对基于 VECM 进行门槛协整存在性的研究，主要从两个方向展开：一是在假定协整向量已知的条件下，基于 VECM 检验是线性协整还是非线性的门槛协整；二是在假定协整向量已知的条件下，进一步检验协整的形式是否为门槛协整。

Seo（2006）门槛协整检验的模型设定为

$$\varPhi(L)\Delta X_t = \alpha_1 z_{t-1} I(z_{t-1} \leqslant \gamma_1) + \alpha_2 z_{t-1} I(z_{t-1} > \gamma_2) + \varepsilon_t \tag{3.80}$$

式中，$\varPhi(L)$ 为 q 阶的滞后多项式；$z_t = \boldsymbol{X}_t'\boldsymbol{\beta}$，$\boldsymbol{\beta}$ 为已知的协整向量；$I(\cdot)$ 为示性函数，括号内条件为真时取 1，否则取 0。门槛 $\gamma_1 \leqslant \gamma_2$，如果 $\gamma_1 = \gamma_2$，则式（3.80）表示两机制 TVECM；如果 $\gamma_1 < \gamma_2$，则表示三机制 TVECM，且假设在中间机制中数据服从单位根过程。Seo（2006）针对式（3.80）构造不存在协整的原假设，即

$$H_0\text{：}\ \alpha_1 = \alpha_2 = 0 \tag{3.81}$$

当门槛给定时，对式（3.81）进行 LS 估计，得到

$$\Delta \boldsymbol{X}_t = \hat{\alpha}_1(\gamma) z_{t-1} I(z_{t-1} \leqslant \gamma_1) + \hat{\alpha}_2(\gamma) z_{t-1} I(z_{t-1} \leqslant \gamma_2) + \hat{\phi}_q \Delta \boldsymbol{X}_{t-q} + \hat{\varepsilon}_t(\gamma) \tag{3.82}$$

记 $\hat{\boldsymbol{\Sigma}}(\gamma) = \dfrac{1}{n}\sum_{t=1}^{n} \hat{\boldsymbol{\Sigma}}_t(\gamma)\hat{\boldsymbol{\Sigma}}_t(\gamma)'$，$\boldsymbol{A} = (\alpha_1, \alpha_2)'$，$\boldsymbol{Z}_\gamma$ 为 $[z_{t-1}I(z_{t-1} \leqslant \gamma_1), z_{t-1}I(z_{t-1} > \gamma_2)]$ 的堆积矩阵，$\boldsymbol{\varepsilon}$ 表示 $\hat{\varepsilon}_t(\gamma)'$ 的堆积矩阵，$\boldsymbol{M}_{-1}$ 表示被解释变量在滞后项 $\Delta X_{t-1}, \cdots, \Delta X_{t-q}$ 正交空间上的投影矩阵，则 Wald 统计量为

$$\begin{aligned} W(\gamma) &= \operatorname{vec}[\hat{\boldsymbol{A}}(\gamma)]' \operatorname{Var}\{\operatorname{vec}[\hat{\boldsymbol{A}}(\gamma)]\}' \operatorname{vec}[\hat{\boldsymbol{A}}(\gamma)] \\ &= \operatorname{vec}[(\boldsymbol{Z}_\gamma' M_{-1} \boldsymbol{Z}_\gamma)^{-1}(\boldsymbol{Z}_\gamma' \boldsymbol{M}_{-1}\boldsymbol{\varepsilon})]'[(\boldsymbol{Z}_\gamma' \boldsymbol{M}_{-1} \boldsymbol{Z}_\gamma)^{-1} \otimes \hat{\boldsymbol{\Sigma}}(\gamma)]^{-1} \\ &\quad \times \operatorname{vec}[(\boldsymbol{Z}_\gamma' \boldsymbol{M}_{-1} \boldsymbol{Z}_\gamma)^{-1}(\boldsymbol{Z}_\gamma' \boldsymbol{M}_{-1}\boldsymbol{\varepsilon})] \\ &= \operatorname{tr}\{[\boldsymbol{Z}_\gamma' \boldsymbol{M}_{-1}\boldsymbol{\varepsilon}\hat{\boldsymbol{\Sigma}}(\gamma)^{-1/2}]'(\boldsymbol{Z}_\gamma' \boldsymbol{M}_{-1} \boldsymbol{Z}_\gamma)^{-1}[\boldsymbol{Z}_\gamma' \boldsymbol{M}_{-1}\boldsymbol{\varepsilon}\hat{\boldsymbol{\Sigma}}(\gamma)^{-1/2}]\} \end{aligned} \tag{3.83}$$

基于式（3.83）构造 Sup Wald 统计量：

$$\text{SupWald} = \operatorname*{Sup}_{\gamma \in \Gamma} W(\gamma) \tag{3.84}$$

由于依然存在未知参数，需要构造门槛区间对其进行搜索。注意到，在后面将要介绍的对门槛的搜索中，如果转移变量 Z_{t-1} 是平稳过程，则将 Z_{t-1} 排序，去掉前后各 15%的值，

将中间 70%的值作为可能的门槛区间进行搜索。此处，在原假设下转移变量 Z_{t-1} 是非平稳过程，故 Myunghwan Seo 采用如下方法寻找门槛：构造区间 $\Theta=(-\bar{\theta},\bar{\theta})$，$\bar{\theta}$ 表示门槛变量绝对值 $|Z_{t-1}|$ 序列的分位数，实际应用中一般取 $\bar{\theta}=\max|Z_{t-1}|$，同时保证每个机制中至少包含有 10 个样本。由于统计量是非标准的 χ^2 分布，Seo（2006）进一步对该统计量渐近分布进行了研究，发现其不依赖于任何冗余参数，同时，提出了一个基于残差的自助法来改善对统计量有限分布的近似估计。

若将协整向量由已知扩展到未知的情况，代表性的研究是 Hansen 和 Seo（2002）的文章，详见 TVECM。

3.7 时序数据门槛格兰杰因果检验

自从 2003 年的诺贝尔经济学奖得主格兰杰提出格兰杰因果关系（Granger causality）的概念和检验方法以来，格兰杰因果关系便被广泛应用于经济学的相关问题研究中，如与经济增长的关系、金融市场价格和成交量之间的关系、能源消费与经济增长之间的关系，以及金融市场或金融资产之间的波动传导等。因此，关于格兰杰因果关系及其检验方法的研究具有重要意义。根据 Granger（1969，1980）的定义，如果一个时间序列滞后值的加入能够显著改善另外一个时间序列均值的预测，那么就存在从这个时间序列到另一个时间序列的均值-格兰杰因果关系。Granger（1969）利用交叉谱方法提出了均值格兰杰因果关系的检验方法，也提出了基于回归的检验程序。Hong（2001）利用核函数构造所有交叉相关系数的加权和进而提出一个检验统计量，显著改善了基于交叉相关系数的检验的势。然而，交叉谱和交叉相关系数方法都只能度量两个时间序列之间的线性交叉滞后相关关系，因此，无论是 Granger（1969）检验还是 Hong（2001）检验都只能检验线性-均值格兰杰因果关系。

经过不断的发展，传统格兰杰因果关系检验的定义有了较大的改变，现在统计软件中常用的格兰杰因果关系检验都是以严格的线性假设为基础的。这种因果关系检验在检测变量之间的线性因果关系时是很易用和合理的，但是它无法检验出变量之间的非线性因果关系，因此，在实际应用中，如果仅用传统的格兰杰因果检验进行分析，得出的结论往往是不可靠的，因为这种传统的格兰杰因果检验会遗漏掉变量之间可能非常显著的非线性因果关系。

两个时间序列之间的线性和非线性交叉滞后相关关系都意味着均值-格兰杰因果关系的存在，而非线性关系在现实中普遍存在，主要经济变量之间几乎都存在这样或那样的非线性关系（Granger and Teräsverta，1993）。Baek 和 Brock（1992）提出了一个检验非线性因果关系的非参数统计方法，该方法要求变量必须是独立同分布的，但是现实中经济数据往往不是独立同分布的，因此，该方法存在着一定的缺点。Hiemstra 和 Jones（1994）提出了一个以 Baek 和 Brock 检验方法为基础的检验方法，该方法没有严格限定变量之间必须是独立同分布的，认为被检序列即便具有短期依赖性，也能够检验出变量之间的非线性因果关系。他们经过对 Baek 和 Brock（1992）非线性格兰杰因果关系检验做出上述修正后，以美国股市的相关数据为基础进行检验，发现它们之间的双向非线性因果关系非常明显，从而证明了传统线性因果关系检验模型中无法验证的变量之间的非线性因果关系是能够通过非线性格兰杰因果关系检验模型验证的。然而，Diks 和 Panchenko（2006）发现，Hiemstra 和 Jones（1994）有时并不能检验出线性-均值格兰杰因果关系，并且存在严重的水平扭曲。Nishiyama 等（2011）在条件均值非参数拟合的基础上提出了一个非线性-均值格兰杰因果关系检验，但是条件均值的非参数拟合存在严重的维数灾难问题，因而，Nishiyama 和 Jeong（2011）的检验无法考虑到条件变量的高阶滞后。McClond 和 Hong（2011）定义了风险-格兰杰因果关系的概念，并提出了相应的检验方法。

从任意两个时间序列中检验非线性格兰杰因果关系，如 $\{\boldsymbol{x}_t\}$ 和 $\{\boldsymbol{y}_t\}$ 在这两个变量的情形，就得首先对 $\{\boldsymbol{x}_t\}$ 和 $\{\boldsymbol{y}_t\}$ 应用线性模型去鉴别其线性因果关系，然后获得相应的残差 $\{\varepsilon_{1t}^{\wedge}\}$ 和 $\{\varepsilon_{2t}^{\wedge}\}$。其次就得应用非线性格兰杰因果检验对 $\{\varepsilon_{1t}^{\wedge}\}$ 和 $\{\varepsilon_{2t}^{\wedge}\}$ 进行检验，直到这两个向量被检验了才能确定其剩余的非线性因果关系。同样的将此应用于多维的情形，如 $\boldsymbol{x}_t=(x_{1,t},x_{2,t},\cdots,x_{n_1,t})'$ 和 $\boldsymbol{y}_t=(y_{1,t},y_{2,t},\cdots,y_{n_2,t})'$。

首先定义时间序列、前向量和后向量。例如，时间序列 $\boldsymbol{X}_{i,t}$，对任意 $\boldsymbol{X}_{i,t},i=1,2,\cdots,n_1$，这关于 $X_{i,t}$ 的 m_{x_i} 阶前向量和 L_{x_i} 阶后向量分别为

$$\boldsymbol{X}_{i,t}^{m_{x_i}}\equiv(X_{i,t},X_{i,t+1},\cdots,X_{i,t+m_{x_i}-1}),\quad m_{x_i}=1,2,\cdots,\quad t=1,2,\cdots$$

$$\boldsymbol{X}_{i,t-L_{x_i}}^{L_{x_i}}\equiv(X_{i,t-L_{x_i}},X_{i,t-L_{x_i}+1},\cdots,X_{i,t-1}),\quad L_{x_i}=1,2,\cdots,\quad t=L_{x_i}+1,L_{x_i}+2,\cdots$$

定义 $M_x=(m_{x_1},m_{x_2},\cdots,m_{x_{n_1}})$，$L_x=(L_{x_1},L_{x_2},\cdots,L_{x_{n_1}})$，$m_x=\max(m_{x_1},m_{x_2},\cdots,m_{x_{n_1}})$ 和 $l_x=\max(L_{x_1},L_{x_2},\cdots,L_{x_{n_1}})$。对 $Y_{i,t}$ 的 m_{y_i} 阶前向量 $\boldsymbol{Y}_{i,t}^{m_{y_i}}$ 和 L_{y_i} 阶后向量 $\boldsymbol{Y}_{i,t-L_{y_i}}^{L_{y_i}}$ 及 M_y、L_y、m_y、l_y 都可以相似地定义。

给定 m_x、m_y、L_x、L_y、$e>0$ 和 $\eta<0$，可以定义以下 4 种事件：

1）$\{\|\boldsymbol{X}_t^{M_x}-\boldsymbol{X}_s^{M_x}\|<e\}\equiv\{\|\boldsymbol{X}_{i,t}^{m_{x_i}}-\boldsymbol{X}_{i,s}^{m_{x_i}}\|<e,\forall i=1,2,\cdots,n_1\}$；

2）$\{\|\boldsymbol{X}_{t-L_x}^{L_x}-\boldsymbol{X}_{s-L_x}^{L_x}\|<e\}\equiv\{\|\boldsymbol{X}_{i,t-L_{x_i}}^{L_{x_i}}-\boldsymbol{X}_{i,s-L_{x_i}}^{L_{x_i}}\|<e,\forall i=1,2,\cdots,n_1\}$；

3）$\{\|\boldsymbol{Y}_t^{M_y}-\boldsymbol{Y}_s^{M_y}\|<\eta\}\equiv\{\|\boldsymbol{Y}_{i,t}^{m_{y_i}}-\boldsymbol{Y}_{i,s}^{m_{y_i}}\|<\eta,\forall i=1,2,\cdots,n_2\}$；

4）$\{\|\boldsymbol{Y}_{t-L_y}^{L_y}-\boldsymbol{Y}_{s-L_y}^{L_y}\|<\eta\}\equiv\{\|\boldsymbol{Y}_{i,t-L_{y_i}}^{L_{y_i}}-\boldsymbol{Y}_{i,s-L_{y_i}}^{L_{y_i}}\|<\eta,\forall i=1,2,\cdots,n_2\}$。

这里 $\|\cdot\|$ 表示极大范数，$\|\boldsymbol{X}-\boldsymbol{Y}\|=\max(|x_1-y_1|,|x_2-y_2|,\cdots,|x_n-y_n|)$，对任意两个向量 $\boldsymbol{X}=(x_1,x_2,\cdots,x_n)$ 和 $\boldsymbol{Y}=(y_1,y_2,\cdots,y_n)$。向量序列 $\{\boldsymbol{Y}_t\}$ 被称为并不严格格兰杰因果于向量序列 $\{\boldsymbol{X}_t\}$，如果

$$\begin{aligned}&\Pr(\|\boldsymbol{X}_t^{M_x}-\boldsymbol{X}_s^{M_x}\|<e\,|\,\|\boldsymbol{X}_{t-L_x}^{L_x}-\boldsymbol{X}_{s-L_x}^{L_x}\|<e,\|\boldsymbol{Y}_{t-L_y}^{L_y}-\boldsymbol{Y}_{s-L_y}^{L_y}\|<\eta)\\&=\Pr(\|\boldsymbol{X}_t^{M_x}-\boldsymbol{X}_s^{M_x}\|<e\,|\,\|\boldsymbol{X}_{t-L_x}^{L_x}-\boldsymbol{X}_{s-L_x}^{L_x}\|<e)\end{aligned}$$

这里 $\Pr(\cdot|\cdot)$ 定义了相应的概率密度。

关于非线性格兰杰因果关系的存在性的检验统计量可以通过以下获得

$$\sqrt{n}\left(\frac{C_1(M_x+L_x,L_y,e,\eta,n)}{C_2(L_x,L_y,e,\eta,n)}-\frac{C_3(M_x+L_x,e,n)}{C_4(L_x,e,n)}\right)\tag{3.85}$$

这里

$$C_1(M_x+L_x,L_y,e,\eta,n)\equiv\frac{2}{n(n-1)}\sum\sum_{t<s}\prod_{i=1}^{n_1}I(x_{i,t-L_{x_i}}^{m_{x_i}+L_{x_i}},x_{i,s-L_{x_i}}^{m_{x_i}+L_{x_i}},e)\cdot\prod_{i=1}^{n_1}I(y_{i,t-L_{y_i}}^{L_{y_i}},y_{i,s-L_{y_i}}^{L_{y_i}},\eta)$$

$$C_2(L_x,L_y,e,\eta,n)\equiv\frac{2}{n(n-1)}\sum\sum_{t<s}\prod_{i=1}^{n_1}I(x_{i,t-L_{x_i}}^{L_{x_i}},x_{i,s-L_{x_i}}^{L_{x_i}},e)\cdot\prod_{i=1}^{n_1}I(y_{i,t-L_{y_i}}^{L_{y_i}},y_{i,s-L_{y_i}}^{L_{y_i}},\eta)$$

$$C_3(M_x+L_x,e,n)\equiv\frac{2}{n(n-1)}\sum\sum_{t<s}\prod_{i=1}^{n_1}I(x_{i,t-L_{x_i}}^{m_{x_i}+L_{x_i}},x_{i,s-L_{x_i}}^{m_{x_i}+L_{x_i}},e)$$

$$C_4(L_x,e,n)\equiv\frac{2}{n(n-1)}\sum\sum_{t<s}\prod_{i=1}^{n_1}I(x_{i,t-L_{x_i}}^{L_{x_i}},x_{i,s-L_{x_i}}^{L_{x_i}},e)$$

$$I(x_i,x_j,e)=\begin{cases}0,\|x_i-x_j\|>e\\1,\|x_i-x_j\|\leqslant e\end{cases}$$

$$I(y_i,y_j,e)=\begin{cases}0,\|y_i-y_j\|>\eta\\1,\|y_i-y_j\|\leqslant\eta\end{cases}$$

$$t,s=\max(L_x,L_y)+1,\cdots,T-m_x+1,\quad n=T+1-m_x-\max(L_x,L_y)$$

对所有检验的零假设 H_0，即在 $\{X_{1,t},X_{2,t},\cdots,X_{n_1,t}\}$ 和 $\{Y_{1,t},Y_{2,t},\cdots,Y_{n_2,t}\}$ 都是严平稳的、弱相关，以及满足 Denker 和 Keller（1983）建立的混合条件的前提下，$\{Y_{1,t},Y_{2,t},\cdots,Y_{n_2,t}\}$ 并不是严格格兰杰因果于 $\{X_{1,t},X_{2,t},\cdots,X_{n_1,t}\}$。如果这个零假设 H_0 是真的，那么在式（3.85）定义的统计检验量渐近趋向于 $N(0,\sigma^2(M_x,L_x,L_y,e,\eta))$。如果式（3.85）定义的统计检验量离零值太远，就可以拒绝零假设。$\sigma^2(M_x,L_x,L_y,e,\eta)$ 的一个一致估计量为 $\hat{\sigma}^2(M_x,L_x,L_y,e,\eta)=\nabla\hat{f}(\theta),\hat{\Sigma}\nabla\hat{f}(\theta)$，这里 Σ 是一个 4×4 的矩阵，$\Sigma_{i,j}(i,j=1,2,3,4)$

$$\hat{\Sigma}_{i,j}4\sum_{k\geqslant1}\omega_kE(A_{i,t}A_{j,t+k-1})$$

$$\omega_k=\begin{cases}1,k=1\\2,k\neq1\end{cases}$$

$$A_{1,t}=h_{11}(x_{t-L_x}^{M_x+L_x},y_{t-L_y}^{L_y},e,\eta)-C_1(M_x+L_x,L_y,e,\eta)$$

$$A_{2,t}=h_{12}(x_{t-L_x}^{L_x},y_{t-L_y}^{L_y},e,\eta)-C_2(L_x,L_y,e,\eta)$$

$$A_{3,t}=h_{13}(x_{t-L_x}^{M_x+L_x},e)-C_3(M_x+L_x,e)$$

$$A_{4,t}=h_{14}(x_{t-L_x}^{L_x},e)-C_4(L_x,e)$$

这里 $h_{1i}(z_t),i=1,2,3,4$ 为 $h_i(z_t,z_s)$ 关于 z_t 的条件期望：

$$h_{11}(x_{t-L_x}^{M_x+L_x},y_{t-L_y}^{L_y},e,\eta)=E(h_1\mid x_{t-L_x}^{M_x+L_x},y_{t-L_y}^{L_y})$$

$$h_{12}(x_{t-L_x}^{L_x},y_{t-L_y}^{L_y},e,\eta)=E(h_2\mid x_{t-L_x}^{L_x},y_{t-L_y}^{L_y})$$

$$h_{13}(x_{t-L_x}^{M_x+L_x},e)=E(h_3\mid x_{t-L_x}^{M_x+L_x})$$

$$h_{14}(x_{t-L_x}^{L_x},e)=E(h_4\mid x_{t-L_x}^{L_x})$$

$\Sigma_{i,j}$ 的一致点估计为

$$\sum_{i,j} = 4\sum_{k=1}^{K(n)} \omega_k(n)\left[\frac{1}{2(n-k+1)}\sum_t (\hat{A}_{i,t}(n)\hat{A}_{j,t-k+1,t}(n) + \hat{A}_{i,t-k+1,t}(n)\hat{A}_{j,t}(n)\right]$$

$$K(n) = [n^{1/4}],\quad \omega_k(n) = \begin{cases} 1, & k=1 \\ 2\{1-[(k-1)/K(n)]\}, & k \neq 1 \end{cases}$$

$$\begin{aligned}\nabla\hat{f}(\theta) &= \left[\frac{1}{\hat{\theta}_2}, -\frac{\hat{\theta}_1}{\hat{\theta}_2^2}, -\frac{1}{\hat{\theta}_4}, \frac{\hat{\theta}_3}{\hat{\theta}_4^2}\right], \\ &= \left[\frac{1}{C_2(L_x, L_y, e, \eta, n)}, -\frac{C_1(M_x + L_x, L_y, e, \eta, n)}{C_2^2(L_x, L_y, e, \eta, n)}, -\frac{1}{C_4(L_x, e, n)}, \frac{C_3(M_x + L_x, e, n)}{C_4^2(L_x, e, n)}\right]'\end{aligned}$$

这里弱相关的意思是$\{X_{1,t}, X_{2,t}, \cdots, X_{n_1,t}\}$和$\{Y_{1,t}, Y_{2,t}, \cdots, Y_{n_2,t}\}$任意两者线性模拟，即$\boldsymbol{X}_{i,t} = \beta Y_{j,t} + \beta_0$，其中$\forall i \in 1, \cdots, n_1$和$\forall j \in 1, \cdots, n_2$，其模拟相关系数$\beta$小于 1。

3.8　时序数据门槛模型案例研究

3.8.1　经济周期与失业率的 TAR 模型

在这一节中，笔者将通过美国失业的 TAR 模型来探讨商业周期中存在的非线性现象。笔者使用 LHMU 和 LHMC 文件来衡量男性 20 岁及以上的失业率，样本是 1959 年 1 月到 1996 年 7 月的月度数据，并在图 3.1 中绘制。标准的单位根检验（如 ADF 检验）表明失

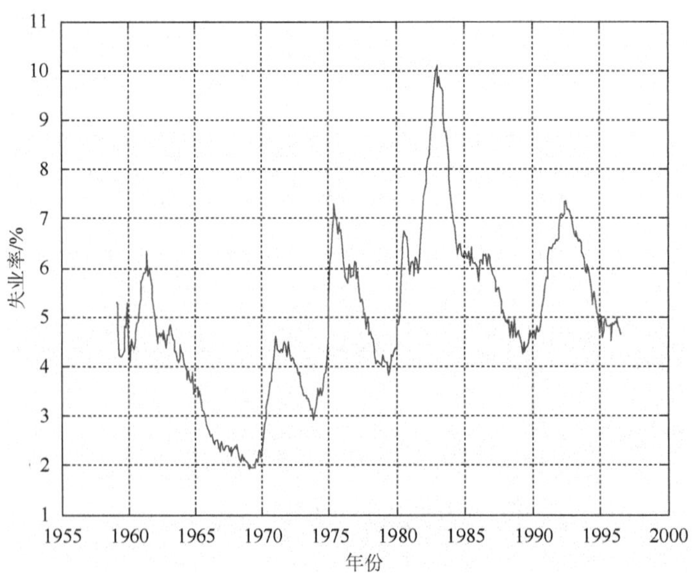

图 3.1　20 岁及以上男性的失业率

业率可能存在一个自回归单位根，所以采用一阶差分形式Δy_t来保证稳定性。令$p=12$，因为这似乎是充分描述短期动态的最低必要条件。

笔者考虑门槛变量q_{t-1}的两种选择：第一种是标准的滞后项Δy_{t-1}，滞后阶数$d\leqslant 12$；第二种是差分，$y_{t-d}^{*}=y_{t-1}-y_{t-d}$，$d\leqslant 12$，测度了失业率的最近趋势。表 3.1 报告了各种模型的误差平方和（error sum of squares，SSE），并用自举法计算渐近P值（使用 1000 次）检验在特定的门槛模型中的线性零假设。对后者的测试中，笔者使用具有强大的异方差性的 Wald 统计量。在这些和其他的计算中，Γ被选定先验包含 70%的观测值，调整的底部和顶部的可变门槛的 15%位数来确保模型及在Γ中确定所有门槛。

表 3.1　失业率的 TAR 模型

$q_t=\Delta y_{t-d}$	d	1	2	3	4	5	6	7	8	9	10	11	12
	SSE	12.1	12.4	12.2	12.6	12.4	12.4	12.3	12.4	12.1	12.4	12.4	12.5
	P值	0.053	0.130	0.203	0.294	0.269	0.128	0.398	0.149	0.002	0.041	0.377	0.866
$q_t=y_{t-1}-y_{t-d}$	d		2	3	4	5	6	7	8	9	10	11	12
	SSE		11.8	12.0	11.9	11.8	11.9	11.9	11.9	11.9	11.8	12.0	11.7
	P值		0.020	0.010	0.141	0.004	0.000	0.042	0.007	0.001	0.000	0.000	0.000

LS 原理表明笔者选择的$\hat{d}$通过了最小误差平方和的测试，从表 3.1 很明显可以看出，门槛中使用差分$y_{t-1}-y_{t-d}$比使用一个简单的滞后值Δy_{t-1}模型更适合。通过设置$\hat{d}=12$，得到的是最小误差平方和，该模型具有很高的统计意义。在 1000 次自举计算中，没有模拟检验统计超过样本值，表明 TAR 模型中门槛变量$q_{t-1}=y_{t-1}-y_{t-12}$在任何显著性水平上显著。后者的结果是d的选择，设置$q_{t-1}=y_{t-1}-y_{t-d}$在任何$d\geqslant 5$时的P值小于 1%。

令$\hat{d}=12$，LS 估计的门槛值是$\hat{\gamma}=0.302$，95%的渐近置信区间$[0.213,0.340]$。本节使用似然比方法计算了后者，调整的似然比$\mathrm{LR}_n^{*}(\gamma)$如图 3.2 所示，似然比位于虚线下的值产生置信区间。从图 3.2 中可以看出，门槛估计是非常精确的，并且置信区间是紧的。

$\hat{\gamma}$的值为 0.3，表明 TAR 模型将回归函数分解为两个区制，这取决于失业率是否在过去 12 个月里上升了 0.3%以上。在拟合样本的 438 个观察值中，314 个观察值在$y_{t-1}-y_{t-d}<0.3$的“区制 1”内，124 个观察值在$y_{t-1}-y_{t-d}>0.3$的“区制 2”内，由此，笔者认为经济收缩对应两区制。

从这些点估计中，可以回顾历史样本来研究 TAR 模型如何将观察结果划分为区制。图 3.3 绘制了 1970～1996 年的失业率，对观测值是否落在区制 1（十字形）或区制 2（*）中进行了编码。对γ的估计值进行精度评估，观察$y_{t-1}-y_{t-12}$落在 95%的置信区间[0.213，0.340]为“不确定”（实心圆）。从图 3.3 中看到，失业率上升为区制 2，下降为区制 1。令人惊讶的是，在不确定的类别中，观测结果很少。有趣的是，这些不确定的观察中有两个在最近出现（1996 年 3 月和 4 月）。

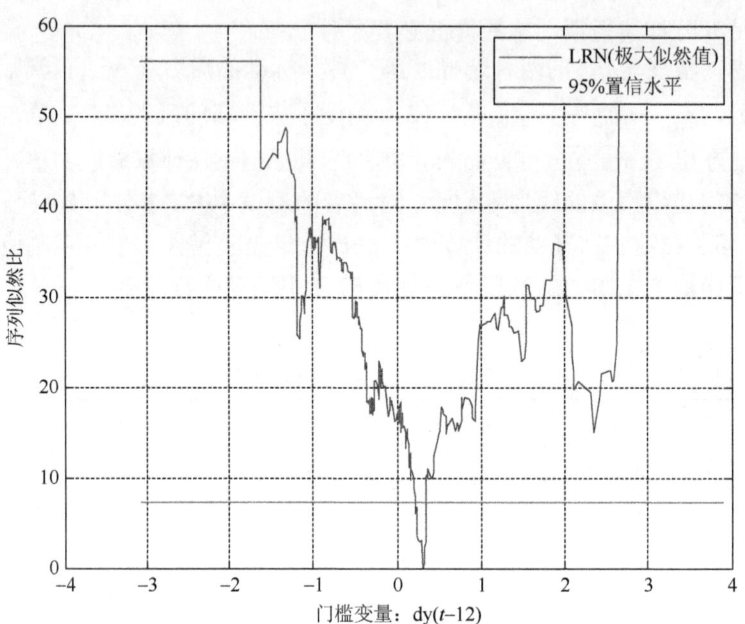

图 3.2　门槛置信区间估计

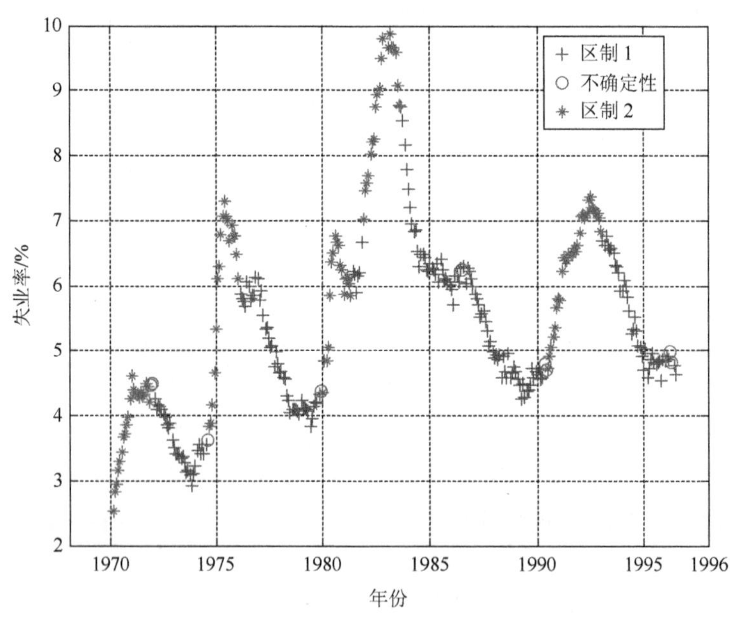

图 3.3　区制分类

表 3.2 报告了 TAR 模型的参数估计。笔者报告了参数估计，异方差一致的标准误差，95%的置信区间和计算γ的 80%一阶置信区间。两个区制之间最明显的参数变化发生在常数和自回归系数的滞后 1 期、2 期和 12 期。在区制 1 中（常数或失业率下降），

AR（1）系数略为负，AR（2）系数接近零，截距接近零。这意味着失业率将接近随机游走，并略有下降，序列负相关和轻微负偏移。另外，在区制 2 中（失业率不断上升），截距、AR（1）和 AR（2）系数都是正的，这意味着失业率的变化将与正偏移连续相关。

表 3.2　失业率的 TAR 估计

	变量	截距	y_{t-1}	y_{t-2}	y_{t-3}	y_{t-4}	y_{t-5}	y_{t-6}
$y_{t-1}-y_{t-12}\leqslant 0.302$	$\hat{\alpha}$	−0.018	−0.186	0.084	0.132	0.165	0.070	0.0267
	标准误差	（0.012）	（0.062）	（0.065）	（0.069）	（0.056）	（0.065）	（0.065）
	95%置信区间	[−0.043, 0.010]	[−0.309, −0.035]	[−0.048, 0.214]	[−0.008, 0.275]	[0.047, 0.290]	[−0.065, 0.204]	[−0.107, −0.162]
	变量		y_{t-7}	y_{t-8}	y_{t-9}	y_{t-10}	y_{t-11}	y_{t-12}
	$\hat{\alpha}$		0.062	0.044	−0.031	0.057	0.091	−0.136
	标准误差		（0.062）	（0.055）	（0.059）	（0.060）	（0.059）	（0.058）
	95%置信区间		[−0.075, 0.194]	[−0.063, 0.169]	[−0.159, 0.093]	[−0.177, 0.077]	[−0.031, 0.208]	[−0.254, −0.015]
$y_{t-1}-y_{t-12}>0.302$	变量		y_{t-1}	y_{t-2}	y_{t-3}	y_{t-4}	y_{t-5}	y_{t-6}
	$\hat{\beta}$	0.086	0.241	0.241	0.123	−0.026	−0.020	−0.084
	标准误差	（0.032）	（0.101）	（0.080）	（0.090）	（0.085）	（0.085）	（0.084）
	95%置信区间	[0.013, 0.151]	[0.006, 0.441]	[0.085, 0.414]	[−0.053, 0.318]	[−0.197, 0.158]	[−0.199, 0.160]	[−0.272, 0.090]
	变量		y_{t-7}	y_{t-8}	y_{t-9}	y_{t-10}	y_{t-11}	y_{t-12}
	$\hat{\beta}$		−0.151	−0.035	0.092	0.103	−0.114	−0.412
	标准误差		（0.071）	（0.78）	（0.089）	（0.085）	（0.078）	（0.085）
	95%置信区间		[−0.361, 0.004]	[−0.202, 0.136]	[−0.087, 0.276]	[−0.064, 0.314]	[−0.267, 0.056]	[−0.608, −0.217]

从自回归中很难估计点估计中隐含的动态，一种方法是绘制相应的谱密度函数。图 3.4 绘制了与来自两个区制的自回归系数相对应的谱密度函数。这些实际上不是“谱密度”，但旨在传达两种区制中动态特性的信息。笔者发现，在区制 1 中，Δy_t 具有几乎平坦的频谱形状，而在区制 2 中，有相应的商业周期的大峰。有趣的是，这两个区制显示几乎相同的高频频谱形状和分类的机制。

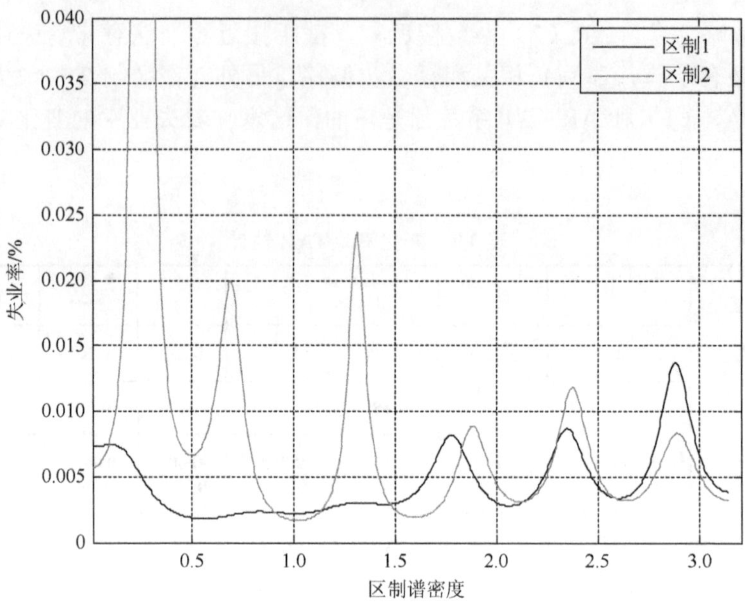

图 3.4　区制谱密度

3.8.2　失业率的门槛单位根检验

在这一节中，笔者应用美国成年男性从 1956 年 1 月到 1999 年 8 月的月度失业率数据，绘制出图 3.5。为了设置一个基准，笔者首先通过 OLS 线性模型拟合滞后 12 期的差分。ρ 的点估计 $\hat{\rho}$=0.014，它的 t 统计量为−0.24，是显著的（单位根的 ADF 检验）。这就导致了一个标准结论：失业率的线性表示有一个单位根。

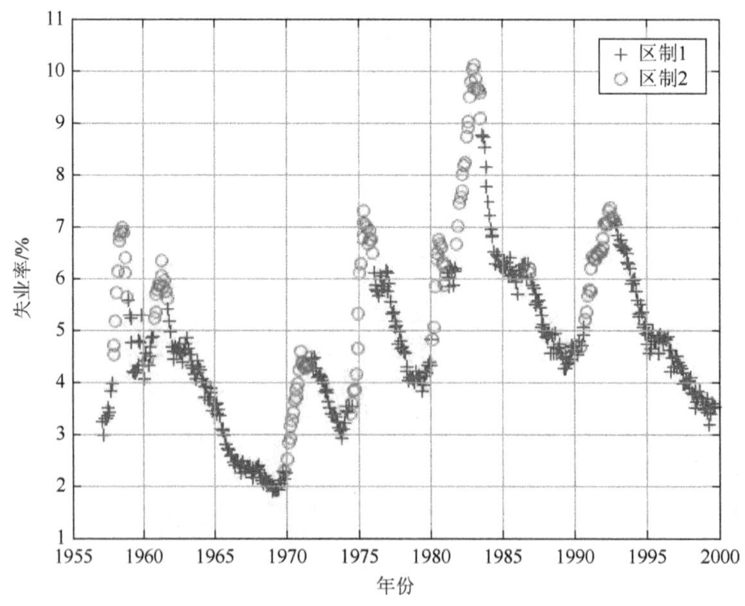

图 3.5　门槛区制划分的美国成年男性的失业率

笔者的第一个问题是是否有任何统计证据拒绝线性 AR 模型来支持门槛模型。对这个问题的一个适当的检验统计量是 Wald 检验统计量 W_T。表 3.3 中笔者报告的 Wald 检验统计量 W_T，1%的自举的临界值，并自举门槛变量 $Z_t = y_t - y_{t-m}$ 的 P 值，延迟参数 m 从 1 到 12。每个统计量都是显著的，很容易拒绝线性的零假设，支持门槛模型。

由于 W_T 检验拒绝了无论选择任何 m 都没有门槛效应的零假设，可以拒绝线性 AR 模型以支持 TAR 模型。然而，一般来说，这种检验方法受到批评是因为它限定了 m，而 m 通常是未知的。笔者可以通过选择 m 是内生的解决这种问题。m 是 LS 估计的最小化残差的方差值。因为 Wald 检验统计量 W_T 是剩余方差的单调函数，这就相当于选择 m 令 W_T 最大。估计的结果是 $\hat{m}=12$，对应的门槛统计量 $W_T = 80.4$，表 3.1 中报道的自举的 P 值假设 m 是已知的和固定的，这是很容易的，但是，将 m 的估计和自举 P 值的计算结合起来。笔者可以重新自举 P 值并允许 m 的估计，当这么做，仍然计算自举 P 值，这意味着线性自回归模型可以生成这样大的测试统计量是极不可能的。笔者的结论是，有很强的证据表明是 TAR 模型。

从表 3.3 看到，对延迟参数的 LS 估计是 $\hat{m}=12$，选择 $m=9$ 产生几乎相同值的残差平方和，检验统计量 W_T 也一样。这意味着，$m=9$ 是一个等价的良好统计的选择，和所有其他的一样，笔者更喜欢较小的滞后参数模型，把 $m=9$ 作为首选模型规范。

表 3.3 无约束门槛模型的门槛和单位根检验

自举门槛检验				单位根检验 P 值					
				R_{1T}		t_1		t_2	
m	W_T	1%置信值	P 值	渐近分布	自举	渐近分布	自举	渐近分布	自举
1	34.9	39.3	0.034	0.091	0.052	0.254	0.104	0.351	0.138
2	53.2	40.1	0.000	0.148	0.084	0.713	0.362	0.157	0.589
3	35.5	38.8	0.027	0.057	0.064	0.089	0.037	0.566	0.252
4	42.7	39.5	0.005	0.071	0.042	0.068	0.026	0.747	0.397
5	54.1	39.3	0.001	0.054	0.034	0.029	0.013	0.925	0.634
6	62.2	39.3	0.000	0.069	0.042	0.080	0.033	0.681	0.341
7	48.5	39.3	0.001	0.131	0.078	0.113	0.046	0.793	0.438
8	70.0	39.2	0.000	0.095	0.058	0.056	0.025	0.909	0.608
9	77.8	39.4	0.000	0.042	0.029	0.036	0.015	0.786	0.435
10	75.9	39.1	0.000	0.056	0.038	0.065	0.027	0.681	0.348
11	67.8	38.8	0.000	0.086	0.058	0.096	0.040	0.693	0.360
12	80.4	38.7	0.000	0.105	0.072	0.141	0.057	0.619	0.303

笔者的第二个问题涉及单位根的存在。笔者计算门槛单位根检验统计量 R_{1T}、t_1 和 t_2，对每个滞后参数 m 从 1 到 12，并在表 3.3 报告渐近分布和 R_{1T}、t_1 和 t_2 的自举 P 值（R_{2T} 和 R_{1T} 的检验结果基本是一致的）。渐近 P 值使用报告的 P 值函数计算，所有例子中的渐近 P 值范围比自举 P 值更保守，但不明显。自举的计算表明，所有 12 个 R_{1T} 统计量在 10%的水

平上显著，4 个在 5%的水平上显著。最相关的统计是 $m=9$ 和 $m=12$ 两例，其中自举 P 值分别是 0.029 和 0.072。

对比 t_1 和 t_2，由表 3.3 可以看到当 $m=9$ 时，t_1 的自举 P 值是 0.015，当 $m=12$ 时，t_1 的自举 P 值是 0.057，有很强的证据表明事实上可以拒绝单位根假设支持 $\rho_1<0$。t_2 统计量是不显著的，所以不能拒绝 $\rho_2=0$。

在表 3.4 中，对首选的规范 $m=9$，笔者提出了 LS 参数估计。门槛 $\hat{\lambda}$ 的点估计是 0.33。因此，TAR 断裂回归函数取决于变量 $Z_{t-1}=y_{t-1}-y_{t-10}$ 是高于还是低于 0.33。第一个区制是当 $Z_{t-1}<0.33$ 时，它发生在超过九个月的时间里失业率下降，保持不变，或上升小于 0.33 个点时（如 5.40～5.73）。大约 73%的观测结果属于这一类。第一个区制是当 $Z_{t-1}>0.33$ 时，它发生在超过九个月的时间里失业率上升超过 0.33 个点时。大约 27%的观测结果落在这个区制中。

表 3.4　无约束门槛模型的 LS 估计

回归	估计值　$\hat{m}=9$，$\hat{\lambda}=0.33$				系数相等检验	
	$Z_{t-1}<\hat{\lambda}$		$Z_{t-1}\geqslant\hat{\lambda}$		Wald 统计量	自举 P 值
	估计值	标准误差	估计值	标准误差		
常数	0.075	（0.032）	0.195	（0.060）	3.3	0.367
y_{t-1}	−0.024	（0.007）	−0.014	（0.011）	0.1	0.887
Δy_{t-1}	−0.163	（0.054）	0.109	（0.081）	21.5	0.000
Δy_{t-2}	0.036	（0.054）	0.346	（0.078）	7.1	0.068
Δy_{t-3}	0.046	（0.053）	0.012	（0.083）	0.7	0.572
Δy_{t-4}	0.090	（0.055）	−0.003	（0.076）	1.86	0.359
Δy_{t-5}	0.030	（0.054）	−0.191	（0.084）	0.1	0.808
Δy_{t-6}	−0.002	（0.054）	−0.189	（0.089）	0.7	0.567
Δy_{t-7}	0.010	（0.055）	−0.201	（0.087）	3.4	0.206
Δy_{t-8}	−0.018	（0.054）	0.008	（0.089）	0.3	0.692
Δy_{t-9}	−0.011	（0.052）	0.164	（0.090）	0.3	0.700
Δy_{t-10}	−0.021	（0.050）	0.015	（0.081）	3.5	0.214
Δy_{t-11}	0.091	（0.050）	−0.231	（0.080）	3.4	0.217
Δy_{t-12}	−0.197	（0.050）	−0.231	（0.078）	3.5	0.218

除了参数估计，在表 3.4 中报告的个体系数的成对检验，在无约束门槛的零假设的基础上自举 P 值，观察点估计和检验结果，Δy_{t-1} 和 Δy_{t-2} 的系数控制着门槛模型，其他系数在整个区制中不重要或不变。

在表 3.5 中，相当惊人的点估计是在两个区制中 y_{t-1} 系数很相似，分别为–0.022 和–0.025，表明两个区制之间的差异可能不是区制的“稳定性”。系数的主要区别是在 Δy_{t-1} 的系数从–0.200 转变到 0.274，对一阶序列相关特性的序列有很大的影响。

表 3.5　约束门槛模型的 LS 估计

回归	估计值 $\hat{m}=9$，$\hat{\lambda}=0.33$			
	$Z_{t-1}<\hat{\lambda}$		$Z_{t-1}\geqslant\hat{\lambda}$	
	估计值	标准误差	估计值	标准误差
常数	0.056	（0.033）	0.193	（0.059）
y_{t-1}	–0.022	（0.007）	–0.025	（0.010）
Δy_{t-1}	–0.200	（0.055）	0.274	（0.072）
Δy_{t-2}	0.052	（0.055）	0.271	（0.075）
Δy_{t-3}	0.063（0.045）			
Δy_{t-4}	0.050（0.044）			
Δy_{t-5}	0.018（0.044）			
Δy_{t-6}	–0.056（0.044）			
Δy_{t-7}	–0.022（0.045）			
Δy_{t-8}	–0.024（0.045）			
Δy_{t-9}	0.026（0.045）			
Δy_{t-10}	–0.025（0.045）			
Δy_{t-11}	0.029（0.043）			
Δy_{t-12}	–0.238（0.043）			

注：括号内数据表示标准误差

为了验证这个猜想，笔者通过加入 Wald 检验来联合计算出从 Δy_{t-3} 到 Δy_{t-12} 的系数，产生了 16 个检验统计，自举 P 值为 0.448，这表明此限制与数据兼容。实施这一约束，在表 3.6 中报告重新估计的模型和结果。正如预期的那样，估计的结果非常相似。特别是，门槛 $\hat{\lambda}$ 的估计是相同的，所以数据按制度划分为约束模型与无约束模型相同。数据的估计划分为两个门槛区制，如图 3.5 所示。

由于表 3.5 约束门槛模型的参数比无约束门槛模型少，门槛和单位根检验在这方面的应用可能有额外的精度。这些结果显示在表 3.6 中。在表 3.6 的约束门槛模型中，门槛检验绝大多数拒绝无门槛效应的零假设，滞后 9 期和 12 期是最好的 LS 拟合。在单位根检验中发现了一些差异，其中表 3.6 中的结果对平稳性假设提供了更大的支持。对 $m=9$，R_{1T}、t_1 和 t_2 的自举 P 值分别是 0.029、0.010 和 0.172，强烈地拒绝单位根假设，但不能区分部分单位根与平稳性。对 $m = 12$，结果是相似的，除了 t_2 的自举 P 值下降到 0.106，为平稳性提供更多支持。结合表 3.7 中的点估计，这表明 ρ_1 和 ρ_2 没有大的差别，联合论点相当强烈地支持 $\rho_1 < 0$ 和 $\rho_2 < 0$ 这两个假设，这意味着失业率序列是一个固定的门槛过程。

表 3.6　约束门槛模型的门槛和单位根检验

自举门槛检验				单位根检验，P 值					
				R_{1T}		t_1		t_2	
m	W_T	1%置信值	P 值	渐近分布	自举	渐近分布	自举	渐近分布	自举
1	204	200	0.008	0.027	0.023	0.026	0.015	0.745	0.405
2	270	201	0.001	0.067	0.052	0.177	0.090	0.374	0.188
3	227	203	0.004	0.060	0.045	0.061	0.033	0.726	0.385
4	270	201	0.001	0.040	0.032	0.076	0.042	0.493	0.242
5	381	205	0.000	0.021	0.034	0.020	0.013	0.743	0.407
6	400	202	0.000	0.018	0.042	0.021	0.014	0.673	0.354
7	340	199	0.000	0.019	0.078	0.062	0.035	0.338	0.164
8	469	207	0.000	0.011	0.058	0.032	0.022	0.393	0.193
9	611	204	0.000	0.003	0.029	0.010	0.010	0.349	0.172
10	568	208	0.000	0.008	0.038	0.028	0.021	0.347	0.168
11	528	203	0.000	0.013	0.058	0.048	0.029	0.311	0.157
12	626	205	0.000	0.012	0.072	0.076	0.046	0.202	0.106

为了评估附属样本的稳健性，$m = 9$ 时约束的 TAR 模型在通过两次分裂样的中点获取的附属样本中被重新估计。在表 3.7 中报告了参数 λ、ρ_1、ρ_2 的附属样本估计，α_1 和 α_2 的第一个元素分别记为 $\alpha_{1(1)}$ 和 $\alpha_{2(1)}$。它们横跨两个区制都非常稳定。笔者还报告了门槛检验 W_T 和单位根检验的自举 P 值。在每个子样本中，门槛检验 W_T 轻易拒绝了线性假设而支持门槛非线性。单位根检验是分裂的，第一次附属样本不拒绝零假设，而在第二次附属样本中拒绝了单位根假设。

表 3.7　约束门槛模型的附属样本比较，$m = 9$

参数	第一半样本	第二半样本
$\hat{\lambda}$	0.479	0.267
$\hat{\rho}_1$	−0.029	−0.049
$\hat{\rho}_2$	−0.033	−0.031
$\hat{\alpha}_{1(1)}$	−0.090	−0.309
$\hat{\alpha}_{2(1)}$	0.241	0.165

续表

参数	第一半样本	第二半样本
W_T	0.000	0.001
R_{1T}	0.167	0.013
m	12	8

笔者也评估了因变量 y_t 其他特征的稳健性。在首选模型中，因变量是 UR_t，失业率为 0～100%。通过构造，这个变量是有界的，因此不能严格地认定是线性单位根过程。很有可能认为边界效应可能会影响结果，因为估计的门槛效应可能仅仅是把这个边界条件包含进去。为了探索这个问题，笔者尝试了四个变量的变换，它们在任一方向或两个方向上都是无界的。具体的转换和结果列于表 3.8，报告了每个变换（设 $m=9$）的线性 ADF 统计量，高斯似然，W_T 和 R_{1T} 的自举 P 值，出现两个重要结果。第一，没有一个结果对选择的转换是敏感的。线性 ADF 统计几乎是不变的，门槛检验的 P 值都是极其显著的。单位根检验结果差异较小，在标准 P 值上有微小变化。然而，这些差异不足以改变笔者的结论。第二，首选的标准（设 $y_t=\mathrm{UR}_t$）具有最高的高斯对数似然。虽然没有正式的检验来比较模型，高斯对数似然仍然是一个有效的模型选择标准，它的值当然没有提供反对首选的标准的任何证据。

表 3.8　约束门槛模型的替代标准结果

因变量	ADF 检验	对数似然值	W_T P 值	R_{1T} P 值
UR_t	−2.40	174	0.000	0.029
$\ln[\mathrm{UR}_t/(1-\mathrm{UR}_t)]$	−2.41	161	0.000	0.078
$\ln(\mathrm{UR}_t)$	−2.42	159	0.000	0.095
$-100\ln(1-\mathrm{UR}_t/100)$	−2.41	172	0.000	0.025
$100[\exp(\mathrm{UR}_t/100)-1]$	−2.41	172	0.000	0.026

此外，还研究了结果对调整区间 $[\pi_1,\pi_2]$ 的敏感性。结果设置 $[\pi_1,\pi_2]=[0.15,0.85]$，但也尝试了 $[\pi_1,\pi_2]=[0.10,0.90]$ 和 $[\pi_1,\pi_2]=[0.05,0.95]$。点估计是不变的，门槛检验统计量的 P 值仍保持为原来报告的。唯一的区别是单位根检验的 P 值有所增加。例如，R_{1T} 统计量的自举 P 值在三个调整区间分别从 0.029 上升到 0.035 直至 0.043。该模型还在每一个区制中增加了一个合适的线性时间趋势进行重新估计。没有点估计或检验统计量发生很大改变，除了单位根检验有统计学意义的减少。例如，R_{1T} 统计量的自举 P 值上升到 0.103。

第二次世界大战后的失业率在 TAR 模型的平稳性也被 Tsay（1997）研究过。他的结论和笔者的很相似，尽管他的方法不同。他的分析是基于 1948～1993 年的季度数据，并使用滞后一期的门槛变量。他的单位根检验限定 $\rho_1=\rho_2$，单位根 t 统计量的标准服从 Dickey Fuller 分布，而笔者的推断服从自举分布。

3.8.3 期限结构的门槛协整检验

设 r_t 为一期债券利率，R_t 为多期债券利率。正如 Campbell 和 Shiller（1987）第一次提出的利率期限结构理论表明 r_t 和 R_t 之间有单位协整向量关系，这导致了大量的实证文献估计线性协整 VAR 模型，如：

$$\begin{pmatrix}\Delta R_t\\ \Delta r_t\end{pmatrix}=\mu+aw_{t-1}+\Gamma\begin{pmatrix}\Delta R_{t-1}\\ \Delta r_{t-1}\end{pmatrix}+\mu_t$$

式中，$w_{t-1}=R_{t-1}-\beta r_{t-1}$，令 $\beta=1$，误差修正量是利率差。利率期限结构理论没有隐含线性度，在这一节中，笔者探讨了一个门槛协整模型提供更好的经验描述的可能性。

为了解决这个问题，笔者利用 McCulloch 和 Kwon（1993）的月息序列来估计和检验门槛协整模型。根据 Campbell（1995），笔者使用 1952～1991 年的时间序列。利率是根据美国国债的价格来计算的，相当于零息债券。笔者使用选择债券利率的期限为 1～120 个月。选择 VAR 滞后长度，发现无论是 AIC 还是 BIC，应用于线性 VECM 或门槛 VECM，总是选择 $l=1$，报告 $l=1$ 和 $l=2$ 的稳定性结果。笔者考虑固定协整向量 $\beta=1$ 和设 $\hat{\beta}$ 未知。

首先，检验协整的存在，采用 ADF 检验法应用于误差修正项（这是 Engle-Granger 检验时的协整向量估计）。对考虑的所有的双变量和滞后长度，检验结果拒绝了没有协整的零假设，表明存在双变量之间有协整关系。

为了找到门槛协整的证据，笔者采用几组检验，使用 300 网格的 SupLM 检验（β 待估）和 SupLM^0 检验（$\beta=1$），P 值由参数自举法计算得出。作为对比，笔者还同 Balke 和 Fomby（1997）类似，采用单因素 TAR（Hansen，1996）检验误差修正项。所有结果在表 3.9 中显示。

表 3.9 国债利率：门槛协整检验（*P* 值）

短期	长期	双变量				单变量			
		$\beta=1$		$\hat{\beta}$		$\beta=1$		$\hat{\beta}$	
		$l=1$	$l=2$	$l=1$	$l=2$	$l=1$	$l=2$	$l=1$	$l=2$
1 个月	2 个月	0.083	0.003	0.014	0.007	0.453	0.002	0.370	0.188
1 个月	3 个月	0.030	0.009	0.117	0.188	0.283	0.085	0.245	0.044
1 个月	6 个月	0.085	0.029	0.634	0.288	0.017	0.040	0.122	0.133
3 个月	6 个月	0.036	0.021	0.038	0.031	0.658	0.311	0.322	0.133
3 个月	12 个月	0.047	0.032	0.161	0.198	0.121	0.091	0.122	0.083
3 个月	120 个月	0.193	0.102	0.095	0.146	0.227	0.485	0.171	0.357
12 个月	24 个月	0.267	0.516	0.245	0.623	0.489	0.583	0.314	0.618
12 个月	120 个月	0.018	0.022	0.023	0.016	0.109	0.119	0.251	0.228
24 个月	120 个月	0.173	0.005	0.139	0.008	0.024	0.011	0.278	0.051

多元检验表明，在一些二元关系中存在门槛协整。当在$l=1$，β固定时，这 9 个模型中有 6 个的 SupLM^0 统计量在 10%的置信水平上是显著的。如果设置$l=2$，则证据会增强，这 9 个模型中有 7 个在 5%的置信水平显著。如果β不是固定的，则估计它是自由的，门槛协整的证据会减少，9 个模型中只有 4 个在 5%的置信水平显著（在任何滞后阶数下）。

Balke-Fomby 单因素检验是较为模糊的。在 9 个模型中的两个是在$l=1$，β固定时，门槛效应在 10%的置信水平上是显著的，有 5 个在$l=2$时显著。当β是估计而不是固定时，没有模型在$l=1$时显著，只有 3 个在$l=2$时显著。单变量条件是相当严格的，这无疑降低了某些设置中检验的势。

接下来，笔者报告一个相对成功的模型的参数估计，120 个月（10 年期）和 12 个月（1 年期）债券利率之间的二元关系（标准化为百分比）。参数估计是通过计算参数(γ,β)的 300×300 网格中的最小化，估计的协整关系是$w_t = R_t - 0.984r_t$，接近于单位系数。我们报告的结果是估计的协整向量的情况，但如果给定单位系数，结果很相似。

估计的门槛值$\hat{\gamma} = -0.63$，因此第一区制发生在$R_t \leqslant 0.984r_t - 0.63$，当 10 年利率超过短期利率 0.6 个百分点，这是相当不寻常的，只有 8%的观察结果在这个区制中，才把它称为“极端区制”。第二区制（有 92%的观测值）发生在$R_t > 0.984r_t - 0.63$，笔者称为“典型区制”。

估计的门槛 VAR 模型如下所示：

$$\Delta R_t = \begin{cases} \underset{(0.17)}{0.54} + \underset{(0.18)}{0.34}\, w_{t-1} + \underset{(0.26)}{0.35}\, \Delta R_{t-1} - \underset{(0.12)}{0.17}\, \Delta r_{t-1} + u_{1t}, w_{t-1} \leqslant -0.63 \\ \underset{(0.02)}{0.01} - \underset{(0.03)}{0.02}\, w_{t-1} - \underset{(0.06)}{0.08}\, \Delta R_{t-1} + \underset{(0.05)}{0.09}\, \Delta r_{t-1} + u_{1t}, w_{t-1} > -0.63 \end{cases}$$

$$\Delta r_t = \begin{cases} \underset{(0.35)}{1.45} + \underset{(0.34)}{1.41}\, w_{t-1} + \underset{(0.62)}{0.92}\, \Delta R_{t-1} - \underset{(0.26)}{0.04}\, \Delta r_{t-1} + u_{2t}, w_{t-1} \leqslant -0.63 \\ \underset{(0.04)}{-0.04} + \underset{(0.04)}{0.04}\, w_{t-1} - \underset{(0.13)}{0.07}\, \Delta R_{t-1} + \underset{(0.13)}{0.23}\, \Delta r_{t-1} + u_{2t}, w_{t-1} > -0.63 \end{cases}$$

Eicker-White 标准误差在括号内。然而，由于没有关于参数估计和标准误差的形式分布理论，应该谨慎地加以解释。

在典型的区制里，ΔR_t和Δr_t有最小的误差修正效应和最小的动力学。其接近白噪声，表明在该区制里，ΔR_t和Δr_t接近漂移的随机游动。

误差修正似乎只有在不寻常的区制发生（当R_t远低于r_t时）。在短期利率方程中有很强的误差修正效应，在长期利率方程中，误差修正项的点估计是相当大的，并且在统计显著性边缘。由于这个区制是小样本，其余的动态系数的估计是不准确的。

在图 3.6 中，笔者将误差修正效应标出——保持其他变量不变，将ΔR_t和Δr_t的回归估计函数作为w_{t-1}的函数。在图 3.6 中，可以看到在门槛值的右边是平缓的接近零误差修正效应，在门槛值的左边，是剧烈的正相关关系，特别是短期利率方程。

饶有兴趣的是，估计的误差校正效应是正的。由 Campbell 和 Shiller（1991）、Campbell（1995）提出，图 3.6 中的回归线应该是正的，即在门槛 VECM 中w_{t-1}的系数应该是正的。这是因为大量的利率差$R_t - r_t$意味着长期债券赚取更高的利率，所以长期债券必须预期贬值。这意味着，长期利率将上升（短期利率预计还会上升，因为R_t是对未来短期利率的平滑预测）。

利用线性相关方法，Campbell 和 Shiller（1991）、Campbell（1995）发现了相当的证据反驳了这一期限结构理论的预测，他们发现短期利率的变化与价差呈正相关，但在长期呈负相关，特别是在较长的时间里。这些作者仍把这个发现看作一个谜。

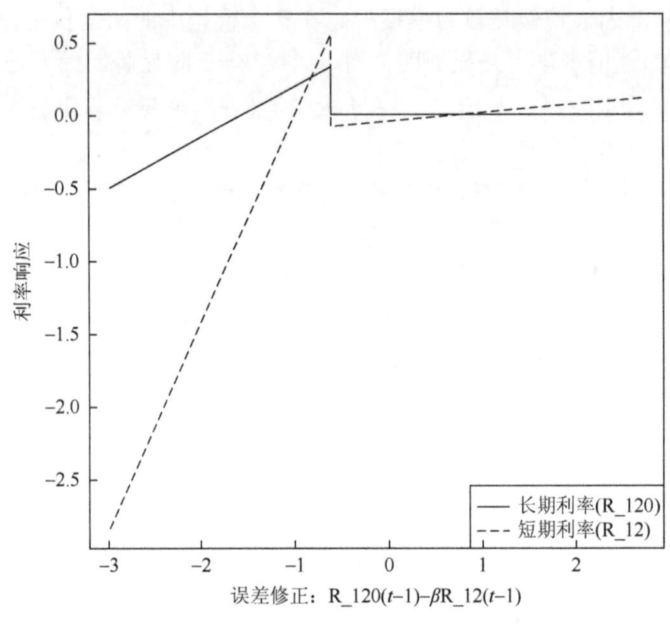

图 3.6　利率的误差修正响应

相反，笔者的研究结果与利率期限结构预测大体一致。在所有的九个双变量关系的估计中，四个误差修正系数（在两区制中的长期和短期利率）为正或者为负显著不趋于零。正如预期的那样，短期利率系数通常是正的（在九个模型中的六个系数在两个区制中都是正的），长期利率系数在数量上要小得多，而且在符号上通常是负值。

3.8.4　城市化与能源强度的非对称关系研究

城市化是经济发展的一个重要特征，它涉及整个经济结构的许多变化，对能源的使用有着重要的意义。一方面，城市化集中的人口和经济活动，其中包括劳动力从农业转移到工业和服务业，在工业方面，从初级产品的低强度处理到更多的能源密集型金属和化工产品等；另一方面，改变能源使用造成的引进新的生产活动和旧的相对衰落，妥善分配到工业化和城市化（Jones，1989）。显然，城市化与能源利用之间可能存在双向因果关系。

近年来，能源使用与经济增长关系调整过程的不对称性开始受到重视，某些事件的发生（经济危机、调整结构等）被认为可能影响它们行为的趋势。Hemmati（2006）、Holtedahl 和 Joutz（2004）、Hu 和 Lin（2008）发现，能源使用和城市化之间可能存在非线性关系。事实上，忽视宏观经济变量之间的不对称调整可能导致偏颇的推论，从而产生误导的结果。

中国能源效率与城市化关系已从不同的角度进行了研究，但还没有研究确定了城市化与能源使用在中国不同地区的模式的相关关系。值得指出的是，最近几年越来越多的文献注重能源使用与经济增长关系的不对称性，是因为它表明，外生冲击或经济事件中的机制转化，如能源政策的改变、经济发展的制度变迁、能源监管的改革或者制度的发展之间的关系，都可能影响能源使用与经济增长。虽然一些研究承认能源强度的不稳定性，然而，没有一项研究讨论了能源强度与城市化之间可能的非线性协整和非对称调整。事实上，忽略了宏观经济不对称调整导致偏见的推论从而误导的结果。简而言之，能源强度与城市化之间的悖论关系似乎尚未达成共识。本节的主要目标是确定中国能源强度与城市化之间是否存在一个非平稳的长期均衡关系，并研究这两个变量之间在国家和区域宏观水平的非对称调整过程是如何发生的。从政策角度看，能源强度与城市化动态关系的调整方向和速度对政策有重大影响。

本节所分析的所有数据涵盖 1978～2010 年，数据来自《中国统计年鉴 2011》和中国 1949～2008 年综合统计数据。城市化率（百分比）和能源强度两个变量取对数。应用统计检验对能源强度与城市化关系的不对称调整过程进行了研究，第一组应用单位根检验来检查选定的变量是否是异构的，这些检验经常由于可能发生的区制转换而复杂化。第二组应用协整检验来确定能源强度与城市化之间是否存在长期均衡稳定关系（即变量应依次被视为内生变量）。第三组（门槛协整检验）用于确定是否存在长期的关系时，考虑了结构的突变。第四组检验是通过向量误差修正模型（VECM）的积分来确定时间序列中的变量如何对偏离均衡的偏差作出响应，并检验其如何对 VECM 和门槛的共存作出响应。

1. 单位根检验

在进行时间序列分析之前，必须确定每个变量的积分次序，以确保结果可靠。因此，需要采用单变量方法来检验单位根的存在性，并确定每个时间序列变量的平稳性。在线性框架中，众所周知，LM 单位根测试在许多情况下可以比 DF 单位根测试更强大，因为 LM 单位根测试的一个重要优点是它没有虚假拒绝。因此，笔者进一步考虑采取结构性变化，应用 2010 年开发的一个突变 LS 检验来确定中国能源强度和城市化的国家和地区可能的单位根检验结构突变。

表 3.10 报告了运用 ADF、PP、DF-GLS 不含结构突变的单位根检验结果。需要注意的是，在 ADF、PP 和 DF-GLS 检验中，单位根假设很难被拒绝，因为这个方法实施了经典假设检验。检验结果表明，大部分序列在 1%和 5%的显著性水平上接受了单位根的零假设，除了在 ADF 检验中的三大地带的能源强度，以及在 PP 检验中的东部地带和中部地带的能源强度。所有序列的一阶差分在 1%、5%和 10%的显著性水平上是平稳的，除了在 ADF 和 PP 检验中的全国城市化，在 PP 检验中的中部和西部地带的能源强度，在 DF-GLS 检验中的中部和东部地带的能源强度。然而，在 DF-GLS 检验中的所有检验结果表明，没有序列是稳定的，但除了东部和中部地带的能源强度，该系列的一阶差分在 1%和 5%的显著性水平上都是平稳的。总之，不含结构突变的单位根检验结果是混合的。

表 3.10　不含结构突变的 ADF、PP 和 DF-GLS 单位根检验

区域	变量	ADF 检验		PP 检验		DF-GLS 检验	
		水平项	一阶差分项	水平项	一阶差分项	水平项	一阶差分项
全国	城市化	0.49(1)	−2.42(0)	0.98(4)	−2.47(3)	−0.12(1)	−2.46**(0)
	能源强度	−0.54(0)	−5.59***(0)	−0.55(0)	−5.59***(0)	0.85(0)	−5.65***(0)
东部地带	城市化	0.99(0)	−3.71***(0)	0.69(2)	−3.69***(1)	0.76(1)	−3.70**(0)
	能源强度	−7.45***(8)	−3.30**(8)	−5.75***(1)	−2.66*(3)	−2.24(8)	−0.78(8)
中部地带	城市化	0.90(0)	−4.15***(0)	0.74(2)	−4.17***(1)	0.56(1)	−4.13***(0)
	能源强度	−4.18***(0)	−4.57***(6)	−7.47***(2)	−1.95(3)	−0.59(3)	−0.06(6)
西部地带	城市化	−1.99(0)	−3.61**(0)	1.69(2)	−3.63**(1)	0.92(1)	−3.68***(0)
	能源强度	−3.45**(0)	−3.67**(0)	−2.51(3)	−1.86(3)	−0.06(6)	−4.01***(5)

*、**、***分别代表 10%、5%、1%显著性水平

表 3.11 报告了运用 Zivot 和 Andrews（1992）、Perron（1997）、Lee 和 Strazicich（2004）方法的包含结构突变的单位根检验。由于三个检验的模型集显示出显著的不同，本节中的检验结果可能会被扭曲。与表 3.11 所示的两组相比，单位根检验的结果与断点和大小检验不一致，不能得出这些单位根检验具有稳固性的结论。为了进一步检验结构突变的效果，接下来将使用内生突变的 LM 检验，结果也显示在表 3.12 中。对比测试结果 Zivot 和 Andrews（1992）和 Perron（1997），国家或地区使用 LM 单位根检验，似乎都在 1%、5%和 10%的显著性水平上拒绝单位根假设。

表 3.11　包含结构突变的单位根检验

区域	变量	Zivot 和 Andrews（1992）			Perron（1997）			Lee 和 Strazicich（2004）	
		模型 1	模型 2	模型 3	模型 1	模型 2	模型 3	模型 1	模型 2
全国	城市化	−3.86(2) [1988]	−4.06(2) [1991]	−4.07(2) [1988]	−4.84*(5) [1987]	−6.16(5)** [1987]	−4.76(3) [1990]	−3.97**(6) [1989]	−4.82**(5) [1991]
	能源强度	−3.57(2) [2003]	−3.13(2) [1989]	−3.07(2) [1987]	−6.56***(12) [1995]	−5.11**(4) [1992]	−4.58*(4) [1987]	−3.65**(2) [2006]	−4.22*(5) [2003]
东部地带	城市化	−3.86(2) [1990]	−4.04(2) [2000]	−3.99(2) [1996]	−31.85(6)*** [1994]	−16.83(8)** [2000]	−3.94(8) [1998]	−3.14(8) [1996]	−4.44*(1) [2001]
	能源强度	−3.89(2) [1985]	−7.18**(2) [1986]	−8.06**(2) [1985]	−10.85***(11) [2003]	−5.38*(12) [2000]	−3.76(2) [1998]	−6.26***(8) [1993]	−4.50**(8) [2007]
中部地带	城市化	−4.99*(2) [1990]	−3.16(2) [1998]	−4.77(2) [1990]	−5.57**(9) [1988]	−5.89*(12) [2003]	−3.81(7) [2001]	−3.02(7) [2002]	−4.93***(5) [1996]
	能源强度	−3.08(2) [1985]	−6.38**(2) [1986]	−4.95(2) [1985]	−8.93***(7) [1991]	−26.12***(8) [1995]	−5.81***(4) [1995]	−4.69***(8) [1990]	−3.24(7) [1988]
西部地带	城市化	−1.60(2) [1990]	−2.93(2) [2000]	−2.56(2) [1998]	−3.90(12) [2002]	−9.80***(5) [2000]	−5.08**(12) [1994]	−1.50(1) [2005]	−6.10***(5) [1996]
	能源强度	−1.98(2) [1987]	−7.74***(2) [1986]	−5.70***(2) [1986]	−9.27***(10) [2008]	−9.27***(10) [2008]	−4.50(11) [1993]	−2.95(7) [1990]	−10.79***(4) [1993]

注：() 内数据代表滞后阶数，[]内数据代表中断年份

*、**、***分别代表 10%、5%、1%显著性水平

2. 门槛协整检验

表 3.12 给出了 Gregory 和 Hansen（1996）检验的结果。在这个表格中，Gregory 和 Hansen 的检验结果表明，当能源强度被看作内生变量在 1%、5%和 10%的显著性水平上拒绝没有协整关系的零拒绝，而当城市化被视为内生变量时，东部地带、中部地带和西部地带是存在门槛协整的。更具体地说，计算的统计数字不超过这些地区的 10%临界值，其中已经证明存在一个不稳定的长期均衡，除了整个国家。此外，还发现时间突变发生在 1988 年、1993 年、2000 年、2004 年和 2006 年。试验表明，协整向量中的结构突变是重要的，需要在城市化和能源强度的规范中加以注意。

表 3.12　门槛协整的 GH 检验

因变量	城市化			能源强度		
	模型 1	模型 2	模型 3	模型 1	模型 2	模型 3
全国	−2.67(2) [1996]	−3.45(2) [1986]	−2.82(2) [2002]	−7.64(2)*** [2006]	−6.97(2)*** [2006]	−5.50(2)*** [2004]
东部地带	−2.68(2) [2005]	−4.64(2)* [1993]	−3.43(2) [1993]	−2.97(2) [1993]	−4.90*(2) [1988]	−4.63*(2) [1993]
中部地带	−3.72(2) [1993]	−4.74*(2) [1993]	−3.61(2) [1993]	−4.69*(2) [1993]	−3.35(2) [1992]	−3.41(2) [1993]
西部地带	−4.73*(2) [1993]	−3.17(2) [1996]	−2.85(2) [1993]	−3.08(2) [1993]	−4.75*(2) [2000]	−3.02(2) [1993]

*、***分别代表 10%、1%显著性水平

3. 门槛向量误差修正模型

检验结果见表 3.13。在 VECM 的门槛协整检验的开始，将能源强度看作内生的，结果表明，全国、东部和西部地带能源强度和城市化在 5%显著性水平上显著（即当协整向量被估计），而中部地带在 10%显著水平上显著。因此，当能源强度被视为内生变量时，线性协整的零假设被强烈拒绝。另外，相对于在全国和区域层面的能源强度和城市化，只有一个东部地区的检验表明，协整向量是否被估计在线性协整的零假设在 10%的显著性水平上被拒绝。考虑到这些发现，还检验了当协整方程中的门槛效应被证实时，均衡调整是否是对称的，也就是说，误差修正项在两个区制中是否相等。综上所述，在能源强度与城市化之间的关系的基础上，在 10%的显著性水平拒绝零假设的所有对称调整，当能源强度被视为外生的，而当城市化被视为内生的时候，东部地带在 10%的显著性水平上拒绝这种关系。

表 3.13　门槛向量误差修正模型的估计

因变量		城市化	能源强度
		$SupLM^0$ 统计值	$SupLM^0$ 统计值
全国	t 统计量	12.88(0.27)	12.88**(0.05)
	ECM 系数检验	774 803.50***(0.00)	912 020.6***(0.00)
	动态系数检验	704 130.00***(0.00)	1 705 379***(0.00)
	门槛值	4.70	7.46

续表

因变量		城市化	能源强度
		SupLM^{0}统计值	SupLM^{0}统计值
全国	协整向量	−0.59	−1.54
	AIC	−219.84	−217.44
	BIC	−227.98	−225.58
东部地带	t统计量	13.45*(0.09)	13.45**(0.03)
	ECM 系数检验	11 361.14***(0.00)	82.32***(0.00)
	动态系数检验	746.40***(0.00)	29.52***(0.00)
	门槛值	3.54	33.00
	协整向量	−0.11	−9.35
	AIC	−192.83	−188.65
	BIC	−200.96	−196.79
中部地带	t统计量	13.48(0.79)	13.49*(0.09)
	ECM 系数检验	1.40(0.49)	20.52***(0.00)
	动态系数检验	23.41***(0.00)	189.31***(0.00)
	门槛值	3.40	26.55
	协整向量	−0.14	−7.82
	AIC	−177.67	−172.52
	BIC	−190.22	−185.06
西部地带	t统计量	13.04(0.19)	13.04**(0.01)
	ECM 系数检验	5.88**(0.05)	6.57**(0.04)
	动态系数检验	45.02***(0.00)	46.28***(0.00)
	门槛值	3.38	26.42
	协整向量	−0.13	−7.80
	AIC	−198.44	−198.54
	BIC	−206.57	−206.67

*、**、***分别代表 10%、5%、1%显著性水平

基于非对称协整检验和 TVECM 使用在前一部分的研究结果，采用非对称 VECM 代替传统的 VECM。笔者估计两区制 TVECM，可以进一步研究全国和区域的能源强度与城市化之间的不对称的动态行为。如前所述，门槛向量误差修正模型与传统的 VECM 不同，它允许对长期均衡的非对称调整。表 3.14 给出了当能源强度被视为内生变量时，这四种关系的两种状态 VECM 的估计值。

表 3.14　两区制的门槛向量误差修正模型的估计

因变量		区制 1		区制 2	
		能源强度	城市化	能源强度	城市化
全国	截距	0.20**[0.09]	−0.15***[0.04]	−128.96***[0.01]	−1.67*[0.01]
	$\hat{w}_{t-1}$	−1.49**[0.72]	1.11***[0.30]	959.74***[0.01]	12.54***[0.01]
	Δy_{t-1}	−0.14[0.09]	0.14***[0.04]	−55.07***[0.01]	−0.47***[0.01]
	Δx_{t-1}	0.16[0.33]	0.11[0.15]	209.54***[0.01]	0.72***[0.01]
	ObsR$_1$	0.87			
	ObsR$_2$			0.13	

续表

因变量		区制 1		区制 2	
		能源强度	城市化	能源强度	城市化
东部地带	截距	0.02[0.03]	−0.01[0.01]	0.68^{**}[0.32]	-0.17^{***}[0.03]
	$\hat{w}_{t-1}$	-1.89^{*}[1.06]	−0.05[0.20]	-22.67^{**}[10.45]	6.15^{***}[0.93]
	Δy_{t-1}	0.50^{**}[0.22]	0.02[0.02]	0.85[0.65]	-0.18^{**}[0.07]
	Δx_{t-1}	1.33^{**}[0.53]	0.38^{***}[0.11]	−2.17[1.80]	1.21^{***}[0.33]
	$ObsR_1$	0.71			
	$ObsR_2$			0.29	
中部地带	截距	-0.82^{***}[0.25]	0.06[0.17]	0.07[0.05]	-0.02^{**}[0.01]
	$\hat{w}_{t-1}$	-21.32^{***}[6.74]	−1.49[4.42]	−2.02[1.46]	0.69^{*}[0.41]
	Δy_{t-1}	0.60[0.40]	−0.01[0.18]	0.32[0.21]	−0.07[0.05]
	Δy_{t-2}	-5.95^{***}[1.85]	0.63[1.15]	−0.34[0.37]	0.29^{**}[0.14]
	Δx_{t-1}	0.92^{***}[0.33]	0.15^{**}[0.06]	0.14[0.29]	0.20^{***}[0.05]
	Δx_{t-2}	-0.34^{***}[0.12]	-0.86^{***}[0.23]	0.99^{***}[0.37]	0.23^{*}[0.14]
	$ObsR_1$	0.30			
	$ObsR_2$			0.70	
西部地带	截距	-0.06^{**}[0.03]	0.02[0.02]	0.12^{**}[0.06]	0.01[0.01]
	$\hat{w}_{t-1}$	1.55^{*}[0.86]	−0.53[0.47]	-3.56^{**}[1.71]	−0.11[0.24]
	Δy_{t-1}	0.66^{***}[0.13]	0.02[0.04]	0.49^{***}[0.17]	0.08^{***}[0.03]
	Δx_{t-1}	2.38^{***}[0.88]	−0.33[0.53]	−0.31[0.26]	0.32^{***}[0.05]
	$ObsR_1$	0.68			
	$ObsR_2$			0.32	

首先，估算了全国能源强度与城市化之间的非对称关系。可以看出，区制 1 的误差修正效果是最小的，无论是系数的意义和大小。相反，在区制 2 下出现显著的误差修正效果（即当能源强度大于城市化水平时）。图 3.7 描述了纠错的效果，在图 3.7 中，当误差校正项低于门槛时，可以看到在门槛的左侧逐渐减小的误差校正效果。然而，在门槛的右侧，当误差修正超过门槛时，城市化的反应将急剧减少，而能源强度则缓慢下降。这些发现表明，当误差校正超过一定阈值时，误差修正项对城市化的响应大于能源强度，使能源效率恶化。在这种体制下，由于经济改革和能源政策变化等外部冲击，能源强度和城市化都将趋于长期均衡，政府应大力发展能源需求侧管理，提高能源利用效率。

其次，估计东部地区的能源强度与城市化之间的非对称关系，图 3.8 绘制了它们的误差校正效果。可以看出，能源强度和城市化对门槛的左侧纠错效果的反应是接近零。在能源强度急剧下降和城市化迅速增加时，误差修正项将接近门槛值。但是，第二种体制下的能源强度与城市化之间存在着不平衡的关系。这一结果表明，城市化的增加和能源强度的下降是高度持久的，这意味着能源效率的制度被捕获。东部地区的这种情况，对合理地制定节能政策、提高能源效率，有着很好的政策含义。这些结果表明，决策者需要实施节能政策，以提高效率和管理东部带的需求。在不久的将来，城市化进程中的政策制定者应该致力于减少浪费的能源，改善城市基础设施，让用户享受更高的能源使用质量。

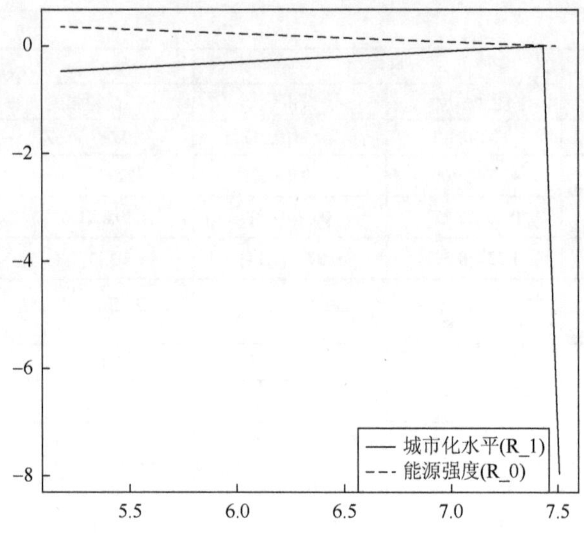

图 3.7　全国区域能源强度与城市化的误差修正响应

图 3.9 绘制了中部地区的误差校正效果。与全国和东部地带相比，中部地带能源强度和城市化对误差修正效果响应的形式呈现出两个显著的区域，其响应呈现出不同的模式。在区制 1 下，城市化对误差修正的响应迅速增加，而能源强度逐渐增加。然而，在超过门槛值 26.55 之后，城市化程度在能源强度略有下降时缓慢上升。此外，值得一提的是，在两种区制下，能源强度误差修正项的大小都大于城市化误差修正项的大小。因此，这一发现表明，中部地带的一些省份正在经历快速的城市化，同时能源强度也适度增加。总之，中部地带能源利用的经济效益正在逐步提高。

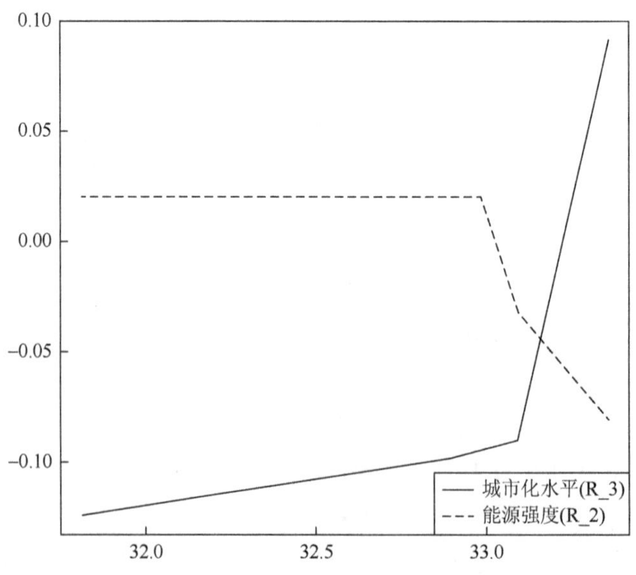

图 3.8　东部地带能源强度与城市化的误差修正响应

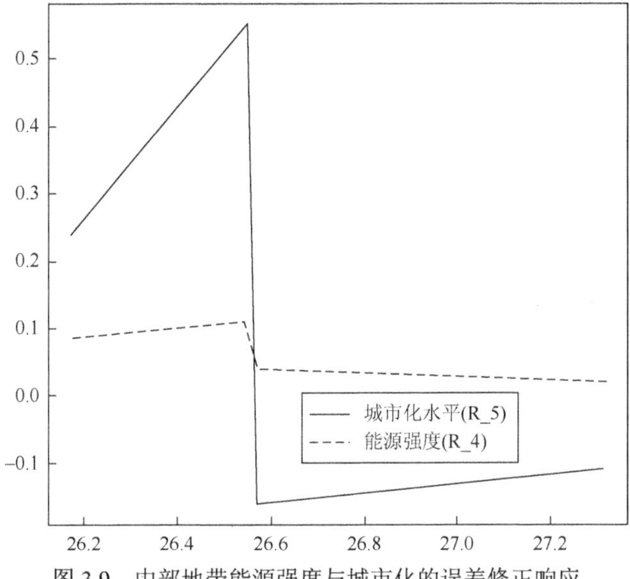

图 3.9　中部地带能源强度与城市化的误差修正响应

图 3.10 绘制了西部地区的误差校正效果。与全国和其他区域的能源强度、城市化的估计配置不同，即使能源强度稳步增加，城市化对区制 1 的误差修正的响应也显著为负。城市化的响应比区制 2 的能源强度的响应更明显，其中，能源强度占观测值的 32%。然而，在区制 2 下，能源强度的响应远比城市化的响应大。这一发现表明，能源消费似乎对城市化有负面影响或没有影响。在这种形势下，应该采取严格的政策，杜绝“增加能源消耗会促进城市化”的错误假设。过度使用能源也可能对环境造成相当大的压力，因为环境库兹涅茨曲线的文献经常提到。因此，为了保持能源输出的长期均衡关系具有高质量的环境，政府部门应加大力度，加强西部能源需求侧管理的实施。

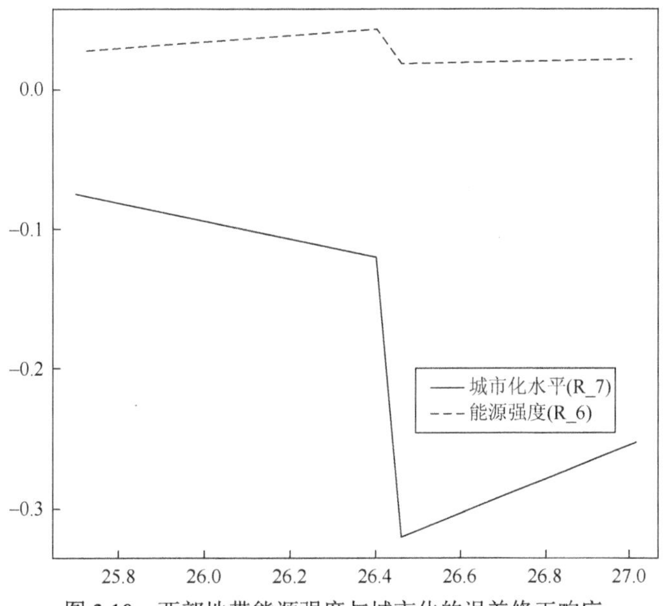

图 3.10　西部地带能源强度与城市化的误差修正响应

4. 结语

本节的主要目的是探讨中国整个国家和地区层面能源强度与城市化之间的非线性长期均衡关系和动态变化研究，为能源经济学文献的线性协整提供一些相反的证据。应用一个可信赖的先进的非线性时间序列方法，分析中国能源强度与城市化之间的非对称关系，实证检验得出了一些结论。

首先，随着1978年改革开放政策的开始，中国进入了一个快速城市化的阶段，导致城市化的异质性和能源的使用大大改变。一个最显著的特点是中国的东部、中部和西部省份之间的能源强度变化不同于城市化的区域差异。此外，研究发现，伴随着城市化发展，能源强度下降在一定时期普遍提高了能源利用效率，同时在三大地带和整个国家也存在显著差异。

其次，考虑结构突变的单位根检验，检验结果表明，能源强度与城市化之间的关系确实是不稳定的。也就是说，长期的能源方程不是线性的，每个区域包括整个国家时，能源强度是内生的，而长期的城市化增长方程是不稳定的，在东部和西部当城市化变量是内生的，这表明有一个限制条件的动态关系城市化与能源强度。同时，检验结果表明，能源强度和城市化的协整关系在全国和区域层面中存在结构性变化，当城市化水平为一个内生变量时，东部、中部和西部是门槛协整的。此外，还发现1988年、1993年、2000年、2004年和2006年发生了时间突变。检验表明，协整向量中的结构突变是重要的，需要在能源强度和城市化的规范中加以注意。

最后，研究结果表明，当能源强度被看作内生的情况下，每一个区域包括整个国家的线性协整零假设是被拒绝的，而当城镇化被视为内生的，只有东部经济带在10%的显著性水平上显著，这证实了中国整个国家和地区的能源强度与城市化之间的非线性的长期均衡关系。中国和其子区域能源强度与城市化之间存在显著的非对称动态调整过程，这意味着重要的政策特点。当能源强度超过一定的门槛水平时，能源利用效率比城市化增长快的能源效率低下期可以被发现。政策制定者应建立有效的能源政策体系，以提高非均衡状态下的能源效率，特别是能源使用可能比城市化增长更快。

3.9 本章小结

本章主要介绍了时间序列门槛模型，从模型的设定、估计与检验三个方面详细阐述了目前有关时间序列门槛模型的具体内容，以及介绍非对称单位检验和协整检验与非线性格兰杰因果检验的方法。在理论介绍的基础上，进行案例研究，将时间序列门槛模型运用到实际经济问题中，为实际问题提供一种更可靠的分析方法。这些应用研究不仅较为系统地为本章所介绍方法在实际中的应用提供范例，而且这些应用研究所得到的结论具有丰富的经济学含义。

本章系统研究的TAR理论、非对称单位根检验、门槛协整检验及门槛格兰杰检验方法论，这四个方面在时间序列TAR分析中具有内在的必然联系。TAR理论是全书的基础，而非对称单位根检验方法又是门槛协整检验的基础，非平稳序列的格兰杰因果检验就是协整检验，因此，这四个方面在内容上相辅相成，在逻辑上又环环紧扣、缺一不可。

第4章　面板数据门槛模型

4.1　面板数据门槛模型概述

4.1.1　面板数据门槛模型的发展历程

结构突变的面板单位根检验的发展历程可追溯到第一代面板单位根检验，以 Levin 等（2002）为代表的第一代面板单位根检验在横截面独立的假设下，当横截面数与时间长度都趋于无穷大时，使用大数定律和中心极限定理，可证明面板单位根检验的 t 统计量平均趋于正态分布。第二代面板单位根检验以 Bai 和 Ng（2004）、Moon 和 Perron（2004）、Pesaran（2007）、Pesaran 等（2013）等为代表。第二代面板单位根检验的一个共同特点是公共因子的误差结构模型被用来刻画和处理横截面相关。第一代和第二代面板单位根检验均没有考虑结构突变情况。Lee 等（2016）发展的同时考虑横截面相关和结构突变的面板单位根检验，可称为第三代面板单位根检验。

结构突变的面板协整检验经历了与结构突变面板单位根检验类似的发展过程，从不考虑截面相关仅考虑结构突变的面板协整检验（Westerlund，2006；Gutierrez，2010），发展至同时考虑截面相关和结构突变的面板协整检验（Westerlund and Edgerton，2008；Banerjee and Carrion-i-Silvestre，2015）。

面板门槛回归模型在解释变量、门槛变量、数据形式和区制（regime）间的转换形式等方面都有所发展。Hansen（1999a）提出的静态 PTR 模型要求解释变量和门槛变量均为外生变量。Caner 和 Hansen（2004）突破了这一限制，研究了含有内生解释变量和外生门槛变量的截面数据门槛回归模型，提出了门槛参数的 2SLS 估计及斜率系数的 GMM 估计。Kremer 等（2013）对动态 PTR 模型进行相关处理后，采用 Caner 和 Hansen（2004）的截面门槛估计方法估计动态 PTR 模型。Seo 和 Shin（2011）发展了允许解释变量和门槛变量同时为内生变量的动态 PTR 模型，并依据门槛变量是否具有内生性提出了 FD-GMM 估计和 FD-2SLS 估计。在 Hansen（1999a）提出的静态 PTR 模型中，区制间的转换是突变的，针对这一情况，González 等（2005）提出了静态 PSTR 模型，该模型允许不同区制间进行平滑转换，可称为广义的 PTR 模型。随后，面板平滑转换模型也得到了快速发展，如杨继生和王少平（2008）研究了 DPSTR 模型，并提出了条件 GMM 估计方法。

4.1.2　面板数据门槛模型的分类

根据结构突变的形式，可将结构突变的面板单位根检验模型分为瞬时结构突变单位根检验模型和平滑结构突变单位根检验模型。若在模型中可能的结构突变点加入虚拟变量，则这种结构突变是瞬时的；若用连续的函数来处理结构突变，则表明此时的突变为平滑结构突变。

根据模型中是否加入公共因子，结构突变的面板协整检验可分为考虑截面相关的结构突变面板协整检验和不考虑截面相关的结构突变面板协整检验。

根据面板数据门槛模型的解释变量中是否包含被解释变量的滞后项，把面板数据门槛模型分为静态面板数据门槛回归模型和动态面板数据门槛回归模型。根据变量在不同区制之间的转换是跳跃还是平滑，可将模型分为一般的面板数据门槛回归模型和 PSTR 模型。PSTR 模型通过设定平滑的转换函数，显示了不同区制之间系数的平滑转换，充分刻画了数据的异质性特征，在一定程度上更好地揭示了经济现象的内在规律。

4.2　面板数据门槛模型的单位根检验与协整检验

4.2.1　结构突变面板单位根检验

关于结构突变面板单位根检验，主要介绍 Im 等（2005）的结构突变面板单位根检验。先考虑误差不存在序列相关的情况，假定结构突变发生在第 i 个时间序列的时点 $T_{B,i}$，数据生成过程如下：

$$\begin{aligned} &y_{it} = z_{it} + x_{it}, \\ &z_{it} = \gamma_{1i} + \gamma_{2i} t + \delta_i \boldsymbol{D}_{it}, \\ &x_{it} = \phi_i x_{i,t-1} + \varepsilon_{it}, \\ &(t = 0,1,2,\cdots,T; i = 1,2,\cdots,N) \end{aligned} \tag{4.1}$$

其中，

$$\boldsymbol{D}_{it} = \begin{cases} 0, & t \leqslant T_{B,i} \\ 1, & t \geqslant T_{B,i} + 1 \end{cases} \tag{4.2}$$

上述方程可表示为

$$\Delta y_{it} = \beta_i y_{i,t-1} - \beta_i \gamma_{1i} + [1 - (\beta_i + 1)(t-1)]\gamma_{2i} + (\Delta \boldsymbol{D}_{it} - \beta_i \boldsymbol{D}_{i,t-1})\delta_i + \varepsilon_{it} \tag{4.3}$$

其中，$\beta_i = -(1-\phi_i)$，$\Delta \boldsymbol{D}_{it} = \boldsymbol{D}_{it} - \boldsymbol{D}_{i,t-1}$，即

$$\Delta \boldsymbol{D}_{it} = \begin{cases} 1, & t = T_{B,i} + 1 \\ 0, & t \neq T_{B,i} + 1 \end{cases} \tag{4.4}$$

检验的原假设为存在单位根，即 H_0：对所有的 i，$\beta_i = 0$；备择假设为有一些截面单元不存在单位根，即 H_1：对一些 i，$\beta_i \neq 0$。

假定 1　$\varepsilon_{it} (i=1,2,\cdots,N; t=1,2,\cdots,T)$ 是均值为 0、方差为 σ_i^2 的相互独立的正态变量。

在假定 1 下，可得到合并的对数似然函数：

$$\ln L=\sum_{i=1}^{N}\left(-\frac{T}{2}\ln 2\pi\sigma_i^2-\frac{1}{2\sigma_1^2}\mathrm{SSE}_i\right)$$

其中，

$$\mathrm{SSE}_i=\sum_{t=1}^{T}\{\Delta y_{it}-\beta_i y_{i,t-1}+\beta_i\gamma_{1i}-[1-(\beta_i+1)(t-1)]\gamma_{2i}-(\Delta\boldsymbol{D}_{it}-\beta_i D_{i,t-1})\delta_i\}^2 \tag{4.5}$$

根据 Amsler 和 Lee（1995），第 i 个时间序列的 LM 统计量可通过回归（4.6）中检验 $\beta_i=0$ 的 t 统计量得到，

$$\Delta y_{it}=\gamma_{2i}+\delta_i\Delta\boldsymbol{D}_{it}+\beta_i\tilde{S}_{i,t-1}+\mathrm{error} \tag{4.6}$$

其中，

$$\tilde{S}_{i,t-1}=y_{i,t-1}-\tilde{\gamma}_{2i}(t-1)-\tilde{\delta}_i\boldsymbol{D}_{i,t-1} \tag{4.7}$$

$\tilde{\gamma}_{2i}$ 和 $\tilde{\delta}_i$ 可通过对受限回归（4.8）进行 LS 估计得到，

$$\Delta y_{it}=\gamma_{2i}+\delta_i\Delta\boldsymbol{D}_{it}+\varepsilon_{it} \tag{4.8}$$

令 $\tilde{\boldsymbol{S}}_{i,-1}=(\tilde{S}_{i0},\tilde{S}_{i1},\cdots,\tilde{S}_{i,T-1})'$，$\Delta\boldsymbol{D}_i=(\Delta D_{i1},\Delta D_{i2},\cdots,\Delta D_{iT})'$，则第 i 个时间序列的 LM 统计量可表示为

$$t_{\mathrm{LM},iT}^{B}=\frac{\sqrt{T-3}(\tilde{\boldsymbol{S}}_{i,-1}'\boldsymbol{M}_{(\boldsymbol{i}_T,\Delta\boldsymbol{D}_i)}\Delta\boldsymbol{Y}_i)_i}{\sqrt{(\tilde{\boldsymbol{S}}_{i,-1}'\boldsymbol{M}_{(\boldsymbol{i}_T,\Delta\boldsymbol{D}_i)}\tilde{\boldsymbol{S}}_{i,-1})(\Delta\boldsymbol{Y}_i'\boldsymbol{M}_{(\boldsymbol{i}_T,\Delta\boldsymbol{D}_i,\tilde{\boldsymbol{S}}_{i,-1})}\Delta\boldsymbol{Y}_i)}} \tag{4.9}$$

式中，$\boldsymbol{M}_{(g)}$ 为投影于 (g) 的零空间的射影矩阵；$\boldsymbol{i}_T$ 为 $T\times 1$ 向量。

Amsler 和 Lee（1995）证明了 $t_{\mathrm{LM},iT}^{B}-t_{\mathrm{LM},iT}=o_{\mathrm{p}}(1)$，$t_{\mathrm{LM},iT}^{B}$ 的渐近分布不依赖于突变点 $\lambda_i=T_{B,i}/T$ 的位置，其中，$t_{\mathrm{LM},iT}$ 为不存在结构突变点时的 LM 统计量。Im 等（2005）证明了 $t_{\mathrm{LM},iT}^{B}$ 对 λ_i 的依赖消失于 $T^{-1/2}$ 阶。虽然当 T 较大时，$t_{\mathrm{LM},iT}^{B}$ 与 $t_{\mathrm{LM},iT}$ 之间的差异可以忽略，但截面单元之间的总差异会随着 N 的增加而积累。因此，比率 N/T 在面板单位根检验中极其重要。

令 $\bar{t}_{\mathrm{LM},NT}^{B}=\frac{1}{N}\sum_{i=1}^{N}t_{\mathrm{LM},iT}^{B}$，若已知零假设下 $t_{\mathrm{LM},iT}^{B}$ 的期望和方差，分别用 $E[\tau_{\mathrm{LM},T}^{B}(\lambda_i)]$ 和 $V[\tau_{\mathrm{LM},T}^{B}(\lambda_i)]$ 表示，当 $N\to\infty$ 时，只要对所有 i，$V[\tau_{\mathrm{LM},T}^{B}(\lambda_i)]$ 存在，则有

$$\mathit{\Gamma}_{\mathrm{LM}}^{B^*}=\frac{\sqrt{N}\left\{\bar{t}_{\mathrm{LM},NT}^{B}-\frac{1}{N}\sum_{i=1}^{N}E[\tau_{\mathrm{LM},T}^{B}(\lambda_i)]\right\}}{\sqrt{\frac{1}{N}\sum_{i=1}^{N}V[\tau_{\mathrm{LM},T}^{B}(\lambda_i)]}}\Rightarrow N(0,1) \tag{4.10}$$

但由于统计量 $\mathit{\Gamma}_{\mathrm{LM}}^{B^*}$ 需要知道所有 λ_i 下 $E[\tau_{\mathrm{LM},T}^{B}(\lambda_i)]$ 和 $V[\tau_{\mathrm{LM},T}^{B}(\lambda_i)]$ 的值，该统计量不具有实用性。因此，Im 等（2005）选择了一个更具实用性的统计量

$$\mathit{\Gamma}_{\mathrm{LM}}^{B}=\frac{\sqrt{N}[\bar{t}_{\mathrm{LM},NT}^{B}-E(\tau_{\mathrm{LM},T})]}{\sqrt{V(\tau_{\mathrm{LM},T})}} \tag{4.11}$$

$E(\tau_{\mathrm{LM},T})$ 和 $V(\tau_{\mathrm{LM},T})$ 分别为不存在结构突变时 $t_{\mathrm{LM},iT}$ 的期望值和方差。所以，现在的问题是在什么条件下 $\mathit{\Gamma}_{\mathrm{LM}}^{B}-\mathit{\Gamma}_{\mathrm{LM}}^{B^*}=o_{\mathrm{p}}(1)$ 成立，进而 $\mathit{\Gamma}_{\mathrm{LM}}^{B}\Rightarrow N(0,1)$ 成立。

假定 2　对所有 $T \geqslant T_0$（T_0 为一些有限值），$V[\tau_{\mathrm{LM},T}^{B}(\lambda)]$ 和 $V(\tau_{\mathrm{LM},T})$ 有限。

注意到

$$
\begin{aligned}
\varGamma_{\mathrm{LM}}^{B}-\varGamma_{\mathrm{LM}}^{B^{*}} &= \frac{\sqrt{N}[\bar{t}_{\mathrm{LM},NT}^{B}-E(\tau_{\mathrm{LM},T})]}{\sqrt{V(\tau_{\mathrm{LM},T})}}-\frac{\sqrt{N}\left\{\bar{t}_{\mathrm{LM},NT}^{B}-\dfrac{1}{N}\sum_{i=1}^{N}E[\tau_{\mathrm{LM},T}^{B}(\lambda_i)]\right\}}{\sqrt{\dfrac{1}{N}\sum_{i=1}^{N}V[\tau_{\mathrm{LM},T}^{B}(\lambda_i)]}} \\
&= \sqrt{N}\left\{\bar{t}_{\mathrm{LM},NT}^{B}-\frac{1}{N}\sum_{i=1}^{N}E[\tau_{\mathrm{LM},T}^{B}(\lambda_i)]\right\}\times\frac{\sqrt{\dfrac{1}{N}\sum_{i=1}^{N}V[\tau_{\mathrm{LM},T}^{B}(\lambda_i)]}-\sqrt{V(\tau_{\mathrm{LM},T}^{B})}}{\sqrt{\dfrac{1}{N}\sum_{i=1}^{N}V[\tau_{\mathrm{LM},T}^{B}(\lambda_i)]}\sqrt{V(\tau_{\mathrm{LM},T}^{B})}} \\
&\quad +\frac{N^{-1/2}\sum_{i=1}^{N}E[\tau_{\mathrm{LM},T}^{B}(\lambda_i)-\tau_{\mathrm{LM},T}]}{\sqrt{V(\tau_{\mathrm{LM},T})}}
\end{aligned}
\tag{4.12}
$$

Im 等（2005）证明了对所有 λ，

$$\tau_{\mathrm{LM},T}^{B}(\lambda)-\tau_{\mathrm{LM},T}=O_{\mathrm{p}}(T^{-1/2}) \tag{4.13}$$

因此，假定 2 确保了对所有 λ，$V[\tau_{\mathrm{LM},T}^{B}(\lambda)]-V[\tau_{\mathrm{LM},T}]=O(T^{-1/2})$

故可推出 $\dfrac{1}{N}\sum_{i=1}^{N}V[\tau_{\mathrm{LM},T}^{B}(\lambda_i)]-V(\tau_{\mathrm{LM},T})=O(T^{-1/2})$

显然，式（4.12）中最后一个等式的第一项为 $O_{\mathrm{p}}(1)$。

Im 等（2005）证明了，对所有 λ，

$$E[\tau_{\mathrm{LM},T}^{B}(\lambda)-\tau_{\mathrm{LM},T}]=O(T^{-1}) \tag{4.14}$$

因此，只要 $\sqrt{N}/T\to 0$，$N^{-1/2}\sum_{i=1}^{N}E[\tau_{\mathrm{LM},T}^{B}(\lambda_i)-\tau_{\mathrm{LM},T}]=O\left(\dfrac{\sqrt{N}}{T}\right)$ 就是 $O_{\mathrm{p}}(1)$。

注意到 $\dfrac{\sqrt{N}}{T}=\sqrt{\dfrac{N}{T}}T^{-1/2}$，所以，当 $N,T\to\infty$ 时，除非 $\dfrac{N}{T}$ 以 $\sqrt{T}$ 或者更快的速率发散，否则 $N^{-1/2}\sum_{i=1}^{N}E[\tau_{\mathrm{LM},T}^{B}(\lambda_i)-\tau_{\mathrm{LM},T}]=o_{\mathrm{p}}(1)$。

当方程(4.3)中的误差项 ε_{it} 序列相关时，根据 Amsler 和 Lee（1995），可通过增加 $\Delta\tilde{S}_{i,t-j}$ 来修正序列相关的影响。因此，第 i 个时间序列的 LM 统计量通过回归（4.15）中检验 $\beta_i=0$ 的 t 统计量得到

$$\Delta y_{it}=\text{intercept}+\delta_i\Delta D_{it}+\beta_i\tilde{S}_{i,t-1}+\sum_{j=1}^{p_i}\rho_{ij}\Delta\tilde{S}_{i,t-j}+\text{error} \tag{4.15}$$

式中，p_i 为增加部分的滞后阶数；$\tilde{S}_{i,t-1}$ 的定义与方程（4.7）中的定义相同，$p_i \ll T_i$ 是有限的。定义 $t_{\mathrm{LM},iT}^{B}(p_i)$ 为回归（4.15）中检验 $\beta_i=0$ 的 t 统计量，定义其均值为

$$\bar{t}_{\mathrm{LM},NT}^{B}(p)=\frac{1}{N}\sum_{i=1}^{N}t_{\mathrm{LM},iT}^{B}(p_i) \tag{4.16}$$

对 $\bar{t}^{B}_{\mathrm{LM},NT}(p)$ 进行标准化，有

$$\Gamma^{B}_{\mathrm{LM}}(p)=\frac{\sqrt{N}\left\{\bar{t}^{B}_{\mathrm{LM},NT}(p)-\frac{1}{N}\sum_{i=1}^{N}E[\tau_{\mathrm{LM},T}(p_i)]\right\}}{\sqrt{\frac{1}{N}\sum_{i=1}^{N}V[\tau_{\mathrm{LM},T}(p_i)]}} \tag{4.17}$$

式中，$E[\tau_{\mathrm{LM},T}(p_i)]$ 和 $V[\tau_{\mathrm{LM},T}(p_i)]$ 分别为 $t^{B}_{\mathrm{LM},iT}(p_i)$ 的均值和方差，由此可得出结论：除非 $N/T(N,T\to\infty)$ 发散，否则 $\Gamma_{\mathrm{LM}}(p)\Rightarrow N(0,1)$。

4.2.2 结构突变面板协整检验模型

1. 模型设定

Westerlund 和 Edgerton（2008）提出的综合考虑结构突变和截面相关的面板协整检验是目前比较成熟的检验方法。他们建立了如下模型：

$$y_{it}=\alpha_i+\eta_i t+\delta_i D_{it}+\boldsymbol{x}'_{it}\beta_i+(D_{it}\boldsymbol{x}_{it})'\gamma_i+z_{it} \tag{4.18}$$

$$\boldsymbol{x}_{it}=\boldsymbol{x}_{it-1}+w_{it} \tag{4.19}$$

式中，y_{it} 为标量；$\boldsymbol{x}_{it}$ 为 k 维解释变量向量；D_{it} 为虚拟变量，当 $t>T_i$ 时，$D_{it}=1$，否则 $D_{it}=0$。

使用不可观测的公共因子表示允许截面相关，假定扰动项 z_{it} 的数据生成过程如下：

$$z_{it}=\boldsymbol{\lambda}'_i\boldsymbol{F}_t+v_{it} \tag{4.20}$$

$$F_{jt}=\rho_j F_{jt-1}+u_{jt} \tag{4.21}$$

$$\phi_i(L)\Delta v_{it}=\phi_i v_{it-1}+e_{it} \tag{4.22}$$

式中，$\phi_i(L)=1-\sum_{j=1}^{p_i}\phi_{ij}L^j$ 为滞后算子 L 的多项式；$\boldsymbol{F}_t$ 为不可观测的公共因子 $F_{jt}(j=1,2,\cdots,r)$ 所组成的 r 维向量；$\boldsymbol{\lambda}_i$ 为载荷参数向量。假定对所有 j 都有 $\rho_j<1$，则 $\boldsymbol{F}_t$ 为严平稳，这表明回归误差 z_{it} 的单整阶数只取决于异质扰动项 v_{it} 的单整阶数。因此，在该数据生成过程（data generating process，DGP）中，若 $\phi_i<0$，则式（4.18）存在协整关系；若 $\phi_i=0$，则式（4.18）为伪回归。

根据方程（4.18）～方程（4.22），可以有以下几种结构突变模型。

模型 1：含有趋势的无突变模型，即

$$y_{it}=\alpha_i+\eta_i t+\boldsymbol{x}'_{it}\beta_i+z_{it}$$

模型 2：含有趋势的水平突变模型，即

$$y_{it}=\alpha_i+\eta_i t+\delta_i D_{it}+\boldsymbol{x}'_{it}\beta_i+z_{it}$$

模型 3：含有趋势的水平突变和协整向量突变模型，即

$$y_{it}=\alpha_i+\eta_i t+\delta_i D_{it}+\boldsymbol{x}'_{it}\beta_i+(D_{it}\boldsymbol{x}_{it})'\gamma_i+z_{it}$$

统计量的构建和渐近分布的推导基于以下假定：

假定 1（误差过程）

1）e_{it} 均值为零且序列不相关、截面独立，w_{it} 均值为零且截面不相关；

2）对所有的 i 和 t，e_{it} 和 w_{it} 都相互独立；

3） $\sigma_i^2 = \text{Var}(e_{it})$ 和 $\Omega_i = \text{lrvar}(w_{it})$ 都正定。

渐近分布需要满足如下条件：

假定 2　对每个截面，当 $T \to \infty$ 时，w_{it} 的局部和过程满足不变性原则（invariance principle）

为了处理公共因子和结构突变，需要假定下列条件成立：

假定 3（公共因子）

1） u_t 满足假定 2，且 $\text{Var}(u_t)$ 正定；

2）对所有的截面 i 和时间 t，u_t 独立于 e_{it} 和 w_{it}；

3） $\boldsymbol{\lambda}_i$ 为非随机向量，使得当 $N \to \infty$ 时，$\frac{1}{N}\sum_{i=1}^{N}\boldsymbol{\lambda}_i\boldsymbol{\lambda}_i'$ 的极限正定；

4） r 已知；

5）对所有的 j，都有 $\rho_j < 1$。

假定 4（结构突变）

1） $T_i = \lfloor \tau_i T \rfloor$，其中 $\tau_i \in (0,1)$；

2） τ_i 已知。

假定 1 中 1)表明截面相关由公共因子刻画。假定 e_{it} 和 w_{it} 截面独立，那么对所有 $i \neq j$，有 $E(z_{it}z_{jt}) = \lambda_i'\text{Var}(F_t)\lambda_j$，所以 z_{it} 是允许截面相关的，且相关程度取决于 λ_i。

假定 1 中 2）表明 e_{it} 和 w_{it} 相互独立，即解释变量是严格外生的。

假定 1 中 3）表明 Ω_i 是正定的，这意味着多元解释变量 x_{it} 之间不存在协整关系。

假定 2 表明了对给定的 i，当 $T \to \infty$ 时，w_{it} 满足局部和不变性原则，它表明当 $T \to \infty$ 时，$\frac{1}{\sqrt{T}}\sum_{t=1}^{\lfloor rT \rfloor} e_{it} \Rightarrow \sigma_i W_i(s)$，其中，$W_i(s)$ 是定义在单位区间 $s \in [0,1]$ 上的标准布朗运动。同时，允许 Δv_{it} 存在序列相关，长期方差为 $\omega_i^2 = \text{lrvar}(\Delta v_{it}) = \sigma_i^2 / \phi_i(1)^2$。

假定 3 中 1）和 2）保证了公共因子的主成分估计是一致的。此外，由于假定 3 中 5）的存在，假定 3 中 1）和 2）确保了 $\boldsymbol{F}_t$ 的局部和过程满足不变性原则，从而令 $\boldsymbol{F}_t$ 独立于异质扰动项，这些假定在因子分析中较为典型。假定 3 中 3）保证了公共因子对 z_{it} 的变化有显著贡献，这反过来又保证了因子模型是可识别的。虽然假定 3 中 4）需要的因子个数已知，但从后面来看，这也不是严格必需的。

假定 3 中 5）表明因子是平稳的，从而检验只需要关注 v_{it} 的平稳性，但简化检验并不是作出这个假定的唯一原因。事实上，如果没有假定 3 中 5)，下面检验统计量的渐近分布将依赖于冗余参数，而且甚至可能不是正态的。

假定 4 中 1）保证了断点是可识别的，而且不会太靠近样本的起点和末端。在假定 3 中 4）下，断点已知的假定仅仅是为了简化问题，且后面会放松该假定。

2. 检验统计量的构建

检验的原假设为不存在协整关系，即 H_0: N 个截面均为伪回归，备择假设为 H_1：前 N_1 个截面是协整的，剩下的 $N_0 = N - N_1$ 个截面是伪回归。采用 LM 原则可对原假设进行检验。

合并的对数似然函数为

$$\ln(L)=\text{constant}-\frac{1}{2}\sum_{i=1}^{N}\left(T\ln(\sigma_i^2)-\frac{1}{\sigma_i^2}\sum_{t=1}^{T}e_{it}^2\right)$$

每个截面的得分向量为

$$\frac{\partial\ln(L)}{\partial\phi_i}=\frac{1}{\hat{\sigma}_i^2}\sum_{t=1}^{T}(\Delta\hat{S}_{it}-\Delta\hat{S}_i)(\hat{S}_{it-1}-\hat{S}_i)$$

式中，$\hat{\sigma}_i^2=\frac{1}{T}\sum_{t=1}^{T}e_{it}^2$；$\hat{S}_{it}$ 为某一残差，其定义将在下面给出，$\Delta\hat{S}_i$ 和 $\hat{S}_i$ 分别为 $\Delta\hat{S}_{it}$ 和 $\hat{S}_{it-1}$ 的均值。得分向量与回归（4.23）中 ϕ_i 的 LS 估计量的分子成正比。

$$\Delta\hat{S}_{it}=\text{constant}+\phi_i\hat{S}_{it-1}+\text{error} \tag{4.23}$$

所以，对单个截面 i 检验无协整的原假设等价于对式（4.23）的斜率 $\phi_i=0$ 的检验。而检验 $\phi_i=0$ 可以采用 ϕ 的 LS 估计量或其 t 统计量。

对 $\hat{S}_{it}$，如果不存在截面相关，则不存在公共因子，那么

$$\hat{S}_{it}=y_{it}-\hat{\alpha}_i-\hat{\delta}_iD_{it}-\hat{\eta}_it-x_{it}'\hat{\beta}_i-(D_{it}x_{it})'\hat{\gamma}_i \tag{4.24}$$

式中，$\hat{\alpha}_i=y_{i1}-\hat{\eta}_i-\hat{\delta}_iD_{i1}-\boldsymbol{x}_{i1}'\hat{\beta}_i-(D_{i1}x_{i1})'\hat{\gamma}_i$ 是 α_i 的受约束极大似然估计值。而剩余的参数可通过对式（4.18）的差分形式（4.25）进行估计得到，

$$\Delta y_{it}=\hat{\eta}_i+\hat{\delta}_i\Delta D_{it}+(\Delta\boldsymbol{x}_{it})'\hat{\beta}_i+\Delta(D_{it}\boldsymbol{x}_{it})'\hat{\gamma}_i+\Delta\hat{z}_{it} \tag{4.25}$$

当存在截面相关时，则需要考虑不可观测的公共因子。对式（4.20）进行差分：

$$\Delta z_{it}=\boldsymbol{\lambda}_i'\Delta F_t+\Delta v_{it}$$

若 Δz_{it} 已知，则采用主成分法即可估计出 $\boldsymbol{\lambda}_i$ 和 ΔF_t。若 Δz_{it} 未知，则采用式（4.25）估计残差进行替代。定义载荷参数和公共因子的堆积矩阵分别为 $\boldsymbol{\lambda}=(\lambda_1,\lambda_2,\cdots,\lambda_N)$ 和 $\boldsymbol{\Delta F}=(\Delta F_2,\Delta F_3,\cdots,\Delta F_T)'$，其中，$\boldsymbol{\lambda}$ 的维度是 $r\times N$，$\boldsymbol{\Delta F}$ 的维度是 $(T-1)\times r$。一阶差分残差的 LS 估计量的堆积矩阵可定义为

$$\Delta\hat{\boldsymbol{z}}=\begin{bmatrix}\Delta\hat{z}_{12} & \cdots & \Delta\hat{z}_{N2}\\ \vdots & & \vdots\\ \Delta\hat{z}_{1T} & \cdots & \Delta\hat{z}_{NT}\end{bmatrix}$$

$\boldsymbol{\Delta F}$ 的主成分估计量可通过计算 $(T-1)\times(T-1)$ 矩阵 $\Delta\hat{\boldsymbol{z}}(\Delta\hat{\boldsymbol{z}})'$ 前 r 个最大特征值所对应的特征向量得到，于是，相应的估计的载荷矩阵为

$$\hat{\boldsymbol{\lambda}}=\frac{1}{T-1}(\boldsymbol{\Delta}\hat{\boldsymbol{F}})'\Delta\hat{z}$$

估计的公共因子为

$$\hat{F}_t=\sum_{j=2}^{t}\boldsymbol{\Delta}\hat{\boldsymbol{F}}_j$$

则用式（4.24）减去估计的公共主成分可重新获得 $\hat{S}_{it}$，即

$$\hat{S}_{it} = y_{it} - \hat{\alpha}_i - \hat{\delta}_i D_{it} - \hat{\eta}_i t - \boldsymbol{x}_{it}'\hat{\beta}_i - (D_{it}\boldsymbol{x}_{it})'\hat{\gamma}_i - \hat{\boldsymbol{\lambda}}_i'\hat{F}_t$$

这使得该检验在截面相关情况下具有稳健性，为使其在序列相关情况下也具有稳健性，可将检验回归式扩展为如下形式：

$$\Delta\hat{S}_{it} = \text{constant} + \phi_i \hat{S}_{it-1} + \sum_{j=1}^{p_i} \phi_{ij} \Delta\hat{S}_{it-j} + \text{error} \tag{4.26}$$

定义

$$\text{LM}_{\phi}(i) = T\hat{\phi}_i \left(\frac{\hat{\omega}_i}{\hat{\sigma}_i} \right)$$

式中，$\hat{\phi}_i$ 为方程（4.26）中 ϕ_i 的 LS 估计量；$\hat{\sigma}_i$ 为方程（4.26）的估计标准误；$\hat{\omega}_i^2 = \frac{1}{T-1}\sum_{j=-M_i}^{M_i}\left(1-\frac{j}{M_i+1}\right)\sum_{t=j+1}^{T}\Delta\hat{S}_{it}\Delta\hat{S}_{it-j}$，$M_i$ 是核带宽参数。

$\hat{\phi}_i$ 的 t 统计量为

$$\text{LM}_{\tau}(i) = \frac{\hat{\phi}_i}{\text{SE}(\hat{\phi}_i)}$$

式中，$\text{SE}(\hat{\phi}_i)$ 为 $\hat{\phi}_i$ 的估计标准误差。

令 $j \in \{\phi, \tau\}$，则构造的面板统计量为

$$\overline{\text{LM}}_j(N) = \frac{1}{N}\sum_{i=1}^{N} \text{LM}_j(i)$$

需要做以下几点说明：

第一，基于 $\hat{S}_{it}$ 估计的 Δv_{it} 的长期协方差 $\hat{\omega}_i^2$，仅在构建统计量 $\overline{\text{LM}}_{\phi}(N)$ 时起作用。

第二，与 Schmidt 和 Phillips（1992）的单位根研究一样，用来计算 $\hat{S}_{it}$ 的参数是从差分方程（4.25）中估计出来的，而不是水平方程（4.18）。当 y_{it} 和 $\boldsymbol{x}_{it}$ 非平稳时，水平值的回归是伪回归，此时估计的回归参数并不能收敛到常数，而是渐近随机的。而基于差分数据的回归能有效降低随机性，从而简化 $\overline{\text{LM}}_j(N)$ 的渐近性质。

第三，当断点的位置未知时，Westerlund 和 Edgerton（2008）采用 Bai 和 Perron（1998）的策略，对每个截面估计差分回归式（4.25），使得 SSR 最小的断点即为断点的估计，即

$$\hat{\tau}_i = \mathop{\arg\min}_{0<\tau_i<1} \frac{1}{T-1}\sum_{t=2}^{T}(\Delta\hat{z}_{it})^2$$

对公共因子个数 r 的估计，采用 Bai 和 Ng（2004）的建议，最小化以下信息准则

$$\hat{r} = \mathop{\arg\min}_{0\leqslant r\leqslant r_{\max}} \ln(\hat{\sigma}^2) + r\ln\left(\frac{NT}{N+T}\right)\frac{N+T}{NT}$$

其中，$\hat{\sigma}^2 = \frac{1}{NT}\sum_{i=1}^{N}\sum_{t=2}^{T}(\Delta\hat{z}_{it} - \hat{\boldsymbol{\lambda}}_i'\hat{F}_t)^2$，$r_{\max}$ 是使得 $r \leqslant r_{\max}$ 的有界整数。

第四，在进行检验前必须估计出方程（4.26）中的滞后长度 p_i。通过数据依赖法则（data-dependent rule）可较好地解决这个问题。例如，可以采用序贯检验规则（Campbell and Perron，1991），即根据方程（4.26）中个体滞后参数 ϕ_{ij} 的显著性来决定滞后长度。还可使用信息准则，如施瓦兹贝叶斯准则（Schwarz Bayesian criterion）。另外，滞后长度的确定也可独立于数据，如选择任意的 p_i 或者将其作为 T 的一个固定函数，这使得估计的检验回归能更好地近似方程（4.22）中的真实自回归过程。

3. 渐近分布

Westerlund 和 Edgerton（2008）证明了，在原假设和假定 1～假定 4 下，当 $N,T \to \infty$ 时，

$$\mathrm{LM}_{\phi}(i) \Rightarrow B_{\phi}(i) = -\left(2\int_0^1 U_i(s)^2 \mathrm{d}s\right)^{-1}$$

式中，$V_i(s) = W_i(s) - sW_i(1)$ 是一个标准布朗桥，$U_i(s) = V_i(s) - \int_0^1 V_i(r)\mathrm{d}r$ 是去中心的标准布朗桥。对个体的 t 统计量，相应的时间序列极限可表示为

$$\mathrm{LM}_{\tau}(i) \Rightarrow B_{\tau}(i) = -\left(4\int_0^1 U_i(s)^2 \mathrm{d}s\right)^{-1/2}$$

根据中心极限定理，在截面独立的原假设下，$\sqrt{N}$ 倍的统计量截面平均值将依分布收敛于一个均值为 $E(B_j)$，方差为 $\mathrm{Var}(B_j)$ 的正态变量。定理 1 表明，当假定 $N,T \to \infty$，$N/T \to \infty$ 时，公共因子的影响可渐近忽略。

Westerlund 和 Edgerton（2008）证明定理 1 和定理 2 成立，

定理 1　在原假设和假定 1～假定 4 下，当 $N,T \to \infty$，$N/T \to \infty$ 时，

$$Z_j(N) = \sqrt{N}[\overline{\mathrm{LM}}_j(N) - E(B_j)] \Rightarrow N[0, \mathrm{Var}(B_j)]$$

定理 2　在备择假设和假定 1～假定 4 下，当 $N, N_1, T \to \infty$，$N/T \to \infty$，且 $N_1/N \to \delta_1 > 0$ 时，$Z_j(N) \to -\infty$。

4.3　静态面板门槛回归模型的估计与检验

4.3.1　静态面板门槛回归模型简介

一般所说的静态面板数据模型，是指解释变量中不包含被解释变量的滞后项（通常为一阶滞后项）的情形。但严格地讲，随机干扰项服从某种序列相关［如 AR（1）、AR（3）、MA（1）等］的模型也不是静态模型。本节介绍的静态面板门槛回归模型主要针对解释变量中不包含被解释变量的滞后项的情形。

根据门槛变量的不同取值，可以将样本划分为不同区制。若门槛变量只存在一个门槛值，则样本可划分为两区制；若存在两个门槛值，则样本可划分为三区制；依此类推。若一个门槛值也不存在，则原模型就是普通的面板线性回归模型。下面介绍两区制的静态面板门槛回归模型。

假设所获得的观测数据是一个平稳的面板数据$\{y_{it},q_{it},x_{it}:1\leqslant i\leqslant n,1\leqslant t\leqslant T\}$。下标$i$表示个体，下标$t$表示时间。因变量$y_{it}$是标量，门槛变量$q_{it}$也是标量，自变量$x_{it}$是一个$k$维向量。单一门槛回归方程如下：

$$y_{it}=\mu_i+\boldsymbol{\beta}_1'x_{it}I(q_{it}\leqslant\gamma)+\boldsymbol{\beta}_2'x_{it}I(q_{it}>\gamma)+e_{it} \tag{4.27}$$

其中，$I(\cdot)$是指示函数，式（4.27）也可以写成：

$$y_{it}=\begin{cases}\mu_i+\boldsymbol{\beta}_1'x_{it}+e_{it}, & q_{it}\leqslant\gamma\\ \mu_i+\boldsymbol{\beta}_2'x_{it}+e_{it}, & q_{it}>\gamma\end{cases}$$

式（4.27）的另一个简洁表达是

$$x_{it}(\gamma)=\begin{cases}x_{it}I, & q_{it}\leqslant\gamma\\ x_{it}I, & q_{it}>\gamma\end{cases}$$

且$\boldsymbol{\beta}=(\boldsymbol{\beta}_1' \quad \boldsymbol{\beta}_2')'$，因此式（4.27）又可写成：

$$y_{it}=\mu_i+\boldsymbol{\beta}'x_{it}(\gamma)+e_{it} \tag{4.28}$$

根据门槛变量q_{it}小于或大于门槛值γ，观测值可被分为两个区域。不同的区域，回归得到的斜率不同，即$\boldsymbol{\beta}_1$和$\boldsymbol{\beta}_2$。识别$\boldsymbol{\beta}_1$和$\boldsymbol{\beta}_2$，要求x_{it}不是时间不变的。因此，Hansen（1999a）也假定门槛变量q_{it}不是时间不变的。假定误差项服从均值为0，方差为σ^2的独立同分布，这一假设将因变量的滞后项排除在自变量x_{it}之外。

4.3.2 静态面板单一门槛回归模型的估计与检验

1. 模型的估计

在线性模型中，可直接采用传统的方法消除个体效应μ_i，即减去个体特定均值。但在非线性模型中，需要更严格的处理。在t时期对式（4.27）求平均可以得到

$$\overline{y}_i=\mu_i+\boldsymbol{\beta}'\overline{x}_i(\gamma)+\overline{e}_i \tag{4.29}$$

式中，$\overline{y}_i=T^{-1}\sum_{t=1}^{T}y_{it}$，$\overline{e}_i=T^{-1}\sum_{t=1}^{T}e_{it}$，且

$$\overline{x}_i(\gamma)=\frac{1}{T}\sum_{t=1}^{T}x_{it}(\gamma)=\begin{bmatrix}\dfrac{1}{T}\sum_{t=1}^{T}x_{it}I(q_{it}\leqslant\gamma)\\ \dfrac{1}{T}\sum_{t=1}^{T}x_{it}I(q_{it}>\gamma)\end{bmatrix}$$

用式（4.28）减去式（4.29），有

$$y_{it}^*=\boldsymbol{\beta}'x_{it}^*(\gamma)+e_{it}^* \tag{4.30}$$

式中，$y_{it}^*=y_{it}-\overline{y}_i$，$x_{it}^*(\gamma)=x_{it}(\gamma)-\overline{x}_i(\gamma)$，$e_{it}^*=e_{it}-\overline{e}_i$。

令$y_i^*=\begin{bmatrix}y_{i2}^*\\ \vdots\\ y_{iT}^*\end{bmatrix}$，$x_i^*(\gamma)=\begin{bmatrix}x_{i2}^*(\gamma)'\\ \vdots\\ x_{iT}^*(\gamma)'\end{bmatrix}$，$e_i^*=\begin{bmatrix}e_{i2}^*\\ \vdots\\ e_{iT}^*\end{bmatrix}$。

用不带时间标注的符号表示单个个体堆积的数据和误差。然后用Y^*、$X^*(\gamma)$和e^*表示所有个体数据的堆积，如

$$X^*(\gamma)=\begin{bmatrix} x_1^*(\gamma) \\ \vdots \\ x_i^*(\gamma) \\ \vdots \\ x_n^*(\gamma) \end{bmatrix}$$

则式（4.30）可表示为

$$Y^*=X^*(\gamma)\beta+\boldsymbol{e}^* \tag{4.31}$$

对任意给定的γ，用 OLS 即可估计出β，即

$$\hat{\beta}(\gamma)=[X^*(\gamma)'X^*(\gamma)]^{-1}X^*(\gamma)'Y^* \tag{4.32}$$

回归残差的向量为$\hat{\boldsymbol{e}}^*(\gamma)=Y^*-X^*(\gamma)\hat{\beta}(\gamma)$。

残差平方和为

$$S_1(\gamma)=\hat{\boldsymbol{e}}^*(\gamma)'\hat{\boldsymbol{e}}^*(\gamma)=Y^{*\prime}\{\boldsymbol{I}-X^*(\gamma)'[X^*(\gamma)'X^*(\gamma)]^{-1}X^*(\gamma)\}Y^* \tag{4.33}$$

Chan（1993）和 Hansen（1997b）建议用 LS 估计γ，使得残差平方和最小的$\hat{\gamma}$即为所求。因此，γ的 LS 估计值为

$$\hat{\gamma}=\arg\min_{\gamma} S_1(\gamma) \tag{4.34}$$

估计出一个$\hat{\gamma}$，就可得到相应的斜率系数估计值$\hat{\beta}=\hat{\beta}(\hat{\gamma})$，残差向量$\hat{\boldsymbol{e}}^*=\hat{\boldsymbol{e}}^*(\hat{\gamma})$，残差方差为

$$\hat{\sigma}^2=\frac{1}{n(T-1)}\hat{\boldsymbol{e}}^{*\prime}\hat{\boldsymbol{e}}^*=\frac{1}{n(T-1)}S_1(\hat{\gamma}) \tag{4.35}$$

2. 门槛效应检验

确定是否存在门槛效应十分重要，式（4.27）不存在门槛效应的假设可用线性限制来表示。

$$\mathrm{H}_0:\ \beta_1=\beta_2$$

在原假设H_0下，门槛值γ不能被识别，所以传统的检验不服从标准分布。这被称为“Davies problem”（Davies，1977；Davies and Harte，1987）。对固定效应方程（4.30），Hansen（1996）建议用自举法模拟似然比检验的渐近分布。

在无门槛效应的原假设下，模型为

$$y_{it}=\mu_i+\boldsymbol{\beta}_1'x_{it}+\boldsymbol{e}_{it} \tag{4.36}$$

消除固定效应之后，模型变为

$$y_{it}^*=\boldsymbol{\beta}_1'x_{it}^*+\boldsymbol{e}_{it}^* \tag{4.37}$$

通过 OLS 估计得到$\tilde{\beta}_1$、$\tilde{\boldsymbol{e}}^*$及误差平方和$S_0=\tilde{\boldsymbol{e}}^{*\prime}\tilde{\boldsymbol{e}}^*$。$\mathrm{H}_0$的似然比检验基于式（4.38）进行。

$$F_1=\frac{S_0-S_1(\hat{\gamma})}{\hat{\sigma}^2} \tag{4.38}$$

F_1 的渐近分布是非标准的，且分布通常取决于样本数量的大小，因此，临界值不能被制成表格。Hansen（1996）证明通过自举程序（bootstrap procedure）可实现一阶渐近分布，所以通过自举法构建的 P 值是渐近有效的。对面板数据，自举法的实现过程为：对给定的回归元 x_{it} 和门槛变量 q_{it}，在重复的自举样本中将其固定住，获得回归残差 $\hat{e}_{it}^{*}$，依据个体将其聚集起来，得到 $\hat{e}_i^{*}=(\hat{e}_{i1}^{*},\hat{e}_{i2}^{*},\cdots,\hat{e}_{iT}^{*})$。将样本 $\{\hat{e}_1^{*},\hat{e}_2^{*},\cdots,\hat{e}_n^{*}\}$ 作为经验分布进行自举。从经验分布中抽出一个大小为 n 的样本，并用这些误差构建一个零假设下的自举样本。（注意到在原假设 H_0 下，检验统计量 F_1 并不依赖于参数 β_1，所以 β_1 的任何取值都可能会被用上。）采用自举样本，在原假设式（4.37）和备择假设式（4.30）下对模型进行估计，并计算似然比统计量 F_1 的自举值。将这个过程进行大量重复，并计算出模拟的统计数值超过真实值的百分比。这是一个原假设下 F_1 的渐近 P 值的自举估计，如果所得的 P 值小于期望的临界值，就拒绝无门槛效应的原假设。

3. 置信区间的构建

当门槛效应存在时（$\beta_1 \neq \beta_2$），Chan（1993）和 Hansen（1997b）证明了 $\hat{\gamma}$ 与 γ_0（γ 的真实值）是一致的，但渐近分布是高度不标准的。Hansen（1997b）认为构建 γ 的置信区间最好的方法是用检验 γ 的似然比统计量去构建"不拒绝区域"。

$$\mathrm{LR}_1(\gamma)=\frac{S_1(\gamma)-S_1(\hat{\gamma})}{\hat{\sigma}^2} \tag{4.39}$$

注意到，统计量式（4.39）和前面部分介绍的统计量式（4.38）检验的假设是不同的。$\mathrm{LR}_1(\gamma_0)$ 检验的是 H_0：$\gamma=\gamma_0$，而 F_1 检验的是 H_0：$\beta_1=\beta_2$。

Hansen（1999a）证明，在相关假设和原假设 H_0：$\gamma=\gamma_0$ 下，

$$\mathrm{LR}_1(\gamma)\to_d \xi$$

当 $n\to\infty$ 时，其中，ξ 是一个随机变量，其分布函数为

$$P(\xi \leqslant x)=[1-\exp(-x/2)]^2 \tag{4.40}$$

似然比统计量的渐近分布是非标准的，但是不受参数的约束。技术上的假定包括相当特殊的条件，即当 $n\to\infty$ 时，$(\beta_1-\beta_2)\to 0$。这个条件表示两个区制内的斜率差异相对于样本大小来说很小。实际上，定理 1 表示的渐近性质在 $\beta_1-\beta_2$ 很小的情况下比 $\beta_1-\beta_2$ 很大时更有可能成立。然而，当门槛效应很大时，门槛值的估计会更精确。

上述渐近分布可被用来构建渐近的置信区间。分布函数（4.40）的反函数为

$$c(\alpha)=-2\ln(1-\sqrt{1-\alpha}) \tag{4.41}$$

通过反函数，很容易计算出临界值。例如，显著性水平为 10%时的临界值为 6.53，5%的临界值为 7.35，1%的临界值为 10.59。如果 $\mathrm{LR}_1(\gamma_0)$ 超过 $c(\alpha)$，那么就拒绝假设 H_0：$\gamma=\gamma_0$。

为了构建一个 γ 的置信区间，置信水平 $1-\alpha$ 的"不拒绝区间"就是使得 $\mathrm{LR}_1(\gamma)\leqslant c(\alpha)$ 的 γ 的集合，其中，$\mathrm{LR}_1(\gamma)$ 已经在式（4.39）中定义，$c(\alpha)$ 也在式（4.41）中定义。通过绘制拒绝 γ 的 $\mathrm{LR}_1(\gamma)$ 图和一条表示 $c(\alpha)$ 的水平线，就可清晰地观测置信区间。

4.3.3　静态面板多重门槛回归模型的估计与检验

模型（4.27）中只有一个门槛值，即只存在单一门槛效应。但在许多应用中可能存在多重门槛效应。下面以双重门槛回归模型为例来分析模型存在多重门槛效应的情况。双重门槛回归模型可表示为

$$y_{it} = \mu_i + \beta_1' x_{it} I(q_{it} \leqslant \gamma_1) + \beta_2' x_{it} I(\gamma_1 < q_{it} \leqslant \gamma_2) + \beta_3' x_{it} I(q_{it} > \gamma_2) + e_{it} \tag{4.42}$$

对双重门槛回归模型，主要关心三方面的问题：①门槛值的估计；②双重门槛效应的检验；③门槛参数 γ_1 和 γ_2 的置信区间的构建。

1. 门槛值的估计

对给定的门槛值 (γ_1,γ_2)，式（4.42）在三个区制内都是线性的，所以 OLS 估计是适用的。(γ_1,γ_2) 的联合 LS 估计就是使得 $S(\gamma_1,\gamma_2)$ 联合最小的值。对 (γ_1,γ_2) 进行网格搜索需要大约 $N^2 = (nT)^2$ 个回归，满足这一条件十分困难。

一个伟大的思想可以解决上述烦琐的计算：在有多个突变点的模型中，连续的估计是一致的（Chong，1994；Bai，1997；Bai and Perron，1998）。相同的思想可用于多重门槛模型中。令 $S_1(\gamma)$ 表示如式（4.33）一样的单一门槛的残差平方和，令 $\hat{\gamma}_1$ 表示使得 $S_1(\gamma)$ 最小的门槛估计值。

固定住第一阶段门槛估计值 $\hat{\gamma}_1$，第二阶段准则是

$$S_2^r(\gamma_2) = \begin{cases} S(\hat{\gamma}_1,\gamma_2), & \text{if } \hat{\gamma}_1 < \gamma_2 \\ S(\gamma_2,\hat{\gamma}_1), & \text{if } \gamma_2 < \hat{\gamma}_1 \end{cases} \tag{4.43}$$

则第二阶段门槛估计值为

$$\hat{\gamma}_2^r = \arg\min_{\gamma_2} S_2^r(\gamma_2) \tag{4.44}$$

本节研究不希望在给定的每个区制内有很少的观测值，因此，可以限制式（4.44）中的搜索，使得有最小数目的观测值落在每个区制中。

Bai（1997）证明了 $\hat{\gamma}_2^r$ 是渐近有效的，但 $\hat{\gamma}_1$ 不是。这是因为 $\hat{\gamma}_1$ 的估计是通过残差平方和函数，而这个残差平方和函数受到了忽略的区制的不良影响。$\hat{\gamma}_2^r$ 的渐近有效性给了提示，即可通过一个三阶段的估计来改善 $\hat{\gamma}_1$ 的有效性。Bai（1997）提出了如下改良的估计方法。固定住两阶段估计值 $\hat{\gamma}_2^r$，定义改良准则为

$$S_1^r(\gamma_1) = \begin{cases} S(\gamma_1,\hat{\gamma}_2^r), & \gamma_1 < \hat{\gamma}_2^r \\ S(\hat{\gamma}_2^r,\gamma_1), & \hat{\gamma}_2^r < \gamma_1 \end{cases} \tag{4.45}$$

则改良的估计量为

$$\hat{\gamma}_1^r = \arg\min_{\gamma_1} S_1^r(\gamma_1) \tag{4.46}$$

Bai（1997）证明了 $\hat{\gamma}_1^r$ 的改良估计量在有突变点的模型中是渐近有效的。Hansen（1999a）认为在门槛回归中也会有相似的结果。

2. 双重门槛效应检验

在模型（4.42）中，可能无门槛效应，可能存在单一门槛效应，也可能存在双重门槛效应。在前面的门槛效应检验中，Hansen（1999a）构建了一个 F_1 统计量式（4.38）去检验是否存在门槛，并提出用自举法来粗略估计渐近 P 值。若 F_1 拒绝了无门槛假设，在模型（4.42）中，还需要做更多的检验去甄别是存在单一门槛效应还是双重门槛效应。第二阶段门槛估计中要最小化的残差平方和是 $S_2^r(\hat{\gamma}_2^r)$，其方差估计值为 $\hat{\sigma}^2 = S_2^r(\hat{\gamma}_2^r)/n(T-1)$。因此，用来判别是存在单一门槛效应还是双重门槛效应的渐近似然比检验统计量可为

$$F_2 = \frac{S_1(\hat{\gamma}_1) - S_2^r(\hat{\gamma}_2^r)}{\hat{\sigma}^2}$$

若 F_2 足够大，则拒绝单一门槛效应假设，接受双重门槛效应假设。

Hansen（1999a）建议用一个自举程序粗略估计样本分布。为了生成自举样本，在重复的自举抽样中将自变量 x_{it} 和门槛变量 q_{it} 固定住。自举误差（bootstrap error）可从备择假设下计算的残差中抽取得到，因此，模型（4.42）LS 估计的残差也是如此。按个体将回归残差 $\hat{e}_{it}^*$ 聚集起来，得到 $\hat{\boldsymbol{e}}_i^* = (\hat{e}_{i1}^*, \hat{e}_{i2}^*, \cdots, \hat{e}_{iT}^*)$，再将样本 $(\hat{e}_1^*, \hat{e}_2^*, \cdots, \hat{e}_n^*)$ 作为一个经验分布。从经验分布中重复抽取误差样本。令 $\boldsymbol{e}_i^{\#}$ 表示一类 $T\times 1$ 的样本。因变量 y_{it} 应产生于原假设，即单一门槛模型，因此，用如下等式：

$$y_{it}^{\#} = \hat{\beta}_1' x_{it} I(q_{it} \leqslant \hat{\gamma}) + \hat{\beta}_2' x_{it} I(q_{it} > \hat{\gamma}) + e_{it}^{\#} \tag{4.47}$$

式（4.47）取决于单一门槛模型的 LS 估计参数值 $\hat{\beta}_1$、$\hat{\beta}_2$ 和 $\hat{\gamma}$。在自举样本中，检验统计量 F_2 能计算出来，然后将这个过程重复多次，即可计算出“bootstrap” P 值。

3. 置信区间的构造

最后构建两个门槛参数 $\{\gamma_1, \gamma_2\}$ 的置信区间。Bai（1997）证明了改良的估计量（4.46）有着与单一门槛模型中门槛估计值相同的渐近分布，这意味着能像在单一门槛模型的情况下构建置信区间。

令 $\mathrm{LR}_2^r(\gamma) = \dfrac{S_2^r(\gamma) - S_2^r(\hat{\gamma}_2^r)}{\hat{\sigma}^2}$，$\mathrm{LR}_1^r(\gamma) = \dfrac{S_1^r(\gamma) - S_1^r(\hat{\gamma}_1^r)}{\hat{\sigma}^2}$

式中，$S_2^r(\gamma)$ 和 $S_1^r(\gamma)$ 的定义分别如式（4.43）和式（4.45），γ_2 和 γ_1 的渐近 $(1-\alpha)\%$ 置信区间，分别是使得 $\mathrm{LR}_2^r(\gamma) \leqslant c(\alpha)$ 和 $\mathrm{LR}_1^r(\gamma) \leqslant c(\alpha)$ 的 γ 的值。

4.4 动态面板门槛回归模型的估计与检验

近年来，门槛模型被广泛应用于经济学问题的研究。门槛模型根据门槛变量的不同取值将样本划分为不同子样本，再进行相应估计与检验，提高了实证结果的科学性。Chan（1993）、Hansen（1996，1999a，2000a）和 Caner（2002）发展的估计理论及推论要求自

变量和门槛变量均为外生变量，而动态面板数据模型存在固有的内生性问题，故上述估计理论及推论不能直接用于动态面板门槛回归模型，这对许多经济问题的实证研究无疑是一个阻碍。Kremer 等（2013）对动态面板门槛回归模型进行相关处理，使得 Caner 和 Hansen（2004）估计包含内生解释变量的截面门槛回归模型的程序，可用于估计动态面板门槛回归模型。假设存在如下动态面板门槛回归模型：

$$y_{it} = \mu_i + \theta_1' z_{it} I(q_{it} \leqslant \gamma) + \theta_2' z_{it} I(q_{it} > \gamma) + \boldsymbol{e}_{it}$$

式中，$i = 1, 2, \cdots, N$ 为个体；$t = 1, 2, \cdots, T$ 为时间；μ_i 为个体固定效应；误差项 $e_{it} \overset{\text{IID}}{\sim} (0, \sigma^2)$；$I(\cdot)$ 为指示函数，指示由门槛变量 q_{it} 和门槛值 γ 定义的区制；z_{it} 为 m 维的解释变量向量，可能包含被解释变量 y 的滞后项和其他内生变量。z_{it} 可被分割为子集 z_{1it} 和 z_{2it}，z_{1it} 由与误差项 $\boldsymbol{e}_{it}$ 相关的内生解释变量组成，z_{2it} 由与误差项不相关的外生变量组成。

估计动态面板门槛回归模型的第一步是消除固定效应。这一处理面临的主要问题是在去除固定效应的同时，不违背 Hansen（1999a）及 Caner 和 Hansen（2004）的分布假设。一般来讲，消除固定效应的常用方法有两种，即采用各观察值减去所有观察值平均值的组内变换和采用当期观察值减去前一期观察值的一阶差分。但由于动态面板门槛回归模型中被解释变量的滞后项总是与个体误差项的平均值存在相关性，故采用组内变换的估计结果是不一致的；在动态面板数据模型中运用一阶差分，则表明误差项之间存在负相关，以致 Hansen（1999a）提出的分布理论不能直接用于动态面板门槛回归模型。针对上述问题，Kremer 等（2013）采用 Arellano 和 Bover（1995）提出的前向正交离差变换（the forward orthogonal deviations transformation）来消除固定效应，该变换采用各观察值减去该观察值之后的所有观察值的平均值。前向正交离差变换的一个突出优势是它解决了经过变换之后的误差项之间的序列相关问题。误差项的前向正交离差变换可表示为

$$\boldsymbol{e}_{it}^* = \sqrt{\frac{T-t}{T-t+1}} \left[\boldsymbol{e}_{it} - \frac{1}{T-t} (\boldsymbol{e}_{i(t+1)} + \cdots + \boldsymbol{e}_{iT}) \right]$$

因此，经过前向正交离差变换后的误差项不存在序列相关，即

$$\text{Var}(e_i) = \sigma^2 I_T \Rightarrow \text{Var}(\boldsymbol{e}_i^*) = \sigma^2 I_{T-1}$$

这样，由 Caner 和 Hansen（2004）提出的估计包含内生解释变量的横截面数据门槛模型的程序，可用于估计动态面板门槛回归模型，具体估计步骤可分为三步：

第一步，估计简化型回归。用工具变量 x_{it} 对内生变量 z_{1it} 进行回归，进而得到内生变量的预测值 $\hat{z}_{1it}$。

第二步，估计门槛值。逐一取排序后的门槛变量 q 作为门槛值，用 $\hat{z}_{1it}$ 替代 z_{1it} 估计结构方程，记所得残差平方和为 $S(\gamma)$，门槛值 γ 的估计量为使得 $S(\gamma)$ 最小的 γ，即 $\hat{\gamma} = \arg\min\limits_{\gamma} S_n(\gamma)$。与 Hansen（1999a）及 Caner 和 Hansen（2004）一致，确定门槛值 95%置信区间的临界值可表示为 $\Gamma = \{\gamma : \text{LR}(\gamma) \leqslant c(\alpha)\}$，其中，$c(\alpha)$ 为似然比统计量 $\text{LR}(\gamma)$ 的渐近分布的 95%分位数。

第三步，估计门槛系数。一旦 $\hat{\gamma}$ 确定，在已有工具变量 x_{it} 和门槛估计值 $\hat{\gamma}$ 的基础上，则可采用 GMM 估计出斜率系数。

接下来详细介绍 Caner 和 Hansen（2004）截面数据门槛回归模型的估计及相应分布

理论。Caner 和 Hansen（2004）研究了包含内生解释变量和外生门槛变量的截面数据门槛回归模型，提出了门槛参数的 2SLS 估计和斜率系数的 GMM 估计，并证明了估计量的一致性，推导出了估计量的渐近分布。门槛估计值的分布与 Hansen（2000a）中的分布相同，斜率系数的估计值在传统的方差协方差矩阵下是渐近正态的。

假定观测样本为 $\{y_i,\boldsymbol{z}_i,\boldsymbol{x}_i\}_{i=1}^n$，其中 $\boldsymbol{z}_i$ 为 m 维向量，包含内生解释变量，$\boldsymbol{x}_i$ 为 k 维向量，且 $k\geqslant m$，则单一门槛值的动态面板门槛回归模型为

$$y_i=\theta_1'\boldsymbol{z}_i 1(q_i\leqslant\gamma)+\theta_2'\boldsymbol{z}_i 1(q_i>\gamma)+e_i \tag{4.48}$$

式中，q_i 为门槛变量；γ 为门槛参数；$\gamma\in\Gamma$，Γ 为 q_i 的一个严格子集。

误差是一个鞅差分序列：

$$E(e_i|\Im_{i-1})=0 \tag{4.49}$$

式中，$(\boldsymbol{x}_i,\boldsymbol{z}_i)$ 在 $\Im_{i-1}$ 的期望下是可测度的。

对含有内生解释变量和外生门槛变量的截面门槛回归模型，Caner 和 Hansen（2004）的思路是通过一个简化型回归得到内生解释变量的预测值，然后用该预测值替换原模型中的内生变量，并通过 LS 法得到门槛估计值，再对被分割后的子样本进行 2SLS 估计或 GMM 估计即可得到斜率系数。

4.4.1 简化型

简化型是指在给定的 $\boldsymbol{x}_i$ 下，$\boldsymbol{z}_i$ 的条件期望模型，即

$$\boldsymbol{z}_i=g(\boldsymbol{x}_i,\boldsymbol{\pi})+u_i \tag{4.50}$$

即 $E(\boldsymbol{z}_i|\boldsymbol{x}_i)=g(\boldsymbol{x}_i,\boldsymbol{\pi})$。

$$E(\boldsymbol{u}_i|\boldsymbol{x}_i)=0 \tag{4.51}$$

式中，$\boldsymbol{\pi}$ 为 $p\times1$ 的参数向量；$\boldsymbol{u}_i$ 为 $m\times1$ 向量。假定函数 g 的形式已知，而其参数 $\boldsymbol{\pi}$ 未知。为方便起见，定义

$$g_i=g(x_i,\pi_0)$$

将上式代入式（4.48），有

$$y_i=\theta_1'g_i 1(q_i\leqslant\gamma)+\theta_2'g_i 1(q_i>\gamma)+v_i \tag{4.52}$$

其中，

$$v_i=\theta_1'u_i 1(q_i\leqslant\gamma)+\theta_2'u_i 1(q_i>\gamma)+e_i \tag{4.53}$$

Caner 和 Hansen（2004）的分析适用于多种简化型模型，常用的一种就是线性模型，

$$g(\boldsymbol{x}_i,\boldsymbol{\pi})=\boldsymbol{\Pi}'\boldsymbol{x}_i \tag{4.54}$$

式中，$\boldsymbol{\Pi}$ 为一个 $k\times m$ 矩阵，另一种是门槛回归模型，

$$g(\boldsymbol{x}_i,\boldsymbol{\pi})=\boldsymbol{\Pi}_1'\boldsymbol{x}_i 1(q_i\leqslant\rho)+\boldsymbol{\Pi}_2'\boldsymbol{x}_i 1(q_i>\rho) \tag{4.55}$$

4.4.2 简化型的估计

将 $\boldsymbol{z}_i$ 分割为 $\boldsymbol{z}_i=(\boldsymbol{z}_{1i},\boldsymbol{z}_{2i})$，其中，$\boldsymbol{z}_{2i}\in x_i$ 具有外生性，而 $\boldsymbol{z}_{1i}$ 具有内生性，类似地，可将简化型分割为 $g=(g_1,g_2)$，因此，简化型的参数 $\boldsymbol{\pi}$ 就只包含在 g_1 中。

通过 LS 即可估计式（4.50）中的简化型参数 $\boldsymbol{\pi}$，如果在 m 个方程中不存在"跨方程限制"（cross-equation restrictions)，其中"跨方程限制"为公共参数，那么对每个方程一一进行 LS 估计即可估计出简化型参数 $\boldsymbol{\pi}$。如果存在"跨方程限制"，那么参数 π 的估计需要通过如下多变量 LS 进行估计：

$$\hat{\boldsymbol{\pi}}=\arg\min_{\pi}\det\left\{\sum_{i=1}^{n}[\boldsymbol{z}_{1i}-g_1(\boldsymbol{x}_i,\boldsymbol{\pi})][\boldsymbol{z}_{1i}-g_1(\boldsymbol{x}_i,\boldsymbol{\pi})]'\right\}\tag{4.56}$$

则对给定的 $\hat{\boldsymbol{\pi}}$，z_i 的预测值为

$$\hat{\boldsymbol{z}}_i=\hat{g}_i=g(\boldsymbol{x}_i,\hat{\boldsymbol{\pi}})$$

例如，在门槛回归模型（4.55）中，门槛参数 ρ 包含在每个方程中，即存在"跨方程限制"，因此，需采用上述多变量 LS 估计量进行估计。求解过程如下：

对每个 $\rho\in\Gamma$，定义

$$\hat{\Pi}_1(\rho)=\left[\sum_{i=1}^{n}\boldsymbol{x}_i\boldsymbol{x}_i'1(q_i\leqslant\rho)\right]^{-1}\sum_{i=1}^{n}\boldsymbol{x}_i\boldsymbol{z}_{1i}'1(q_i\leqslant\rho)$$

$$\hat{\Pi}_2(\rho)=\left[\sum_{i=1}^{n}\boldsymbol{x}_i\boldsymbol{x}_i'1(q_i>\rho)\right]^{-1}\sum_{i=1}^{n}\boldsymbol{x}_i\boldsymbol{z}_{1i}'1(q_i>\rho)$$

$$\hat{u}_i(\rho)=\boldsymbol{z}_{1i}-\hat{\Pi}_1(\rho)'\boldsymbol{x}_i1(q_i\leqslant\rho)-\hat{\Pi}_2(\rho)'\boldsymbol{x}_i1(q_i>\rho)$$

则通过最小化"集中 LS 准则"

$$\hat{\rho}=\arg\min_{\rho\in\Gamma}\det\left[\sum_{i=1}^{n}\hat{u}_i(\rho)\hat{u}_i(\rho)'\right]$$

得到

$$\hat{\Pi}_1=\hat{\Pi}_1(\hat{\rho})$$
$$\hat{\Pi}_2=\hat{\Pi}_2(\hat{\rho})$$

因此，对上述简化型模型，内生解释变量的预测值为

$$\hat{z}_i=\hat{g}_i=\hat{\Pi}_1'\boldsymbol{x}_i1(q_i\leqslant\hat{\rho})+\hat{\Pi}_2'\boldsymbol{x}_i1(q_i>\hat{\rho})$$

4.4.3 门槛值的估计

对任意的门槛值 γ，令 $\boldsymbol{Y}$、$\hat{\boldsymbol{Z}}_\gamma$ 和 $\hat{\boldsymbol{Z}}_\perp$ 分别表示向量 $\boldsymbol{y}_i$、$\hat{z}_i'1(q_i\leqslant\gamma)$ 和 $\hat{z}_i'1(q_i>\gamma)$ 堆积起来形成的矩阵。令 $S_n(\gamma)$ 表示 Y 对 $\hat{Z}_\gamma$ 和 $\hat{Z}_\perp$ 回归后得到的残差平方和。则利用 2SLS 估计，通过最小化 $S_n(\gamma)$ 即可得到门槛值估计值 $\hat{\gamma}$：

$$\hat{\gamma}=\arg\min_{\rho\in\Gamma}S_n(\gamma)$$

在估计之后，可进一步对门槛估计值进行假设检验，原假设为 H_0：$\gamma=\gamma_0$。Caner 和 Hansen（2004）根据 Hansen（2000a）构造的似然比统计量为

$$\mathrm{LR}_n(\gamma)=n\frac{S_n(\gamma)-S_n(\hat{\gamma})}{S_n(\hat{\gamma})}$$

4.4.4 斜率系数的估计

对给定的门槛估计值 $\hat{\gamma}$，根据 $1(q_i\leqslant\hat{\gamma})$ 和 $1(q_i>\hat{\gamma})$ 可将原样本分割为两个子样本。对子样本分别进行 2SLS 估计或 GMM 估计即可得到斜率系数 θ_1 和 θ_1 的估计值。

令 $\hat{\boldsymbol{X}}_1$、$\hat{\boldsymbol{X}}_2$、$\hat{\boldsymbol{Z}}_1$ 和 $\hat{\boldsymbol{Z}}_2$ 分别表示向量 $\boldsymbol{x}_i'1(q_i\leqslant\hat{\gamma})$、$\boldsymbol{x}_i'1(q_i>\hat{\gamma})$、$\boldsymbol{z}_i'1(q_i\leqslant\hat{\gamma})$ 和 $\boldsymbol{z}_i'1(q_i>\hat{\gamma})$，则 θ_1 和 θ_1 的 2SLS 估计量为

$$\tilde{\theta}_1=[\hat{\boldsymbol{Z}}_1'\hat{\boldsymbol{X}}_1(\hat{\boldsymbol{X}}_1'\hat{\boldsymbol{X}}_1)^{-1}\hat{\boldsymbol{X}}_1'\hat{\boldsymbol{Z}}_1]^{-1}[\hat{\boldsymbol{Z}}_1'\hat{\boldsymbol{X}}_1(\hat{\boldsymbol{X}}_1'\hat{\boldsymbol{X}}_1)^{-1}\hat{\boldsymbol{X}}_1'Y]$$

$$\tilde{\theta}_2=[\hat{\boldsymbol{Z}}_2'\hat{\boldsymbol{X}}_2(\hat{\boldsymbol{X}}_2'\hat{\boldsymbol{X}}_2)^{-1}\hat{\boldsymbol{X}}_2'\hat{\boldsymbol{Z}}_2]^{-1}[\hat{\boldsymbol{Z}}_2'\hat{\boldsymbol{X}}_2(\hat{\boldsymbol{X}}_2'\hat{\boldsymbol{X}}_2)^{-1}\hat{\boldsymbol{X}}_2'Y]$$

由上式得到的残差为

$$\tilde{e}_i=y_i-\boldsymbol{z}_i'\tilde{\theta}_1 1(q_i\leqslant\hat{\gamma})-\boldsymbol{z}_i'\tilde{\theta}_2 1(q_i>\hat{\gamma})$$

构造如下权重矩阵：

$$\tilde{\boldsymbol{\Omega}}_1=\sum_{i=1}^{n}\boldsymbol{x}_i\boldsymbol{x}_i'\tilde{e}_i^2 1(q_i\leqslant\hat{\gamma})$$

$$\tilde{\boldsymbol{\Omega}}_2=\sum_{i=1}^{n}\boldsymbol{x}_i\boldsymbol{x}_i'\tilde{e}_i^2 1(q_i>\hat{\gamma})$$

则 θ_1 和 θ_2 的 GMM 估计量为

$$\hat{\theta}_1=(\hat{\boldsymbol{Z}}_1'\hat{\boldsymbol{X}}_1\tilde{\Omega}_1^{-1}\hat{\boldsymbol{X}}_1'\hat{\boldsymbol{Z}}_1)^{-1}(\hat{\boldsymbol{Z}}_1'\hat{\boldsymbol{X}}_1\tilde{\Omega}_1^{-1}\hat{\boldsymbol{X}}_1'Y) \tag{4.57}$$

$$\hat{\theta}_2=(\hat{\boldsymbol{Z}}_2'\hat{\boldsymbol{X}}_2\tilde{\Omega}_2^{-1}\hat{\boldsymbol{X}}_2'\hat{\boldsymbol{Z}}_2)^{-1}(\hat{\boldsymbol{Z}}_2'\hat{\boldsymbol{X}}_2\tilde{\Omega}_2^{-1}\hat{\boldsymbol{X}}_2'Y) \tag{4.58}$$

上述 GMM 估计量的方差协方差矩阵的估计值为

$$\hat{V}_1=\hat{\boldsymbol{Z}}_1'\hat{\boldsymbol{X}}_1\tilde{\Omega}_1^{-1}\hat{\boldsymbol{X}}_1'\hat{\boldsymbol{Z}}_1 \tag{4.59}$$

$$\hat{V}_2=\hat{\boldsymbol{Z}}_2'\hat{\boldsymbol{X}}_2\tilde{\Omega}_2^{-1}\hat{\boldsymbol{X}}_2'\hat{\boldsymbol{Z}}_2 \tag{4.60}$$

4.4.5 渐近理论

1. 前提条件

定义

$$M(\gamma)=E[\boldsymbol{g}_i\boldsymbol{g}_i'1(q_i\leqslant\gamma)]$$

$$D_1(\gamma)=E(\boldsymbol{g}_i\boldsymbol{g}_i'|q_i=\gamma)$$

$$D_2(\gamma)=E(\boldsymbol{g}_i\boldsymbol{g}_i'v_i^2|q_i=\gamma)$$

令 $f(q)$ 表示 q_i 的密度函数，γ_0 表示 γ 的真实值，$D_1=D_1(\gamma_0)$，$D_2=D_2(\gamma_0)$，$f=f(\gamma_0)$，$M=E(\boldsymbol{g}_i\boldsymbol{g}_i')$。

假定 1

1）$(\boldsymbol{x}_i,\boldsymbol{g}_i,e_i,u_i)$ 具有严格平稳性、遍历性和 ρ-混合性（ρ-mixing），且 ρ-混合性参数满足 $\sum_{m=1}^{\infty}\rho_m^{1/2}<\infty$；

2）$E(e_i|\Im_{i-1})=0$；

3）$E(u_i|\Im_{i-1})=0$；

4）$E|\boldsymbol{g}_i|^4<\infty$ 且 $E|\boldsymbol{g}_i v_i|^4<\infty$；

5）对所有 $\gamma\in\Gamma$，$E(|\boldsymbol{g}_i|^4 v_i^4|q_i=\gamma)\leqslant C$ 和 $E(|\boldsymbol{g}_i|^4|q_i=\gamma)\leqslant C$ 对某些 $C<\infty$ 成立；

6）对所有 $\gamma\in\Gamma$，有 $f(\gamma)\leqslant\bar{f}<\infty$；

7）$f(\gamma)$、$D_1(\gamma)$ 和 $D_2(\gamma)$ 在 $\gamma=\gamma_0$ 连续；

8）$\delta_n=\theta_1-\theta_2=cn^{-\alpha}(c\neq 0\text{且}0<\alpha<1/2)$；

9）$c'D_1c>0$，$c'D_2c>0$，$f>0$；

10）$M>M(\gamma)>0$ 对所有 $\gamma\in\Gamma$ 都成立。

假定 1 中 1）与时间序列的应用有关，勉强满足了相互独立的观察值。平稳性假设排除了时间趋势和协整过程。ρ-混合性假定控制了时间序列依赖程度，它比均匀混合性（uniform mixing）弱，但比强混合性（strong mixing）强。它灵活地包含了许多非线性时间序列过程，如门槛自回归。假定 1 中 2）和 3）强调需要正确设定结构方程和简化型中的条件均值。假定 1 中 4）和 5）分别为无条件和有条件的矩边界。假定 1 中 6）和 7）要求门槛变量的分布连续，实质上要求条件方差 $E(v_i^2|q_i=\gamma)$ 在 γ_0 连续，这排除了区制依赖异方差（regime-dependent heteroskedasticity）。假定 1 中 8）为小门槛效应假定，它指定随着样本增加，不同区制间的回归斜率差异会减小。参数 α 控制着 δ_n 减小至零的速度。假定 1 中 9）是非退化渐近分布所需要的满秩条件。假定 1 中 10）是一个传统的满秩条件，排除了多重共线性。

Caner 和 Hansen（2004）要求简化型预测值具有一致性。令 $\hat{\boldsymbol{r}}_i=\boldsymbol{g}_i-\hat{\boldsymbol{g}}_i$ 表示简化型模型估计的误差估计值。令 $a_n=n^{1-2\alpha}$，再作如下假定：

假定 2　令 $H_i=\{\boldsymbol{g}_i,v_i,\hat{\boldsymbol{r}}_i\}$，

第一，

$$\operatorname*{Sup}_{\gamma\in\Gamma}\left|\frac{1}{\sqrt{n}}\sum_{i=1}^{n}H_i\hat{\boldsymbol{r}}_i'1(q_i\leqslant\gamma)\right|=O_p(1)\tag{4.61}$$

第二，存在 $0<B<\infty$ 使得对所有 $\varepsilon>0$ 和 $\delta>0$，有 $\bar{v}<\infty$ 和 $\bar{n}<\infty$ 使得对所有 $n<\bar{n}$，

$$p\left(\operatorname*{Sup}_{\frac{\bar{v}}{a_n}\leqslant|\gamma-\gamma_0|\leqslant B}\left|\frac{\sum_{i=1}^{n}H_i\hat{\boldsymbol{r}}_i'1(q_i\leqslant\gamma)-1(q_i\leqslant\gamma_0)}{n^{1-\alpha}|\gamma-\gamma_0|}\right|>\delta\right)<\varepsilon\tag{4.62}$$

第三，

$$\operatorname*{Sup}_{|v|\leqslant\bar{v}}n^{-\alpha}\left|\sum_{i=1}^{n}H_i\hat{\boldsymbol{r}}_i'[1(q_i\leqslant\gamma_0+v/a_n)-1(q_i\leqslant\gamma_0)]\right|\xrightarrow{p}0\tag{4.63}$$

Caner 和 Hansen（2004）证明了对简化型线性模型（4.54）和简化型门槛回归模型（4.55），都有式（4.61）成立，其证明如下：

在简化型线性模型（4.54）中有

$$\hat{r}_i = (\Pi - \hat{\Pi})x_i ,$$

$$\sqrt{n}(\Pi - \hat{\Pi}) = O_p(1) \tag{4.64}$$

在简化型门槛回归模型（4.55）中，令 ρ_0 表示 ρ 的真实值，$\Delta_i(\rho) = 1(q_i \leqslant \rho) - 1(q_i \leqslant \rho_0)$ 那么

$$\begin{aligned}\hat{\boldsymbol{r}}_i &= (\Pi_1 - \hat{\Pi}_1)\boldsymbol{x}_i 1(q_i \leqslant \rho_0) + (\Pi_2 - \hat{\Pi}_2)\boldsymbol{x}_i 1(q_i > \rho_0) \\ &\quad - (\hat{\Pi}_1 - \hat{\Pi}_2)\boldsymbol{x}_i[1(q_i \leqslant \hat{\rho}) - 1(q_i \leqslant \rho_0)] \\ &= (\Pi_1 - \hat{\Pi}_1)\boldsymbol{x}_i 1(q_i \leqslant \rho_0) + (\Pi_2 - \hat{\Pi}_2)\boldsymbol{x}_i 1(q_i > \rho_0) + (\hat{\Pi}_2 - \hat{\Pi}_1)\boldsymbol{x}_i \Delta_i(\hat{\rho})\end{aligned} \tag{4.65}$$

Chan（1993）证明下列等式成立

$$\sqrt{n}(\Pi_1 - \hat{\Pi}_1) = O_p(1) \tag{4.66}$$

$$\sqrt{n}(\Pi_2 - \hat{\Pi}_2) = O_p(1) \tag{4.67}$$

$$\hat{\Pi}_2 - \hat{\Pi}_1 = O_p(1) \tag{4.68}$$

$$n(\hat{\rho} - \rho_0) = O_p(1) \tag{4.69}$$

所以，对简化型线性模型（4.54）

$$\left| \frac{1}{\sqrt{n}} \sum_{i=1}^{n} H_i \hat{\boldsymbol{r}}_i' 1(q_i \leqslant \gamma) \right| \leqslant \frac{1}{n} \sum_{i=1}^{n} \left| H_i \boldsymbol{x}_i' \right| \left| \Pi - \hat{\Pi} \right| \sqrt{n} = O_p(1)$$

对简化型门槛回归模型（4.55），Chan（1993）证明了

$$\left| \sum_{i=1}^{n} H_i \boldsymbol{x}_i' 1(q_i \leqslant \gamma) \Delta_i(\hat{\rho}) \right| \leqslant \sum_{i=1}^{n} \left| H_i \boldsymbol{x}_i' \right| \left| \Delta_i(\hat{\rho}) \right| = O_p(1)$$

结合该式与（4.68），可得

$$\begin{aligned}\left| \frac{1}{\sqrt{n}} \sum_{i=1}^{n} H_i \hat{\boldsymbol{r}}_i' 1(q_i \leqslant \gamma) \right| &\leqslant \frac{1}{n} \sum_{i=1}^{n} \left| H_i \boldsymbol{x}_i' \right| \sqrt{n} (| \Pi_1 - \hat{\Pi}_1 | + | \Pi_2 - \hat{\Pi}_2 |) \\ &\quad + \frac{1}{\sqrt{n}} \sum_{i=1}^{n} \left| H_i \boldsymbol{x}_i' \right| \left| \Delta_i(\hat{\rho}) \right| \left| \hat{\Pi}_2 - \hat{\Pi}_1 \right| \\ &= O_p(1)\end{aligned}$$

因此，对简化型线性模型（4.54）和简化型门槛回归模型（4.55），都有式（4.61）成立。此处省略式（4.62）和式（4.63）的证明，读者如有兴趣可参考 Caner 和 Hansen（2004）。

2. 门槛估计值的渐近分布

实线上的双边布朗运动 $W(r)$ 可定义为

$$W(r) = \begin{cases} W_1(-r), & r < 0 \\ 0, & r = 0 \\ W_2(r), & r > 0 \end{cases}$$

其中，$W_1(r)$ 和 $W_2(r)$ 为 $[0,1)$ 上独立的标准布朗运动。

Caner 和 Hansen（2004）证明了定理 1 和定理 2 成立。

定理 1　在假定 1 和假定 2 下，$n^{1-2\alpha}(\hat{\gamma}-\gamma_0)\xrightarrow{d}\omega T$，其中，$\omega=\dfrac{c'D_2c}{(c'D_1c)^2 f}$。

$$T=\underset{-\infty<r<\infty}{\arg\max}\left(-\frac{1}{2}|r|+W(r)\right)$$

定理 1 给出了门槛估计值 $\hat{\gamma}$ 的收敛速率 $n^{1-2\alpha}$ 和渐近分布。

小门槛效应假定 $\delta_n=\theta_1-\theta_2=cn^{-\alpha}$ 意味着当 $n\to\infty$ 时，$\delta_n\to 0$。反之，若假定 $\delta_n\neq 0$ 且固定，则 $\hat{\gamma}$ 的收敛率是 $O(n^{-1})$（Chan，1993）。但 $n(\hat{\gamma}-\gamma_0)$ 的渐近分布不仅复杂而且无益于 γ 的推论。因此，在小门槛效应假定下，Hansen（2000a）、Caner 和 Hansen（2004）将 $\hat{\gamma}$ 的收敛率减小为 $n^{1-2\alpha}$，这有利于简化抽样分布。

直观上，随着 α 的增大，门槛效应会减小，关于门槛值 γ 的样本信息也会减少，导致门槛估计值 $\hat{\gamma}$ 的精确度下降。值得注意的是，由于采用了简化型模型，比率 ω（与精确度成反比）与 v_i 的方差成正比，而不是与 e_i 成正比，类似地，ω 与矩阵 $\boldsymbol{E}(g_ig_i'|q_i=\gamma_0)$ 成反比，而不是与 $\boldsymbol{E}(\boldsymbol{z}_i\boldsymbol{z}_i'|q_i=\gamma_0)$ 成反比。

若条件同方差假设 $\boldsymbol{E}(v_i^2|q_i)=\sigma_v^2$ 成立，则 $D_2(\gamma)=\boldsymbol{E}(\boldsymbol{g}_i\boldsymbol{g}_i'v_i^2|q_i=\gamma)=\sigma_v^2D_1(\gamma)$，所以 ω 可简化为

$$\omega=\frac{\sigma_v^2}{c'D_1cf}$$

当 ω 较小时，$\hat{\gamma}$ 的渐近分布会更不分散，这出现在几种情况下：① σ_v^2 较小时；② $f=f(\gamma_0)$ 较大时，即有许多观察值在门槛附近；③ $|c|$ 较大时，这意味着门槛效应较大。

T 的分布函数是已知的（Bhattacharya and Brockwell，1976）。令 $\Phi(x)$ 表示累积标准正态分布函数，则对 $x\geqslant 0$，

$$P(T\leqslant x)=1+\sqrt{\frac{x}{2\pi}}\exp\left(-\frac{x}{8}\right)+\frac{3}{2}\exp(x)\Phi\left(-\frac{3\sqrt{x}}{2}\right)-\left(\frac{x+5}{2}\right)\Phi\left(-\frac{\sqrt{x}}{2}\right)$$

且对 $x<0$，$P(T\leqslant x)=1-P(T\leqslant -x)$。

定理 2　在假定 1 和假定 2 下，$\mathrm{LR}_n(\gamma_0)\xrightarrow{d}\eta^2\xi$，其中，$\xi=\underset{r\in R}{\mathrm{Sup}}[-|r|+2W(r)]$，$\eta^2=\dfrac{c'D_2c}{\sigma_v^2c'D_1c}$

ξ 的分布函数为 $P(\xi\leqslant x)=(1-\mathrm{e}^{-x/2})^2$

若误差 v_i 满足同方差假设，则 $\eta^2=1$，否则，需要对 η^2 进行估计（Hansen，2000a）。似然比统计量 $\mathrm{LR}_n(\gamma_0)$ 的渐近分布虽然是不标准分布，但可以免于冗余参数的影响，使检验和置信区间的构造变得相对简便。

根据分布函数容易推导出似然比检验的渐近 P 值，即

$$P_n=1-\left\{1-\exp\left[-\frac{1}{2}\mathrm{LR}_n(\gamma_0)\right]\right\}^2$$

临界值可以通过计算分布函数的反函数得到，所以对原假设 H_0：$\gamma=\gamma_0$，当预先设定的渐近显著性水平为 a 时，拒绝域为 $LR_n(\gamma_0)>c_\xi(1-a)$，其中 $c_\xi(z)=-2\ln(1-\sqrt{z})$。

3. 置信区间的构造

构建置信区间的常用方法是通过 Wald 统计量和 t 的反函数。按照这种方法构建 γ 的置信区间会涉及定理 1 中 T 的分布和参数 ω 的估计值。T 是参数独立的，而 ω 是 δ_n 的一个函数，也是 γ_0 的一个间接函数[通过 $D(\gamma_0)$]。当渐近抽样分布依赖于未知参数时，Wald 统计量的有限样本性质很差。Dufour（1997）认为当参数在某个区域无法识别时，Wald 统计量的抽样分布性质特别差。门槛回归模型恰好是其中一例，因为当 $\delta_n=0$ 时，门槛参数 γ 无法识别。鉴于此，Hansen（2000a）构建了基于似然比统计量 $LR_n(\gamma)$ 的置信区间。

令 C 表示预期的渐近置信水平，令 $c=c_\xi(C)$ 表示 ξ 在置信水平为 C 时的临界值。设定

$$\hat{\Gamma}=\{\gamma：\ LR_n(\gamma)\leqslant c\}$$

定理 2 表明，在同方差条件下，当 $n\to\infty$ 时，$P(\gamma_0\in\hat{\Gamma})\to C$。因此，$\hat{\Gamma}$ 是 γ 的一个渐近 C 置信水平的置信区间。

对异方差情况，Hansen（2000a）定义了一个按比例缩小的似然比统计量：

$$LR_n^*(\gamma)=\frac{LR_n(\gamma)}{\hat{\eta}^2}=\frac{S_n(\gamma)-S_n(\hat{\gamma})}{\hat{\sigma}^2\hat{\eta}^2}$$

则改进后的置信区间为

$$\hat{\Gamma}^*=\{\gamma：\ LR_n^*(\gamma)\leqslant c\}$$

由于 $\hat{\eta}^2$ 是 η^2 的一致性估计，无论同方差假设是否成立，当 $n\to\infty$ 时，都有 $P(\gamma_0\in\hat{\Gamma}^*)\to C$，$\hat{\Gamma}^*$ 是 γ 的一个异方差稳健的渐近 C 置信水平的置信区间。

4. 斜率估计值的渐近分布

Caner 和 Hansen（2004）证明，在假定 1 和假定 2 下，2SLS 斜率估计量的渐近分布为

$$n^{1/2}(\tilde{\theta}_1-\theta_1)\xrightarrow{d}N(0,V_1^{2SLS})$$

$$n^{1/2}(\tilde{\theta}_2-\theta_2)\xrightarrow{d}N(0,V_2^{2SLS})$$

其中，

$$V_1^{2SLS}=(R_1'Q_1^{-1}R_1)^{-1}R_1'Q_1^{-1}\Omega_1^{-1}Q_1^{-1}R_1(R_1'Q_1^{-1}R_1)^{-1}$$

$$V_2^{2SLS}=(R_2'Q_2^{-1}R_2)^{-1}R_2'Q_2^{-1}\Omega_2^{-1}Q_2^{-1}R_2(R_2'Q_2^{-1}R_2)^{-1}$$

$$Q_1=E[\boldsymbol{x}_i\boldsymbol{x}_i'1(q_i\leqslant\gamma_0)]$$

$$Q_2=E[\boldsymbol{x}_i\boldsymbol{x}_i'1(q_i>\gamma_0)]$$

$$R_1=E[\boldsymbol{x}_i\boldsymbol{z}_i'1(q_i\leqslant\gamma_0)]$$

$$R_2=E[\boldsymbol{x}_i\boldsymbol{z}_i'1(q_i>\gamma_0)]$$

$$\Omega_1=E[\boldsymbol{x}_i\boldsymbol{x}_i'e_i^2 1(q_i\leqslant\gamma_0)]$$

$$\Omega_2=E[\boldsymbol{x}_i\boldsymbol{x}_i'e_i^2 1(q_i>\gamma_0)]$$

GMM 斜率估计量的渐近分布为

$$n^{1/2}(\hat{\theta}_1-\theta_1)\xrightarrow{d}N(0,V_1)$$
$$n^{1/2}(\hat{\theta}_2-\theta_2)\xrightarrow{d}N(0,V_2)$$

其中，$V_1=(R_1'\Omega_1^{-1}R_1)^{-1}$，$V_2=(R_2'\Omega_2^{-1}R_2)^{-1}$。

5. 门槛效应检验

在模型（4.48）中，不存在门槛效应的假设可表示为

$$\mathrm{H}_0:\ \theta_1=\theta_2$$

为了对 H_0 进行检验，Caner 和 Hansen（2004）对 Davies（1977）中的 Sup test（即上确界检验）进行了扩展。

统计量的构建过程如下：第一步，将 γ 固定在 $\gamma\in\Gamma$ 中的任一值，在矩条件 $E[x_ie_i1(q_i\leqslant\gamma)]=0$ 和 $E[x_ie_i1(q_i>\gamma)]=0$ 下，对模型（4.48）进行 GMM 估计。这些估计量的形式形如式（4.57）和式（4.58），只是它们是将门槛值固定在任一 γ 而不是 $\hat{\gamma}$ 下估计得到的。相应地，估计出的方差协方差形式形如式（4.59）和式（4.60），但不是在 $\hat{\gamma}$ 下估计得到的。对任一固定的 γ，检验 H_0 的 Wald 统计量为

$$W_n(\gamma)=[\hat{\theta}_1(\gamma)-\hat{\theta}_2(\gamma)]'[\hat{V}_1(\gamma)+\hat{V}_2(\gamma)]^{-1}[\hat{\theta}_1(\gamma)-\hat{\theta}_2(\gamma)]$$

对所有 $\gamma\in\Gamma$ 重复上述步骤，则 Davies 上确界统计量（sup statistic）为上述所有统计量中的最大值，即

$$\mathrm{Sup}W=\mathop{\mathrm{Sup}}_{\gamma\in\Gamma}W_n(\gamma)$$

定义

$$\Omega_1(\gamma)=E[\boldsymbol{x}_i\boldsymbol{x}_i'e_i^2 1(q_i\leqslant\gamma)]$$
$$Q_1(\gamma)=E[\boldsymbol{x}_i\boldsymbol{z}_i'1(q_i\leqslant\gamma)]$$
$$V_1(\gamma)=[Q_1(\gamma)'\Omega_1(\gamma)^{-1}Q_1(\gamma)]^{-1}$$
$$\Omega_2(\gamma)=E[\boldsymbol{x}_i\boldsymbol{x}_i'e_i^2 1(q_i>\gamma)]$$
$$Q_2(\gamma)=E[\boldsymbol{x}_i\boldsymbol{z}_i'1(q_i>\gamma)]$$
$$V_2(\gamma)=[Q_2(\gamma)'\Omega_2(\gamma)^{-1}Q_2(\gamma)]^{-1}$$

令 $S_1(\gamma)$ 为一个均值为零、协方差核为 $E[S_1(\gamma)S_2(\gamma)']=\Omega(\gamma_1\Lambda\gamma_2)$ 的高斯过程，令 $S=\mathop{p\lim}_{\gamma\in\infty}S_1(\gamma)$，$S_2(\gamma)=S-S_1(\gamma)$。根据 Davies（1977）、Andrews 和 Ploberger（1994）及 Hansen（1996）的分析，Caner 和 Hansen（2004）证明了在假定 1 和原假设 H_0：$\theta_1=\theta_2$ 下，$\mathrm{Sup}W$ 的渐近分布为

$$\mathrm{Sup}W\xrightarrow{d}\mathop{\mathrm{Sup}}_{\gamma\in\Gamma}[S_1(\gamma)'\Omega_1(\gamma)^{-1}Q_1(\gamma)V_1(\gamma)-S_2(\gamma)'\Omega_2(\gamma)^{-1}Q_2(\gamma)V_2(\gamma)][V_1(\gamma)+V_2(\gamma)]^{-1}$$
$$\cdot[V_1(\gamma)Q_1(\gamma)'\Omega_1(\gamma)^{-1}S_1(\gamma)-V_2(\gamma)Q_2(\gamma)'\Omega_2(\gamma)^{-1}S_2(\gamma)]$$

由于在零假设下参数 γ 不可识别，上述渐近分布不是标准的卡方分布，但可写成卡方过程的上确界，且容易通过仿真模拟计算得到。定义一个伪因变量（pseudo dependent variable）$y_i^*=\hat{e}_i(\gamma)\eta_i$，其中，$\hat{e}_i(\gamma)$ 是在每个 γ 下对无约束模型进行估计所得的残差估计值，η_i 独立同分布，即 $\eta_i\sim\mathrm{IID}N(0,1)$。用伪因变量 y_i^* 替代 y_i 重复上述计算，则所得统计

量 $\mathrm{Sup}W^*$ 与 $\mathrm{Sup}W$ 有相同的渐近分布。因此，通过重复仿真模拟可以在任意精确度下计算出统计量 $\mathrm{Sup}W$ 的渐近 P 值。

4.5 面板平滑转换回归模型

4.5.1 PSTR 模型简介

PSTR 模型是一个含有外生解释变量的固定效应模型。最基本的两区制 PSTR 模型可设定为

$$y_{it}=\mu_i+\beta_0'\boldsymbol{x}_{it}+\beta_1'\boldsymbol{x}_{it}g(q_{it};\gamma,c)+u_{it} \tag{4.70}$$

$$i=1,2,\cdots,N\text{，}\quad t=1,2,\cdots,T$$

式中，N 和 T 分别为面板数据中的截面数量和时间维度；被解释变量 y_{it} 为一个标量；$\boldsymbol{x}_{it}$ 为外生变量组成的 K 维向量；μ_i 为个体固定效应；u_{it} 为误差项；q_{it} 为转换变量，$g(q_{it};\gamma,c)$ 为 q_{it} 的一个连续函数，其取值范围为 $[0,1]$，当转换函数取两个极端值时，对应的回归系数分别为 β_0 和 $\beta_0+\beta_1$。q_{it} 的值决定了 $g(q_{it};\gamma,c)$ 的取值，因此，也决定了个体 i 在时间 t 的回归系数 $\beta_0+\beta_1 g(q_{it};\gamma,c)$。González 等（2005）采用的转换函数为 Logistic 函数：

$$g(q_{it};\gamma,\boldsymbol{c})=\left\{1+\exp\left[-\gamma\prod_{j=1}^{m}(q_{it}-c_j)\right]\right\}^{-1}\text{，}\quad \gamma>0\text{，}\quad c_1\leqslant c_2\leqslant\cdots\leqslant c_m \tag{4.71}$$

式中，$\boldsymbol{c}=(c_1,c_2,\cdots,c_m)'$ 为位置参数 m 维向量，斜率参数 γ 决定转换的平滑度。限制条件 $\gamma>0$ 和 $c_1\leqslant c_2\leqslant\cdots\leqslant c_m$ 保证了模型能够被识别。实际上，考虑 $m=1$ 和 $m=2$ 就已足够。当 $m=1$ 时，系数随着转换变量 q_{it} 的增加在 $\beta_0\sim\beta_0+\beta_1$ 单调变换，模型描述了从一种区制到另一种区制的平滑转换过程，模型参数围绕 c_1 变化。当 $\gamma\to\infty$ 时，$g(q_{it};\gamma,c)$ 变成一个指示函数 $I(q_{it}>c_1)$，当 $q_{it}>c_1$ 时，$I(q_{it}>c_1)$ 取值为 1，否则为 0。在这种情况下，式（4.70）中的 PSTR 模型就成了 Hansen（1999a）提出的两区制面板门槛模型。

当 $m=2$ 时，转换函数在 $(c_1+c_2)/2$ 处有最小值，且在 q_{it} 较低或较高时取值均为 1。当 $\gamma\to\infty$ 时，模型变为一个三区制的门槛模型，且其外区制是相同的，但与中间区制不同。所以在通常情况下，当 $m>1$，$\gamma\to\infty$ 时，模型依旧具有两个不同的区制。此外，对任意的 m，当 $\gamma\to 0$ 时，转换函数式（4.71）变为常数，此时模型变为具有固定效应的同质或线性面板回归模型。

两区制的 PSTR 模型可扩展为如下多区制的 PSTR 模型：

$$y_{it}=\mu_i+\beta_0'\boldsymbol{x}_{it}+\sum_{j=1}^{r}\beta_j'\boldsymbol{x}_{it}g_j(q_{it}^{(j)};\gamma_j,c_j)+u_{it} \tag{4.72}$$

式中，转换函数 $g_j(q_{it}^{(j)};\gamma_j,c_j)$，$j=1,2,\cdots,r$ 就是式（4.71）所示的 Logistic 函数形式。如果 $m=1$，$q_{it}^{(j)}=q_{it}$，且对所有的 $j=1,2,\cdots,r$ 有 $\gamma_j\to\infty$，则模型（4.72）变为一个 $(r+1)$ 区制的面板门槛回归模型。因此，该模型可看作广义的 Hansen（1999a）多区制面板门槛模型。$r=1$、$m=1$ 或 $m=2$ 的两区制 PSTR 模型（4.70）是应用比较广泛的模型，而模型（4.72）

在模型估计的评估中起着重要作用，尤其对无剩余异质性（no remaining heterogeneity）的诊断性检验。

4.5.2 同质性检验

当数据具有同质性时，PSTR 模型不能被识别。因此，在建立模型之前有必要对模型进行同质性检验。

PSTR 模型（4.70）具有同质性的原假设可设定为 H_0: $\gamma=0$ 或 H_0': $\beta_1=0$。在两个原假设下，PSTR 模型均包含不能识别的参数。因此，Gonzalez 等（2005）参照 Luukkonen 等（1988）的做法，使用原假设 H_0: $\gamma=0$。为规避识别问题，采用 $g(q_{it};\gamma,c)$ 在 $\gamma=0$ 处的一阶泰勒展开式对其进行替代，重新参数化后得到如下辅助回归方程：

$$y_{it}=\mu_i+\beta_0'^{*}\boldsymbol{x}_{it}+\beta_1'^{*}\boldsymbol{x}_{it}q_{it}+\cdots+\beta_m'^{*}\boldsymbol{x}_{it}q_{it}^m+u_{it}^* \tag{4.73}$$

式中，$\beta_0^*,\beta_1^*,\cdots,\beta_m^*$ 为 γ 与常量的乘积；$u_{it}^*=u_{it}+R_m\beta_1'\boldsymbol{x}_{it}$，$R_m$ 为泰勒展开式的剩余项。所以，检验式（4.70）中的原假设 H_0: $\gamma=0$ 等同于检验式（4.73）中的原假设 H_0^*: $\beta_1^*=\cdots=\beta_m^*=0$。注意到在原假设下，$\{u_{it}^*\}=\{u_{it}\}$，所以进行泰勒展开的近似处理不影响渐近分布。对原假设的检验可通过一个 LM 检验来完成，为了定义 LM 统计量，将式（4.73）写成矩阵形式：

$$\boldsymbol{y}=\boldsymbol{D}_\mu\boldsymbol{\mu}+\boldsymbol{X}\beta+\boldsymbol{W}\beta^*+\boldsymbol{u}^* \tag{4.74}$$

式中，$\boldsymbol{y}=(y_1',y_2',\cdots,y_N')'$；$\boldsymbol{y}_i=(y_{i1},y_{i2},\cdots,y_{iT})'$，$i=1,2,\cdots,N$；$\boldsymbol{D}_\mu=(\boldsymbol{I}_N\otimes\boldsymbol{\tau}_T)$，$\boldsymbol{I}_N$ 为一个 N 维的单位矩阵，$\boldsymbol{\tau}_T$ 为一个 $T\times1$ 的单位向量，$\otimes$ 表示克罗内克积，$\boldsymbol{\mu}=(\mu_1,\mu_2,\cdots,\mu_N)'$；$\boldsymbol{X}=(X_1',X_2',\cdots,X_N')$，$\boldsymbol{X}_i=(x_{i1}',x_{i2}',\cdots,x_{iT}')'$；$\boldsymbol{W}=(W_1',W_2',\cdots,W_N')$，$\boldsymbol{W}_i=(w_{i1}',w_{i2}',\cdots,w_{iT}')'$，$w_{it}=(x_{it}'q_{it},\cdots,x_{it}'q_{it}^m)'$；$\beta=\beta_0^*$，$\beta^*=(\beta_1^{*\prime},\beta_2^{*\prime},\cdots,\beta_m^{*\prime})'$；$\boldsymbol{u}^*=(u_1'^*,u_2'^*,\cdots,u_N'^*)'$ 为一个 $NT\times1$ 的向量，$\boldsymbol{u}_i^*=(u_{i1}^*,u_{i2}^*,\cdots,u_{iT}^*)'$。LM 检验统计量形如：

$$\mathrm{LM}_\chi=\hat{\boldsymbol{u}}^{0\prime}\tilde{W}\hat{\Sigma}^{-1}\tilde{W}'\hat{\boldsymbol{u}}^0 \tag{4.75}$$

式中，$\hat{\boldsymbol{u}}^0=(\hat{u}_1^{0\prime},\hat{u}_2^{0\prime},\cdots,\hat{u}_N^{0\prime})'$ 是在原假设下得到的残差向量。$\tilde{\boldsymbol{W}}=\boldsymbol{M}_\mu\boldsymbol{W}$，$\boldsymbol{M}_\mu=\boldsymbol{I}_{NT}-\boldsymbol{D}_\mu(\boldsymbol{D}_\mu'\boldsymbol{D}_\mu)^{-1}\boldsymbol{D}_\mu'$。$\hat{\Sigma}$ 是协方差矩阵的一致性估计量。当误差项同方差且服从相同分布时，$\hat{\Sigma}$ 为

$$\hat{\Sigma}^{ST}=\hat{\sigma}^2(\tilde{\boldsymbol{W}}'\tilde{\boldsymbol{W}}-\tilde{\boldsymbol{W}}'\tilde{\boldsymbol{X}}(\tilde{\boldsymbol{X}}'\tilde{\boldsymbol{X}})^{-1}\tilde{\boldsymbol{X}}'\tilde{\boldsymbol{W}}) \tag{4.76}$$

式中，$\tilde{\boldsymbol{X}}=\boldsymbol{M}_\mu\boldsymbol{X}$，$\hat{\sigma}^2$ 是原假设下误差项方差的估计量。当误差项异方差或自相关时，$\hat{\Sigma}$ 可表示为

$$\hat{\Sigma}^{HAC}=[-\tilde{\boldsymbol{W}}'\tilde{\boldsymbol{X}}(\tilde{\boldsymbol{X}}'\tilde{\boldsymbol{X}})^{-1}:\boldsymbol{I}_l]\hat{\Delta}[-\tilde{\boldsymbol{W}}'\tilde{\boldsymbol{X}}(\tilde{\boldsymbol{X}}'\tilde{\boldsymbol{X}})^{-1}:\boldsymbol{I}_l]' \tag{4.77}$$

式中，$\boldsymbol{I}_l$ 为 l 维的单位矩阵，$l=\dim(\boldsymbol{W})-\dim(\boldsymbol{X})=k(m-1)$；$\hat{\Delta}=\sum_{i=1}^{N}\tilde{Z}_i'\hat{u}_i^0\hat{u}_i^{0\prime}\tilde{Z}_i$，$\tilde{Z}_i=\boldsymbol{M}_\mu Z_i$，$Z_i=[\boldsymbol{X}_i,\boldsymbol{W}_i]$，$i=1,2,\cdots,N$。对固定的 T，当 $N\to\infty$ 时，式（4.77）中的估计量是一致的。在原假设下，LM_χ 统计量式（4.75）渐近服从 $\chi^2(mk)$ 分布，$\mathrm{LM}_F=\mathrm{LM}_\chi/mk$ 的渐近分布为 $F[mk,TN-N-m(k+1)]$。

同质性检验有两个用途。首先，该检验可用于为 PSTR 模型选择合适的转换变量 q_{it}。对一系列“候选”的转换变量执行该检验，其中对线性的拒绝性最强的变量被选为转换变量。其次，同质性检验也可用来确定 Logistic 转换函数式（4.71）中 m 的合适取值。对 $m=1$ 和 $m=2$ 的选择，González 等（2005）参照 Teräsvirta（1994）的研究，取 $m=3$ 作为初始值对辅助回归（4.73）进行如下序贯检验：

$$\begin{cases} \mathrm{H}_0^*:\ \beta_1^* = \beta_2^* = \beta_3^* = 0 \\ \mathrm{H}_{03}^*:\ \beta_3^* = 0 \\ \mathrm{H}_{02}^*:\ \beta_2^* = 0 \ \ / \ \ \beta_3^* = 0 \\ \mathrm{H}_{01}^*:\ \beta_1^* = 0 \ \ / \ \ \beta_2^* = \beta_3^* = 0 \end{cases}$$

先对原假设 H_0^*：$\beta_1^* = \beta_2^* = \beta_3^* = 0$ 进行检验，拒绝原假设时，即验证了模型的非线性，接着分别对 H_{03}^*、H_{02}^* 和 H_{01}^* 进行检验。如果对 H_{02}^* 的拒绝性最强，就选择 $m=2$，否则选择 $m=1$。

4.5.3 无剩余异质性检验

对两区制的 PSTR 模型（4.70）具有异质性的假定进行检验有多种方式。在 PSTR 框架下，一个很自然的想法就是采用 $r=2$ 的多区制 PSTR 模型（4.72）作为备选。因此：

$$y_{it} = \mu_i + \beta_0' \boldsymbol{x}_{it} + \beta_1' \boldsymbol{x}_{it} g_1(q_{it}^{(1)}; \gamma_1, c_1) + \beta_2' \boldsymbol{x}_{it} g_2(q_{it}^{(2)}; \gamma_2, c_2) + u_{it} \tag{4.78}$$

式中，转换变量 $q_{it}^{(1)}$ 和 $q_{it}^{(2)}$ 可能但不一定相同。两区制 PSTR 模型的无剩余异质性原假设可表示为 H_0：$\gamma_2 = 0$。该检验同样不可避免地遇到了原假设下参数不可识别的问题，采用 $g_2(q_{it}^{(2)}; \gamma_2, c_2)$ 在 $\gamma_2 = 0$ 处的一阶泰勒展开式对其进行替代，可规避识别问题。辅助回归为

$$y_{it} = \mu_i + \beta_0^{*\prime} \boldsymbol{x}_{it} + \beta_1' \boldsymbol{x}_{it} g_1(q_{it}^{(1)}; \hat{\gamma}_1, \hat{c}_1) + \beta_{21}^{*\prime} \boldsymbol{x}_{it} q_{it}^{(2)} + \cdots + \beta_{21}^{*\prime} \boldsymbol{x}_{it} q_{it}^{(2)m} + u_{it}^* \tag{4.79}$$

式中，$\hat{\gamma}_1$ 和 $\hat{c}_1$ 为原假设下的估计值。无剩余异质性的原假设可重新表述为 H_0^*：$\beta_{21}^* = \cdots = \beta_{2m}^* = 0$。

同质性检验和无剩余异质性检验为确定 PSTR 模型区制的合适数量提供了很好的铺垫，具体操作如下。

1）对线性（同质性）模型进行估计，然后在预先确定的显著性水平 α 下对模型进行同质性检验；

2）如果同质性假设被拒绝，则选择一个两区制的 PSTR 模型进行估计；

3）对模型进行无剩余异质性检验，如果在显著性水平 $\tau\alpha(0<\tau<1)$ 下拒绝原假设，则对 $r=2$ 的多区制 PSTR 模型进行估计；

4）继续重复上述操作，直到第一次接受无剩余异质性假设为止。

4.5.4 参数估计

通过减去个体均值消除个体效应。将模型（4.70）改写为

$$y_{it}=\mu_i+\boldsymbol{\beta}'\boldsymbol{x}_{it}(\gamma,c)+u_{it} \tag{4.80}$$

式中，$\boldsymbol{x}_{it}(\gamma,c)=[\boldsymbol{x}_{it}',\boldsymbol{x}_{it}'g(q_{it};\gamma,c)]'$，$\boldsymbol{\beta}=(\beta_0',\beta_1')'$，从（4.80）中减去个体均值，得到

$$\tilde{y}_{it}=\boldsymbol{\beta}'\tilde{\boldsymbol{x}}_{it}(\gamma,c)+\tilde{u}_{it} \tag{4.81}$$

其中，$\tilde{y}_{it}=y_{it}-\overline{y}_i$，$\tilde{\boldsymbol{x}}_{it}(\gamma,c)=[\boldsymbol{x}_{it}'-\overline{x}_i',\boldsymbol{x}_{it}'g(q_{it};\gamma,c)-\overline{w}_i'(\gamma,c)]'$，$\tilde{u}_{it}=u_{it}-\overline{u}_i$。$\overline{y}_i$、$\overline{x}_i$、$\overline{w}_i$ 和 $\overline{u}_i$ 为个体均值，$\overline{w}_i(\gamma,c)\equiv T^{-1}\sum_{t=1}^{T}\boldsymbol{x}_{it}g(q_{it};\gamma,c)$。因此，式（4.81）中的向量 $\tilde{\boldsymbol{x}}_{it}(\gamma,c)$ 同时通过水平项和个体均值受制于 γ 和 c。于是，在 NLS 最优化中，每次迭代均需对 $\tilde{\boldsymbol{x}}_{it}(\gamma,c)$ 进行重新计算。

由式（4.81）可知，当 γ 和 c 固定时，PSTR 模型中的参数 β 是线性的。因此，可采用 NLS 来求解参数 γ 和 c，即

$$Q^c(\gamma,c)=\underset{(\gamma,c)}{\arg\min}\sum_{i=1}^{N}\sum_{t=1}^{T}[\tilde{y}_{it}-\hat{\beta}(\gamma,c')\tilde{\boldsymbol{x}}_{it}(\gamma,c)]^2 \tag{4.82}$$

式中，$\hat{\beta}(\gamma,c)$ 通过在 NLS 最优化的每次迭代中对式（4.81）进行 OLS 估计得到。

在 PSTR 模型的估计中，值得特别注意的是初始值的选择。对平滑转换模型，常通过格点搜索（grid search）法来获取初始值，González 等（2005）通过模拟退火法选取初始值，该方法可优化初始值的相关性质。

4.6　面板数据门槛模型案例研究

4.6.1　人力资本视角下研究与开发投入对经济增长的门槛效应

1. 计量模型

为了研究在不同人力资本水平下，研究与开发（research and development，R&D）投入对经济增长的影响，以经济增长为被解释变量，以 R&D 投入水平为核心解释变量，以人力资本水平为门槛变量建立计量模型。因为劳动力和物质资本是经济增长所需的基本投入要素，贸易开放能扩大内需进而影响经济增长，城市化可通过对要素的再配置，加速资本积累，带动城市需求增加，从而影响经济增长（中国经济增长前沿课题组，2011）。因此，本节研究选取劳动力、物质资本、贸易开放程度和城市化率作为控制变量，采用 Hansen（1999a）提出的非动态面板门槛回归模型，建立如下门槛回归模型：

$$\ln \mathrm{gdp}_{it}=\mu_i+\beta_0\boldsymbol{x}_{it}+\beta_1\mathrm{RD}_{it}I(\mathrm{hc}_{it}\leqslant\gamma)+\beta_2\mathrm{RD}_{it}I(\mathrm{hc}_{it}>\gamma)+\varepsilon_{it}$$

式中，i、t 分别为地区、年份；$\boldsymbol{x}_{it}$ 为控制变量；RD_{it} 为核心解释变量；hc_{it} 为门槛变量；γ 为门槛值；ε_{it} 为随机扰动项，$\varepsilon_{it}\sim\mathrm{IID}(0,\delta^2)$；$\mu_i$ 为地区个体效应；β_0 为控制变量系数；β_1、β_2 为门槛变量在满足相应条件时，核心解释变量对被解释变量的回归系数。

2. 变量说明与数据来源

被解释变量：经济增长（lngdp），采用中国 31 个省（自治区、直辖市）（不包括香港、澳门、台湾地区）实际人均生产总值的对数来表示，实际人均生产总值以 2000 年为基期通过居民消费价格指数计算得到。

核心解释变量：R&D 投入水平（rd），张海英和周志刚（2014）认为，与实际 R&D 投入这一绝对指标相比，相对指标 R&D 强度能更好地反映一个国家或地区对科技创新投入的资金支持力度，因此，本节采用 R&D 强度来表示 R&D 投入水平。R&D 强度为 R&D 投入与地区生产总值的比值。由于该比值很小，本节在回归估计时使用百分点作为单位。

门槛变量：人力资本水平（hc），人力资本水平的测度方法有多种，考虑到数据可获得性与科学性，本节借鉴徐婧和孟娟（2015）的做法，采用 6 岁及以上人口平均受教育年数来表示，计算公式为 $\dfrac{0\times a+6\times b+9\times c+12\times d+16\times e}{a+b+c+d+e}$，统计的学历层次和相应的教育年数为：未上过学（0 年）、小学（6 年）、初中（9 年）、高中（12 年）、大专及以上（16 年），a、b、c、d、e 分别为各学历层次的人数。

控制变量：劳动力（lnl）采用年末从业人员数的对数来表示；物质资本（k）采用全社会固定资产实际投资额与实际生产总值的比值来表示，实际投资额、实际生产总值分别以 2000 年为基期通过相应价格指数折算得到；贸易开放程度（open）使用进出口总额与生产总值的比值来表示；城市化率（urban）用城镇人口占地区常住人口的比例来表示。

人均生产总值、地区生产总值和进出口总额数据来源于中国经济网，R&D 投入和城市化率数据来自前瞻网数据库，常住人口、6 岁及以上人口受教育程度数据、全社会固定资产投资总额和劳动力数据来自 2000～2014 年《中国统计年鉴》，所有缺失数据采用插值法补全。以上变量的描述性统计见表 4.1。

表 4.1　变量的描述性统计

变量	观察值个数/个	均值	标准差	最小值	最大值
经济增长	465	9.69	0.71	7.92	11.25
R&D 投入水平	465	1.19	1.02	0.12	6.28
人力资本水平	465	8.17	1.24	3.00	12.03
劳动力	465	16.65	0.92	14.03	18.01
物质资本	465	0.54	0.20	0.24	1.37
贸易开放程度	465	0.32	0.40	0.04	1.72
城市化率	465	0.47	0.16	0.19	0.90

3. 实证结果分析

（1）Hausman 检验

从表 4.2 可见，Hausman 检验的 P 值为 0.0000，因此，可在 1%的显著性水平下拒绝原假设，选择固定效应模型。

表 4.2　Hausman 检验结果

χ^2	$P>\chi^2$
55.10	0.0000

（2）门槛效应检验

从表 4.3 可看出，R&D 投入与经济增长在 10%的显著性水平上通过了单一门槛效应检验，这说明两者之间存在基于人力资本的单一门槛效应。

表 4.3　门槛效应检验

门槛效应类型	F 值	P 值	临界值		
			10%	5%	1%
单一门槛效应	35.01*	0.0695	30.9897	39.4509	63.2069
双重门槛效应	25.82	0.1225	27.5963	32.5744	55.0606
三重门槛效应	22.95	0.6310	51.3746	58.1669	73.0061

*表示通过 10%的显著性检验

表 4.4 给出了门槛估计值及其置信区间，门槛估计值均落在 95%置信区间内，在 5%的显著性水平上通过了真实性检验。图 4.1 中的 LR 图清晰地显示了门槛值与其置信区间。

表 4.4　门槛估计值与置信区间

门槛估计值	95%置信区间
8.1115	[7.9532，8.1236]

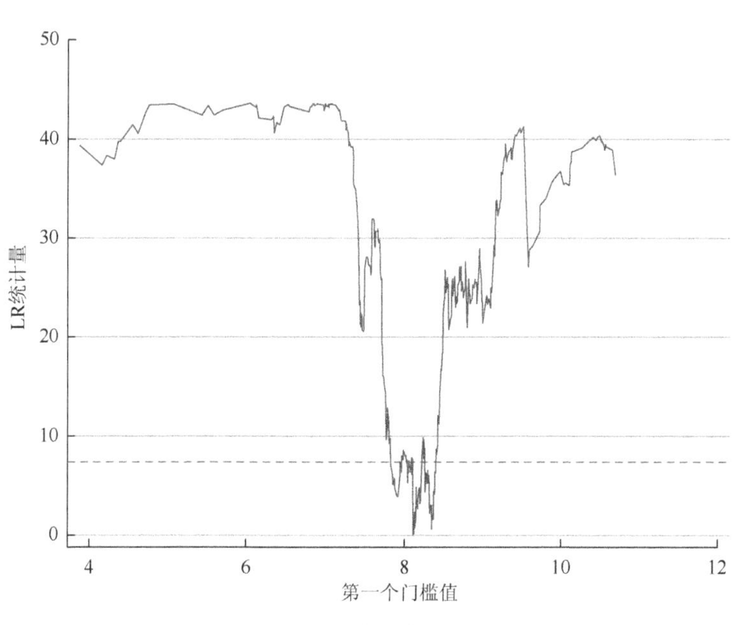

图 4.1　门槛值及其置信区间

表 4.5 展示了线性模型与门槛模型的回归结果。从表 4.5 可看出，在线性模型中，R&D 投入对经济增长有着正向促进作用，且通过了 1%的显著性检验；在门槛模型中，当人力资本水平低于门槛值时，R&D 投入的回归系数虽然为正，但在统计上不显著，当人力资

本水平跨越门槛值之后，R&D 投入对经济增长的促进作用明显增大，且通过了 1%的显著性检验。这进一步佐证了 R&D 投入与经济增长之间存在基于人力资本水平的门槛效应，且人力资本水平的提高有助于发挥 R&D 投入对经济增长的促进作用。

表 4.5　回归估计结果

变量	线性模型	门槛模型
lnl	0.6484*** （0.0945）	0.6293*** （0.0912）
k	1.2482*** （0.0767）	1.2632*** （0.0740）
open	0.1831** （0.0881）	0.1908** （0.0850）
urban	3.3758*** （0.2387）	2.9304*** （0.2428）
rd（hc≤8.1115）	0.1597*** （0.0376）	0.0385（0.0419）
rd（hc>8.1115）		0.1761*** （0.0364）

***和**分别表示通过 1%和 5%的显著性检验

4.6.2　通货膨胀对经济增长的门槛效应

为使读者深入理解动态面板门槛模型，本节介绍了通货膨胀对长期经济增长的影响（Kremer et al.，2013）。许多现有研究通货膨胀与经济增长关系的文献采用了 Hansen（1999a）提出的静态面板门槛回归模型，但该模型一个最重要的限制是所有的解释变量必须为外生变量。在经济增长的面板数据回归中，初始收入是内生的，这使得外生性假设太过严格。一些实证研究为了规避内生性问题，将初始收入从解释变量中去掉，从而导致估计结果有偏。为了克服内生性问题，Kremer 等（2013）采用了一个动态面板门槛回归模型来研究工业化国家和非工业化国家通货膨胀对经济增长的影响。

Kremer 等（2013）选取了 124 个国家 1950～2004 年的非平衡面板数据。被解释变量为人均实际 GDP 的年增长率 dgdp，以 2000 年人均 GDP 为不变价格进行计算。核心解释变量和门槛变量均为通货膨胀率 π，采用从《国际金融统计年鉴》获取的消费者价格指数每年的比例变化。控制变量包括：①投资占 GDP 的比例 igdp；②人口增长率 dpop；③初始收入水平 initial，采用上期人均 GDP，并取对数；④开放度 open，采用进口额与出口额之和占 GDP 比例的对数；⑤进出口交换比率的百分比变化 dtot，采用出口额与进口额之比；⑥进出口交换比率的标准差 sdtot；⑦开放度的标准差 sdopen。以上数据来源于佩恩表（Penn word table）和世界贸易组织数据库（the World Trade Organization database）。在进行实证分析时，所有变量均采用五年平均值。

通货膨胀率的分散度较大，Ghosh 和 Phillips（1998）建议对通货膨胀率进行对数化处理进而避免极端值扭曲回归结果。又由于样本中包含负的通货膨胀率，Kremer 等（2013）对通货膨胀率 π_{it} 进行半对数转换处理：

$$\tilde{\pi}_{it}=\begin{cases}\pi_{it}-1, & \pi_{it}\leqslant 1\\ \ln(\pi_{it}), & \pi_{it}>1\end{cases}$$

与未处理的通货膨胀率数据相比，半对数化的通货膨胀率分布更对称，更符合正态分布。

Kremer 等（2013）将 Hansen（1999a）的静态面板门槛回归设定扩展为动态面板门槛回归模型，为了处理内生性问题，他们将 Caner 和 Hansen（2004）截面门槛模型中的 GMM 估计量运用于动态面板门槛模型中。采用一阶差分消除动态面板模型中的固定效应会导致转换后的误差项序列相关。为了解决这一问题，Kremer 等（2013）运用 Arellano 和 Bover（1995）提出的前向正交离差变换来消除固定效应。因此，前向正交离差变换保证了 Hansen（1999a）静态面板门槛模型的分布理论在动态框架下仍然有效。

为了分析通货膨胀对工业化国家和非工业化国家长期经济增长的影响，Kremer 等（2013）构建了如下动态面板门槛模型：

$$\mathrm{dgdp}_{it} = \mu_i + \beta_1 \tilde{\pi}_{it} I(\tilde{\pi}_{it} \leqslant \gamma) + \delta_1 I(\tilde{\pi}_{it} \leqslant \gamma) + \beta_2 \tilde{\pi}_{it} I(\tilde{\pi}_{it} > \gamma) + \phi z_{it} + \varepsilon_{it}$$

在该模型中，通货膨胀率 π_{it} 既是门槛变量，也是核心解释变量；z_{it} 为包含部分内生控制变量的向量，且假定斜率系数是区制独立的；初始收入（initial）被认为是滞后的内生变量，即 $z_{2it} = \mathrm{initial}_{it}$，其中，$z_{1it}$ 包含剩余的控制变量。为了与 Arellano 和 Bover（1995）保持一致，采用内生变量的滞后项表示其工具变量。表 4.6 给出了工业化国家和非工业化国家的门槛估计值及其置信区间，表 4.7 展示了各变量的回归系数。

表 4.6 工业化国家和非工业化国家的门槛估计值及其置信区间

门槛估计值	工业化国家	非工业化国家
$\hat{\gamma}$ /%	2.530	17.228
95%置信区间	[1.94，2.76]	[12.85，19.11]

表 4.7 各变量的回归系数

变量或系数	工业化国家	非工业化国家
$\hat{\beta}_1$	1.374*** （0.436）	−0.121（0.117）
$\hat{\beta}_2$	−0.391* （0.220）	−0.434** （0.222）
initial	−1.371（0.950）	−1.800** （0.858）
igdp	0.107*** （0.036）	0.157*** （0.045）
dpop	0.290（0.341）	−0.503** （0.257）
dtot	−0.162*** （0.036）	−0.072*** （0.025）
sdtot	−0.036（0.041）	−0.007（0.020）
open	−0.882（1.080）	0.768（0.640）
sdopen	0.426** （0.213）	0.046（0.169）
$\hat{\delta}_1$	−0.384（0.511）	0.745（1.077）
观察值	227	761
N	23	101

***、**、*分别表示通过 1%、5%、10%的显著性检验

对工业化国家，通货膨胀率的门槛估计值 2.530%和两个区制内通货膨胀对经济增长的影响有力地证明了许多中央银行的通货膨胀目标。门槛值的 95%置信区间包含工业化

国家最重要的通货膨胀目标 2%，但不包括 Blanchard 等（2010）提出的备选通货膨胀目标 4%。在两个区制内，通货膨胀率的系数都是显著的。当通货膨胀率低于门槛值时（$\hat{\beta}_1 = 1.374$），通货膨胀率与经济增长正相关；当通货膨胀率高于门槛值时（$\hat{\beta}_2 = -0.391$），通货膨胀率与经济增长负相关。此外，通货膨胀率系数的绝对值表明，当通货膨胀率较低时，通货膨胀率与经济增长之间的相关程度更高。

非工业化国家与工业化国家回归估计结果的差异表现在两个重要方面。第一，非工业化国家通货膨胀率的门槛估计值为 17.228%，明显高于工业化国家。95%置信区间表明，非工业化国家通货膨胀率的临界值低于 Bruno 和 Easterly（1998）提出的 40%。根据门槛值的估计结果，甚至高于 12.85%的通货膨胀率都可能会被认为"太高"。非工业化国家更高的通货膨胀率门槛可能是由于指数化系统的广泛使用。通货膨胀的悠久历史使得许多非工业化国家采用了指数化系统，因为指数化系统可以减少部分通货膨胀带来的不利影响。根据 Khan 和 Ssnhadji（2001），非工业化国家更高的通货膨胀率也有可能与收敛过程和巴拉萨-萨缪尔森效应（Balassa-Samuelson effect）有关。当通货膨胀率高于门槛值时，通货膨胀率的系数（$\hat{\beta}_2 = -0.434$）显著为负。因此，有明显的证据表明，在非工业化国家，高通货膨胀率伴随着更低的经济增长率。第二，当通货膨胀率低于其门槛值时，工业化国家和非工业化国家经济增长率与通货膨胀率之间的相关性不同。工业化国家在低区制的通货膨胀率系数显著，且其绝对值大于高区制。非工业化国家则与此不同，在低区制，通货膨胀率系数的绝对值小于高区制，在统计上也不显著。

4.6.3　公共资本存量生产率的门槛效应

为使读者深入理解 PSTR 模型，本节介绍了 Colletaz 和 Hurlin（2006）研究的公共资本存量生产率的门槛效应。

Colletaz 和 Hurlin（2006）采用柯布道格拉斯生产函数并假定公共资本服务与公共资本存量成比例。对国家 $i = 1,2,\cdots,N$ 在时间 $t = 1,2,\cdots,T$，设定两个增加的生产函数（augmented production function）：

$$y_{it} - k_{it} = \mu_i + \alpha(n_{it} - k_{it}) + \beta g_{it} + v_{it} \tag{4.83}$$

$$y_{it} - k_{it} = \mu_i + \alpha_0(n_{it} - k_{it}) + \beta_0(g_{it} - k_{it}) + v_{it} \tag{4.84}$$

式中，y_{it} 为总的增加值；k_{it} 为私有资本存量；g_{it} 为公共资本存量；n_{it} 为就业量，所有变量采用对数形式。数据来源于 21 个 OECD 国家 1965～2001 年的面板数据。在这两个线性模型中，α 为劳动要素的产出弹性，β 为公共资本存量的产出弹性。在两种设定下，内生变量是私有资本的生产率，即 $y_t - k_t$。Aschauer 和 Alan（1989）采用这种标准化，使得对规模报酬的性质进行多种假定成为可能。方程（4.83）相当于假定私有要素规模报酬不变（private factors constant returns to scale，PFCRS），方程（4.84）相当于假定全要素规模报酬不变（overall constant returns to scale，OCRS）。在此基础上，Colletaz 和 Hurlin（2006）考虑公共资本生产率的非线性，采用 González 等（2005）和 Fok 等（2005）提出的 PSTR 模型，并考虑了一个最简单的两机制的转换函数，则 PFCRS 设定形式相应的 PSTR 模型为

$$y_{it} - k_{it} = \mu_i + \alpha_0(n_{it} - k_{it}) + \beta_0 g_{it} + \left[\alpha_1(n_{it} - k_{it}) + \beta_1 g_{it}\right] h(q_{it};\gamma,c) + \varepsilon_{it} \tag{4.85}$$

式中，q_{it} 为门槛变量，且假定误差项 ε_{it} 服从 $\mathrm{IID}(0,\sigma^2)$。

模型（4.85）可改写为

$$y_{it}-k_{it}=\mu_i+\Psi_0'\boldsymbol{W}_{it}+\Psi_1'\boldsymbol{W}_{it}h(q_{it};\gamma,c)+\varepsilon_{it} \tag{4.86}$$

式中，$\Psi_j=(\alpha_j\ \ \beta_j)$，$j=(0,1)$，在 PFCRS 设定的情况下，$\boldsymbol{W}_{it}=\left[(n_{it}-k_{it})g_{it}\right]'$，在 OCRS 设定的情况下，$\boldsymbol{W}_{it}=[(n_{it}-k_{it})(g_{it}-k_{it})]'$。

多区制的 PSTR 模型可设定为

$$y_{it}-k_{it}=\mu_i+\alpha_0(n_{it}-k_{it})+\beta_0 g_{it}+\sum_{j=1}^{r}[\alpha_j(n_{it}-k_{it})+\beta_j g_{it}]h_j(q_{it};\gamma_j,c_j)+\varepsilon_{it} \tag{4.87}$$

式（4.87）可改写为

$$y_{it}-k_{it}=\mu_i+\Psi_0'\boldsymbol{W}_{it}+\sum_{j=1}^{r}\Psi_j'\boldsymbol{W}_{it}h_j(q_{it};\gamma_j,c_j)+\varepsilon_{it} \tag{4.88}$$

Gramlich（1994）和 Fernald（1999）提出：网络建设可增加生产率和产出，但当网络建设完成时，公共资本的边际产出不再显著增加。基于此，门槛变量的一个选择就是现有可获得的公共资本存量，即 $q_{it}=g_{it}$。但是这种设定会导致国家大小带来的门槛效应。例如，当面板数据中包含卢森堡和美国时，变量 g_{it} 的门槛效应将会主要反映国家差异和国家大小，而不是公共投资生产率中潜在的网络影响。因此，为了规避这个问题，Colletaz 和 Hurlin（2006）选取公共资本与私有资本的比率作为门槛变量。又由于私有资本存量是回归中内生变量的一部分，为了避免同时性问题，他们采用该比率的滞后值。故他们第一个设定的转化函数是基于如下门槛变量：

$$\text{模型A:}q_{it}=g_{i,t-1}-k_{i,t-1} \tag{4.89}$$

门槛变量的另一个选择是每个工人的私有资本的滞后项，即 $q_{it}=k_{i,t-1}-n_{i,t-1}$。第二个设定与发达国家和发展中国家生产函数之间的异质性有关（Canning and Bennathan，2000）。但与 Canning 和 Bennathan（2000）相比，由于门槛变量决定了生产率的不同区制，PSTR 模型中的异质性是内生的。此外，一个国家初期的生产率较低，在样本末期的生产率可能中等或较高。这样，第二个设定可表示为

$$\text{模型B:}q_{it}=k_{i,t-1}-n_{i,t-1} \tag{4.90}$$

由于门槛变量有两种选择（模型 A 和模型 B），规模报酬有两种设定（PFCRS 和 OCRS），所以最后会考虑四种情况。对每种情况分别进行非线性检验和无剩余异质性检验，计算出 LM、LRT 和 $\mathrm{LM_F}$ 统计量。鉴于已有研究证明了 $\mathrm{LM_F}$ 统计量具有更好的小样本性质（Dijk et al.，2002），只展示 $\mathrm{LM_F}$ 统计量。

表 4.8 显示了无剩余异质性检验的结果。从表 4.8 可看出，唯一没有拒绝的是在 PFCRS 假定下 $q_{it}=g_{i,t-1}-k_{i,t-1}$，$m=1$ 的生产函数。在其他情况下，无论门槛变量、位置参数的个数和规模报酬的假定是怎样的，$\mathrm{LM_F}$ 统计量都能拒绝原假设 $\mathrm{H_0}$：$r=0$。检验结果显示，有很强的证据表明，产出和投入特别是公共资本存量之间的关系是非线性的。此外，无剩余异质性检验结果也表明，模型的设定通常包含 1～2 个转换函数，即在一个 PSTR 模型中，少量的区制就足够刻画变量之间的非线性关系。

表 4.8　无剩余异质性的 LM_F 检验

模型	门槛变量	$g_{i,t-1}-k_{i,t-1}$		$k_{i,t-1}-n_{i,t-1}$	
	位置参数个数	$m=1$	$m=2$	$m=1$	$m=2$
PFCRS 模型	H_0：$r=0$，H_1：$r=1$	0.788（0.45）	3.552（0.00）	24.19（0.00）	16.73（0.00）
	H_0：$r=1$，H_1：$r=2$	—	4.419（0.00）	3.873（0.02）	13.25（0.00）
	H_0：$r=2$，H_1：$r=3$	—	2.883（0.02）	—	7.861（0.00）
	H_0：$r=3$，H_1：$r=4$	—	—	—	1.268（0.28）
	H_0：$r=4$，H_1：$r>4$	—	—	—	—
OCRS 模型	H_0：$r=0$，H_1：$r=1$	45.87（0.00）	31.22（0.00）	14.23（0.00）	19.43（0.00）
	H_0：$r=1$，H_1：$r=2$	2.364（0.09）	3.379（0.00）	5.077（0.00）	17.327（0.00）
	H_0：$r=2$，H_1：$r=3$	—	1.037（38.7）	6.242（0.00）	0.702（0.59）
	H_0：$r=3$，H_1：$r=4$	—	—	0.154（0.85）	—
	H_0：$r=4$，H_1：$r>4$	—	—	—	—

注：（）内数据代表显著性水平

在进行无剩余异质性检验之后，即可进一步选择转换函数中位置参数的个数 m 。在表 4.9 中，对每一个假定的 m 的值，表 4.9 给出了根据无剩余异质性检验得出的转换函数相应的最优数量。Colletaz 和 Hurlin（2006）估计了每个可能的设定 (m,r^*) 的 PSTR 模型，并展示了参数的个数、残差平方和、AIC 和 Schwarz 准则。

表 4.9　位置参数数量的决定

模型	门槛变量	$g_{i,t-1}-k_{i,t-1}$		$g_{i,t-1}-n_{i,t-1}$	
	位置参数个数	m=1	m=2	m=1	m=2
PFCRS 模型	转换函数的最佳个数 $r^*(m)$	0	2	1	3
	残差平方和	4.296	3.360	3.556	2.846
	参数个数	2	12	6	17
	AIC	−5.161	−5.367	−5.333	−5.513
	施瓦兹贝叶斯准则	−5.148	−5.293	−5.256	−5.408
OCRS 模型	转换函数的最佳个数 $r^*(m)$	1	2	3	2
	残差平方和	3.982	3.527	3.607	3.651
	参数个数	6	12	14	12
	AIC	−5.221	−5.318	−5.288	−5.284
	施瓦兹贝叶斯准则	−5.184	−5.244	−5.202	−5.210

模型的选择基于如下步骤：第一步，对每个规模报酬假定，从两个候选的门槛变量（模型 A 和模型 B）中选择合适的门槛变量。不论 m 的值是多少，选择使得模型对线性假设拒绝最强的变量，检验 H_0：$r=0$ 的统计量 LM_F 统计量见表 4.8。显然，对 OCRS 设定，最好的转换变量是公共资本存量与私有资本存量比率的滞后项 $g_{i,t-1}-k_{i,t-1}$（模型 A）；对 PFCRS

设定，最好的转换变量是每个工人拥有的私有资本存量的滞后项 $k_{i,t-1}-n_{i,t-1}$（模型 B）。第二步，根据 AIC 和施瓦兹贝叶斯准则选择位置参数的最优数量。因此，对 OCRS 设定，选择模型 A，$m=1$；对 PFCRS 设定，选择模型 B，$m=2$。

表 4.10 展现了对最终的 PSTR 模型的参数估计情况。OCRS 假定的生产函数，向量 Ψ_1 中的参数 β_1 为负表明当门槛变量增加时，公共资本的产出弹性会减小。也就是说，若 β_1 是正的，则公共资本存量与私有资本存量的比率增加时，公共资本的产出弹性也会增加。这种结论可推广至转换函数个数超过 1（$r>1$）的 PSTR 模型，虽然情况会相对复杂。在一个包含两个转换函数的 PSTR 模型中，如果参数 β_1 是正的，而参数 β_2 是负的，这意味着门槛变量的增加会对弹性有两个相反方向的影响。这两个相反方向的影响的最终结果取决于斜率参数 γ_j 和位置参数 c_j。由表 4.10 可知，PFCRS 设定的模型有三个转换函数（$r=3$），且三个转换函数中对应的参数 β_1、β_2 和 β_3 均显著为正。因此，当一个国家每个工人拥有的私有资本存量增加时，公共资本的边际生产率会增加。

对所有的 PSTR 模型，至少有一个转换函数是不那么急剧的。当斜率参数趋于无穷时，转换函数就变为一个指示函数，模型不再有平滑转换。例如，在表 4.10 中，PFCRS 设定下的第一个转换函数的斜率参数为 1.699，因此，这个转换函数与指示函数有很大区别。在 PFCRS 设定下的模型，只有一个转换函数（其对应的斜率参数为 99.99）是非常急剧的，近乎为简单的 PTR 模型中的转换函数。

表 4.10　最终 PSTR 模型的参数估计

模型设定	私有要素规模报酬不变模型	全要素规模报酬不变模型
门槛变量 （m, r*）	$g_{i,t-1}-n_{i,t-1}$ （2, 3）	$g_{i,t-1}-k_{i,t-1}$ （1, 1）
参数 $\Psi_0=(\alpha_0\ \beta_0)$		
劳动投入参数 α_0	2.934（19.8）	0.346（14.80）
公共资本参数 β_0	−0.345（−9.15）	0.443（12.59）
参数 $\Psi_1=(\alpha_1\beta_1)$		
劳动投入参数 α_1	−1.695（−17.4）	−0.097（−4.905）
公共资本参数 β_1	0.507（18.7）	−0.379（−11.10）
参数 $\Psi_2=(\alpha_2\beta_2)$		
劳动投入参数 α_2	−0.340（−10.49）	—
公共资本参数 β_2	0.164（9.26）	—
参数 $\Psi_3=(\alpha_3\beta_3)$		
劳动投入参数 α_3	−0.086（−7.00）	—
公共资本参数 β_3	0.070（6.51）	—
位置参数 c_j		
第一个转换函数	[0.572；0.572]	−0.557
第二个转换函数	[−0.940；−0.940]	—
第三个转换函数	[−1.891；−1.398]	—
斜率参数 γ_j	[1.699；6.899；99.99]	4.863

4.7 本章小结

本章理论分析与实证研究相结合，首先对面板门槛模型中具有代表性的模型进行了梳理，重点介绍了 Im 等（2005）的结构突变面板单位根检验模型、Westerlund 和 Edgerton（2008）的同时考虑了结构突变和截面相关的面板协整检验模型、Hansen（1999a）的静态面板门槛回归模型、Caner 和 Hansen（2004）发展的含内生解释变量的截面门槛回归模型及其在动态面板门槛回归模型中的应用，以及 González 等（2005）发展的 PSTR 模型；其次采用相关案例研究进行实证分析，更好地展现了门槛回归模型的实际运用。

第5章 空间数据门槛效应模型

5.1 空间计量经济模型

5.1.1 空间计量经济模型理论基础

空间单元间存在的空间效应是空间计量经济建模的基础，空间效应表现在空间自相关（spatial auto-correlation）与空间异质性（spatial heterogeneity）两个概念上。空间自相关是指邻近地区的影响（neighborhood effect）的大小，空间异质性是指空间位置差异造成的观察行为不恒定现象。目前学术界对空间计量经济模型的理论解释，主要包括以下三类。

1. 地理学第一定律：地理相似定律

地理学第一定律即地理相似定律（也称为泰勒定律），是指地理事物或属性在空间分布上互为相关，存在集聚（clustering）、随机（random）、规则（regularity）分布（Tobler，1970）。所有的事物或现象在空间上都是有联系的，但距离近的事物或现象之间的联系一般较相距远的事物或现象间的联系要紧密（Ripley，1977）。一个空间单元内的信息与其周围单元信息具有相似性，空间单元之间具有连通性、空间非均匀性或非静态性。空间分布模式主要有点模式、线模式、面模式和体模式，其中最早被提出和研究的是点模式（point pattern）。点模式分析的理论最早由 Ripley（1977）提出，并不断得到完善（Haase，1995；Dixon，2002）。目前应用领域最广的是空间分布模式中的面模式——空间自相关模式。

空间自相关是指一些变量在同一个分布区内的观测数据之间潜在的相互依赖性。地理数据由于受空间相互作用和空间扩散的影响，彼此之间可能不再相互独立，而是相关的。例如，视空间上互相分离的许多市场为一个集合，如市场间的距离近到可以进行商品交换与流动，则商品的价格与供应在空间上可能是相关的，而不再相互独立。实际上，市场间距离越近，商品价格就越接近、越相关。由此可见，地理相似定律揭示了空间单元间的空间依赖性，是空间计量经济模型发展的理论基础之一。

2. 三大地理要素

空间异质性，即空间差异性，是指每一个空间区位上的事物和现象都具有区别于其他区位上的事物和现象的特点（Anselin，1988a）。例如，在某个区域之中，存在着不同的次区域，各区域间误差的变异不相等；犯罪率与教育程度的关系，不同地区（文教区、贫困区）可能不一样，即空间异质现象。而空间异质性产生的理论基础即是各空间单位间地理要素的差异。

地理要素是地图的地理内容，包括表示地球表面自然形态所包含的要素，如地貌、水系、植被和土壤等自然地理要素与人类在生产活动中改造自然界所形成的要素，如居民地、道路网、通信设备、工农业设施、经济文化和行政标志等社会经济要素。地理要素影响经济发展的问题，早已成为经典地理学研究中的基本内容之一。地理要素差异导致各地区间经济差异在国际上已开展了大量的研究（Jones，1981；Crosby，1986a；Diamond，1999）。20 世纪 90 年代初新经济地理学创始人 Krugman（1993）认为有两种力量决定空间城市的发育，即第一自然和第二自然，第一自然是自然禀赋，第二自然是人类构造的有形的交通和无形的区位。在 Krugman（1993）的两大自然理论基础之上，刘清春和王铮（2009）提出了影响经济增长的三大地理要素，即第一地理（自然）要素、第二地理（交通、区位）要素和第三地理（人力资本）要素，试图更全面地来研究地理要素的作用。

地理要素差异的存在使得空间单元各要素间存在差异性，即导致空间异质性存在，此外，各地理要素差异本身也代表了某种程度的空间交互作用。因此，地理要素差异也成为实证研究者研究过程中建立空间计量经济模型的基础之一。

3. O-D 模型

在市场经济中生产要素流动是一种普遍现象，例如，地区之间的资本和人口流动等常见经济现象本质上都属于生产要素流动。鉴于经济资源是在流出地和流入地之间流动，一些文献把研究上述现象的模型称为 O-D 模型。这类模型多采用重力方程的分析框架，使用流出地和流入地的特征及两地距离来解释要素流动（Lesage and Pace，2009）。Sen 和 Smith（1995）把 O-D 模型命名为空间交互作用模型（spatial interaction model），然而传统重力方程分析并没有体现出空间交互作用。

为了捕捉 O-D 模型中地区间的交互作用，空间计量是一种合适的方法。与传统计量方法假定截面内个体相互独立不同，空间计量经济学的出发点是个体间存在相互影响，而这种影响可以用于反映地区间资源流动的相互作用。Pace 和 Lesage（2008）针对 O-D 模型特点，提出一般的空间计量模型，这一模型虽然与直觉相符，但他们没有对计量方程给出严格的推导，因此，缺乏经济理论基础。鉴于此，才国伟和钱金保（2013）首先构建了一个理论模型，推导出要素流动的需求和供给方程，作为不同类型空间交互作用的来源；其次利用线性化方法将非线性项转化为空间相关成分，得到一个易于估计的空间相关模型，从而建立起理论方程（要素流动方程）与经验分析（空间计量模型）之间的联系，为 Pace 和 Lesage（2008）类型的空间自相关计量模型提供了一种经济学解释。

5.1.2 截面数据空间模型

1. 截面数据 SAR 模型和 SDM

考虑到 SAR 模型是 SDM 在 $\boldsymbol{\theta}=0$ 时的特例，且 SAR 模型与 SDM 的估计方法与步骤也是相似的，故在这一节中，将这两种截面数据空间模型的估计与检验放在一起讨论。在第 2 章空间数据模型的介绍中给出了截面数据 SAR 模型及 SDM 的一般形式如下：

$$\begin{aligned} &\boldsymbol{y}=\rho\boldsymbol{W}\boldsymbol{y}+\alpha\boldsymbol{l}_N+\boldsymbol{X}\boldsymbol{\beta}+\boldsymbol{\varepsilon} \\ &\boldsymbol{\varepsilon}\sim N(0,\sigma^2\boldsymbol{I}_N) \end{aligned} \tag{5.1}$$

$$\begin{aligned} &\boldsymbol{y}=\rho\boldsymbol{W}\boldsymbol{y}+\alpha\boldsymbol{l}_N+\boldsymbol{X}\boldsymbol{\beta}+\boldsymbol{W}\boldsymbol{X}\boldsymbol{\theta}+\boldsymbol{\varepsilon} \\ &\boldsymbol{\varepsilon}\sim N(0,\sigma^2\boldsymbol{I}_N) \end{aligned} \tag{5.2}$$

式中，$\boldsymbol{y}$ 为 $N\times 1$ 向量，它由样本中每一个单位的被解释变量（$i=1,2,\cdots,N$）的样本观测值构成；α 为待估计的常数项参数；$\boldsymbol{l}_N$ 为 $N\times 1$ 的单位向量；$\boldsymbol{X}$ 为由被解释变量观测值构成的 $N\times k$ 的矩阵；$\boldsymbol{\beta}$ 为包括 k 个待估参数的 $k\times 1$ 列向量；$\boldsymbol{Wy}$ 为被解释变量间存在的内生交互效应；ρ 为空间自回归系数，表示被解释变量间空间相关性的强弱；$\boldsymbol{WX}$ 为解释变量间存在的外生交互效应；$\boldsymbol{\theta}$ 为包含 k 个固定且未知的待估参数的列向量；$\boldsymbol{W}$ 为 $N\times N$ 非负空间权重矩阵，它刻画的是截面上各空间单位间的空间相关结构；$\boldsymbol{\varepsilon}$ 为包含 N 个干扰项的列向量，其中，假设对所有 i 来说，$\boldsymbol{\varepsilon}_i$ 服从独立同分布，其均值为零且方差为 σ^2。

通过定义 $\boldsymbol{Z}=[\boldsymbol{l}_N,\boldsymbol{X},\boldsymbol{WX}]$，$\boldsymbol{\delta}=[\boldsymbol{\alpha},\boldsymbol{\beta},\boldsymbol{\theta}]$，则可以将 SDM 写作 SAR 模型形式：

$$\begin{aligned} &\boldsymbol{y}=\rho\boldsymbol{W}\boldsymbol{y}+\boldsymbol{Z}\boldsymbol{\delta}+\boldsymbol{\varepsilon} \\ &\boldsymbol{\varepsilon}\sim N(0,\sigma^2\boldsymbol{I}_N) \end{aligned} \tag{5.3}$$

这就意味着 SAR 模型和 SDM 的似然函数可以写成相同的形式，需要注意的是，与 SDM 不同，SAR 模型的 $\boldsymbol{Z}=[\boldsymbol{l}_N,\boldsymbol{X}]$，$\boldsymbol{\delta}=[\boldsymbol{\alpha},\boldsymbol{\beta}]$。

（1）模型的估计

Anselin（1988a）给出上述形式的 SDM（SAR 模型）的对数似然函数形式如下：

$$\ln L=-\frac{N}{2}\ln(\pi\sigma^2)+\ln\left|\boldsymbol{I}_N-\rho\boldsymbol{W}\right|-\frac{\boldsymbol{e}'\boldsymbol{e}}{2\sigma^2} \tag{5.4}$$

$$\boldsymbol{e}=\boldsymbol{y}-\rho\boldsymbol{W}\boldsymbol{y}-\boldsymbol{Z}\boldsymbol{\delta}$$

$$\rho\in[\min(\boldsymbol{w})-1,\max(\boldsymbol{w})-1]$$

式中，$\boldsymbol{w}$ 是矩阵 $\boldsymbol{W}$ 的 $N\times 1$ 特征值向量。由对数似然函数可知，这一模型同时包含 $\boldsymbol{\delta}$、ρ 两个待估参数。此时传统的一步最大似然法失效，需要进行两步极大似然估计（maximum likelihood estimate，MLE）。

第一，给定一个 ρ，使用 MLE 得出最优的 $\boldsymbol{\beta}$ 及 σ^2。在给定 ρ 的条件下最大化对数似然函数，即是最小化 $(\boldsymbol{y}-\rho\boldsymbol{Wy}-\boldsymbol{Z\delta})'(\boldsymbol{y}-\rho\boldsymbol{Wy}-\boldsymbol{Z\delta})$。

这相当于是 $(\boldsymbol{I}_N-\rho\boldsymbol{W})\boldsymbol{y}$ 对 $\boldsymbol{Z}$ 进行回归，因此，很容易求出 $\hat{\boldsymbol{\delta}}(\rho)$、$\hat{\sigma}^2(\rho)$：

$$\begin{aligned} \hat{\boldsymbol{\delta}}(\rho)&=(\boldsymbol{Z}'\boldsymbol{Z})^{-1}\boldsymbol{Z}'(\boldsymbol{I}_N-\rho\boldsymbol{W})\boldsymbol{y}=(\boldsymbol{Z}'\boldsymbol{Z})^{-1}\boldsymbol{Z}'\boldsymbol{y}-(\boldsymbol{Z}'\boldsymbol{Z})^{-1}\boldsymbol{Z}'\rho\boldsymbol{W}\boldsymbol{y} \\ &=\hat{\boldsymbol{\delta}}_0-\rho\hat{\boldsymbol{\delta}}_L \end{aligned}$$

$$\hat{\sigma}^2(\rho)=\frac{\boldsymbol{e}(\rho)'\boldsymbol{e}(\rho)}{N}$$

$$\boldsymbol{e}(\rho)=\boldsymbol{M}_Z(\boldsymbol{I}_N-\rho\boldsymbol{W})\boldsymbol{y}=\boldsymbol{M}_Z\boldsymbol{y}-\rho\boldsymbol{M}_Z\boldsymbol{W}\boldsymbol{y}=\boldsymbol{e}_0-\rho\boldsymbol{e}_L$$

式中，$\hat{\boldsymbol{\delta}}_0=(\boldsymbol{Z}'\boldsymbol{Z})^{-1}\boldsymbol{Z}'\boldsymbol{y}$（即 $\boldsymbol{y}$ 对 $\boldsymbol{Z}$ 的回归参数），$\hat{\boldsymbol{\delta}}_L=(\boldsymbol{Z}'\boldsymbol{Z})^{-1}\boldsymbol{Z}'\boldsymbol{Wy}$（即 $\boldsymbol{Wy}$ 对 $\boldsymbol{Z}$ 的回归参数）；$\boldsymbol{e}_0=\boldsymbol{M}_Z\boldsymbol{y}$（即 $\boldsymbol{y}$ 对 $\boldsymbol{Z}$ 的回归残差），$\boldsymbol{e}_L=\boldsymbol{M}_Z\boldsymbol{Wy}$（即 $\boldsymbol{Wy}$ 对 $\boldsymbol{Z}$ 的回归残差）；$\boldsymbol{M}_Z=\boldsymbol{I}_N-\boldsymbol{Z}(\boldsymbol{Z}'\boldsymbol{Z})^{-1}$（即 $\boldsymbol{Z}'$ 对 $\boldsymbol{Z}$ 的消灭矩阵）。

第二，将给定 ρ 下求得的 $\hat{\delta}(\rho)$ 、$\hat{\sigma}^2(\rho)$ 代入对数似然函数中可得到只有一个未知参数 ρ 的集中对数似然函数。最大化这一集中对数似然函数便可估计得到空间滞后项的回归参数 $\hat{\rho}$ 。将估计得到的 $\hat{\rho}$ 代入集中对数似然函数中，不断迭代重复至估计值收敛于一个特定的值。

集中对数似然函数简化如下：

$$\ln L(\rho) = \kappa + \ln\left|\boldsymbol{I}_N - \rho \boldsymbol{W}\right| - \frac{N}{2}\ln[S(\rho)] \tag{5.5}$$
$$S(\rho) = \boldsymbol{e}(\rho)'\boldsymbol{e}(\rho)$$

式中，κ 为不依赖于 ρ 的常数项。

（2）模型的检验

截面空间滞后效应检验方法主要有空间自回归移动平均的拉格朗日检验 SARMA（Anselin and Florax，1995）、空间滞后依赖性的拉格朗日检验 LM-Lag（Anselin，1988b）和基于空间误差依赖性存在稳健性的空间滞后依赖性检验 LM-el（Bera and Yoon，1993），其中，国内最常用的是 Anselin（1988b）推导出的可以直接检验空间滞后模型（SLM）是否存在相关性的 LM-Lag 检验统计量，表达式为

$$\mathrm{LM}_{\mathrm{lag}} = \frac{(\boldsymbol{e}'\boldsymbol{W}\boldsymbol{y} / \hat{\sigma}^2)^2}{J} \sim \chi^2(1) \tag{5.6}$$

式中，$\boldsymbol{e}$ 为回归方程 ML 估计的残差向量；$\boldsymbol{W}$ 为空间权重矩阵；$\hat{\sigma}^2 = \boldsymbol{e}'\boldsymbol{e} / N$；$J = [T + (\boldsymbol{W}\boldsymbol{X}\hat{\boldsymbol{\beta}})'(\boldsymbol{I} - \boldsymbol{X}(\boldsymbol{X}'\boldsymbol{X})^{-1}\boldsymbol{X}')(\boldsymbol{W}\boldsymbol{X}\hat{\boldsymbol{\beta}}) / \hat{\sigma}^2]$，$T = \mathrm{tr}(\boldsymbol{W}'\boldsymbol{W} + \boldsymbol{W}^2)$

Bera 和 Yoon（1993）提出了误差项存在空间自相关但被忽略时的稳健 LM-Lag 检验统计量。稳健 LM-Lag 检验统计量公式如下：

$$\mathrm{LM}_{\mathrm{lag}}^* = \frac{[\boldsymbol{e}'\boldsymbol{W}_1\boldsymbol{e} / \hat{\sigma}^2 - \boldsymbol{e}'\boldsymbol{W}_2\boldsymbol{e}\hat{\sigma}^2]^2}{J - T} \sim \chi^2(1) \tag{5.7}$$

2. *截面数据 SEM 模型*

本书将扰动项里存在空间依赖效应的模型称为 SEM，第 2 章中给出了截面数据 SEM 的一般形式为

$$\boldsymbol{y} = \alpha \mathbf{l}_N + \boldsymbol{X}\boldsymbol{\beta} + \boldsymbol{u}$$
$$\boldsymbol{u} = \lambda \boldsymbol{W}\boldsymbol{u} + \boldsymbol{\varepsilon} \tag{5.8}$$
$$\boldsymbol{\varepsilon} \sim N(0, \sigma^2 \boldsymbol{I}_N)$$

式中，λ 为空间自相关系数，衡量了样本观测值中的空间依赖作用，即相邻空间单位的观测值对特定空间单位观测值的影响方向和程度。

（1）模型的估计

根据 SEM 的一般形式，可以推导出其完整的对数似然函数如下：

$$\ln L = -\frac{N}{2}\ln(\pi\sigma^2) + \ln\left|\boldsymbol{I}_N - \lambda \boldsymbol{W}\right| - \frac{\boldsymbol{e}'\boldsymbol{e}}{2\sigma^2} \tag{5.9}$$
$$\boldsymbol{e} = (\boldsymbol{I}_N - \lambda \boldsymbol{W})(\boldsymbol{y} - \boldsymbol{X}\boldsymbol{\beta})$$

与 SAR 模型类似，SEM 也需要使用两步 MLE 方法进行估计：

第一，给定 λ，将对数似然函数最大化求解 $\hat{\boldsymbol{\beta}}$ 及 $\hat{\sigma}^2$。

$$\hat{\boldsymbol{\beta}}(\lambda)=[\boldsymbol{X}(\lambda)'\boldsymbol{X}(\lambda)]^{-1}\boldsymbol{X}(\lambda)'\boldsymbol{y}(\lambda)$$
$$\hat{\sigma}^2(\lambda)=\boldsymbol{e}(\lambda)'\boldsymbol{e}(\lambda)/N$$

式中，$\boldsymbol{X}(\lambda)=\boldsymbol{X}-\lambda\boldsymbol{WX}$；$\boldsymbol{y}(\lambda)=\boldsymbol{y}-\lambda\boldsymbol{Wy}$；$\boldsymbol{e}(\lambda)=\boldsymbol{y}(\lambda)-\boldsymbol{X}(\lambda)\boldsymbol{\beta}(\lambda)$。

第二，将得到的 $\hat{\boldsymbol{\beta}}(\lambda)$ 及 $\hat{\sigma}^2(\lambda)$ 代入对数似然函数中并最大化这一对数似然函数以求得 λ 的估计值 $\hat{\lambda}$ 并进行迭代直至收敛：

$$\begin{aligned}\ln L&=\kappa+\ln|\boldsymbol{I}_N-\lambda\boldsymbol{W}|-\frac{N}{2}\ln[S(\lambda)]\\S(\lambda)&=e(\lambda)'e(\lambda)\end{aligned}\tag{5.10}$$

（2）模型的检验

Burridge（1980）最早提出误差项是否存在空间相关性即观测值是否存在空间误差依赖的 LM-error 检验并且给出了检验统计量的表达式：

$$\mathrm{LM}_{\mathrm{error}}=\frac{(\boldsymbol{e}'\boldsymbol{We}/\hat{\sigma}^2)^2}{T}\sim\chi^2(1)\tag{5.11}$$

式中，$\boldsymbol{e}$ 为 OLS 估计残差；$\boldsymbol{W}$ 为空间权重矩阵；$\hat{\sigma}^2=\boldsymbol{e}'\boldsymbol{e}/N$；$T=\mathrm{tr}(\boldsymbol{W}'\boldsymbol{W}+\boldsymbol{W}^2)$。

Bera 和 Yoon（1993）提出了因变量存在自相关但被忽略时的稳健 LM-error 检验统计量公式：

$$\mathrm{LM}^*_{\mathrm{error}}=\frac{[\boldsymbol{e}'\boldsymbol{W}_2\boldsymbol{e}/\hat{\sigma}^2-TJ^{-1}(\boldsymbol{e}'\boldsymbol{W}_1\boldsymbol{e}/\hat{\sigma}^2)]^2}{T-T^2J^{-1}}\sim\chi^2(1)\tag{5.12}$$

值得注意的是，与 SAR 模型一样，SEM 也是 SDM 的一个特例，为了说明这一点，采取 SEM 的另一表达形式：

$$\begin{aligned}\boldsymbol{y}&=\alpha\boldsymbol{l}_N+\boldsymbol{X\beta}+(\boldsymbol{I}_N-\lambda\boldsymbol{W})^{-1}\boldsymbol{\varepsilon}\\(\boldsymbol{I}_N-\lambda\boldsymbol{W})\boldsymbol{y}&=\alpha(\boldsymbol{I}_N-\lambda\boldsymbol{W})\boldsymbol{l}_N+\boldsymbol{X}(\boldsymbol{I}_N-\lambda\boldsymbol{W})\boldsymbol{\beta}+\boldsymbol{\varepsilon}\\\boldsymbol{y}&=\lambda\boldsymbol{Wy}+\alpha(\boldsymbol{I}_N-\lambda\boldsymbol{W})\boldsymbol{l}_N+\boldsymbol{X\beta}+\boldsymbol{WX}(-\boldsymbol{\beta}\lambda)+\boldsymbol{\varepsilon}\end{aligned}\tag{5.13}$$

式（5.13）表示的就是一个 SDM，因此，对 SDM 的检验，可以通过 SDM 估计结果进行原假设分别为 H_0：$\theta=0$ 及 H_0：$\theta=-\lambda\boldsymbol{\beta}$ 的检验。第一个原假设用来检验模型是否能退化为 SAR 模型，第二个原假设用来检验模型是否能退化为 SEM。

3. 截面数据 SAC 模型

SAC 模型是指因变量和扰动项都包含空间效应的模型，其一般形式如下：

$$\begin{aligned}\boldsymbol{y}&=\rho\boldsymbol{Wy}+\alpha\boldsymbol{l}_N+\boldsymbol{X\beta}+\boldsymbol{u}\\\boldsymbol{u}&=\lambda\boldsymbol{Wu}+\boldsymbol{\varepsilon}\\\boldsymbol{\varepsilon}&\sim N(0,\sigma^2\boldsymbol{I}_N)\end{aligned}\tag{5.14}$$

（1）模型的估计

由 SAC 模型的一般模型可知，其对数似然函数如式（5.15）所示：

$$\ln L=-\frac{N}{2}\ln(\pi\sigma^2)+\ln|\boldsymbol{I}_N-\rho\boldsymbol{W}|+\ln|\boldsymbol{I}_N-\lambda\boldsymbol{W}|-\frac{\boldsymbol{e}'\boldsymbol{e}}{2\sigma^2}\tag{5.15}$$

$$e=(I_N-\lambda W)[(I_N-\rho W)y-X\beta]$$

需要注意的是，这里只考虑了因变量及扰动项空间效应的空间权重相等的情况，实际上，这两个权重可以是相同也可以是不同的。同样地，SAC 模型的对数似然函数也可以通过参数 β 和 σ^2 进行简化，得到关于 ρ 和 λ 的集中对数似然函数，此时便涉及解决关于参数 ρ 和 λ 的二元最优化问题。

第一，给定 λ 和 ρ，求解 $\hat{\beta}$ 及 $\hat{\sigma}^2$。

$$\hat{\beta}(\lambda,\rho)=[X(\lambda,\rho)'X(\lambda,\rho)]^{-1}X(\lambda,\rho)'y(\lambda,\rho)$$

$$\hat{\sigma}^2(\lambda,\rho)=e(\lambda,\rho)'e(\lambda,\rho)/N$$

式中，$X(\lambda,\rho)=X-\lambda WX$，$y(\lambda,\rho)=(I_N-\lambda W)(I_N-\rho W)y$；$e(\lambda,\rho)=y(\lambda,\rho)-X(\lambda,\rho)\beta(\lambda,\rho)$。

第二，将得到的 $\hat{\beta}(\lambda,\rho)$ 及 $\hat{\sigma}^2(\lambda,\rho)$ 代入对数似然函数中并最大化这一对数似然函数以求得 λ 的估计值 $\hat{\lambda}$ 及 $\hat{\rho}$，并进行迭代至收敛。

（2）模型的检验

不同于 SAR 模型与 SEM，SAC 模型并没有专门的检验统计量，由于 SAR 模型与 SEM 均为 SAC 模型的特例，对 SAC 模型形式的选择同时通过空间滞后与空间误差模型的拉格朗日乘子（LM）统计量进行检验。

5.1.3 空间面板数据模型

1. *面板数据 SAR 模型*

SAR 模型是指在 OLS 模型的基础上加上因变量 y 的空间滞后项，使其成为带有内生交互效应的空间计量经济模型。在第 2 章空间数据模型预备理论中提到面板数据 SAR 模型形式为

$$y_t=\rho Wy_t+X_t\beta+\mu+\varepsilon_t \tag{5.16}$$

式中，y_t 为一个 $N\times 1$ 的向量，由时间 $t(t=1,2,\cdots,T)$ 上的样本中每个空间单位 $(i=1,2,\cdots,N)$ 的被解释变量的一个观测值构成；Wy_t 为被解释变量间存在的内生交互效应；ρ 为 SAR 系数；X_t 为一个由每个单位的解释变量（包含常数项）的样本观测值构成的 $N\times K(K=k+1)$ 的矩阵；β 为包括 K 个待估参数的 $K\times 1$ 列向量；$\mu=(\mu_1,\mu_2,\cdots,\mu_N)^{\mathrm{T}}$ 包含了特定的空间效应，在随机效应模型中 $\mu\sim N(0,\sigma_\mu^2)$，在固定效应模型中 μ 是一个待估的参数向量；ε_t 为包含 N 个干扰项的列向量，其中，假设对所有 i 来说，ε_i 服从独立同分布，其均值为零且方差为 σ^2。

（1）模型的估计

为方便理解扩展了固定效应或随机效应的 SAR 模型估计过程，在这一节中将使用单个观测值在特定时间的模型形式而非矩阵模型形式对模型估计进行推导。单个观测值的 SAR 模型可设定为

$$y_{it}=\rho\sum_{j=1}^{N}w_{ij}y_{jt}+x_{it}\beta+\mu_i+\varepsilon_{it} \tag{5.17}$$

式中，y_{it} 为 i 单位 t 时期的被解释变量观测值；$\boldsymbol{x}_{it}$ 为 i 单位 t 时期的解释变量向量（包含常数项）；w_{ij} 为空间权重矩阵 $\boldsymbol{W}$ 的要素；μ_i、ε_{it} 分别为向量 $\boldsymbol{\mu}$ 及 $\boldsymbol{\varepsilon}_t$ 中的要素。

1）固定效应 SAR 模型。固定效应 SAR 模型的扩展会带来两个问题：首先，将因变量的空间滞后项加入模型中，会使得模型估计面临内生性问题，此时传统的最小二乘估计将失效。因此，对 SAR 模型最常用的估计方法为 MLE。其次，同一时间每个空间点的不同观测值之间存在的空间依赖性将影响固定效应的估计。根据假设可知，扰动项服从均值为 0 且方差为 σ^2 的正态分布：$\boldsymbol{\varepsilon}\sim N(0,\sigma^2\boldsymbol{I}_N)$。由此，可写出对数似然函数如下：

$$\ln L=-\frac{NT}{2}\ln 2\pi-\frac{NT}{2}\ln\sigma^2+T\ln\left|\boldsymbol{I}_N-\rho\boldsymbol{W}\right|-\frac{1}{2\sigma^2}\sum_{i=1}^{N}\sum_{t=1}^{T}\left(y_{it}-\rho\sum_{j=1}^{N}w_{ij}y_{jt}-\boldsymbol{x}_{it}\boldsymbol{\beta}-\mu_i\right)^2 \quad (5.18)$$

由上述似然函数可知，相较于截面空间滞后模型，固定效应 SAR 模型还需要对固定效应 μ_i 进行估计。将对数似然函数关于 μ_i 求偏导可得

$$\frac{\partial\ln L}{\partial\mu_i}=\frac{1}{\sigma^2}\sum_{t=1}^{T}\left(y_{it}-\rho\sum_{j=1}^{N}w_{ij}y_{jt}-\boldsymbol{x}_{it}\boldsymbol{\beta}-\mu_i\right)=0\quad i=1,2,\cdots,N \quad (5.19)$$

由此可解得

$$\mu_i=\frac{1}{T}\sum_{t=1}^{T}\left(y_{it}-\rho\sum_{j=1}^{N}w_{ij}y_{jt}-\boldsymbol{x}_{it}\boldsymbol{\beta}\right)\quad i=1,2,\cdots,N \quad (5.20)$$

将 μ_i 的解代入对数似然函数且对各项进行整理后，可得到关于 $\boldsymbol{\beta}$、ρ 及 σ^2 的集中对数似然函数。但在对这一集中对数似然函数进行估计前，需用去均值变量 y 和 x 的回归方程来消除空间固定效应。这种去均值的转换形式为

$$y_{it}^{*}=y_{it}-\frac{1}{T}\sum_{t=1}^{T}y_{it},\quad \boldsymbol{x}_{it}^{*}=\boldsymbol{x}_{it}-\frac{1}{T}\sum_{t=1}^{T}\boldsymbol{x}_{it} \quad (5.21)$$

此时，y_{it}^{*}、$\boldsymbol{x}_{it}^{*}$ 分别表示进行取均值转换后的被解释变量及解释变量。关于 $\boldsymbol{\beta}$、ρ 及 σ^2 的集中对数似然函数形式为

$$\ln L=-\frac{NT}{2}\ln 2\pi-\frac{NT}{2}\ln\sigma^2+T\ln\left|\boldsymbol{I}_N-\rho\boldsymbol{W}\right|-\frac{1}{2\sigma^2}\sum_{i=1}^{N}\sum_{t=1}^{T}\left[y_{it}^{*}-\left(\rho\sum_{j=1}^{N}w_{ij}y_{jt}\right)^{*}-\boldsymbol{x}_{it}^{*}\boldsymbol{\beta}\right]^2 \quad (5.22)$$

与横截面 SAR 模型相似，消除固定效应 μ_i 后的模型中包含两个未知参数 ρ、β。此时传统的一步最大似然法失效。对模型参数的估计，可参照截面 SAR 模型的最大似然估计分两步进行回归。但在进行回归前，需将观测值按 $t=1,2,\cdots,T$ 的顺序将去均值后的观测值堆积成连续的横截面来得到一个 $NT\times 1$ 的向量 $\boldsymbol{y}^{*}$、$(\boldsymbol{I}_T\otimes\boldsymbol{W})\boldsymbol{y}^{*}$ 及 $N\times K$ 的矩阵 $\boldsymbol{X}^{*}$。随后对模型进行如下估计步骤。

第一，给定一个 ρ，使用 MLE 得出最优的 $\boldsymbol{\beta}$ 及 σ^2。在给定 ρ 的条件下最大化对数似然函数，即最小化 $[\boldsymbol{y}^{*}-\rho(\boldsymbol{I}_T\otimes\boldsymbol{W})\boldsymbol{y}^{*}-\boldsymbol{X}^{*}\boldsymbol{\beta}]'[\boldsymbol{y}^{*}-\rho(\boldsymbol{I}_T\otimes\boldsymbol{W})\boldsymbol{y}^{*}-\boldsymbol{X}^{*}\boldsymbol{\beta}]$。

这相当于是 $[\boldsymbol{I}_{NT}-\rho(\boldsymbol{I}_T\otimes\boldsymbol{W})]\boldsymbol{y}^{*}$ 对 $\boldsymbol{X}^{*}$ 进行回归，因此很容易求出 $\hat{\boldsymbol{\beta}}(\rho)$、$\hat{\sigma}^2(\rho)$：

$$\hat{\boldsymbol{\beta}}(\rho)=(\boldsymbol{X}^{*\prime}\boldsymbol{X}^{*})^{-1}\boldsymbol{X}^{*\prime}[\boldsymbol{I}_{NT}-\rho(\boldsymbol{I}_T\otimes\boldsymbol{W})]\boldsymbol{y}^{*}=(\boldsymbol{X}^{*\prime}\boldsymbol{X}^{*})^{-1}\boldsymbol{X}^{*\prime}\boldsymbol{y}^{*}-(\boldsymbol{X}^{*\prime}\boldsymbol{X}^{*})^{-1}\boldsymbol{X}^{*\prime}\rho(\boldsymbol{I}_T\otimes\boldsymbol{W})\boldsymbol{y}^{*}$$
$$=\hat{\boldsymbol{\beta}}_0^{*}-\delta\hat{\boldsymbol{\beta}}_L^{*}$$
$$\hat{\sigma}^2(\rho)=\frac{\boldsymbol{e}(\rho)'\boldsymbol{e}(\rho)}{NT}$$
$$\boldsymbol{e}(\rho)=\boldsymbol{M}_X[\boldsymbol{I}_{NT}-\rho(\boldsymbol{I}_T\otimes\boldsymbol{W})]\boldsymbol{y}^{*}=\boldsymbol{M}_X\boldsymbol{y}^{*}-\rho\boldsymbol{M}_X(\boldsymbol{I}_T\otimes\boldsymbol{W})\boldsymbol{y}^{*}=\boldsymbol{e}_0^{*}-\rho\boldsymbol{e}_L^{*}$$

式中，$\hat{\boldsymbol{\beta}}_0=(\boldsymbol{X}^{*\prime}\boldsymbol{X}^{*})^{-1}\boldsymbol{X}^{*\prime}\boldsymbol{y}^{*}$（即 $\boldsymbol{y}^{*}$ 对 $\boldsymbol{X}^{*}$ 的回归参数），$\hat{\boldsymbol{\beta}}_L=(\boldsymbol{X}^{*\prime}\boldsymbol{X}^{*})^{-1}\boldsymbol{X}^{*\prime}\rho(\boldsymbol{I}_T\otimes\boldsymbol{W})\boldsymbol{y}^{*}$［即 $(\boldsymbol{I}_T\otimes\boldsymbol{W})\boldsymbol{y}^{*}$ 对 $\boldsymbol{X}^{*}$ 的回归参数］；$\boldsymbol{e}_0=\boldsymbol{M}_{X^{*}}\boldsymbol{y}^{*}$（即 $\boldsymbol{y}^{*}$ 对 $\boldsymbol{X}^{*}$ 的回归残差），$\boldsymbol{e}_L=\boldsymbol{M}_{X^{*}}(\boldsymbol{I}_T\otimes\boldsymbol{W})\boldsymbol{y}^{*}$［即 $(\boldsymbol{I}_T\otimes\boldsymbol{W})\boldsymbol{y}^{*}$ 对 $\boldsymbol{X}^{*}$ 的回归残差］；$\boldsymbol{M}_{X^{*}}=\boldsymbol{I}_{NT}-\boldsymbol{X}^{*}(\boldsymbol{X}^{*\prime}\boldsymbol{X}^{*})^{-1}$（即 $\boldsymbol{X}^{*\prime}$ 对 $\boldsymbol{X}^{*}$ 的消灭矩阵）。

Lee 和 Yu（2010）提出应对固定效应模型的偏误进行校正，即对使用均值程序得到的 σ^2 用校正程序 BC 进行偏误校正：

$$\sigma_{\mathrm{BC}}^2=\frac{T}{T-1}\hat{\sigma}^2$$

第二，将给定 ρ 下求得的 $\hat{\boldsymbol{\beta}}(\rho)$、$\hat{\sigma}^2(\rho)$ 代入对数似然函数中可得到只有一个未知参数 ρ 的集中对数似然函数。最大化这一集中对数似然函数便可估计得到空间滞后项的回归参数 $\hat{\rho}$。

第三，将估计得到的 $\hat{\rho}$ 代入集中对数似然函数中，重复上述两步，不断迭代重复至估计值收敛于一个特定的值。

为保证扰动项方差协方差矩阵为正定的，还需满足 $\rho\in[\min(w)-1,\max(w)-1]$（Ord，1975）。集中对数似然函数简化如下：

$$\ln L=\kappa+T\ln\left|\boldsymbol{I}_N-\rho\boldsymbol{W}\right|-\frac{NT}{2}\ln[S(\rho)] \tag{5.23}$$
$$S(\rho)=\boldsymbol{e}(\rho)'\boldsymbol{e}(\rho)$$

式中，κ 为不依赖于参数 ρ 的常数项。对参数方差协方差矩阵的估计，则需借助信息矩阵来估计：

$$\mathrm{AVar}(\hat{\theta})=[I(\hat{\theta}_R)]^{-1}=\left\{-E\left[\frac{\partial^2\ln L(\hat{\theta}_R)}{\partial\hat{\theta}_R\partial\hat{\theta}_R'}\right]\right\}^{-1}$$
$$=\begin{bmatrix}\dfrac{\boldsymbol{X}^{*\prime}\boldsymbol{X}^{*}}{\sigma^2} & & \\ \dfrac{\boldsymbol{X}^{*\prime}(\boldsymbol{I}_T\otimes\tilde{\boldsymbol{W}})\boldsymbol{X}^{*}}{\sigma^2} & T\times\mathrm{tr}(\tilde{\boldsymbol{W}}\tilde{\boldsymbol{W}}+\tilde{\boldsymbol{W}}'\tilde{\boldsymbol{W}})+\dfrac{\boldsymbol{\beta}'\boldsymbol{X}^{*\prime}(\boldsymbol{I}_T\otimes\tilde{\boldsymbol{W}}'\tilde{\boldsymbol{W}})\boldsymbol{X}^{*}\boldsymbol{\beta}}{\sigma^2} & \\ 0 & \dfrac{T}{\sigma^2}\mathrm{tr}(\tilde{\boldsymbol{W}}) & \dfrac{NT}{2\sigma^4}\end{bmatrix}^{-1}$$

式中，$\theta=(\rho,\beta,\sigma^2)$，而极大似然估计下的信息矩阵，它可由对数似然函数的二阶导向量即海瑟矩阵推导得出。$\tilde{\boldsymbol{W}}=\boldsymbol{W}(\boldsymbol{I}_N-\rho\boldsymbol{W})^{-1}$，tr 为矩阵的迹。因渐近方差矩阵是对称矩阵，故上述表达式中忽略了上对角线元素。

2）随机效应 SAR 模型。若假设空间效应是随机的，则模型的对数似然函数为

$$\ln L = -\frac{NT}{2}\ln 2\pi - \frac{NT}{2}\ln \sigma^2 + T\ln\left|\boldsymbol{I}_N - \rho \boldsymbol{W}\right| + \frac{N}{2}\ln\phi^2 - \frac{1}{2\sigma^2}\sum_{i=1}^{N}\sum_{t=1}^{T}\left[y_{it}^{\mathrm{g}} - \rho\left(\sum_{j=1}^{N} w_{ij} y_{jt}\right)^{\mathrm{g}} - \boldsymbol{x}_{it}^{\mathrm{g}}\boldsymbol{\beta}\right]^2 \tag{5.24}$$

式中，ϕ 为数据的横截面成分的权重，且 $0 \leqslant \phi = \sigma^2 / (T\sigma_\mu{}^2 + \sigma^2) \leqslant 1$，符号 g 定义了取决于 ϕ 的变量的转换形式：

$$y_{it}^{\mathrm{g}} = y_{it} - (1-\phi)\frac{1}{T}\sum_{t=1}^{T} y_{it}, \quad \boldsymbol{x}_{it}^{\mathrm{g}} = \boldsymbol{x}_{it} - (1-\phi)\frac{1}{T}\sum_{t=1}^{T}\boldsymbol{x}_{it} \tag{5.25}$$

当 ϕ 等于 1 时，这种转换形式就可以转化变量的去均值过程，此时随机效应转换为固定效应。若给定 ϕ，则这一对数似然函数与固定效应空间滞后模型的对数似然函数完全相同，这说明可以用同样的方法对模型参数 ρ、$\boldsymbol{\beta}$ 及 σ^2 进行估计，并使用估计得到的参数代入关于 ϕ 的集中对数似然函数中进行最大化来得到 ϕ 的估计量并进行迭代至收敛。集中对数似然函数为

$$\ln L = -\frac{NT}{2}\ln[\boldsymbol{e}(\phi)'\boldsymbol{e}(\phi)] + \frac{N}{2}\ln\phi^2 \tag{5.26}$$

$$\boldsymbol{e}(\phi) = y_{it} - (1-\phi)\frac{1}{T}\sum_{t=1}^{T} y_{it} - \rho\left[\sum_{j=1}^{N} w_{ij} y_{ij} - (1-\phi)\frac{1}{T}\sum_{t=1}^{T}\sum_{j=1}^{N} w_{ij} y_{it}\right] - \left[\boldsymbol{x}_{it} - (1-\phi)\frac{1}{T}\sum_{t=1}^{T}\boldsymbol{x}_{it}\right]\boldsymbol{\beta}$$

用 ϕ^2 代替 ϕ 可以确保 $\ln(\phi^2)$ 和 $\sqrt{\phi^2}$ 的参数为正（Magnus，1982）。此时，参数的渐近方差矩阵为（对称阵故省略上对角线元素）

$$\mathrm{AVar}(\hat{\theta}) = \begin{bmatrix} \dfrac{\boldsymbol{X}^{\mathrm{g}'}\boldsymbol{X}^{\mathrm{g}}}{\sigma^2} & & & \\ \dfrac{\boldsymbol{X}^{\mathrm{g}'}(\boldsymbol{I}_T \otimes \tilde{\boldsymbol{W}})\boldsymbol{X}^{\mathrm{g}}}{\sigma^2} & T\times\mathrm{tr}(\tilde{\boldsymbol{W}}\tilde{\boldsymbol{W}} + \tilde{\boldsymbol{W}}'\tilde{\boldsymbol{W}}) + \dfrac{\boldsymbol{\beta}'\boldsymbol{X}^{\mathrm{g}'}(\boldsymbol{I}_T \otimes \tilde{\boldsymbol{W}}'\tilde{\boldsymbol{W}})\boldsymbol{X}^{\mathrm{g}}\boldsymbol{\beta}}{\sigma^2} & & \\ 0 & -\dfrac{1}{\sigma^2}\mathrm{tr}(\tilde{\boldsymbol{W}}) & N\left(T + \dfrac{1}{\varphi^2}\right) & \\ 0 & \dfrac{T}{\sigma^2}\mathrm{tr}(\tilde{\boldsymbol{W}}) & \dfrac{-N}{\sigma^2} & \dfrac{NT}{2\sigma^4} \end{bmatrix}^{-1}$$

若将面板数据 SAR 模型进一步进行转换，得到

$$\boldsymbol{y}_t = (\boldsymbol{I}_N - \rho\boldsymbol{W})^{-1}\boldsymbol{X}_t\boldsymbol{\beta} + (\boldsymbol{I}_N - \rho\boldsymbol{W})^{-1}\boldsymbol{\varepsilon}_t \tag{5.27}$$

上述模型中自变量 $\boldsymbol{y}_t$ 对 $\boldsymbol{X}_t$ 进行回归的参数估计量值不再是参数向量 $\boldsymbol{\beta}$，而是参数矩阵 $(\boldsymbol{I}_N - \rho\boldsymbol{W})^{-1}\boldsymbol{\beta}$，此时面板 SAR 模型回归得到的自变量对因变量的直接效应为矩阵 $(\boldsymbol{I}_N - \rho\boldsymbol{W})^{-1}\boldsymbol{\beta}$ 的对角线元素，其间接效应即空间溢出效应为 $(\boldsymbol{I}_N - \rho\boldsymbol{W})^{-1}\boldsymbol{\beta}$ 的非对角线元素。

（2）模型的检验

SAR 模型的空间效应检验最常用的检验方法为拉格朗日乘子（LM）检验，LM 检验统计量的一般形式为

$$\mathrm{LM}=\left[\frac{\partial \ln L(\hat{\theta}_R)}{\partial \hat{\theta}_R}\right]'[I(\hat{\theta}_R)]^{-1}\left[\frac{\partial \ln L(\hat{\theta}_R)}{\partial \hat{\theta}_R}\right] \tag{5.28}$$

因此，构建 LM 统计量需要求出受限方程下的 MLE 参数估计值及其得分向量、海瑟矩阵等。MLE 的参数估计在上一模块中已详细介绍过，故不再重复，受限模型的参数估计方法也类似，得分向量、信息矩阵等也可以通过将参数代入简单得到。

对应于截面 LM 检验，Anselin（2006）对面板数据 SAR 模型设定了传统的 LM 检验：

$$\mathrm{LM}_{\mathrm{lag}}=\frac{[\boldsymbol{e}'(\boldsymbol{I}_T\otimes \boldsymbol{W})\boldsymbol{y}/\hat{\sigma}^2]^2}{J}\sim\chi^2(1) \tag{5.29}$$

式中，$\boldsymbol{e}$ 为没有任何空间或时间效应的混合回归模型的残差向量，或者为有空间和（或）时间固定效应的面板数据模型的残差向量。J 定义为

$$J=\{[(\boldsymbol{I}_T\otimes \boldsymbol{W})\boldsymbol{X}\hat{\boldsymbol{\beta}}]'[\boldsymbol{I}_{NT}-\boldsymbol{X}(\boldsymbol{X}'\boldsymbol{X})^{-1}\boldsymbol{X}']\times(\boldsymbol{I}_T\otimes \boldsymbol{W})\boldsymbol{X}\hat{\boldsymbol{\beta}}+TT_W\hat{\sigma}^2\}/\hat{\sigma}^2$$

Elhorst（2010）证明了用于面板数据 SAR 模型的 LM 检验的稳健形式为

$$\mathrm{LM}_{\mathrm{lag}^*}=\frac{[\boldsymbol{e}'(\boldsymbol{I}_T\otimes \boldsymbol{W})\boldsymbol{y}/\hat{\sigma}^2-\boldsymbol{e}'(\boldsymbol{I}_T\otimes \boldsymbol{W})\boldsymbol{e}/\hat{\sigma}^2]^2}{J-TT_W}\sim\chi^2(1) \tag{5.30}$$

T_W 定义为

$$T_W=\mathrm{tr}(\boldsymbol{W}\boldsymbol{W}+\boldsymbol{W}'\boldsymbol{W})$$

2. *面板数据* SEM

存在误差项之间的空间交互效应的空间依赖，可由面板数据 SEM 来衡量，其模型形式设定如下：

$$\boldsymbol{y}_t=\boldsymbol{X}_t\boldsymbol{\beta}+\boldsymbol{\mu}+\boldsymbol{u}_t \tag{5.31}$$

扰动项 $\boldsymbol{u}$ 的生成过程为

$$\begin{gathered}\boldsymbol{u}_t=\lambda \boldsymbol{W}\boldsymbol{u}_t+\boldsymbol{\varepsilon}_t\\ \boldsymbol{\varepsilon}_t\sim N(0,\sigma^2\boldsymbol{I}_N)\end{gathered} \tag{5.32}$$

式中，$\boldsymbol{W}\boldsymbol{u}_t$ 为误差项间的交互效应；λ 为空间自相关系数；$\boldsymbol{W}$ 为 $N\times N$ 非负空间权重矩阵；$\boldsymbol{\varepsilon}_t$ 为包含 N 个干扰项的列向量，其中，假设对所有 i 来说，$\boldsymbol{\varepsilon}_i$ 服从独立同分布，其均值为零且方差为 σ^2。

（1）模型的估计

为方便估计演算，设定单个观测值的面板空间误差模型如下：

$$\begin{gathered}y_{it}=\boldsymbol{x}_{it}\boldsymbol{\beta}+\mu_i+\boldsymbol{\varepsilon}_{it}\\ u_{it}=\lambda\sum_{j=1}^{N}w_{ij}\boldsymbol{u}_{jt}+\boldsymbol{\varepsilon}_{it}\end{gathered} \tag{5.33}$$

1）固定效应 SEM。若空间效应是固定的，则与 SAR 模型一样，先采用去均值的方法消除模型中的固定效应，再将去均值后的面板数据按 $t=1,2,\cdots,T$ 的顺序排列成横截面数据，并对其进行 ML 估计。单个观测值的面板 SEM 的对数似然函数为

$$\ln L = -\frac{NT}{2}\ln 2\pi - \frac{NT}{2}\ln\sigma^2 + T\ln\left|\boldsymbol{I}_N - \lambda\boldsymbol{W}\right| \\ -\frac{1}{2\sigma^2}\sum_{i=1}^{N}\sum_{t=1}^{T}\left\{y_{it}^* - \lambda\left(\sum_{j=1}^{N} w_{ij}y_{jt}\right)^* - \left[\boldsymbol{x}_{it}^* - \lambda\left(\sum_{j=1}^{N} w_{ij}\boldsymbol{x}_{jt}\right)^*\right]\boldsymbol{\beta}\right\}^2 \tag{5.34}$$

式中，$y_{it}{}^*$、$\boldsymbol{x}_{it}^*$ 分别表示进行取均值转换后的被解释变量及解释变量。参照 Ord（1975）、Anselin（1988a）对数似然方程的最优化，对面板 SEM 的估计步骤为

第一，给定 λ，将对数似然函数最大化求解 $\hat{\boldsymbol{\beta}}$ 及 $\hat{\sigma}^2$。

$$\hat{\boldsymbol{\beta}}(\lambda) = [\boldsymbol{X}^*(\lambda)'\boldsymbol{X}^*(\lambda)]^{-1}\boldsymbol{X}^*(\lambda)'\boldsymbol{y}^*(\lambda)$$

$$\hat{\sigma}^2(\lambda) = \boldsymbol{e}(\lambda)'\boldsymbol{e}(\lambda)/NT$$

式中，$\boldsymbol{X}^*(\lambda) = \boldsymbol{X}^* - \lambda(\boldsymbol{I}_T \otimes \boldsymbol{W})\boldsymbol{X}^*$； $\boldsymbol{y}^*(\lambda) = \boldsymbol{y}^* - \lambda(\boldsymbol{I}_T \otimes \boldsymbol{W})\boldsymbol{y}^*$； $\boldsymbol{e}(\lambda) = \boldsymbol{y}^*(\lambda) - \boldsymbol{X}^*(\lambda)\boldsymbol{\beta}(\lambda)$。

第二，将得到的 $\hat{\boldsymbol{\beta}}(\lambda)$ 及 $\hat{\sigma}^2(\lambda)$ 代入对数似然函数中并最大化这一对数似然函数以求得 λ 的估计值 $\hat{\lambda}$ 并进行迭代直至收敛：

$$\ln L = \kappa + T\ln\left|\boldsymbol{I}_N - \lambda\boldsymbol{W}\right| - \frac{NT}{2}\ln[S(\lambda)]$$

$$S(\lambda) = \boldsymbol{e}(\lambda)'\boldsymbol{e}(\lambda)$$

参数的渐近方差协方差矩阵为

$$\text{AVar}(\hat{\theta}) = \begin{bmatrix} \dfrac{\boldsymbol{X}^{*\prime}\boldsymbol{X}^*}{\sigma^2} & & \\ 0 & T\times\text{tr}(\tilde{\tilde{\boldsymbol{W}}}\tilde{\tilde{\boldsymbol{W}}} + \tilde{\tilde{\boldsymbol{W}}}'\tilde{\tilde{\boldsymbol{W}}}) & \\ 0 & \dfrac{T}{\sigma^2}\text{tr}(\tilde{\tilde{\boldsymbol{W}}}) & \dfrac{NT}{2\sigma^4} \end{bmatrix}^{-1}$$

式中，$\theta = (\lambda, \beta, \sigma^2)$； $\tilde{\tilde{\boldsymbol{W}}} = \boldsymbol{W}(\boldsymbol{I}_N - \lambda\boldsymbol{W})^{-1}$。对空间固定效应的估计原理也与 SAR 模型相同，其表达式为

$$\mu_i = \frac{1}{T}\sum_{t=1}^{T}(y_{it} - \boldsymbol{x}_{it}\boldsymbol{\beta}), \quad i = 1, 2, \cdots, N$$

2）随机效应 SEM。假设空间效应是随机的，则模型的对数似然函数为

$$\ln L = -\frac{NT}{2}\ln 2\pi - \frac{NT}{2}\ln\sigma^2 - \frac{1}{2}\ln|\boldsymbol{V}| + (T-1)\ln|\boldsymbol{B}| \\ -\frac{1}{2\sigma^2}\boldsymbol{e}'\left(\frac{1}{T}\iota_T\iota_T' \otimes \boldsymbol{V}^{-1}\right)\boldsymbol{e} - \frac{1}{2\sigma^2}\boldsymbol{e}'\left(\boldsymbol{I}_T - \frac{1}{T}\iota_T\iota_T'\right) \otimes \boldsymbol{B}'\boldsymbol{B}\boldsymbol{e} \tag{5.35}$$

式中，$\boldsymbol{V} = T\varphi\boldsymbol{I}_N + (\boldsymbol{B}'\boldsymbol{B})^{-1}$； $\varphi = \sigma_\mu{}^2/\sigma^2$； $\boldsymbol{B} = \boldsymbol{I}_N - \lambda\boldsymbol{W}$，且 $\boldsymbol{e} = \boldsymbol{y} - \boldsymbol{X}\boldsymbol{\beta}$。矩阵 $\boldsymbol{V}$ 的计算是模型估计过程中遇到的主要难点，Elhorst（2003）认为可以将 $\ln|\boldsymbol{V}|$ 作为 Griffith（1988）（详见表 3.1）构造的空间权重矩阵 $\boldsymbol{W}$ 的特征根的函数：

$$\ln|\boldsymbol{V}| = \ln|T\varphi\boldsymbol{I}_N + (\boldsymbol{B}'\boldsymbol{B})^{-1}| = \sum_{i=1}^{N}\ln\left[T\varphi + \frac{1}{(1-\lambda w_i)^2}\right] \tag{5.36}$$

同时，Elhorst（2003）建议采用如下转换形式处理随机效应：

$$y_{it}^{o}=y_{it}-\lambda\sum_{j=1}^{N}w_{ij}y_{jt}+\sum_{j=1}^{N}\left\{[p_{ij}-(1-\lambda w_{ij})]\frac{1}{T}\sum_{t=1}^{T}y_{jt}\right\} \tag{5.37a}$$

$$\boldsymbol{x}_{it}^{o}=\boldsymbol{x}_{it}-\lambda\sum_{j=1}^{N}w_{ij}\boldsymbol{x}_{jt}+\sum_{j=1}^{N}\left\{[p_{ij}-(1-\lambda w_{ij})]\frac{1}{T}\sum_{t=1}^{T}\boldsymbol{x}_{jt}\right\} \tag{5.37b}$$

式中，p_{ij} 为一个 $N\times N$ 矩阵 $\boldsymbol{p}$ 的元素，且 $\boldsymbol{p}'\boldsymbol{p}=\boldsymbol{V}^{-1}$。

经过上述处理后的对数似然函数可简化为

$$\ln L=-\frac{NT}{2}\ln 2\pi-\frac{NT}{2}\ln\sigma^2-\frac{1}{2}\sum_{i=1}^{N}\ln[1+T\varphi(1-\lambda w_i)^2]+T\ln(1-\lambda w_i)-\frac{1}{2\sigma^2}\boldsymbol{e}^{o'}\boldsymbol{e}^{o} \tag{5.38}$$

式中，$\boldsymbol{e}^{o}=\boldsymbol{y}^{o}-\boldsymbol{X}^{o}\boldsymbol{\beta}$。同样地，可以通过两步法进行参数估计。首先，给定 λ 及 φ 的值，通过最大化对数似然函数求得 $\boldsymbol{\beta}$、σ^2 的估计值：$\hat{\boldsymbol{\beta}}=(\boldsymbol{X}^{o'}\boldsymbol{X}^{o})\boldsymbol{X}^{o'}\boldsymbol{y}^{o}$ 及 $\hat{\sigma}^2=\boldsymbol{e}^{o'}\boldsymbol{e}^{o}/NT$。其次，将得到的估计值代入上述对数似然函数中，得到 λ 及 φ 的集中对数似然函数

$$\ln L=\kappa-\frac{NT}{2}\ln[\boldsymbol{e}(\lambda,\varphi)'\boldsymbol{e}(\lambda,\varphi)]-\frac{1}{2}\sum_{i=1}^{N}\ln[1+T\varphi(1-\lambda w_i)^2]+T\sum_{i=1}^{N}\ln(1-\lambda w_i) \tag{5.39}$$

$$\begin{aligned}\boldsymbol{e}(\lambda,\varphi)_{it}=&\,y_{it}-\lambda\sum_{j=1}^{N}w_{ij}y_{jt}+\sum_{j=1}^{N}\left\{\left[p(\lambda,\varphi)_{ij}-(1-\lambda w_{ij})\right]\frac{1}{T}\sum_{t=1}^{T}y_{it}\right\}\\&-\left(\boldsymbol{x}_{it}-\lambda\sum_{j=1}^{N}w_{ij}\boldsymbol{x}_{jt}+\sum_{j=1}^{N}\left\{\left[p(\lambda,\varphi)_{ij}-(1-\lambda w_{ij})\right]\frac{1}{T}\sum_{t=1}^{T}\boldsymbol{x}_{it}\right\}\right)\boldsymbol{\beta}\end{aligned}$$

Baltagi 等（2007）推导出 $\boldsymbol{\beta}$、λ、${\sigma_\mu}^2$ 和 σ^2 的方差协方差矩阵：

$$\mathrm{AVar}(\hat{\theta})=\begin{bmatrix}\dfrac{\boldsymbol{X}^{o'}\boldsymbol{X}^{o}}{\sigma^2} & & & \\ & \dfrac{T-1}{2}\mathrm{tr}(\boldsymbol{\Gamma})^2+\dfrac{1}{2}\mathrm{tr}(\boldsymbol{\Sigma\Gamma})^2 & & \\ & \dfrac{T}{2\sigma^2}\mathrm{tr}(\boldsymbol{\Sigma\Gamma V}^{-1}) & \dfrac{T^2}{2\sigma^4}\mathrm{tr}(\boldsymbol{V}^{-1})^2 & \\ 0 & \dfrac{T-1}{2\sigma^2}tr(\boldsymbol{\Gamma})+\dfrac{1}{2\sigma^2}\mathrm{tr}(\boldsymbol{\Sigma\Gamma\Sigma}) & \dfrac{T}{2\sigma^4}\mathrm{tr}(\boldsymbol{\Sigma V}^{-1}) & \dfrac{1}{2\sigma^4}[(T-1)N+\mathrm{tr}(\boldsymbol{\Sigma})^2]\end{bmatrix}^{-1}$$

式中，$\boldsymbol{\Gamma}=(\boldsymbol{W}'\boldsymbol{B}+\boldsymbol{B}'\boldsymbol{W})(\boldsymbol{B}'\boldsymbol{B})^{-1}$；$\boldsymbol{\Sigma}=\boldsymbol{V}^{-1}(\boldsymbol{B}'\boldsymbol{B})^{-1}$；$\varphi={\sigma_\mu}^2/\sigma^2$，则 φ 的渐近方差为

$$\mathrm{AVar}(\varphi)=\phi^2\left[\frac{\mathrm{Var}(\sigma_\mu^2)}{(\varphi\sigma^2)^2}+\frac{\mathrm{Var}(\sigma^2)}{(\sigma^2)^2}-2\frac{\mathrm{Var}({\sigma_\mu}^2,\sigma^2)}{(\varphi\sigma^2)\sigma^2}\right]$$

对式（5.40）：

$$\begin{aligned}&\boldsymbol{y}_t=\boldsymbol{X}_t\boldsymbol{\beta}+\boldsymbol{\mu}+(\boldsymbol{I}_N-\lambda\boldsymbol{W})^{-1}\boldsymbol{\varepsilon}_t\\&\boldsymbol{\varepsilon}_t\sim N(0,\sigma^2\boldsymbol{I}_N)\end{aligned} \tag{5.40}$$

上述模型中自变量 $\boldsymbol{y}_t$ 对 $\boldsymbol{X}_t$ 进行回归的参数估计值仍是参数向量 $\boldsymbol{\beta}$，即 SEM 中无空间溢出效应，也可以认为模型回归得到的自变量对因变量的直接效应为 $\boldsymbol{\beta}$，其间接效应即空间溢出效应为 0。

（2）模型的检验

根据空间效应中空间相关性的产生机理，可直接将这些检验方法分为两类：空间误差依赖性检验和空间滞后依赖性检验。对空间滞后依赖性检验，已在讨论 SAR 模型中对其进行了详尽介绍，本节将基于 SEM 介绍空间依赖 LM 检验。

相应的，Anselin（2006）对面板数据 SAR 模型设定了传统的 LM 检验：

$$\mathrm{LM}_{\text{error}}=\frac{[\boldsymbol{e}'(\boldsymbol{I}_T\otimes\boldsymbol{W})\boldsymbol{e}/\hat{\sigma}^2]^2}{T\times T_W}\sim\chi^2(1) \tag{5.41}$$

式中，$\boldsymbol{e}$ 为没有任何空间或时间效应的混合回归模型的残差向量，或者是有空间和（或）时间固定效应的面板数据模型的残差向量。

Elhorst（2010）证明了用于面板数据 SAR 模型的 LM 检验的稳健形式为

$$\mathrm{LM}^*_{\text{error}}=\frac{\left[\boldsymbol{e}'(\boldsymbol{I}_T\otimes\boldsymbol{W})\boldsymbol{e}/\hat{\sigma}^2-TT_W/J\times\boldsymbol{e}'(\boldsymbol{I}_T\otimes\boldsymbol{W})\boldsymbol{y}/\hat{\sigma}^2\right]^2}{TT_W(1-TT_W/J)}\sim\chi^2(1) \tag{5.42}$$

J 和 T_W 分别定义为

$$J=\{[(\boldsymbol{I}_T\otimes\boldsymbol{W})\boldsymbol{X}\hat{\boldsymbol{\beta}}]'[\boldsymbol{I}_{NT}-\boldsymbol{X}(\boldsymbol{X}'\boldsymbol{X})^{-1}\boldsymbol{X}']\times(\boldsymbol{I}_T\otimes\boldsymbol{W})\boldsymbol{X}\hat{\boldsymbol{\beta}}+TT_W\hat{\sigma}^2\}/\hat{\sigma}^2$$

$$T_W=\mathrm{tr}(\boldsymbol{WW}+\boldsymbol{W'W})$$

3. 面板数据 SDM

SDM 是指同时包含外生交互效应及内生交互效应的空间计量模型，SDM 中包含了 **WX** 变量，相对于 SAR 模型，SDM 有助于防止遗漏变量偏误。SDM 如下所示：

$$\boldsymbol{y}_t=\rho\boldsymbol{W}\boldsymbol{y}_t+\boldsymbol{X}_t\boldsymbol{\beta}+\boldsymbol{W}\boldsymbol{X}_t\theta+\boldsymbol{\mu}+\boldsymbol{\varepsilon}_t \tag{5.43}$$

其数据生成过程见式（5.44）：

$$\begin{aligned}&\boldsymbol{y}_t=(\boldsymbol{I}-\rho\boldsymbol{W})^{-1}(\boldsymbol{X}_t\boldsymbol{\beta}+\boldsymbol{W}\boldsymbol{X}_t\theta+\boldsymbol{\mu}+\boldsymbol{\varepsilon}_t)\\&\boldsymbol{\varepsilon}_t\sim N(0,\sigma^2\boldsymbol{I}_N)\end{aligned} \tag{5.44}$$

式中，$\boldsymbol{WX}_t$ 为解释变量 $\boldsymbol{X}_t$ 的空间滞后项；θ 为其回归系数值。

（1）模型的估计

SDM 处理空间效应的方法与 SAR 模型相同：若空间效应为固定效应，则采取给变量去均值的方法处理固定效应；若空间效应为随机效应，则采用 SAR 模型中提到的随机效应的转换方法处理模型中的空间效应。因此，本节中不再赘述对空间效应的处理过程。

定义 $Z_t=[\boldsymbol{X}_t,\boldsymbol{WX}_t]$ 及 $v=[\boldsymbol{\beta},\boldsymbol{\theta}]'$，可将模型进一步写成：

$$\begin{aligned}&\boldsymbol{y}_t=\rho\boldsymbol{W}\boldsymbol{y}_t+\boldsymbol{Z}_t\boldsymbol{v}+\boldsymbol{\mu}+\boldsymbol{\varepsilon}_t\\&\boldsymbol{y}_t=(\boldsymbol{I}-\boldsymbol{W}\rho)^{-1}\boldsymbol{Z}_t\boldsymbol{v}+(\boldsymbol{I}-\boldsymbol{W}\rho)^{-1}\boldsymbol{\mu}+(\boldsymbol{I}-\boldsymbol{W}\rho)^{-1}\boldsymbol{\varepsilon}_t\\&\boldsymbol{\varepsilon}_t\sim N(0,\sigma^2\boldsymbol{I}_N)\end{aligned} \tag{5.45}$$

这一模型形式与 SAR 模型类似，在 SAR 模型中，Z_t 为解释变量 $\boldsymbol{X}_t$。参照 SAR 模型中对数似然函数的建立，很容易推导得到单个观测值的 SDM 的对数似然函数如下：

$$\ln L = -\frac{NT}{2}\ln 2\pi - \frac{NT}{2}\ln\sigma^2 + T\ln\left|\boldsymbol{I}_N - \rho\boldsymbol{W}\right| - \frac{1}{2\sigma^2}\sum_{i=1}^{N}\sum_{t=1}^{T}\left(y_{it} - \rho\sum_{j=1}^{N}w_{ij}y_{jt} - \boldsymbol{z}_{it}\boldsymbol{v} - \mu_i\right)^2 \tag{5.46}$$

由此可根据上述对数似然函数对 $\boldsymbol{\mu}_I$ 求一阶导，解得模型空间效应 μ_i 的值为

$$\mu_i = \frac{1}{T}\sum_{t=1}^{T}\left(y_{it} - \rho\sum_{j=1}^{N}w_{ij}y_{jt} - \boldsymbol{z}_{it}\boldsymbol{v}\right) \quad i = 1,2,\cdots,N \tag{5.47}$$

同样地，对 SDM 的估计需首先按 $t=1,2,\cdots,T$ 的顺序将观测值堆积成连续的横截面，得到 $NT\times 1$ 的向量 $\boldsymbol{y}^*$、$(\boldsymbol{I}_T\otimes\boldsymbol{W})\boldsymbol{y}^*$ 及 $N\times K$ 的矩阵 $\boldsymbol{Z}^*$。任意给定 ρ 的取值以求得 $\hat{v}(\rho)$ 及 $\hat{\sigma}^2(\rho)$，然后通过将估计值代入对数似然函数中求解得到 $\hat{\rho}$。其估计步骤如下。

第一，给定 ρ，求解 $\hat{v}(\rho)$ 及 $\hat{\sigma}^2(\rho)$。Pace 和 Barry（1997）提出在给定 ρ 的条件下最大化对数似然函数，即最小化 $[\boldsymbol{y}^* - \rho(\boldsymbol{I}_T\otimes\boldsymbol{W})\boldsymbol{y}^* - \boldsymbol{Z}^*\boldsymbol{v}]'[\boldsymbol{y}^* - \rho(\boldsymbol{I}_T\otimes\boldsymbol{W})\boldsymbol{y}^* - \boldsymbol{Z}^*\boldsymbol{v}]$，这相当于 $[\boldsymbol{I} - \rho(\boldsymbol{I}_T\otimes\boldsymbol{W})]\boldsymbol{y}^*$ 对 $\boldsymbol{Z}^*\boldsymbol{v}$ 进行回归：

$$\begin{aligned}\hat{\boldsymbol{v}}(\rho) &= (\boldsymbol{Z}^{*'}\boldsymbol{Z}^*)^{-1}\boldsymbol{Z}^{*'}[\boldsymbol{I} - \rho(\boldsymbol{I}_T\otimes\boldsymbol{W})]\boldsymbol{y}^* = (\boldsymbol{Z}^{*'}\boldsymbol{Z}^*)^{-1}\boldsymbol{Z}^{*'}\boldsymbol{y} - (\boldsymbol{Z}^{*'}\boldsymbol{Z}^*)^{-1}\boldsymbol{Z}^{*'}\rho(\boldsymbol{I}_T\otimes\boldsymbol{W})\boldsymbol{y}^*\\ &= \hat{\boldsymbol{v}}_0{}^* - \rho\hat{\boldsymbol{v}}_d{}^*\end{aligned}$$

$$\hat{\sigma}^2(\rho) = \frac{\boldsymbol{e}'(\rho)\boldsymbol{e}(\rho)}{NT}$$

$$\boldsymbol{e}(\rho) = \boldsymbol{M}_{\boldsymbol{Z}^*}[\boldsymbol{I} - \rho(\boldsymbol{I}_T\otimes\boldsymbol{W})]\boldsymbol{y}^* = \boldsymbol{M}_{\boldsymbol{Z}^*}\boldsymbol{y}^* - \rho\boldsymbol{M}_{\boldsymbol{Z}^*}(\boldsymbol{I}_T\otimes\boldsymbol{W})\boldsymbol{y}^* = \boldsymbol{e}_0{}^* - \rho\boldsymbol{e}_d{}^*$$

第二，将得到的 $\hat{v}(\rho)$ 及 $\hat{\sigma}^2(\rho)$ 代入对数似然函数中并最大化这一对数似然函数以求得 ρ 的估计值 $\hat{\rho}$ 并迭代至收敛：

$$\ln L = \kappa + \ln|\boldsymbol{I} - \rho\boldsymbol{W}| - \frac{N}{2}\ln[S(\rho)]$$

$$S(\rho) = \boldsymbol{e}(\rho)'\boldsymbol{e}(\rho)$$

对式（5.48）：

$$\begin{aligned}&\boldsymbol{y}_t = (\boldsymbol{I} - \rho\boldsymbol{W})^{-1}(\boldsymbol{\beta} + \boldsymbol{W}\boldsymbol{\theta})\boldsymbol{X}_t + (\boldsymbol{I} - \rho\boldsymbol{W})^{-1}\boldsymbol{\mu} + (\boldsymbol{I} - \rho\boldsymbol{W})^{-1}\boldsymbol{\varepsilon}_t\\ &\boldsymbol{\varepsilon}_t \sim N(0,\sigma^2)\end{aligned} \tag{5.48}$$

上述模型中自变量 $\boldsymbol{y}_t$ 对 $\boldsymbol{X}_t$ 进行回归的参数估计量值不再是参数向量 $\boldsymbol{\beta}$，而是参数矩阵 $(\boldsymbol{I} - \rho\boldsymbol{W})^{-1}(\boldsymbol{\beta} + \boldsymbol{W}\boldsymbol{\theta})$，此时 SAR 模型回归得到的自变量对因变量的直接效应为矩阵 $(\boldsymbol{I} - \rho\boldsymbol{W})^{-1}(\boldsymbol{\beta} + \boldsymbol{W}\boldsymbol{\theta})$ 的对角线元素，其间接效应即空间溢出效应为 $(\boldsymbol{I} - \rho\boldsymbol{W})^{-1}(\boldsymbol{\beta} + \boldsymbol{W}\boldsymbol{\theta})$ 的非对角线元素。

（2）模型的检验

第 2 章中对空间计量经济模型的介绍中提到过，若 SDM 中 $\boldsymbol{X}_t$ 的空间滞后系数 $\theta = 0$，则 SDM 将退化为 SAR 模型。同样地，也可以将 SEM 当作 SDM 的一个特例。给出一个 SEM 如下：

$$\boldsymbol{y}_t = \alpha\boldsymbol{l}_N + \boldsymbol{X}_t\boldsymbol{\beta} + \boldsymbol{\mu} + (\boldsymbol{I}_N - \lambda\boldsymbol{W})^{-1}\boldsymbol{\varepsilon}_t \tag{5.49}$$

对这一模型进行变形得到

$$(\boldsymbol{I}_N - \lambda\boldsymbol{W})\boldsymbol{y}_t = \alpha(\boldsymbol{I}_N - \lambda\boldsymbol{W})\boldsymbol{l}_N + (\boldsymbol{I}_N - \lambda\boldsymbol{W})\boldsymbol{X}_t\boldsymbol{\beta} + (\boldsymbol{I}_N - \lambda\boldsymbol{W})\boldsymbol{\mu} + \boldsymbol{\varepsilon}_t \tag{5.50a}$$

$$
\begin{aligned}
&\boldsymbol{y}_t=\lambda \boldsymbol{W} \boldsymbol{y}_t+\alpha(\boldsymbol{I}_N-\lambda \boldsymbol{W}) \boldsymbol{l}_N+\boldsymbol{X}_t \boldsymbol{\beta}+\boldsymbol{W} \boldsymbol{X}_t(-\lambda \boldsymbol{\beta})+(\boldsymbol{I}_N-\lambda \boldsymbol{W}) \boldsymbol{\mu}+\boldsymbol{\varepsilon}_t \\
&\boldsymbol{\varepsilon}_t \sim N(0, \sigma^2)
\end{aligned} \tag{5.50b}
$$

通过上述变形将一个 SEM 转换成了一个 $\boldsymbol{X}_t$ 的空间滞后系数 $\theta=-\lambda\boldsymbol{\beta}$ 的特殊的 SDM。因此，在考虑是否使用 SDM 时，可以通过 SDM 估计结果进行原假设分别为 H_0：$\theta=0$ 及 H_0：$\theta=-\lambda\boldsymbol{\beta}$ 的检验。第一个原假设用来检验模型是否能退化为空间面板自回归模型，第二个原假设用来检验模型是否能退化为 SEM。若可以使用 SAR 模型和 SEM 进行估计，则可以构建似然比检验，否则只能构建 Wald 检验。两种检验统计量均服从自由度为 K 的 χ^2 分布。若拒绝第一个原假设假设，且 LM 检验也指向建立 SAR 模型，则 SAR 模型能更好地拟合数据；若拒绝第二个原假设，且 LM 检验只想建立 SEM，则表示 SEM 能更好地拟合数据。若上述条件有一个不能满足，则选用两种模型的一般化形式即 SDM。

4. 面板数据 SAC 模型

笔者已经讨论了带有外生交互效应的 SAR 模型及带有误差项间的交互效应的 SEM。当这两种空间效应同时存在时，则有了更一般的空间面板计量模型。这个模型在截面数据下被 Lesage 和 Pace（2009）定义为 SAC 模型，Elhorst（2010）称这种模型为 Kelejian-Prucha 模型，Kelejian 和 Prucha（1998）则称这种模型为 SARAR 模型（带空间自回归误差项的空间自回归模型），SAR 模型、SEM、SARAR 模型又统称为 Cliff-Ord 类型的空间计量经济模型。无特别说明，本书将使用 SAC 模型表示这一一般化的空间计量模型。SAC 模型的模型设定如下：

$$
\begin{aligned}
&\boldsymbol{y}_t=\rho \boldsymbol{W}_1 \boldsymbol{y}_t+\boldsymbol{X}_t \boldsymbol{\beta}+\boldsymbol{\mu}+\boldsymbol{u}_t \\
&\boldsymbol{u}_t=\lambda \boldsymbol{W}_2 \boldsymbol{u}_t+\boldsymbol{\varepsilon}_t \\
&\boldsymbol{\varepsilon}_t \sim N(0, \sigma^2)
\end{aligned} \tag{5.51}
$$

式中，$\boldsymbol{W}_1$、$\boldsymbol{W}_2$ 均为 $N\times N$ 非负空间权重矩阵，两者可相等。

（1）模型的估计

在进行估计前，需要将模型中包含的空间特定效应消除。SAC 模型处理固定效应及随机效应的方法与 SAR 模型及 SEM 类似。SAC 模型同样可以用 MLE 方法来估计，其单个观测值的对数似然函数构造如下：

$$
\begin{aligned}
\ln L=&-\frac{NT}{2}\ln 2\pi-\frac{NT}{2}\ln\sigma^2+T\ln(|\boldsymbol{I}_N-\rho\boldsymbol{W}_1|+|\boldsymbol{I}_N-\lambda\boldsymbol{W}_2|) \\
&-\frac{[T(\boldsymbol{I}_N-\lambda\boldsymbol{W}_2)]^2}{2\sigma^2}\sum_{i=1}^{N}\sum_{t=1}^{T}(y_{it}-\rho w_{1ij}y_{jt}-\boldsymbol{x}_{it}\boldsymbol{\beta}-\mu_i)^2
\end{aligned} \tag{5.52}
$$

显然，SAR 模型和 SEM 都是 SAC 模型的特例，分别对应 $\lambda=0$ 及 $\rho=0$ 的情况。因此，对 SAC 模型的估计步骤也与它的两个退化模型相似，即分两步进行估计，通过给定的 λ、ρ 值计算 $\boldsymbol{\beta}$ 及 σ^2，将对数似然函数进行简化以计算空间效应参数 $\hat{\lambda}$、$\hat{\rho}$，并进行一定的迭代。但最大化这一似然函数面临$\boldsymbol{W}_1 \neq \boldsymbol{W}_2$时两个对数行列式 R 的计算，且需解决关于参数λ和ρ的二元最优化问题。对 SAC 模型进行估计仍需对其数据形式按时间重新排列成横截面形式得到一个$NT \times 1$的向量$\boldsymbol{y}^*$、$(\boldsymbol{I}_T \otimes \boldsymbol{W}_1)\boldsymbol{y}^*$、$(\boldsymbol{I}_T \otimes \boldsymbol{W}_2)\boldsymbol{y}^*$及$N \times K$的矩阵$\boldsymbol{X}^*$。

第一，给定λ和ρ，求解$\hat{\boldsymbol{\beta}}$及$\hat{\sigma}^2$。

$$\hat{\boldsymbol{\beta}}(\lambda,\rho)=[\boldsymbol{X}(\lambda,\rho)^{*\prime}\boldsymbol{X}(\lambda,\rho)^*]^{-1}\boldsymbol{X}(\lambda,\rho)^{*\prime}\boldsymbol{y}(\lambda,\rho)^*$$

$$\hat{\sigma}^2(\lambda,\rho)=\boldsymbol{e}(\lambda,\rho)'\boldsymbol{e}(\lambda,\rho)/n$$

式中，$\boldsymbol{X}^*(\lambda,\rho)=\boldsymbol{X}^*-\lambda(\boldsymbol{I}\otimes\boldsymbol{W}_2)\boldsymbol{X}^*$；$\boldsymbol{y}^*(\lambda,\rho)=[\boldsymbol{y}^*-\lambda(\boldsymbol{I}_T\otimes\boldsymbol{W}_2)\boldsymbol{y}^*][\boldsymbol{y}^*-\rho(\boldsymbol{I}_T\otimes\boldsymbol{W}_1)\boldsymbol{y}^*]$；$\boldsymbol{e}(\lambda,\rho)=\boldsymbol{y}(\lambda,\rho)^*-\boldsymbol{X}(\lambda,\rho)^*\boldsymbol{\beta}(\lambda,\rho)^*$。

第二，将得到的$\hat{\boldsymbol{\beta}}(\lambda,\rho)$及$\hat{\sigma}^2(\lambda,\rho)$代入对数似然函数中并最大化这一对数似然函数以求得$\lambda$的估计值$\hat{\lambda}$及$\hat{\rho}$并进行迭代至收敛。

由于使用 MLE 法估计空间计量模型面临着计算困难、大样本理论尚不健全等一系列问题，Kelejian 和 Prucha（1998）提出了利用工具变量采取 GMM 法对 SAC 模型进行估计，这一估计方法又被称为广义空间二段最小二乘（GS2SLS）法。GS2SLS 估计法选用$\boldsymbol{H}\equiv[\boldsymbol{X},\boldsymbol{W}_1\boldsymbol{X},\cdots,\boldsymbol{W}_1{}^g\boldsymbol{X},\boldsymbol{W}_2\boldsymbol{X},\boldsymbol{W}_2\boldsymbol{W}_1\boldsymbol{X},\cdots,\boldsymbol{W}_2\boldsymbol{W}_1{}^g\boldsymbol{X}]$中线性独立的列向量为工具变量，$g$ 通常取 1 或 2。GS2SLS 估计法通过四个步骤来实现：

第一，使用工具变量对模型进行 2SLS 估计，得到一致但非有效的估计量$\tilde{\rho}$、$\tilde{\boldsymbol{\beta}}$及未考虑$\boldsymbol{u}$的空间相关性的残差项$\tilde{\boldsymbol{u}}$；

第二，将$\tilde{\boldsymbol{u}}$代入误差项$\boldsymbol{u}$的生成模型$\boldsymbol{u}=\lambda\boldsymbol{W}_2\boldsymbol{u}+\boldsymbol{\varepsilon}$中并使用 GMM 估计得到$\tilde{\lambda}$；

第三，使用$\tilde{\lambda}$对模型进行空间 Cochrane-Orcutt 变换，去掉误差项的空间自相关。即将模型两边同时左乘$\boldsymbol{I}-\lambda\boldsymbol{W}_2$：

$$(\boldsymbol{I}-\lambda\boldsymbol{W}_2)\boldsymbol{y}_t=\rho(\boldsymbol{I}-\lambda\boldsymbol{W}_2)\boldsymbol{W}_1\boldsymbol{y}_t+(\boldsymbol{I}-\lambda\boldsymbol{W}_2)\boldsymbol{X}_t\boldsymbol{\beta}+(\boldsymbol{I}-\lambda\boldsymbol{W}_2)\boldsymbol{u}_t$$

式中，$\boldsymbol{\varepsilon}_t=(\boldsymbol{I}-\lambda\boldsymbol{W}_2)\boldsymbol{u}_t$不存在空间自相关，即通过转换消除了模型扰动项的空间相关性。将$\tilde{\lambda}$代入转换后的模型，使用工具矩阵$\boldsymbol{H}$对其进行 2SLS 估计得到$\hat{\rho}$、$\hat{\boldsymbol{\beta}}$及残差项$\hat{\boldsymbol{u}}$；

第四，将$\hat{\boldsymbol{u}}$代入$\boldsymbol{u}$的生成模型中，使用 GMM 估计得到$\hat{\lambda}$。

通过上述四个步骤得到的$\hat{\rho}$、$\hat{\boldsymbol{\beta}}$、$\hat{\lambda}$即为 GS2SLS 的一致且有效的估计量。需要注意的是，使用 GS2SLS 法进行估计时，模型中必须存在外生变量$\boldsymbol{X}$。

如此则得到下列模型［式（5.53）］：

$$\begin{aligned}&\boldsymbol{y}_t=(\boldsymbol{I}-\rho\boldsymbol{W}_1)^{-1}\boldsymbol{X}_t\boldsymbol{\beta}+(\boldsymbol{I}-\rho\boldsymbol{W}_1)^{-1}(\boldsymbol{I}-\lambda\boldsymbol{W}_2)^{-1}\boldsymbol{\varepsilon}_t\\&\boldsymbol{\varepsilon}_t\sim N(0,\sigma^2)\end{aligned}\tag{5.53}$$

上述模型中自变量$\boldsymbol{y}_t$对$\boldsymbol{X}_t$进行回归的参数估计值不再是参数向量$\boldsymbol{\beta}$，而是参数矩阵

$(\boldsymbol{I}-\rho\boldsymbol{W}_1)^{-1}\boldsymbol{\beta}$，此时 SAR 模型回归得到的自变量对因变量的直接效应为矩阵 $(\boldsymbol{I}-\rho\boldsymbol{W}_1)^{-1}\boldsymbol{\beta}$ 的对角线元素，其间接效应即空间溢出效应为 $(\boldsymbol{I}-\rho\boldsymbol{W}_1)^{-1}\boldsymbol{\beta}$ 的非对角线元素。

（2）模型的检验

由于 SAR 模型及 SEM 分别为 SAC 模型在 $\lambda=0$ 及 $\rho=0$ 时的特例，对 SAC 模型的检验，则可参照 SDM 中结合 LR 检验（在能估计 SAR 模型或 SEM 时）或 Wald 检验与空间滞后（误差）LM 的检验方法来选择模型。需要注意的是，模型的选择与使用不能仅仅依赖检验工具，理论与经济意义更是模型选择中需考虑的重要因素。

5. 空间面板模型的 Stata 估计

在 Stata 软件中关于空间面板模型的估计有若干个命令，其中最常用的当属 xsmle。为此，本小节将专门介绍 xsmle 命令。

（1）xsmle 命令

xsmle 命令是非官方命令，由 Belotti、Hughes 和 Mortari 三位学者共同开发[①]。该命令与其他所有的 Stata 估计命令具有同样的特征。xsmle 命令最早是基于 Stata10.1 版本编写的，而后基于 Stata11 版本及更高版本进行完善，目前已经可以实现主要空间面板计量模型的估计。

xsmle 命令使用的第一个前提条件，是关于空间权重 $n\times n$ 矩阵的构造。这个矩阵可以是一个 Stata 矩阵或 spmat 对象，它可以遵循任何空间加权的方案，但它通常会进行空间权重标准化，即使其各行或列和等于 1。xsmle 不允许使用随时间变化的权重矩阵。这意味着每个横截面的权重矩阵必须是相同的，xsmle 将自动复制它的所有时间周期。这可能是使用 xsmle 命令估计的一个限制，尤其是对长面板的估计，因此，xsmle 的可能扩展方向便是提供一个能够读取多个（时变的）权重矩阵的选项。值得注意的是，单个 Stata 矩阵的最大维度依赖于 Stata 的版本：40×40（Small 版）、800×800（IC 版）和 11 000×11 000（SE 版或 MP 版）。为了克服这个限制，更大的矩阵必须转化为 spmat 对象。xsmle 命令使用的第二个前提条件是，在执行命令之前，数据必须通过 tsset 或 xtset 命令声明为面板数据类型。

xsmle 命令的基本语法如下：

xsmle depvar [indepvars] [in] [if] [weight] [，options]

默认情况是随机效应 SAR 模型。下面对该命令的主要估计和后估计选项进行简要介绍。在 Stata 的 xsmle 帮助文件中提供了所有可用选项的完整描述。

SAR 模型：

xsmle depvar [indepvars] [if] [in] [weight]，wmatrix（name）model（sar）[SAR_options]

SDM：

xsmle depvar [indepvars] [if] [in] [weight]，wmatrix（name）model（sdm）[SDM_options]

SAC 模型：

① xsmle 命令的下载方式为：net install xsmle，from（http：//www.econometrics.it/stata）。

xsmle depvar [indepvars] [if] [in] [weight]，wmatrix（name）ematrix（name）model（sac）[SAC_options]

SEM：

xsmle depvar [indepvars] [if] [in] [weight]，ematrix（name）model（sem）[SEM_options]

（2）xsmle 命令的主要选项

model（name）：用于估计的模型类别。空间自回归模型为 sar；空间杜宾模型为 sdm；空间误差模型为 sem；具有空间误差自相关的空间自回归模型为 sac；广义空间随机效应模型为 gspre。默认为 model（sar）。

re：使用随机效应估计量；默认选项。这个选项在 model（sac）中不能被识别。

fe：使用固定效应估计量。这个选项在 model（gspre）中不能被识别。

type（type-options[，Leeyu]）：区分固定效应的类型，只用于 fe 估计量。空间固定效应为 ind；时间固定效应为 time；同时具有空间及时间固定效应则为 both。子选项 Leeyu 允许根据 Lee 和 Yu（2010）的方法来转换数据，并且只能在 type（ind）时使用。

noconstant：不考虑模型中常数项。只用于 re 估计量。

effects：计算直接效应、间接效应和总效应。

nose：不计算直接效应、间接效应和总效应的标准误差。

nsim（#）：为 Lesage 和 Pace（2009）程序设置模拟的数量，以计算直接效应、间接效应和总效应的标准误差。

constraints（constraints list）：用于指定线性约束。

from（init specs）：指定系数的初始值。

level（#）：为置信区间设置置信水平；默认值是 level（95）。

postscore：在评估结果列表中保存观察到的得分。

posthessian：将 Hessian 对应于评估结果列表中的完整的代码集。

hausman：表示进行 hausman 检验。

（3）方差估计

本节描述 vce（vcetype）选项的参数。vce（vcetype）说明了如何估计与参数估计相对应的方差协方差矩阵（vce）。在估计结果的表中报告的标准误差是 VCE 中的方差（对角元素）的平方根。参见 help vcetype 获得更多细节。

oim：获得信息矩阵。

opg：梯度的外积。

robust：当 clustvar 是 pnelvar 时，等同于聚类三明治估计量。

cluster：聚类三明治估计量。

dkraay（#）：Driscoll-Kraay 稳健估计量，#是计算中使用的最大滞后。

（4）常见模型选项

1）SAR 模型选项。wmatrix（name）：空间自回归项的权重矩阵。name 可以是 Stata 矩阵或 spmat 对象。这个矩阵可以被标准化。

dlag（#）：定义了时空模型的结构。当#等于 1 时，只有时间滞后的变量被包括；当#

等于 2 时，只包括时空滞后的变量；当#等于 3 时，时间滞后和时空滞后的因变量被包括在内。

hausman：执行一个稳健的 Hausman 检验。只允许用于静态模型。

2）SDM 选项。wmatrix（name）：空间自回归项的权重矩阵。name 可以是 Stata 矩阵或 spmat 对象。这个矩阵可以被标准化。

dmatrix（name）：空间滞后回归的权重矩阵，默认是使用 wmat（name）中的矩阵。name 可以是 Stata 矩阵或 spmat 对象。这个矩阵可以被标准化。

durbin（dvarlist）：表明回归中必须有空间滞后项；默认 varlist 中的所有独立变量都需有空间滞后项。

dlag（#）：定义了时空模型的结构。当#等于 1 时，只有时间滞后的变量被包括；当#等于 2 时，只包括时空滞后的变量；当#等于 3 时，时间滞后和时空滞后的因变量被包括在内。

hausman：执行一个稳健的 Hausman 检验。只允许用于静态模型。

3）SEM 选项。ematrix（name）：空间自相关误差项的权重矩阵。name 可以是 Stata 矩阵或 spmat 对象。这个矩阵可以被标准化。

hausman：执行一个稳健的 Hausman 检验。

4）SAC 模型选项。wmatrix（name）：空间自回归项的权重矩阵。name 可以是 Stata 矩阵或 spmat 对象。这个矩阵可以被标准化。

ematrix（name）：空间自相关误差项的权重矩阵。name 可以是 Stata 矩阵或 spmat 对象。这个矩阵可以被标准化。

（5）举例

使用该程序自带的数据进行各空间面板模型的估计如下：

SAR model

```
. use http://www.econometrics.it/Stata/data/xsmle/product.dta
. spmat use usaww using http://www.econometrics.it/Stata/data/xsmle/usaww.spmat
. generate lngsp = log（gsp）
. generate lnpcap = log（pcap）
. generate lnpc = log（pc）
. generate lnemp = log（emp）
. xsmle lngsp lnpcap lnpc lnemp unemp，wmatrix（usaww）
```

SDM with selected spatially lagged regressors and direct + indirect effect

```
. xsmle lngsp lnpcap lnpc lnemp，re model（sdm）wmatrix（usaww）durbin（lnpcap lnpc）
```

SAC model

```
. xsmle lngsp lnpcap lnpc lnemp，fe model（sac）wmatrix（usaww）ematrix（usaww）
```

SEM

```
. xsmle lngsp lnpcap lnpc lnemp，re model（sem）ematrix（usaww）
```

GSPRE model

```
. xsmle lngsp lnpcap lnpc lnemp，model（gspre）error（1）wmatrix（usaww）
ematrix（usaww）
```

5.2　空间门槛效应模型现状

空间门槛效应模型，不是空间计量经济模型与门槛效应模型的简单结合，而是要将这两种模型的设定、检验和估计方法科学合理地推算结合，使其成为一套适用于空间门槛效应模型的计量检验与方法，即将门槛这一非线性建模思路集成到空间计量经济模型的建立过程中，或是将空间效应考虑到非线性门槛模型中。这两种模型的有效结合无疑面临一系列计量经济学问题，如模型的有效识别问题、参数估计的一致及有效性和如何构造有效的检验统计量等。同时，在空间计量模型与门槛效应模型的结合过程中，还应考虑空间效应的嵌入形式，是作为空间滞后变量直接加入到模型中的外嵌形式，或是让空间变量作为门槛变量内嵌到门槛模型中。对动态空间面板门槛模型，在模型识别过程中则面临着考虑应在模型中加入空间变量时间上的滞后项、解释变量内生还是门槛变量内生或三者均存在的问题。目前，对空间门槛效应模型的理论研究才刚刚起步，相关理论与实证研究都尚缺乏。考虑到空间门槛效应模型建立的复杂性及可能面临的一系列识别问题，本章仅考虑空间计量模型与门槛效应模型的外嵌式结合。

5.2.1　截面数据空间门槛模型

考虑一个广义嵌套的截面数据空间门槛模型如下：

$$\begin{aligned}&\boldsymbol{y}=\rho\boldsymbol{W}\boldsymbol{y}+\boldsymbol{\beta}\boldsymbol{X}(\gamma)+\boldsymbol{W}\boldsymbol{X}\boldsymbol{\theta}+\boldsymbol{u}\\&\boldsymbol{u}=\lambda\boldsymbol{W}\boldsymbol{u}+\boldsymbol{\varepsilon}\\&\boldsymbol{\varepsilon}\sim(0,\sigma_{\varepsilon}{}^{2})\end{aligned}\tag{5.54}$$

对两区制门槛回归模型：

$$\boldsymbol{\beta}\boldsymbol{X}(\gamma)=\boldsymbol{\beta}_1'\boldsymbol{X}I(\boldsymbol{q}\leqslant\gamma)+\boldsymbol{\beta}_2'\boldsymbol{X}I(\boldsymbol{q}>\gamma)$$

式中，$I(\cdot)$为指示函数；$\boldsymbol{q}$为门槛变量；γ为门槛参数。其中，$\boldsymbol{y}$为$N\times1$的向量，它由样本中每一个单位的被解释变量（$i=1,2,\cdots,N$）的样本观测值构成；$\boldsymbol{Wy}$为被解释变量间存在的内生交互效应；ρ为空间自回归系数，表示了被解释变量间空间相关性的强弱；$\boldsymbol{WX}$为解释变量间存在的外生交互效应；$\boldsymbol{\theta}$为包含了k个固定且未知的待估参数的列向量；$\boldsymbol{Wu}$代表扰动项存在的空间依赖；λ为空间自相关系数；$\boldsymbol{W}$为$N\times N$非负空间权重矩阵；$\boldsymbol{\varepsilon}$为包含N个干扰项的列向量，其中，假设对所有i来说，$\boldsymbol{\varepsilon}_i$服从独立同分布，其均值为零且方差为$\sigma^2$。

与截面空间计量模型类似，可以通过对这个一般化的截面数据空间门槛模型进行参数约束，使其变为更一般化的模型。外嵌型截面数据空间门槛模型的主要形式见表 5.1。

表 5.1　外嵌型截面数据空间门槛模型的主要形式

模型	参数	模型形式
GNS 门槛模型	ρ、$\boldsymbol{\beta}$、$\boldsymbol{\theta}$、λ	$\boldsymbol{y}=\rho\boldsymbol{W}\boldsymbol{y}+\boldsymbol{\beta}\boldsymbol{X}(\gamma)+\boldsymbol{W}\boldsymbol{X}\boldsymbol{\theta}+\boldsymbol{u}$ $\boldsymbol{u}=\lambda\boldsymbol{W}\boldsymbol{u}+\boldsymbol{\varepsilon}$ $\boldsymbol{\varepsilon}\sim N(0,\sigma^2\boldsymbol{I}_N)$
SDEM 门槛模型	$\boldsymbol{\beta}$、$\boldsymbol{\theta}$、λ	$\boldsymbol{y}=\boldsymbol{\beta}\boldsymbol{X}(\gamma)+\boldsymbol{W}\boldsymbol{X}\boldsymbol{\theta}+\boldsymbol{u}$ $\boldsymbol{u}=\lambda\boldsymbol{W}\boldsymbol{u}+\boldsymbol{\varepsilon}$ $\boldsymbol{\varepsilon}\sim N(0,\sigma^2\boldsymbol{I}_N)$
SDM 门槛模型	ρ、$\boldsymbol{\beta}$、$\boldsymbol{\theta}$	$\boldsymbol{y}=\rho\boldsymbol{W}\boldsymbol{y}+\boldsymbol{\beta}\boldsymbol{X}(\gamma)+\boldsymbol{W}\boldsymbol{X}\boldsymbol{\theta}+\boldsymbol{\varepsilon}$ $\boldsymbol{\varepsilon}\sim N(0,\sigma^2\boldsymbol{I}_N)$
SAC 门槛模型	ρ、$\boldsymbol{\beta}$、λ	$\boldsymbol{y}=\rho\boldsymbol{W}\boldsymbol{y}+\boldsymbol{\beta}\boldsymbol{X}(\gamma)+\boldsymbol{u}$ $\boldsymbol{u}=\lambda\boldsymbol{W}\boldsymbol{u}+\boldsymbol{\varepsilon}$ $\boldsymbol{\varepsilon}\sim N(0,\sigma^2\boldsymbol{I}_N)$
SEM 门槛模型	$\boldsymbol{\beta}$、λ	$\boldsymbol{y}=\boldsymbol{\beta}\boldsymbol{X}(\gamma)+\boldsymbol{u}$ $\boldsymbol{u}=\lambda\boldsymbol{W}\boldsymbol{u}+\boldsymbol{\varepsilon}$ $\boldsymbol{\varepsilon}\sim N(0,\sigma^2\boldsymbol{I}_N)$
SLX 门槛模型	$\boldsymbol{\beta}$、$\boldsymbol{\theta}$	$\boldsymbol{y}=\boldsymbol{\beta}\boldsymbol{X}(\gamma)+\boldsymbol{W}\boldsymbol{X}\boldsymbol{\theta}+\boldsymbol{\varepsilon}$ $\boldsymbol{\varepsilon}\sim N(0,\sigma^2\boldsymbol{I}_N)$
SAR 模型	ρ、$\boldsymbol{\beta}$	$\boldsymbol{y}=\rho\boldsymbol{W}\boldsymbol{y}+\boldsymbol{\beta}\boldsymbol{X}(\gamma)+\boldsymbol{\varepsilon}$ $\boldsymbol{\varepsilon}\sim N(0,\sigma^2\boldsymbol{I}_N)$
截面数据门槛模型	$\boldsymbol{\beta}$	$\boldsymbol{y}=\boldsymbol{\beta}\boldsymbol{X}(\gamma)+\boldsymbol{\varepsilon}$ $\boldsymbol{\varepsilon}\sim N(0,\sigma^2\boldsymbol{I}_N)$

5.2.2　空间面板门槛模型

1. 静态空间面板门槛模型

首先考虑一个一般化的静态空间面板门槛模型，虽然这个一般化的模型可能面临模型识别问题，但从一般化模型开始考虑，再通过添加一系列限制来得到其一系列退化模型，有助于理清各模型之间的联系，也有助识别哪一个模型对特定实证研究最合适。将三种空间效应均考虑到面板门槛模型中，这个广义嵌套的空间面板门槛模型为

$$\begin{aligned}&\boldsymbol{y}_t=\rho\boldsymbol{W}\boldsymbol{y}_t+\boldsymbol{\beta}\boldsymbol{X}_t(\gamma)+\boldsymbol{W}\boldsymbol{X}_t\boldsymbol{\theta}+\boldsymbol{\mu}+\boldsymbol{u}_t\\&\boldsymbol{u}_t=\lambda\boldsymbol{W}\boldsymbol{u}_t+\boldsymbol{\varepsilon}_t\\&\boldsymbol{\varepsilon}_t\sim(0,\sigma_{\varepsilon}{}^2)\end{aligned}\tag{5.55}$$

对两区制面板门槛回归模型：

$$\boldsymbol{\beta}\boldsymbol{X}_t(\gamma)=\boldsymbol{\beta}_1'\boldsymbol{X}_tI(\boldsymbol{q}_t\leqslant\gamma)+\boldsymbol{\beta}_2'\boldsymbol{X}_tI(\boldsymbol{q}_t>\gamma)$$

式中，$I(\cdot)$ 为指示函数；$\boldsymbol{q}_t$ 为门槛变量；γ 为门槛参数。对单一门槛情况，根据门槛变量 $\boldsymbol{q}_t$ 小于或大于门槛值 γ，观测值被分为两个区域。不同的区域，回归得到的斜率不同，即 $\boldsymbol{\beta}=(\boldsymbol{\beta}_1'\boldsymbol{\beta}_2')'$。而实际上参数向量 $\boldsymbol{\beta}$ 的维度取决于门槛值的个数，这需要通过门槛

效应检验来确定。$\boldsymbol{y}_t$ 为一个 $N\times 1$ 的向量，由时间 $t(t=1,2,\cdots,T)$ 上的样本中每个空间单位 $(i=1,2,\cdots,N)$ 的被解释变量的一个观测值构成；$\boldsymbol{X}_t$ 为 $N\times K$ 的外生解释变量矩阵；$\boldsymbol{W}$ 为一个已知的非负的常数权重矩阵；$\boldsymbol{Wy}$ 为被解释变量间存在的内生交互效应；ρ 为空间自回归系数，表示了被解释变量间空间相关性的强弱；$\boldsymbol{WX}$ 为解释变量间存在的外生交互效应；$\boldsymbol{\theta}$ 为包含了 K 个固定且未知的待估参数的列向量；$\boldsymbol{Wu}$ 为误差项之间的空间交互效应；λ 为空间自相关系数；$\boldsymbol{\mu}=(\boldsymbol{\mu}_1,\boldsymbol{\mu}_2,\cdots,\boldsymbol{\mu}_N)'$ 包含了特定空间效应，即可作为虚拟变量加入模型中（固定效应）也可以被视为模型中的随机变量（随机效应）。若将空间效应设定为空间自相关的，则在模型中加入响应参数为 $\boldsymbol{\kappa}$ 的 $\boldsymbol{W\mu}$ 项。此外，$\boldsymbol{\varepsilon}_t$ 服从均值为 0、方差为 σ_ε^2 的独立同分布。

通过对这个一般化空间面板门槛模型中的一个或多个参数施加约束，这种相同的估计方法也可以适用于其他空间计量模型。广义嵌套的空间计量模型主要包括 OLS、SAR 模型、SEM、SLX、SAC 模型、SDM 和 SDEM。考虑以下几种参数限制情况：

1）若 $\lambda=0$，此时模型退化为 SDM 面板门槛模型；

2）若 $\theta=0$，此时模型退化为 SAC 面板门槛模型；

3）若 $\rho=0$，此时模型退化为 SDEM 面板门槛模型；

4）若 $\lambda=\theta=0$，此时模型退化为 SAR 面板门槛模型；

5）若 $\lambda=\rho=0$，此时模型退化为 SLX 面板门槛模型；

6）若 $\rho=\theta=0$，此时模型退化为 SEM 面板门槛模型；

7）若 $\lambda=\theta=\rho=0$，此时模型退化为一般的面板门槛模型。

2. 动态空间面板门槛模型

前面提到，在考虑将静态空间面板门槛模型扩展为动态时，将面临应将时间上的滞后项加入到被解释变量、解释变量、误差项、被解释变量空间滞后项、解释变量空间滞后项、误差项空间滞后项还是门槛变量中去的问题。对内嵌式的空间面板门槛模型，则还应考虑门槛变量的空间滞后项在时间上的滞后，这说明动态空间面板模型系统是非常复杂的。考虑一个广义的动态空间面板门槛模型：

$$\begin{aligned}
&\boldsymbol{y}_t=\tau\boldsymbol{y}_{t-1}+\rho\boldsymbol{W}\boldsymbol{y}_t+\eta\boldsymbol{W}\boldsymbol{y}_{t-1}+\boldsymbol{X}_t\phi(\gamma)+\boldsymbol{W}\boldsymbol{X}_t\boldsymbol{\beta}_2+\boldsymbol{X}_{t-1}\boldsymbol{\beta}_3+\boldsymbol{W}\boldsymbol{X}_{t-1}\boldsymbol{\beta}_4+\boldsymbol{Z}_t\boldsymbol{\pi}+\boldsymbol{u}_t\\
&\boldsymbol{u}_t=\nu\boldsymbol{u}_{t-1}+\lambda\boldsymbol{W}\boldsymbol{u}_t+\boldsymbol{\mu}+\boldsymbol{\xi}\boldsymbol{I}_N+\boldsymbol{\varepsilon}_t\\
&\boldsymbol{\mu}=\kappa\boldsymbol{W}\boldsymbol{\mu}+\boldsymbol{\zeta}
\end{aligned}\tag{5.56}$$

对两区制动态面板门槛回归模型：

$$\phi\boldsymbol{X}_t(\gamma)=\phi_1'\boldsymbol{X}_tI(\boldsymbol{q}_t\leqslant\gamma)+\phi_2'\boldsymbol{X}_tI(\boldsymbol{q}_t>\gamma)$$

式中，$\boldsymbol{X}_t$ 中包含因变量的滞后项；ϕ_1 和 ϕ_2 为不同门槛区间的斜率系数；$\boldsymbol{Z}_t$ 为 $N\times L$ 的内生变量矩阵；$\boldsymbol{\pi}$ 为内生解释变量的 $L\times 1$ 的响应参数向量。与一般化的静态空间面板门槛模型不同的是，动态模型中包含了被解释变量及其空间滞后项、解释变量及其空间滞后项、误差项及门槛变量等在时间上的滞后项。同样地，可以通过对这一模型的参数加以约束，得到动态的 SDM 面板门槛、SAC 面板门槛、SDEM 面板门槛、SAR 面板门槛、SEM 面板门槛、SLX 面板门槛及一般的面板门槛模型 7 种模型形式。

5.2.3　STR 模型

STR 模型是门槛回归模型的一般化形式，空间计量经济模型与平滑转移模型的结合也是目前非线性门槛模型研究的重点。考虑如下 STR 模型：

$$
\begin{aligned}
&\boldsymbol{y}=\rho\boldsymbol{W}\boldsymbol{y}+\boldsymbol{X}\boldsymbol{\beta}+\boldsymbol{X}\boldsymbol{\delta}\otimes G(s;\gamma,c)+\boldsymbol{W}\boldsymbol{X}\boldsymbol{\theta}+\boldsymbol{u}\\
&\boldsymbol{u}=\lambda\boldsymbol{W}\boldsymbol{u}+\boldsymbol{\varepsilon}\\
&\boldsymbol{\varepsilon}\sim(0,\sigma_{\varepsilon}^{2})
\end{aligned}
\tag{5.57}
$$

与一般化空间计量模型不同的是，上述模型中考虑了自变量 $\boldsymbol{X}$ 的平滑转移项。其中，$G(s;\gamma,c)$ 为转换函数，它是一个连续函数，取值范围为 $[0,1]$；s 为转换变量；c 为门限变量；$\gamma>0$ 为平滑系数。$\otimes$ 为 Hadamard 积。同样地，可以通过参数约束，让这个一般化的空间平滑转换模型退化成 6 种不同形式的空间平滑转化模型及 1 个一般的 STR 模型。通过将时间上的滞后项加入上述模型中，也可以将静态空间平滑转移模型扩展为动态形式。

1. 空间 STAR 模型

（1）空间 STAR 模型簇

Pede 等（2014）提出了包含 ARAR-STAR、SAR-STAR、SEM-STAR 三种模型形式的空间 STAR 模型簇，对这些模型的估计及检验方法等进行了推理运算，并给出了相应的 R 命令。将 STAR 模型在横截面数据的基础上加入空间效应便得到了空间 STAR 模型。在建立一个空间 STAR 模型前，首先类比于一个时间序列 STAR 模型建立的空间数据 STAR 模型如下：

$$
\boldsymbol{y}=\boldsymbol{X}\boldsymbol{\beta}+\boldsymbol{X}\boldsymbol{\delta}\otimes G(s;\gamma,c)+\boldsymbol{u}
\tag{5.58}
$$

式中，$\boldsymbol{y}$ 为 $N\times 1$ 的空间数据序列；$\boldsymbol{X}$ 为 $N\times k$ 的解释变量向量；$G(s;\gamma,c)$ 为一个连续的、潜在光滑的、取值范围为 $[0,1]$ 的实值转换函数；s 为转换变量；c 为门限变量；$\gamma>0$ 为平滑变量，它决定了数据生成过程从一个机制到另一个机制的转换速度，$\otimes$ 为 Hadamard 积；$\boldsymbol{u}$ 为一个独立同分布且同方差的误差项，或是一个展示空间自回归的模式；注意，转换函数和外生变量之间的相互作用允许在空间和通过 G 确定的区制之间进行参数变化。

Dijk 等（2002）指出转换变量可以是外生变量 $s=z$ 、内生变量（取 $\boldsymbol{y}$ 滞后变量）或者是内生变量的函数，甚至可以取为时间变量 t 。类比于时间序列 STAR 模型，转换函数既可以是因变量 $\boldsymbol{y}$ 的空间滞后项也可以是自变量 $\boldsymbol{x}$ 的空间滞后项。为便于理解，本章只考虑后者。定义自变量 $\boldsymbol{x}$ 的空间滞后项为 $\boldsymbol{W}\boldsymbol{x}$ ，$\boldsymbol{W}$ 表示一个外因定义的权重矩阵。空间权重矩阵通常为一个 Boolean 矩阵，即当两地相邻时取值为 1，不相邻时取值为 0，且权重矩阵通常是行标准化后的。以 Logistic 转换函数为例，确定空间机制：

$$
G(\boldsymbol{W}\boldsymbol{x};\gamma,c)=[1+\exp(-\gamma(\boldsymbol{W}\boldsymbol{x}-c)/\sigma_{Wx})]^{-1}
\tag{5.59}
$$

一个同时包含空间被解释变量滞后项及空间误差自回归项并以空间滞后外生变量作为转换变量的 ARAR-STAR 模型形式如下：

$$
\begin{aligned}
&\boldsymbol{y}=\rho \boldsymbol{W y}+\boldsymbol{X \beta}+\boldsymbol{X} \delta \otimes G(\boldsymbol{W x} ; \gamma, c)+\boldsymbol{u} \\
&\boldsymbol{u}=\boldsymbol{\lambda} \boldsymbol{W} \boldsymbol{u}+\boldsymbol{\varepsilon} \\
&\boldsymbol{\varepsilon} \sim\left(0, \sigma_{\varepsilon}^{2}\right)
\end{aligned} \tag{5.60}
$$

式中，$\boldsymbol{y}$ 为由解释变量观测值构成的 $N \times 1$ 的向量；$\boldsymbol{X}$ 为由被解释变量观测值构成的 $N \times k$ 矩阵；$\boldsymbol{\beta}$ 为解释变量的参数向量；$\boldsymbol{W}$ 为空间权重矩阵；$\boldsymbol{u}$ 为模型的误差向量；ρ、λ 分别为被解释变量空间滞后项系数及误差项的空间自相关系数，此外，$\boldsymbol{\varepsilon}$ 服从均值为 0、方差为 σ_{ε}^{2} 的独立同分布。当 $\rho=0$ 时，模型退化为只包含误差滞后项的空间误差 STAR 模型，当 $\lambda=0$ 时模型退化为只包含被解释变量空间滞后项的空间滞后 STAR 模型，当 $\rho=\lambda=0$ 时模型为基础的空间 STAR 模型。每一个模型均可用最大似然法进行估计。空间单元或不同空间自回归过程的参数稳定性检验可用基于最大似然的 LM 检验或 Wald 检验及 LR 检验等。

在建立一个 SEM-STAR 模型前，首先考虑一个误差项的空间自回归模型如下：

$$
\begin{aligned}
&\boldsymbol{y}=\boldsymbol{X \beta}+(1-\boldsymbol{\lambda W})^{-1} \varepsilon \\
&\boldsymbol{u}=\boldsymbol{\lambda} \boldsymbol{W} \boldsymbol{u}+\boldsymbol{\varepsilon} \\
&\boldsymbol{\varepsilon} \sim\left(0, \sigma_{\varepsilon}^{2}\right)
\end{aligned} \tag{5.61}
$$

通过将转换函数加入式（5.61）中，即可得到一个 SEM-STAR 模型：

$$
\boldsymbol{y}=\boldsymbol{X \beta}+\boldsymbol{X} \delta \otimes G(s ; \gamma, c)+(1-\boldsymbol{\lambda W})^{-1} \boldsymbol{\varepsilon} \tag{5.62}
$$

同理，SAR-STAR 模型形式如下：

$$
\boldsymbol{y}=\rho \boldsymbol{W y}+\boldsymbol{X \beta}+\boldsymbol{X} \delta \otimes G(\boldsymbol{W x} ; \gamma, c)+\boldsymbol{u} \tag{5.63}
$$

下面我们将对上述三种空间 STAR 模型的估计及检验进行介绍，并以 SEM-STAR 模型为例对空间 STAR 模型的设定、估计及检验做详细的介绍，SAR-STAR 模型及 ARAR-STAR 模型的估计与检验方法雷同，故不做赘述，读者可自行推导。

（2）模型估计

MLE 是空间面板计量模型的较好估计方法（Anselin，2006）。若模型的误差项服从均值为 0、方差为 σ_{ε}^{2} 的独立同分布，则 SEM-STAR 模型的对数似然函数为

$$
L\left(\theta, \lambda, \sigma^{2}\right)=-\frac{N}{2} \ln 2 \pi+\left(-\frac{N}{2}\right) \ln \sigma^{2}+\ln |I-\boldsymbol{\lambda W}|-\frac{1}{2 \sigma^{2}} \boldsymbol{\varepsilon}^{\prime} \boldsymbol{\varepsilon} \tag{5.64a}
$$

式中，$\boldsymbol{\varepsilon}=(\boldsymbol{I}-\boldsymbol{\lambda W})[\boldsymbol{y}-f(\boldsymbol{X} ; \theta)]$；$f$ 为包含参数 $\theta=\left(\beta^{\prime}, \delta^{\prime}, \gamma, c\right)$ 的式（5.59）与式（5.62）的联立方程，$\sigma^{2}=\boldsymbol{\varepsilon}^{\prime} \boldsymbol{\varepsilon} / N$。但由于 θ 的具体函数形式不知，基于一次性最大似然的优化方法失效。此时，可使用迭代 FGLS 方法对参数 λ 进行估计，具体估计步骤如下：

1）使用渐近非线性最小二乘法对 $\boldsymbol{y}=\boldsymbol{X \beta}+\boldsymbol{X} \delta \otimes G(\boldsymbol{W x} ; \gamma, c)+\boldsymbol{\varepsilon}$ 进行估计得到残差估计值 $\hat{\boldsymbol{\varepsilon}}$；

2）将 $\hat{\boldsymbol{\varepsilon}}$ 代入式（5.61），最大化对数似然函数以得到 λ 的最优估计值 $\hat{\lambda}$；

3）使用 $\hat{\lambda}$ 计算 SEM-STAR 模型的空间 Cochrane-Orcutt 转换形式 $\tilde{\boldsymbol{y}}=(I-\hat{\lambda} \boldsymbol{W}) \boldsymbol{y}$ 及 $\hat{\boldsymbol{X}}=(I-\hat{\lambda} \boldsymbol{W}) \boldsymbol{X}$；

4）使用 $\tilde{\boldsymbol{y}}$ 及 $\tilde{\boldsymbol{X}}$ 重复以上步骤直至收敛。

同理可得 ARAR-STAR 模型、SAR-STAR 模型的对数似然函数分别为

$$L(\theta,\rho,\lambda,\sigma^2)=-\frac{N}{2}\ln 2\pi-\frac{N}{2}\ln\sigma^2+\ln|I-\lambda\boldsymbol{W}|+\ln|I-\rho\boldsymbol{W}|-\frac{1}{2\sigma^2}\boldsymbol{\varepsilon}'(I-\lambda\boldsymbol{W})'(I-\lambda\boldsymbol{W})\boldsymbol{\varepsilon} \tag{5.64b}$$

$$L(\theta,\rho,\lambda,\sigma^2)=-\frac{N}{2}\ln 2\pi-\frac{N}{2}\ln\sigma^2+\ln|I-\rho\boldsymbol{W}|-\frac{1}{2\sigma^2}\boldsymbol{\varepsilon}'\boldsymbol{\varepsilon} \tag{5.64c}$$

其中，参数定义与 SEM-STAR 模型中一致，具体回归估计步骤也与 SEM-STAR 模型类似。

第二种估计方法借鉴 Chernozhukov 和 Hong（2003）的思想，采用 MCMC 的方法来估计参数，其具体步骤如下。

1）选择参数的初始值 $\Xi^{(0)}$。

$$n=1,2,\cdots,N_{\text{sim}}$$

2）在第 $n+1$ 次抽样中，抽取 $\Theta=\Xi^{(n)}+\xi$，其中 $\Xi^{(n)}$ 是 Markov 链中参数向量的当前状态，ξ 是从正态分布 $N(0,\Omega_\Xi)$ 中抽取的 i.i.d.冲击向量，其中 Ω_Ξ 是一个对角矩阵。Θ 作为 Markov 链中参数向量第 $n+1$ 位置的候选抽样。

3）在 Markov 链中从 $\Xi^{(n)}$ 转移到 $\Xi^{(n+1)}$，其中 $\Xi^{(n+1)}$ 的值为

$$\Xi^{(n+1)}=\begin{cases}\Theta & \text{以概率为}\min\{1,\exp[\log_{10}L(\Theta)-\log_{10}L(\Xi^{(n)})]\}\\ \Xi^{(n)} & \text{其他}\end{cases}$$

式中，$\log_{10}L(\Xi^{(n)})$ 为 Markov 链中当前状态下的似然函数值；$\log_{10}L(\Theta)$ 为候选参数向量下的似然函数值。

（3）模型检验

考虑一个空间滞后外生变量 $\boldsymbol{Wx}$ 为转换变量的选用 Logistic 转换函数形式的 SEM-STAR 模型。

$$\boldsymbol{y}=\boldsymbol{X\beta}+\boldsymbol{X\delta}\otimes G(\boldsymbol{Wx};\gamma,c)+(1-\boldsymbol{\lambda W})^{-1}\boldsymbol{\varepsilon}$$
$$G=[1+\exp(-\gamma(\boldsymbol{Wx}-c)/\sigma_{\boldsymbol{Wx}})]^{-1}$$

式中，$\boldsymbol{y}$ 为被解释变量；$\boldsymbol{X}$ 为非随机的解释变量；$\boldsymbol{W}$ 为权重矩阵；$\boldsymbol{\varepsilon}$ 为一个独立同分布的误差向量；$\boldsymbol{\beta}$ 和 $\boldsymbol{\delta}$ 为未知参数；γ、c 和 λ 均为未知标量。转换变量为空间滞后外生变量 $\boldsymbol{Wx}$，其中 $\boldsymbol{x}$ 为设计矩阵 $\boldsymbol{X}$ 的一个列向量；$\sigma_{\boldsymbol{Wx}}$ 为转换变量的方差。

因为零假设下不确定参数的存在，SEM-STAR 模型无法直接使用传统的最大似然理论构建非线性假设检验。换句话说，参数 γ 的渐近分布是非标准的。Luukkonen 等（1988）建议将转换函数 G 在 $\gamma=0$ 处进行一阶泰勒展开如下：

$$G\approx\frac{1}{2}+\frac{\boldsymbol{Wx}-c}{4}\frac{\gamma}{\sigma_{\boldsymbol{Wx}}}=\eta_0+\eta_1\boldsymbol{Wx} \tag{5.65}$$

式中，$\eta_0=(2\sigma_{\boldsymbol{Wx}}-c\gamma)/4\sigma_{\boldsymbol{Wx}}$，$\eta_1=\gamma/4\sigma_{\boldsymbol{Wx}}$。将式（5.65）代入 SEM-STAR 模型中：

$$\boldsymbol{y}\approx\boldsymbol{X\beta}+\boldsymbol{X\delta}\otimes(\eta_0+\eta_1\boldsymbol{Wx})+(1-\boldsymbol{\lambda W})^{-1}\boldsymbol{\varepsilon} \tag{5.66}$$

通过合并同类项，可继续化为

$$\begin{aligned} \boldsymbol{y} &= \boldsymbol{X}\xi + (\boldsymbol{X} \otimes \boldsymbol{W}\boldsymbol{x})\boldsymbol{\varphi} + (1-\lambda \boldsymbol{W})^{-1}\boldsymbol{\varepsilon} \\ &= \boldsymbol{Z}\boldsymbol{\alpha} + (1-\lambda \boldsymbol{W})^{-1}\boldsymbol{\varepsilon} \end{aligned} \tag{5.67}$$

式中，$\boldsymbol{Z}$ 为 $N \times 2k$ 维包含 $\boldsymbol{X}$ 与 $\boldsymbol{X} \otimes \boldsymbol{W}\boldsymbol{x}$ 的混合矩阵；$\boldsymbol{\alpha} = (\boldsymbol{\xi}', \boldsymbol{\varphi}')'$，为取决于原始参数 $\boldsymbol{\gamma} = (\eta_0 \boldsymbol{\delta}' + \boldsymbol{\beta}')'$ 及 $\boldsymbol{\varphi} = (\eta_1 \boldsymbol{\delta}')'$ 的 $2k \times 1$ 矩阵。

SEM-STAR 模型的一阶泰勒展开式（5.65）本质上是一个由 $\boldsymbol{X}$ 及 $\boldsymbol{X}$ 与 $\boldsymbol{W}\boldsymbol{x}$ 的 Hadamard 乘积构成的设计矩阵 $\boldsymbol{Z}$ 的空间误差自相关模型。因此，可以使用 Anselin（1988b）提出的最大似然原则构建非线性及空间误差自相关的 LM 检验。

假定 $\boldsymbol{\varepsilon}$ 为服从 $\boldsymbol{\varepsilon} \sim N(0, \sigma^2 \boldsymbol{I})$ 的独立同分布且 $\boldsymbol{W}\boldsymbol{x}$ 与误差项不相关，则 $\boldsymbol{y}$ 的联合概率密度函数为

$$f(\boldsymbol{y}) = (2\pi\sigma^2)^{-1/2} \, |\Omega|^{-1/2} \exp\left(-\frac{1}{2\sigma^2} \varepsilon' \; \Omega^{-1} \boldsymbol{\varepsilon}\right) \tag{5.68}$$

其中，$\Omega = (\boldsymbol{I} - \lambda \boldsymbol{W})'(\boldsymbol{I} - \lambda \boldsymbol{W})$，似然函数可写为

$$L(\alpha, \lambda, \sigma^2) = -\frac{N}{2}\ln(2\pi) - \frac{N}{2}\ln(\sigma^2) + \ln|\boldsymbol{W}_A| - \frac{1}{2\sigma^2}\boldsymbol{\varepsilon}'\boldsymbol{W}_A'\boldsymbol{W}_A\boldsymbol{\varepsilon} \tag{5.69}$$

其中，$\boldsymbol{W}_A = \boldsymbol{I} - \lambda \boldsymbol{W}$。

将未知参数向量定义为 $\boldsymbol{\theta} = (\boldsymbol{\alpha}', \lambda, \sigma^2)'$，得分向量如下：

$$\mathrm{d}(\boldsymbol{\theta}) = \frac{\partial l(\boldsymbol{\theta})}{\partial \boldsymbol{\theta}} = \begin{bmatrix} \dfrac{\partial l(\boldsymbol{\theta})}{\partial \boldsymbol{\alpha}} \\ \dfrac{\partial l(\boldsymbol{\theta})}{\partial \lambda} \\ \dfrac{\partial l(\boldsymbol{\theta})}{\partial \sigma^2} \end{bmatrix} = \begin{bmatrix} \mathrm{d}_{\boldsymbol{\alpha}} \\ \mathrm{d}_{\lambda} \\ \mathrm{d}_{\sigma^2} \end{bmatrix} \tag{5.70}$$

信息矩阵为

$$J(\boldsymbol{\theta}) = -E\left(\frac{\partial^2 l(\boldsymbol{\theta})}{\partial \boldsymbol{\theta}\, \partial \boldsymbol{\theta}'}\right) = -E\begin{bmatrix} \mathrm{d}^2{}_{\boldsymbol{\alpha}} & \mathrm{d}_{\boldsymbol{\alpha}\lambda} & \mathrm{d}_{\alpha\sigma^2} \\ \mathrm{d}_{\lambda\boldsymbol{\alpha}} & \mathrm{d}^2{}_{\lambda} & \mathrm{d}_{\lambda\sigma^2} \\ \mathrm{d}_{\sigma^2\boldsymbol{\alpha}} & \mathrm{d}_{\sigma^2\lambda} & \mathrm{d}^2{}_{\sigma^2} \end{bmatrix} \tag{5.71}$$

通过求一阶导得到得分向量如下：

$$\mathrm{d}_{\boldsymbol{\alpha}} = \frac{1}{\sigma^2}\boldsymbol{\varepsilon}'\boldsymbol{W}_A\boldsymbol{W}_A\boldsymbol{Z} \tag{5.72a}$$

$$\mathrm{d}_{\lambda} = -\mathrm{tr}(\boldsymbol{W}\boldsymbol{W}^{-1}{}_A) + \frac{1}{\sigma^2}\boldsymbol{\varepsilon}'\boldsymbol{W}_A'\boldsymbol{W}\boldsymbol{\varepsilon} \tag{5.72b}$$

$$\mathrm{d}_{\sigma^2} = -\frac{N}{2\sigma^2} + \frac{1}{2(\sigma^2)^2}\boldsymbol{\varepsilon}''\boldsymbol{W}_A'\boldsymbol{W}\boldsymbol{\varepsilon} \tag{5.72c}$$

二阶导数如下：

$$\mathrm{d}^2{}_{\boldsymbol{\beta}} = -\frac{1}{\sigma^2}\boldsymbol{Z}'\boldsymbol{W}_A'\boldsymbol{W}_A\boldsymbol{Z} \tag{5.73a}$$

$$\mathrm{d}^2{}_{\lambda} = -\mathrm{tr}(\boldsymbol{W}_A{}^{-1}\boldsymbol{W}\boldsymbol{W}_A{}^{-1}\boldsymbol{W}) - \frac{1}{\sigma^2}\boldsymbol{\varepsilon}'\boldsymbol{W}'\boldsymbol{W}\boldsymbol{\varepsilon} \tag{5.73b}$$

$$\mathrm{d}^2{}_{\sigma^2}=\frac{N}{2(\sigma^2)^2}-\frac{1}{(\sigma^2)^3}\boldsymbol{\varepsilon}'\boldsymbol{W}_A'\boldsymbol{W}_A\boldsymbol{\varepsilon} \tag{5.73c}$$

$$\mathrm{d}^2{}_{\alpha\lambda}=-\frac{1}{\sigma^2}\boldsymbol{Z}'\boldsymbol{W}_A'\boldsymbol{W}\boldsymbol{\varepsilon}-\frac{1}{\sigma^2}\boldsymbol{\varepsilon}'\boldsymbol{W}_A'\boldsymbol{W}\boldsymbol{Z} \tag{5.73d}$$

$$\mathrm{d}^2{}_{\alpha\sigma^2}=-\frac{1}{(\sigma^2)^2}\boldsymbol{\varepsilon}'\boldsymbol{W}_A'\boldsymbol{W}_A\boldsymbol{Z} \tag{5.73e}$$

$$\mathrm{d}^2{}_{\lambda\sigma^2}=-\frac{1}{(\sigma^2)^2}\boldsymbol{\varepsilon}'\boldsymbol{W}_A'\boldsymbol{W}\boldsymbol{\varepsilon} \tag{5.73f}$$

接下来便可以进行线性或空间误差自相关的单个或联合 LM 检验。LM 检验统计量通常定义为$\mathrm{LM}=\mathrm{d}(\theta)[J(\theta)]^{-1}\mathrm{d}(\theta)'$，在零假设下对其进行计算。其中，$\mathrm{d}(\boldsymbol{\theta})$为得分向量，$[J(\boldsymbol{\theta})]^{-1}$为渐近方差协方差矩阵：

$$[J(\boldsymbol{\theta})]^{-1}=\begin{bmatrix}\frac{1}{\sigma^2}\boldsymbol{Z}'\boldsymbol{W}'{}_A\boldsymbol{W}_A\boldsymbol{Z} & 0 & 0\\ 0 & \mathrm{tr}(\boldsymbol{W}_B)^2+\mathrm{tr}(\boldsymbol{W}_B'\boldsymbol{W}_B) & \frac{\mathrm{tr}(\boldsymbol{W}_B)}{\sigma^2}\\ 0 & \frac{\mathrm{tr}(\boldsymbol{W}_B)}{\sigma^2} & \frac{N}{2\sigma^4}\end{bmatrix}$$

其中，$\boldsymbol{W}_B=\boldsymbol{W}(\boldsymbol{I}-\lambda\boldsymbol{W})^{-1}$，参数向量为$\boldsymbol{\theta}=(\boldsymbol{\alpha}',\lambda,\sigma^2)'$。

1）非线性检验。非线性检验是一个简单的以$\boldsymbol{X}\otimes\boldsymbol{Wx}$为遗漏变量的标准遗漏变量检验。依据受限模型是非空间计量模型或空间误差模型，可定义两个零假设。第一种情况下受限模型的参数向量为$\boldsymbol{\theta}_0=(\boldsymbol{\xi}',0,0,\sigma^2)'$，以$\mathrm{H}_0$：$\varphi=0/\lambda=0$为原假设的 LM 统计量为

$$\begin{aligned}\mathrm{LM}_{\varphi=0/\lambda=0}&=\left(\frac{1}{\sigma^2}\boldsymbol{e}'\boldsymbol{Z}\right)\sigma^2(\boldsymbol{Z}'\boldsymbol{Z})^{-1}\left(\frac{1}{\sigma^2}\boldsymbol{e}'\boldsymbol{Z}\right)'\\&=\frac{\boldsymbol{e}'\boldsymbol{Z}(\boldsymbol{Z}'\boldsymbol{Z})^{-1}\boldsymbol{Z}'\boldsymbol{e}}{\sigma^2}\end{aligned} \tag{5.74}$$

式中，$\boldsymbol{e}=\boldsymbol{y}-\boldsymbol{X}\boldsymbol{\xi}$对应于受限模型的 OLS 残差，$\sigma^2=\boldsymbol{e}'\boldsymbol{e}/N$。

类似地，当受限模型为 SEM 时，零假设下的参数向量为$\boldsymbol{\theta}_0=(\boldsymbol{\xi}',0,\lambda,\sigma^2)'$，在零假设为$\mathrm{H}_0$：$\varphi=0/\lambda\neq0$下的 LM 统计量为

$$\begin{aligned}\mathrm{LM}_{\varphi=0/\lambda\neq0}&=\left(\frac{1}{\sigma^2}\boldsymbol{e}'\boldsymbol{W}_A'\boldsymbol{W}_A\boldsymbol{Z}\right)\sigma^2(\boldsymbol{Z}'\boldsymbol{W}_A'\boldsymbol{W}_A\boldsymbol{Z})^{-1}\left(\frac{1}{\sigma^2}\boldsymbol{e}'\boldsymbol{W}_A'\boldsymbol{W}_A\boldsymbol{Z}\right)'\\&=\frac{\tilde{\boldsymbol{e}}'\tilde{\boldsymbol{Z}}(\tilde{\boldsymbol{Z}}'\tilde{\boldsymbol{Z}})^{-1}\tilde{\boldsymbol{Z}}'\tilde{\boldsymbol{e}}}{\tilde{\sigma}^2}\end{aligned} \tag{5.75}$$

其中，$\tilde{\boldsymbol{e}}=\boldsymbol{W}_A(\boldsymbol{y}-\boldsymbol{X}\boldsymbol{\xi})$对应于 SEM 的残差，$\tilde{\boldsymbol{Z}}=\boldsymbol{W}_A\boldsymbol{Z}$为$\boldsymbol{Z}$的空间过滤变量，$\sigma^2=\tilde{\boldsymbol{e}}'\tilde{\boldsymbol{e}}/N$。两个检验统计量均服从自由度为$k$的$\chi^2$分布，其中，$k$为受限参数的个数。

2）空间误差自相关检验。空间误差自相关检验统计量的建立可参照 Burridge（1980）的标准结果。依据受限模型是非空间计量模型或空间 STAR 模型可设定两个零假设。第一种受限模型下的参数向量为$\boldsymbol{\theta}_0=(\boldsymbol{\xi}',0,0,\sigma^2)'$，零假设为$\mathrm{H}_0$：$\lambda=0/\varphi=0$下的 LM 统计量为

$$\mathrm{LM}_{\lambda=0/\varphi=0}=\frac{1}{\operatorname{tr}[(\boldsymbol{W}'+\boldsymbol{W})\boldsymbol{W}]}\left(\frac{\boldsymbol{e}'\boldsymbol{W}\boldsymbol{e}}{\sigma^2}\right)^2 \tag{5.76}$$

式中，$\boldsymbol{e}=\boldsymbol{y}-\boldsymbol{X}\boldsymbol{\xi}$ 对应于受限模型的 OLS 残差，$\sigma^2=\boldsymbol{e}'\boldsymbol{e}/N$。第二种情况下零假设下的参数向量为 $\boldsymbol{\theta}_0=(\boldsymbol{\xi}',\boldsymbol{\varphi}',0,\sigma^2)'$，在零假设为 H_0：$\lambda=0/\varphi\neq 0$ 下的 LM 统计量与第一种情况相同，但此时 $\boldsymbol{e}=\boldsymbol{y}-\boldsymbol{Z}\boldsymbol{\alpha}$。两个检验统计量均服从自由度为 1 的 χ^2 分布。

3）非线性与空间误差自相关的联合假设检验。进行非线性与空间误差自相关的联合假设检验是许多 LM 检验的熟悉添加属性，因为在零假设为 H_0：$\varphi=0/\lambda\neq 0$ 下的渐近方差矩阵是区块对角化的，这意味着 $\boldsymbol{\theta}$ 与协方差参数 λ 和 σ^2 之间的不变性。在适当规律的条件下为空间自回归参数渐近推理可以基于右下角的元素。受限模型的参数向量为 $\boldsymbol{\theta}_0=(\boldsymbol{\xi}',0,0,\sigma^2)'$，因此，联合 LM 假设检验的检验统计量为

$$\begin{aligned}\mathrm{LM}_{\varphi=\lambda=0}&=\begin{bmatrix}\dfrac{\boldsymbol{e}'\boldsymbol{Z}}{\sigma^2}\\ \dfrac{\boldsymbol{e}'\boldsymbol{W}\boldsymbol{e}}{\sigma^2}\end{bmatrix}\begin{bmatrix}\dfrac{\boldsymbol{Z}'\boldsymbol{Z}}{\sigma^2} & 0\\ 0 & \operatorname{tr}[(\boldsymbol{W}'+\boldsymbol{W})\boldsymbol{W}]\end{bmatrix}^{-1}\begin{bmatrix}\dfrac{\boldsymbol{e}'\boldsymbol{Z}}{\sigma^2}\\ \dfrac{\boldsymbol{e}'\boldsymbol{W}\boldsymbol{e}}{\sigma^2}\end{bmatrix}'\\ &=\frac{\boldsymbol{e}'\boldsymbol{Z}(\boldsymbol{Z}'\boldsymbol{Z})^{-1}\boldsymbol{Z}'\boldsymbol{e}}{\sigma^2}+\frac{1}{\operatorname{tr}[(\boldsymbol{W}'+\boldsymbol{W})\boldsymbol{W}]}\left(\frac{\boldsymbol{e}'\boldsymbol{W}\boldsymbol{e}}{\sigma^2}\right)^2\\ &=\mathrm{LM}_{\varphi=0/\lambda=0}+\mathrm{LM}_{\lambda=0/\varphi=0}\end{aligned} \tag{5.77}$$

式中，$\boldsymbol{e}=\boldsymbol{y}-\boldsymbol{X}\boldsymbol{\xi}$ 对应于受限模型的 OLS 残差，$\sigma^2=\boldsymbol{e}'\boldsymbol{e}/N$。检验统计量均服从自由度为 $k+1$ 的 χ^2 分布，其中，k 为受限参数的个数。

Pede 等（2014）给出了空间 ARAR-STAR 模型中空间依赖与非线性的 LM 检验统计量（表 5.2）。

表 5.2　空间 ARAR-STAR 模型中空间依赖与非线性的 LM 检验统计量

检验	标志	统计量	分布
ERR	LM_λ	$\frac{1}{T}\left(\frac{\boldsymbol{e}'\boldsymbol{W}\boldsymbol{e}}{\sigma^2}\right)^2$	$\chi^2(1)$
LAG	LM_ρ	$\frac{1}{NJ_{\delta\alpha}}\left(\frac{\boldsymbol{e}'\boldsymbol{W}\boldsymbol{y}}{\sigma^2}\right)^2$	$\chi^2(1)$
NLIN	LM_φ	$\frac{\boldsymbol{e}'\boldsymbol{P}\boldsymbol{e}}{\sigma^2}$	$\chi^2(k)$
ERR + NLIN	$\mathrm{LM}_{\lambda\varphi}$	$\frac{1}{T}\left(\frac{\boldsymbol{e}'\boldsymbol{W}\boldsymbol{e}}{\sigma^2}\right)^2+\frac{\boldsymbol{e}'\boldsymbol{P}\boldsymbol{e}}{\sigma^2}$	$\chi^2(k+1)$
LAG + NLIN	$\mathrm{LM}_{\rho\varphi}$	$\frac{1}{NJ_{\delta\tilde{\alpha}}}\left(\frac{\boldsymbol{e}'\boldsymbol{W}\boldsymbol{y}}{\sigma^2}-\frac{\boldsymbol{e}'\boldsymbol{P}\boldsymbol{W}\boldsymbol{Z}\tilde{\boldsymbol{\alpha}}}{\sigma^2}\right)^2+\frac{\boldsymbol{e}'\boldsymbol{P}\boldsymbol{e}}{\sigma^2}$	$\chi^2(k+1)$
LAG + ERR	$\mathrm{LM}_{\lambda\rho}$	$\frac{1}{NJ_{\delta\alpha}-T}\left(\frac{\boldsymbol{e}'\boldsymbol{W}\boldsymbol{y}}{\sigma^2}-\frac{\boldsymbol{e}'\boldsymbol{W}\boldsymbol{e}}{\sigma^2}\right)^2+\frac{1}{T}\left(\frac{\boldsymbol{e}'\boldsymbol{W}\boldsymbol{e}}{\sigma^2}\right)^2$	$\chi^2(2)$
ERR + LAG + NLIN	$\mathrm{LM}_{\lambda\rho\varphi}$	$\frac{1}{NJ_{\delta\tilde{\alpha}}-T}\left(\frac{\boldsymbol{e}'\boldsymbol{W}\boldsymbol{y}}{\sigma^2}-\frac{\boldsymbol{e}'\boldsymbol{W}\boldsymbol{e}}{\sigma^2}-\frac{\boldsymbol{e}'\boldsymbol{P}\boldsymbol{W}\boldsymbol{Z}\tilde{\boldsymbol{\alpha}}}{\sigma^2}\right)^2+\frac{1}{T}\left(\frac{\boldsymbol{e}'\boldsymbol{W}\boldsymbol{e}}{\sigma^2}\right)^2+\frac{\boldsymbol{e}'\boldsymbol{P}\boldsymbol{e}}{\sigma^2}$	$\chi^2(k+2)$

注：其中，$T=\operatorname{tr}[(\boldsymbol{W}'+\boldsymbol{W})\boldsymbol{W}]$，$\boldsymbol{P}=\boldsymbol{Z}(\boldsymbol{Z}'\boldsymbol{Z})^{-1}\boldsymbol{Z}'$（$\boldsymbol{Z}=[\boldsymbol{X},\boldsymbol{X}o\boldsymbol{W}\boldsymbol{x}]$）；$NJ_{\rho\alpha}=[T+(\boldsymbol{W}\boldsymbol{X}\boldsymbol{\beta})'\boldsymbol{M}(\boldsymbol{W}\boldsymbol{X}\boldsymbol{\beta})]/\sigma^2$，其中 $\boldsymbol{M}=\boldsymbol{I}-\boldsymbol{X}(\boldsymbol{X}'\boldsymbol{X})^{-1}\boldsymbol{X}'$；$NJ_{\rho\tilde{\alpha}}=[T+(\boldsymbol{W}\boldsymbol{X}\boldsymbol{\beta})'\boldsymbol{Q}(\boldsymbol{W}\boldsymbol{X}\boldsymbol{\beta})]/\sigma^2$，其中 $\boldsymbol{Q}=\boldsymbol{I}-\boldsymbol{Z}(\boldsymbol{Z}'\boldsymbol{Z})^{-1}\boldsymbol{Z}'$

2. 动态空间 STAR 模型

（1）模型设定

赵玉等（2015）在借鉴 Pede 等（2009）的研究基础上，引入一个内生性的平滑转移机制转移函数，并首次将时间滞后项加入静态空间 STAR 模型中，使用动态 SAR-STAR 模型对国际市场冲击下中国有色金属市场波动效应进行了分析。单变量动态 SAR-STAR 模型形式构建如下：

$$\boldsymbol{y}_t = \rho \boldsymbol{W}\boldsymbol{y}_t + \beta_1 + \beta_2 \boldsymbol{x}_t + (\beta_3 + \beta_4 \boldsymbol{x}_t) \otimes G(\boldsymbol{y}_{t-1}, \gamma, c) + \boldsymbol{u} \tag{5.78}$$

式中，$\boldsymbol{y}_t$ 为 $N \times 1$ 的 t 期因变量向量；$\boldsymbol{y}_{t-1}$ 为 $N \times 1$ 的 $t-1$ 期因变量向量；$\boldsymbol{x}_t$ 为 $N \times 1$ 的 t 期自变量向量；$\boldsymbol{W}$ 为空间权重矩阵。为了描述门限值 c 的不对称调整行为，参考 Pede 等（2009）的文献选择对数型转换函数。在式（5.79）中 $\boldsymbol{y}_{t-1}$ 为门限变量，“$\otimes$”为 Hadamard 积，当 γ 的绝对值趋向较大的数时，转移函数将趋近于 0 或者 1，即使得连续的平滑转移转化为离散的状态转移。

$$G(\boldsymbol{y}_{t-1}, \gamma, c) = \left\{ 1 + \exp\left[-\gamma \left(\frac{\boldsymbol{y}_{t-1} - c}{\sigma_{\boldsymbol{y}_{t-1}}} \right) \right] \right\}^{-1} \tag{5.79}$$

将上述模型中的内生变量移项至方程左侧并在方程左右两侧同时乘以 $(\boldsymbol{I} - \rho \boldsymbol{W})^{-1}$，可得到

$$\boldsymbol{y}_t = (\boldsymbol{I} - \rho \boldsymbol{W})^{-1}[\beta_1 + \beta_3 \otimes G(\boldsymbol{y}_{t-1}, \gamma, c)] + (\boldsymbol{I} - \rho \boldsymbol{W})^{-1}[\beta_1 + \beta_3 \otimes G(\boldsymbol{y}_{t-1}, \gamma, c)]\boldsymbol{x}_t + (\boldsymbol{I} - \rho \boldsymbol{W})^{-1}\boldsymbol{u}$$

（2）模型估计

参考 Pede 等（2009）的文献，使用极大似然法估计带平滑转移机制的空间面板模型。如果误差项 $\boldsymbol{u}$ 满足独立同分布，且均值为 0、方差为 σ^2，则极大似然对数函数如下：

$$L(\theta, \rho, \sigma^2) = -\frac{N}{2}\ln \sigma^2 + \ln |\boldsymbol{I} - \rho \boldsymbol{W}| - \frac{1}{2\sigma^2}\boldsymbol{u}'\boldsymbol{u} \tag{5.80}$$

其中，$\boldsymbol{u} = (\boldsymbol{I} - \rho \boldsymbol{W})\boldsymbol{y}_t - [\beta_1 + \beta_2 \boldsymbol{x} + (\beta_3 + \beta_4 \boldsymbol{x}) \otimes G(\boldsymbol{y}_{t-1}, \gamma, c)]$；$\theta$ 为除 δ 以外的参数集；$\sigma^2 = \boldsymbol{u}'\boldsymbol{u} / N$。

估计过程基于以下步骤：

1）使用非线性 OLS 估计不带空间滞后项的模型 $\boldsymbol{y}_t = \beta_1 + \beta_2 \boldsymbol{x}_t + (\beta_3 + \beta_4 \boldsymbol{x}_t) \otimes G(\boldsymbol{y}_{t-1}, \gamma, c) + \boldsymbol{\mu}$ 并获取残差项 $\hat{\boldsymbol{\mu}}$。

2）将 $\hat{\boldsymbol{\mu}}$ 作为 $\boldsymbol{u}$ 的估计值代入式（5.80）并对其进行最优化，获得 ρ 的一致性估计量 $\hat{\rho}$。

3）使用 $\hat{\delta}$ 得到因变量的 Cochrane-Orcutt 转换值 $\hat{\boldsymbol{y}}_t = (\boldsymbol{I} - \rho \boldsymbol{W})\boldsymbol{x}_t$，并将其作为因变量代入第一步的非线性回归中重新估计各参数并得到残差项 $\hat{\boldsymbol{\mu}}$。

4）重复以上步骤直到 Cochrane-Orcutt 转换值出现收敛。

为了简化式（5.80）中行列式对数的计算，借鉴 Smirnov 和 Anselin（2001）、Lesage 和 Pace（2009）的研究，使用式（5.81）作为极大似然对数函数（5.80）的替代公式：

$$L(\rho)=C-\sum_{j=1}^{k}[\rho^{j}\mathrm{tr}(\mathbf{W}^{j})/j]-\frac{N}{2}\ln\left[\frac{1}{N}\boldsymbol{u}(\rho)'\boldsymbol{u}(\rho)\right] \tag{5.81}$$

式中，C为与ρ无关的常数项，其他参数与式（5.80）中的参数含义相同。

（3）模型检验

为了简化平滑转移机制空间面板模型的检验过程，借鉴 Luukkonen 等（1988）的做法，在$\gamma=0$处对式（5.78）做一阶 Taylor 展开。式（5.78）的简化形式如下：

$$\boldsymbol{y}_t=\rho\boldsymbol{W}\boldsymbol{y}_t+\beta_1+\beta_2\boldsymbol{x}_t+\varphi_1\boldsymbol{y}_{t-1}+\varphi_2\boldsymbol{x}_t\otimes\boldsymbol{y}_{t-1}+\boldsymbol{\varepsilon} \tag{5.82}$$

在此简化式的基础上，首先，在固定效应面板模型、随机效应面板模型和混合数据模型中选择合适的模型。若三种模型的拟合效果相差不大，根据奥卡姆剃刀法则，选择参数较少的混合数据模型，若模型拟合效果相差较大，则根据极大似然函数值、残差平方和及校正的判定系数来选择合适的模型。

其次，根据 Anselin 等（1996）提出的 LM 检验步骤来检验空间误差自回归和非线性。式（5.83）中的 LM 统计量分别服从自由度为 1、1、2 的χ^2分布：

$$\mathrm{LM}_{\delta=0,\varphi\neq0}=\frac{1}{T}\left(\frac{\boldsymbol{e}'\boldsymbol{W}\boldsymbol{e}}{\sigma^2}\right)^2 \tag{5.83a}$$

$$\mathrm{LM}_{\varphi=0,\delta\neq0}=\frac{\boldsymbol{e}'\boldsymbol{P}\boldsymbol{e}}{\sigma^2} \tag{5.83b}$$

$$\mathrm{LM}_{\delta=0,\varphi=0}=\frac{1}{T}\left(\frac{\boldsymbol{e}'\boldsymbol{W}\boldsymbol{e}}{\sigma^2}\right)^2+\frac{\boldsymbol{e}'\boldsymbol{P}\boldsymbol{e}}{\sigma^2} \tag{5.83c}$$

其中，参数定义与 5.2.2 节中静态空间 STAR 模型一致。首先检验式（5.83c）是否显著，若原假设$\delta=\varphi=0$被拒绝，则说明以下三种情况可能成立：$\delta=0,\varphi\neq0$；$\delta\neq0,\varphi=0$；$\delta\neq0,\varphi\neq0$。其次分别检验式（5.83a）和式（5.83b）是否显著，若拒绝式（5.83a）和式（5.83b），则认为平滑机制转移空间面板模型是合适的。

5.3　空间面板门槛效应模型的扩展

5.3.1　空间过滤面板门槛模型

1. 空间滤值

Getis（1995）和 Griffith（2000）提出的空间滤值法，是用另一种思路来解决回归分析中的空间自相关问题。空间过滤法的思想来源于时间序列中滤波方法的思想，即通过某种转换机制，将潜在的空间相关关系“过滤”掉。该方法把每个变量分解成空间影响和非空间影响两部分，滤去变量的空间影响部分就可以用传统的回归（如 OLS）方法来分析（Getis and Griffith，2002）。这种方法最大的好处就是这些控制变量将空间数据中的随机空间相依性识别并分离开来，使得可以认为变量间是独立的，再使用传统的回归分析方法来分析模型。空间过滤借助于滤波思想，其目的是消除空间数据中存在的空间依赖性，主要有 Griffith 法和 Getis 法。Griffith（2000）使用 Moran's I 统计量的特征函数分解法将原数据转换为正交或不相关的成分，相较于 Getis 法要复杂得多，以下简要介绍 Getis 法。

Getis 法的核心思想是将原先存在空间自相关的变量一分为二，一部分是过滤后的非空间变量，另一部分是剩余的空间变量。过滤后的非空间变量就可以作为一般的变量，进行 OLS 回归分析。将原变量 x_i 过滤到非空间变量 x_i^* 可以写成：

$$x_i^* = \frac{w_i / (N-1)}{G_i} x_i \tag{5.84}$$

式中，$w_i = \sum_j w_{ij}$ 为平均空间权重（$j \neq i$）；N 为观察值的数目；G_i 为局部 G_i 指数。注意，分子 $w_i / (N-1)$ 就是 G_i 的期望值。当原变量不存在空间自相关时，$x_i^* = x_i$，离差 $L_{xi} = x_i^* - x_i$ 为 0，不存在剩余的空间变量。

将过滤后的变量（包括自变量和因变量）代入传统的 OLS 回归分析中，就是空间过滤回归模型：

$$y^* = f(x_1^*, x_2^*, \cdots) \tag{5.85}$$

式中，y^* 为过滤后的因变量；x_1^*、x_2^* 等为过滤后的自变量。

在最终的回归模型中，因变量和自变量都包括过滤后的非空间和剩余的空间变量两部分：

$$y = f(x_1^*, L_{x_1}, x_2^*, L_{x_2}, \cdots) \tag{5.86}$$

式中，y 为原始的因变量；L_{x_1}、L_{x_2} 等为对应自变量 x_1、x_2 等的空间部分。

与 G_i 指数相似，Getis 法的空间滤值模型仅适用于那些零起始的正值变量，不适用于百分比、比率、有负值之类的变量（Getis and Griffith，2002）。

2. 模型形式

对存在显著空间依赖性的空间数据，传统的回归模型和统计技术不再有效。为了得到正确结果，必须采取措施控制空间依赖性。空间自相关问题的处理有两种方法：一是修改相关统计方法，使之考虑到数据的空间相关性；二是除去数据的空间相关性，即对空间数据进行过滤处理。空间过滤是在进行回归估计之前将变量的空间依赖性去除，然后再使用传统的回归模型和估计技术。同样地，对考虑了空间效应的空间面板门槛模型，也可以采用空间滤波的方式将其空间依赖性去除。在实证分析中，可再对进行了空间过滤处理后的数据进行空间效应检验，若处理后的数据可以很好地将原数据中包含的空间依赖性去除，则可对空间过滤后的数据采用一般的面板门槛模型进行估计与检验。

将进行空间过滤处理后的数据代入传统的面板门槛模型中：

$$\boldsymbol{Y}_t^* = \boldsymbol{X}_t^*(\gamma)\boldsymbol{\beta}_t + \boldsymbol{u}_t^* \tag{5.87}$$

式中，$\boldsymbol{Y}_t^*$ 为过滤后的因变量；$\boldsymbol{X}_t^*$ 为过滤后的自变量。

5.3.2 空间面板门槛单位根与协整

随着经典空间计量经济学发展，特别是时间序列模型中非平稳理论的发展，Fingleton（1999）开创性地提出了空间单位根、空间协整理论和空间误差纠正模型，由此引出了非平稳空间计量经济学的研究。在 Fingleton（1999）的研究基础上，Mur 和 Tríez（2003）提出了空间趋势非平稳框架下的伪空间回归概念。Lauridsen（2006）采用工具变量法研究了空间误差修正模型的估计。Lauridsen 和 Kosfeld（2006）提出了区分平稳空间正自相关和空间非平稳的两步 LM 检验，并应用于空间单位根 SI（1）及空间伪回归的研究，进一步给出了空间协整理论。

空间单位根检验是观察单个空间变量的变化趋势，空间协整检验则是观察空间变量之间的共同变化趋势，对变化趋势，可能存在突变（或跳跃）也可能存在非对称的变化趋势，这就存在门槛效应。对第一种情况的研究产生了结构突变的单位根检验及协整理论，考虑第二种情况则产生了非对称单位根检验及门槛协整理论，而这两种非经典计量研究目前都只涉及时间序列数据及面板数据，空间面板数据下的结构突变单位根及协整检验与非对称单位根检验及门槛协整理论研究尚欠缺，也是目前单位根及协整理论未来扩展方向之一。因此，这一节中将简单介绍空间面板数据下不考虑结构突变或非对称情况的单位根与协整检验，并由此提出其在非线性下的研究展望。

1. 非稳定空间数据生成过程

为了研究回归非平稳空间序列的含义，需要从非平稳空间过程中生成数据。这里采用的方法是将单变量 SAR 模型作为数据生成过程。SAR 模型最初是由 Whittle（1954）提出的，并广泛应用于 Ord（1975）、Cliff 和 Ord（1981）、Ripley（1981）、Fingleton（1985）、Anselin（1988b）、Griffith（1992）、Zimmerman 和 Haining（1990）的研究中。给定一个 SAR 模型：

$$\begin{aligned}&\boldsymbol{Y}=\delta\boldsymbol{W}\boldsymbol{Y}+\boldsymbol{u}\\&\boldsymbol{u}\sim N(0,\sigma^2\boldsymbol{I})\\&V=\sigma^2[(\boldsymbol{I}-\delta\boldsymbol{W})'(\boldsymbol{I}-\delta\boldsymbol{W})]^{-1}\end{aligned}\tag{5.88}$$

类比于时间序列对非平稳数据的分析方法，将空间面板数据按$1,2,\cdots,T$的时间顺序排列成$NT\times 1$的矩阵如下（先写成加上时间下标的形式）：

$$\begin{aligned}&\boldsymbol{Y}_t=\alpha\boldsymbol{Y}_{t-1}+\boldsymbol{u}_t\\&\boldsymbol{u}_t\sim N(0,\sigma^2)\\&\boldsymbol{u}_t=\boldsymbol{Y}_t=0\end{aligned}\tag{5.89}$$

将其写成矩阵形式如下：

$$\boldsymbol{Y}=\alpha\boldsymbol{M}\boldsymbol{Y}+\boldsymbol{u}\tag{5.90}$$

$$\boldsymbol{u}\sim N(0,\sigma^2\boldsymbol{I})$$

式中，$\boldsymbol{M}$ 是一个 $T\times T$ 的由 0 和 1 组成的矩阵。其副对角线上的元素即 $(2,1),(3,2),\cdots,(T,T-1)$ 上的元素均为 1，因此，$\boldsymbol{M}$ 矩阵第一行的元素均为 0。只有当 $\boldsymbol{M}$ 满足上述条件时，上述两式才是等价的。但如若令 $\boldsymbol{M}$ 中 $(1,T)$ 元素为 1 并生成一个“循环过程”，则上述两式通常不会等价。

令 $\boldsymbol{Y}$ 、 $\boldsymbol{M}$ 与直接评估 Y_t 所生成的 $\boldsymbol{Y}$ 值相等，通过逐步迭代可以得到下式：

$$\begin{gathered}\boldsymbol{Y}=(\boldsymbol{I}-\alpha\boldsymbol{M})^{-1}\boldsymbol{u}\\ u_1=0\\ \boldsymbol{u}\sim N(0,\sigma^2\boldsymbol{I})\end{gathered}\tag{5.91}$$

式（5.91）即可以生成渐近平稳空间数据或非平稳的单位根过程 $I(1)$ 。值得注意的是，如果采用了 $\boldsymbol{M}$ 的“循环过程”且 $\alpha=1$，矩阵 $(\boldsymbol{I}-\alpha\boldsymbol{M})$ 为不可逆的奇异矩阵。

由此可以给出 $\boldsymbol{Y}$ 的方差如下：

$$\mathrm{Var}(\boldsymbol{Y}_t)=\frac{\sigma^2(1-\alpha^{2t-2})}{(1-\alpha^2)},\quad |\alpha|<1\tag{5.92}$$

$$\mathrm{Var}(\boldsymbol{Y}_t)=\sigma^2(t-1),\quad |\alpha|=1\tag{5.93}$$

等价于对所有的 α ，均有

$$\mathrm{Var}(\boldsymbol{Y})=\sigma^2[(\boldsymbol{I}-\alpha\boldsymbol{M})'(\boldsymbol{I}-\alpha\boldsymbol{M})]^{-1}\tag{5.94}$$

类似地，对空间数据而言，当空间权重矩阵 $\boldsymbol{W}$ 是循环矩阵且空间相关系数 $\delta=1$ 时，矩阵 $(\boldsymbol{I}-\rho\boldsymbol{W})$ 为奇异矩阵。类比于在时间序列类比中定义权重矩阵的第一行元素 $(1,T)$ 均为 0，为避免在空间环境中的循环，Fingleton（1999）提出了一个使用 0 定义非邻近中央单元的空间权重矩阵。为简单方便，将权重矩阵 $\boldsymbol{W}$ 定义为一个 r 行 r 列的平方格子，若 $n=r^2$ 为奇数，那么 r 行 r 列平方格子中的元素 $(n+1)/2$ 即为非邻近中央单元。这相当于设定 $\boldsymbol{u}_{(n+1)/2}$ 即 $\boldsymbol{Y}_{(n+1/2)}=0$ ，这一假定类似于在时间序列中为保证矩阵 $\boldsymbol{M}$ 可逆从而设定 $u_1=0$ 及 $Y_1=0$ 。

若定义空间权重矩阵 $\boldsymbol{W}$ 为非循环矩阵，即 $\boldsymbol{I}-\delta\boldsymbol{W}$ 为可逆矩阵，则可用式（5.95）生成非平稳的空间单位根序列 $\boldsymbol{Y}$ ：

$$\begin{gathered}\boldsymbol{Y}=(\boldsymbol{I}-\delta\boldsymbol{W})^{-1}\boldsymbol{u}\\ \boldsymbol{u}\sim N(0,\sigma^2\boldsymbol{I})\\ \boldsymbol{u}_{(n+1)/2}=0\end{gathered}\tag{5.95}$$

其中， $\delta=1$ 。

需要注意的是，对一个有限的时间序列而言，运用式（5.95）生成的 $\boldsymbol{Y}$ 在空间自相关系数 $|\delta|<1$ 时也可能是非平稳的，但当 δ 在稳定范围内波动且 r 足够大时，$\boldsymbol{Y}$ 将趋于渐近平稳。

2. 空间单位根检验

目前用于检验空间数据非平稳性的方法主要有 Lauridsen 和 Mur（2004）提出的 Wald 检验、Fingleton（1999）提出的 Moran's I 检验、Lauridsen 和 Kosfeld（2006）提出的 LME 检验。后两种检验的应用范围较广，下面分别对其进行介绍。

（1）基于 Moran's I 统计量的空间单位检验

采用 SAR 模型作为空间数据生成过程生成两个误差项 $\boldsymbol{u}_1$、$\boldsymbol{u}_2$ 均服从正态分布的独立空间自回归变量 $\boldsymbol{Y}$ 和 $\boldsymbol{X}$，并将其变形为

$$\begin{aligned}&\boldsymbol{Y}=(\boldsymbol{I}-\delta_1\boldsymbol{W}_1)^{-1}\boldsymbol{u}_1\\&\boldsymbol{X}=(\boldsymbol{I}-\delta_2\boldsymbol{W}_2)^{-1}\boldsymbol{u}_2\\&\boldsymbol{u}_1\sim N(0,\sigma_1^{\ 2}\boldsymbol{I})\\&\boldsymbol{u}_2\sim N(0,\sigma_1^{\ 2}\boldsymbol{I})\\&\mathrm{Cov}(\boldsymbol{u}_1\boldsymbol{u}_2)=0\end{aligned}\tag{5.96}$$

在实践中，采用简化假设的方法：

$$\begin{aligned}&\delta_1=\delta_2=\delta\\&\sigma_1^{\ 2}=\sigma_2^{\ 2}=\sigma^2\\&\boldsymbol{W}_1=\boldsymbol{W}_2=\boldsymbol{W}\end{aligned}$$

需要注意的是，此处的空间权重矩阵 $\boldsymbol{W}$ 通常采用标准化后的 $\boldsymbol{W}^*$。在 $\boldsymbol{W}^*$ 中，1 表示两个空间单位相邻，0 则表示两个空间单位不相邻，且 0-1 模式是由 Rook 的平方格定义的，即

$$\begin{cases}w_{ij}^{\ *}=1, & i\text{与}j\text{相邻}\\ w_{ij}^{\ *}=0, & i\text{与}j\text{不相邻}\end{cases}$$

$$w_{ij}=\frac{w_{ij}^{\ *}}{\sum_j w_{ij}}\qquad i=1,2,\cdots,r;\ j=1,2,\cdots,c$$

当平方区域 i 和 j 有一个共同的边时，它们被定义为连续的，这样内部的正方形就有四个相邻的区域。同样地，将空间变量 $\boldsymbol{X}$ 和 $\boldsymbol{Y}$ 进行上述变形需要使得矩阵 $(\boldsymbol{I}-\delta\boldsymbol{W})$ 可逆，故需按上文所述方法将空间权重 $\boldsymbol{W}$ 变形为非循环空间权重矩阵，在此便不再赘述。

Flingeton（1999）利用非平稳空间数据生成方式生成了两个不相关的非平稳空间变量 $\boldsymbol{X}$ 和 $\boldsymbol{Y}$，并令 $\boldsymbol{Y}$ 为因变量对 $\boldsymbol{X}$ 进行回归，并构建回归残差的 Moran's I 统计量：

$$\boldsymbol{I}_k=\left(\frac{\boldsymbol{n}}{\boldsymbol{A}}\right)\frac{\hat{\boldsymbol{u}}'\boldsymbol{W}\hat{\boldsymbol{u}}}{\hat{\boldsymbol{u}}'\hat{\boldsymbol{u}}}\tag{5.97}$$

可将式（5.97）进行简化，令 $\boldsymbol{G}$ 为一个所有元素均为 1 的 $n\times1$ 的列向量，故 $\boldsymbol{n}=\boldsymbol{G}'\boldsymbol{G}$，$\boldsymbol{A}=\boldsymbol{G}'\boldsymbol{W}\boldsymbol{G}$，$\boldsymbol{n}/\boldsymbol{A}=1$；且式（5.97）中 $\hat{\boldsymbol{u}}=\boldsymbol{Y}-\hat{\boldsymbol{Y}}$ 为回归残差，$\hat{\boldsymbol{Y}}=\boldsymbol{X}\hat{b}$。下标 k 表示扰动项 $\boldsymbol{u}$ 受线性约束的个数，也是需要估计的参数的个数。假设观测到的 $\boldsymbol{I}_k$ 服从一个参数分布为 $E(I_k)$、$\mathrm{Var}(I_k)$ 的正态分布，其中：

$$E(\boldsymbol{I}_k)=\frac{\mathrm{tr}(\boldsymbol{HW})}{(n-k)}\tag{5.98}$$

$$\mathrm{Var}(\boldsymbol{I}_k)=\frac{\mathrm{tr}(\boldsymbol{HWHW}')+\mathrm{tr}(\boldsymbol{HWHW})+[\mathrm{tr}(\boldsymbol{HW})]^2}{(n-k)(n-k+2)}-E(\boldsymbol{I}_k)^2\tag{5.99}$$

式中，$\boldsymbol{H}=\boldsymbol{I}-\boldsymbol{X}(\boldsymbol{X}'\boldsymbol{X})^{-1}\boldsymbol{X}$；$\boldsymbol{I}$ 为单位矩阵；$\boldsymbol{X}$ 为 $n\times k$ 的矩阵，其中第一列为单位矩阵，剩下的 $k-1$ 阶为解释变量。使用 Moran's I 统计量的期望及方差对其进行标准化得到其标准化形式：$z=[\boldsymbol{I}_k-E(\boldsymbol{I}_k)]/\sqrt{\mathrm{Var}(\boldsymbol{I}_k)}$，在扰动项不存在空间自相关的原假设下，$z$ 统计量服从标准正态分布。

使用 Moran's I 统计量虽然是检验空间非平稳和空间伪回归的重要工具，但该方法存在一个显著的缺陷，Lauridsen 和 Kosfeld（2006）提出该方法不能很好地区分平稳空间自相关（$0<\delta<1$）和空间非平稳（$\delta=1$），于是提出了两步 LME 检验方法。

（2）基于 LME 统计量的空间单位根检验

LME 统计量的空间数据也是基于 SAR 模型生成的，但 Lauridsen 和 Kosfeld（2006）认为，由于在实际应用中构建模型会加入一些解释变量 $\boldsymbol{X}$，使得模型更加合理，定义加入解释变量后的回归的空间自回归模型 SARX（1）：

$$\boldsymbol{y}=\delta\boldsymbol{W}\boldsymbol{y}+\boldsymbol{X}\boldsymbol{\beta}+\boldsymbol{v} \tag{5.100}$$

其中，参数定义与 5.1 节中空间面板（SAR）模型定义一致；$\boldsymbol{v}$ 为服从均值为 0、方差为 σ^2 的正态分布的随机扰动项；需要注意的是，此处的空间权重矩阵 $\boldsymbol{W}$ 需进行行标准化；此外，一般情况下，空间自回归系数 δ 的取值范围为 $(-1,1)$，但 Lauridsen 和 Kosfeld（2006）集中关注了 $\delta>0$ 即存在正的空间自相关的情况。

假定变量 $\boldsymbol{y}$ 及一个或多个变量 $\boldsymbol{x}$ 均是由空间自回归参数为正的 SAR 模式生成的，并用 $\boldsymbol{y}$ 对 $\boldsymbol{X}$ 进行回归：

$$\boldsymbol{y}=\boldsymbol{X}\boldsymbol{\beta}+\boldsymbol{u} \tag{5.101}$$

式中，$\boldsymbol{u}$ 为模型的误差项，此时将有出现伪回归的危险。特别是当变量 $\boldsymbol{y}$ 和所有 $\boldsymbol{x}$ 空间自回归系数接近 1 时，容易产生空间非平稳性，出现伪回归的可能性将更高。集中表现为进行 OLS 回归方法时，SARX（1）的回归残差 $\boldsymbol{e}$ 将呈现高度的空间自相关。这在 Flingeton（1999）的研究中被证明，即检验空间自相关的 Moran's I 统计量（Whittle，1954；Anselin，1988a）将得到极端高值。上述 SARX（1）模型中估计得到的 OLS 残差向量 $\boldsymbol{e}$ 的随机过程通常必须从对残差进行的假设检验中推断出来。Flingeton（1999）对空间非平稳性研究中存在两个明显的缺陷：第一，留下了一个开放性的问题，如何确定空间平稳自相关（$0<\delta<1$）和空间非平稳（$\delta=1$）。这意味着对误差项 $\boldsymbol{u}$ 的隐藏假设为

$$\begin{gathered}\boldsymbol{u}=\lambda\boldsymbol{W}\boldsymbol{u}+\boldsymbol{\varepsilon}\\ \boldsymbol{\varepsilon}\sim N(0,\sigma^2\boldsymbol{I})\end{gathered} \tag{5.102}$$

此时需对 λ 的估计值进行检验，令原假设为 $\lambda=0$，即误差项服从独立同分布；令备择假设为 $\lambda>0$，即误差项存在空间自相关。此处仅考虑一阶空间自相关且 $\lambda\geqslant 0$ 的情形。需要注意的是，在拒绝原假设的情况下，不能区分空间自相关是由 SAR（1）引起还是由 SMA（1）过程引起的（Kelejian and Robinson，1995），但后面将要讨论的空间非平稳的情况只能出现在 SAR（1）的数据生成过程中。Flingeton（1999）研究的第二个缺陷为：并没有给出 Moran's I 检验在模型误设的情形下（如存在空间异质性）的检验势水平，Moran's I 在某些情形下存在优势，但是在讨论某一给定的数据生成过程的特征时，Moran's I 系数并不能提供有效的帮助。

为解决 Flingeton（1999）提出的空间单位根检验的两个缺陷，Lauridsen 和 Kosfeld（2006）提出了针对空间自回归误差的两步拉格朗日乘数检验。Anselin（1988a）提出了 LME 统计量为

$$\mathrm{LME}=(\boldsymbol{u}'\boldsymbol{W}\boldsymbol{u}/\sigma^2)^2/\mathrm{tr}(\boldsymbol{W}^2+\boldsymbol{W}'\boldsymbol{W}) \tag{5.103}$$

上述统计量在原假设 H_0：$\lambda=0$ 下渐近服从自由度为 1 的 χ^2 分布。因此，LME 统计量较大，则表明有可能存在空间非平稳或空间自相关。这一点与 Moran's I 统计量得出的结论类似。在空间非平稳条件下，$\lambda=1$，将这一条件代入式（5.102）可以得到 $\boldsymbol{u}=\boldsymbol{W}\boldsymbol{u}+\boldsymbol{\varepsilon}$。类似于时间序列中的时间差分算子，定义空间差分算子为 $\Delta=\boldsymbol{I}-\boldsymbol{W}$，则有

$$\Delta\boldsymbol{u}=\boldsymbol{\varepsilon} \tag{5.104}$$

将空间差分算子 $\Delta=\boldsymbol{I}-\boldsymbol{W}$ 代入式（5.100）中，则有

$$\Delta\boldsymbol{y}=\Delta\boldsymbol{X}\boldsymbol{\beta}+\boldsymbol{\varepsilon} \tag{5.105}$$

式（5.105）证明 $\Delta\boldsymbol{y}$ 对 $\Delta\boldsymbol{X}$ 进行回归的残差是独立同分布（IDD）的，故这个空间差分模型的误差 LM 统计量（DLME）接近于 0。这就意味着，若空间非平稳的原假设 H_0：$\lambda=1$ 在上述空间差分模型中不成立，那么就有

$$\Delta\boldsymbol{u}=(\boldsymbol{I}-\boldsymbol{W})(\boldsymbol{I}-\lambda\boldsymbol{W})^{-1}\boldsymbol{\varepsilon} \tag{5.106}$$

可进一步化简为

$$\boldsymbol{\varepsilon}=(\boldsymbol{I}-\lambda\boldsymbol{W})\boldsymbol{u} \tag{5.107}$$

过度差分的空间误差项将使得空间差分模型的误差 LM 统计量（DLME）为正。故两步 LME 空间单位根检验的具体步骤如下：

1）首先对模型（5.101）进行 OLS 回归，得到估计的残差序列 $\boldsymbol{u}$ 并构建 LME 统计量。如果 LME 统计量不显著异于 0，那么接受原假设 H_0：$\lambda=0$，表明模型不存在空间自相关；若拒绝原假设则说明存在空间自相关或者空间非平稳［空间单位根 S（1）］。

2）若 LME 检验拒绝原假设，则再对空间差分模型（5.105）进行 OLS 回归，得到残差序列并计算 DLME 的值。如果 DLME 不显著异于 0，则接受原假设 H_0：$\lambda=1$，表明存在空间非稳定；若拒绝原假设则表明存在空间自相关。

需要注意的是 DLME 检验的结论是以 LME 为基础的，具体判定方式见表 5.3。

表 5.3　两步 LME 空间单位根检验判别标准

结论	DLME 为 0	DLME 为正
LME 为 0	不存在空间自相关	不存在空间自相关
LME 为正	存在空间非平稳是 S（1）	存在空间自相关

3. 空间协整理论

（1）空间差分法

5.3.1 节中提到，由 SAR 数据生成方式生成的两个独立的空间自回归变量 $\boldsymbol{Y}$ 和 $\boldsymbol{X}$，当

$\delta=1$时，变量$\boldsymbol{Y}$对$\boldsymbol{X}$进行回归可能产生空间伪回归问题。为避免伪回归，对存在一阶空间单位根的变量，可借鉴时间序列的处理方式，将其进行一阶差分而得到平稳序列，再对差分后的变量进行回归。Flingeton（1999）的研究中构建 DLME 模型就用到了该方法，称为空间差分法。

定义空间差分算子$\varDelta=\boldsymbol{I}-\boldsymbol{W}$，则有

$$\varDelta\boldsymbol{Y}=\boldsymbol{Y}-\boldsymbol{WY}$$

对差分后的变量进行回归：

$$\varDelta\boldsymbol{y}=\gamma\varDelta\boldsymbol{X}+\boldsymbol{e} \tag{5.108}$$

（2）空间协整理论

Flingeton（1999）认为，空间差分法虽然很好地解决了空间变量的非平稳问题，但是一阶差分后变量的经济含义与原序列不同，而有时仍希望对原序列进行回归。如果多个单位根变量之间由于某种经济力量而存在“长期均衡关系”，则有可能进行这种回归。其基本思想是，如果多个单位根序列拥有“共同的随机趋势”，则可以对这些变量做线性组合以消除此随机趋势。

空间协整理论的线性平稳过程是由时间序列的 ECM 类比得来的：

$$\boldsymbol{Y}=\boldsymbol{WY}+c(\boldsymbol{WX}-\boldsymbol{WY})+\boldsymbol{u}_1 \tag{5.109a}$$

$$\boldsymbol{X}=\boldsymbol{WX}+d(\boldsymbol{WX}-\boldsymbol{WY})+\boldsymbol{u}_2 \tag{5.109b}$$

$$\boldsymbol{u}_1\sim N(0,\sigma_1^{\ 2}\boldsymbol{I})$$

$$\boldsymbol{u}_2\sim N(0,\sigma_2^{\ 2}\boldsymbol{I})$$

式中，空间协整向量（或协整系数）为$(1,-c)$。变量$\boldsymbol{Y}$取决于空间滞后项$\boldsymbol{WY}$、随机扰动项$\boldsymbol{u}_1$及参数为c的非均衡变量$\boldsymbol{WX}-\boldsymbol{WY}$；同理于变量$\boldsymbol{X}$。在这种设定下，变量$\boldsymbol{Y}$和$\boldsymbol{X}$在空间上通过假定的长期均衡关系$\boldsymbol{X}=\boldsymbol{Y}$联系在一起，这意味着两个空间单位根变量$\boldsymbol{Y}$和$\boldsymbol{X}$在空间上的变化倾向于某种“共同的随机趋势”。因滞后非均衡的部分（区域i周围的平均非均衡）将会在区域i修正，故这种空间均衡状态是可能达到的。

为方便进行 Monte-Carlo 仿真实验，Flingeton（1999）将上述式（5.108）重新改进以生成存在空间协整的两个变量$\boldsymbol{X}$和$\boldsymbol{Y}$：

$$\boldsymbol{Y}-\boldsymbol{WY}+c\boldsymbol{WY}=c\boldsymbol{WX}+\boldsymbol{u}_1$$

$$\boldsymbol{Y}(\boldsymbol{I}-\boldsymbol{W}+c\boldsymbol{W})=c\boldsymbol{WX}+\boldsymbol{u}_1$$

$$\boldsymbol{Y}=(\boldsymbol{I}-\boldsymbol{W}+c\boldsymbol{W})^{-1}(c\boldsymbol{WX}+\boldsymbol{u}_1) \tag{5.110a}$$

同理有

$$\boldsymbol{X}=(\boldsymbol{I}-\boldsymbol{W}+d\boldsymbol{W})^{-1}(d\boldsymbol{WY}+\boldsymbol{u}_2) \tag{5.110b}$$

将上述 $\boldsymbol{X}$ 的表达式代入 $\boldsymbol{Y}$，有

$$\boldsymbol{Y}-\boldsymbol{WY}+c\boldsymbol{WY}-c\boldsymbol{W}[(\boldsymbol{I}-\boldsymbol{W}+d\boldsymbol{W})^{-1}(d\boldsymbol{WY}+\boldsymbol{u}_2)]=\boldsymbol{u}_1$$

$$\boldsymbol{Y}-\boldsymbol{WY}+c\boldsymbol{WY}-c\boldsymbol{W}(\boldsymbol{I}-\boldsymbol{W}+d\boldsymbol{W})^{-1}d\boldsymbol{WY}-c\boldsymbol{W}(\boldsymbol{I}-\boldsymbol{W}+d\boldsymbol{W})^{-1}\boldsymbol{u}_2=\boldsymbol{u}_1$$

$$\boldsymbol{Y}[\boldsymbol{I}-\boldsymbol{W}+c\boldsymbol{W}-c\boldsymbol{W}(\boldsymbol{I}-\boldsymbol{W}+d\boldsymbol{W})^{-1}d\boldsymbol{W}]=\boldsymbol{u}_1+c\boldsymbol{W}(\boldsymbol{I}-\boldsymbol{W}+d\boldsymbol{W})^{-1}\boldsymbol{u}_2$$

$$\boldsymbol{Y}=[\boldsymbol{I}-\boldsymbol{W}+c\boldsymbol{W}-c\boldsymbol{W}(\boldsymbol{I}-\boldsymbol{W}+d\boldsymbol{W})^{-1}d\boldsymbol{W}]^{-1}[\boldsymbol{u}_1+c\boldsymbol{W}(\boldsymbol{I}-\boldsymbol{W}+d\boldsymbol{W})^{-1}\boldsymbol{u}_2] \tag{5.111}$$

将式（5.111）中得到的 $\boldsymbol{Y}$ 值代入 $\boldsymbol{X}$ 中，便可以得到 $\boldsymbol{X}$ 的去趋势的长期均衡的数据生成过程。

一般而言，为方便起见将空间协整向量设定为 $(1,-1)$。因此，变量 $\boldsymbol{X}$ 和 $\boldsymbol{Y}$ 更加一般化的线性协整关系可以表述为：$\boldsymbol{X}=\beta_0\boldsymbol{G}+\beta_1\boldsymbol{Y}$；其中，$\boldsymbol{X}$ 和 $\boldsymbol{Y}$ 是 $n\times1$ 的列向量，$\boldsymbol{G}$ 为单位向量，β_0、β_1、c、d 均为参数标量。由此可以得到变量 $\boldsymbol{Y}$、$\boldsymbol{X}$ 的空间协整数据生成过程为

$$\boldsymbol{Y}=[\boldsymbol{I}-\boldsymbol{W}+c\beta_1\boldsymbol{W}-c\boldsymbol{W}(\boldsymbol{A})^{-1}\beta_1 d\boldsymbol{W}]^{-1}[\boldsymbol{u}_1-\beta_0 c\boldsymbol{G}+c\boldsymbol{W}(\boldsymbol{A})^{-1}(\boldsymbol{u}_2+\beta_0 d\boldsymbol{G})]$$

$$\boldsymbol{X}=(\boldsymbol{A})^{-1}(\beta_1 d\boldsymbol{WY}+\beta_0 d\boldsymbol{G}+\boldsymbol{u}_2)$$

其中，

$$\boldsymbol{A}=\boldsymbol{I}-\boldsymbol{W}+d\boldsymbol{W}$$

（3）空间协整的非一致性估计

将式（5.107）进行进一步变形可得

$$\boldsymbol{Y}-\boldsymbol{WY}=c(\boldsymbol{WX}-\boldsymbol{WY})+\boldsymbol{u}_1 \tag{5.112a}$$

$$\boldsymbol{X}-\boldsymbol{WX}=d(\boldsymbol{WX}-\boldsymbol{WY})+\boldsymbol{u}_2 \tag{5.112b}$$

式中，$\boldsymbol{X}$ 和 $\boldsymbol{Y}$ 为由使用单位方差误差的方程（5.111）生成的空间协整变量。对方程（5.112a）在时间序列中的等价模型进行 OLS 回归得到的协整系数估计值是一致的，但在空间协整序列中，参数 c、d 的 OLS 估计值却是不一致的。令 $\boldsymbol{P}=\boldsymbol{Y}-\boldsymbol{WY}$、$\boldsymbol{Q}=\boldsymbol{WX}-\boldsymbol{WY}$，则参数 c 的 OLS 估计值为

$$\begin{aligned}\hat{c}_{\text{OLS}}&=(\boldsymbol{Q}'\boldsymbol{Q})^{-1}\boldsymbol{Q}'\boldsymbol{P}\\&=(\boldsymbol{Q}'\boldsymbol{Q})^{-1}\boldsymbol{Q}'(c\boldsymbol{Q}+\boldsymbol{u}_1)\\&=c(\boldsymbol{Q}'\boldsymbol{Q})^{-1}\boldsymbol{Q}'\boldsymbol{Q}+(\boldsymbol{Q}'\boldsymbol{Q}^{-1})\boldsymbol{Q}'\boldsymbol{u}_1\\&=c+(\boldsymbol{Q}'\boldsymbol{Q})^{-1}\boldsymbol{Q}'\boldsymbol{u}_1\end{aligned} \tag{5.113}$$

依据式（5.113）可知，若要使得参数 c 的 OLS 估计值是一致的，需同时满足两个条件：$p\lim(1/n)(\boldsymbol{Q}'\boldsymbol{Q})$ 是一个有限的非奇异矩阵，即可逆；$p\lim(1/n)(\boldsymbol{Q}'\boldsymbol{u})$ 必须等于 0。根据条件可知，$\boldsymbol{Q}$ 是一个平稳的序列，故条件一一定是满足的。然而，在空间数据模型中，条件二无法得到满足。假设 $\boldsymbol{u}_1=\boldsymbol{u}_2=\boldsymbol{u}$，则有

$$\boldsymbol{Q}'\boldsymbol{u}=(\boldsymbol{WX})'\boldsymbol{u}-(\boldsymbol{WY})'\boldsymbol{u}$$

$$\boldsymbol{WY}=\boldsymbol{W}(\boldsymbol{u}+c\boldsymbol{WX})[\boldsymbol{I}-(1-c)\boldsymbol{W}]^{-1}$$

$$(\boldsymbol{WY})'\boldsymbol{u}=\boldsymbol{u}'\boldsymbol{W}[\boldsymbol{I}-(1-c)\boldsymbol{W}]^{-1}\boldsymbol{u}+\boldsymbol{u}'\boldsymbol{W}[\boldsymbol{I}-(1-c)\boldsymbol{W}]^{-1}c\boldsymbol{WX} \tag{5.114a}$$

同理：

$$(\boldsymbol{WX})'\boldsymbol{u}=\boldsymbol{u}'\boldsymbol{W}[\boldsymbol{I}-(1-d)\boldsymbol{W}]^{-1}\boldsymbol{u}+\boldsymbol{u}'\boldsymbol{W}[\boldsymbol{I}-(1-d)\boldsymbol{W}]^{-1}d\boldsymbol{WY} \tag{5.114b}$$

式中，等式右边的第一项是误差项 $\boldsymbol{u}$ 的二次型，因此，式（5.114a）及式（5.114b）的概率极限既不会等于 0 也不会相等。

（4）空间协整的检验

空间协整表示回归中的两个或多个变量是非平稳的，但误差项是平稳的。若变量 $\boldsymbol{x}$ 和 $\boldsymbol{y}$ 均存在一阶空间单位根，则一般而言两者的所有线性组合都是 SI（1）。但是，若存在 $\boldsymbol{x}$ 和 $\boldsymbol{y}$ 的一个空间平稳的线性组合 $\boldsymbol{y}=1-\boldsymbol{\beta x}$，则称 $\boldsymbol{x}$ 和 $\boldsymbol{y}$ 是空间协整的，$(1-\boldsymbol{\beta})$ 称为空间协整向量。线性组合 $\boldsymbol{y}=1-\boldsymbol{\beta x}$ 表明回归设定中的空间误差序列存在 0 阶空间单位根 SI(0)（Fingleton，1999）。

参照 Banerjee 等（1993）在时间序列分析中的做法，两个非平稳但协整的空间数据生成过程如下：

$$
\begin{aligned}
\boldsymbol{x} &= \boldsymbol{\beta y}+\boldsymbol{u} \\
\boldsymbol{u} &= \boldsymbol{W u}+\boldsymbol{e}_1 \\
\boldsymbol{x} &= \boldsymbol{\alpha y}+\boldsymbol{e}_2
\end{aligned} \tag{5.115}
$$

式中，$\boldsymbol{e}_1$、$\boldsymbol{e}_2$ 为白噪声生成过程，从上述定义可得

$$
\boldsymbol{x}=\alpha(\alpha-\beta)^{-1}\boldsymbol{u}-\beta(\alpha-\beta)^{-1}\boldsymbol{e}_2 \tag{5.116a}
$$

$$
\boldsymbol{y}=-(\alpha-\beta)^{-1}\boldsymbol{u}+(\alpha-\beta)^{-1}\boldsymbol{e}_2 \tag{5.116b}
$$

由式（5.116）不难看出，序列 $\boldsymbol{x}$ 和 $\boldsymbol{y}$ 均存在一阶空间单位根 SI（1）。但对任意给定的 β 值，只要 $\alpha\neq 0$，这两个变量间都存在空间协整，因为 $\boldsymbol{x}+\alpha\boldsymbol{y}$ 是一阶单整序列 $I(0)$。特殊地，当① $\alpha=0$ 或② $\alpha>0$ 且 $\beta>\alpha$ 时，两者间不存在协整关系。

Lauridsen 和 Kosfeld（2006）认为用于检验空间单位根的两步 LME 检验方法同样适用于检验空间协整：首先，使用 $\boldsymbol{y}$ 对 $\boldsymbol{X}$ 构建 LME 统计量；其次，使用一阶差分后的变量 $\Delta\boldsymbol{y}$ 对 $\Delta\boldsymbol{X}$ 进行回归并构建 DLME 统计量。若 LME 统计量为 0 且 DLME 统计量显著为正，则检验结果表明存在空间协整关系；若 LME 显著为正且 DLME 显著为 0，则检验结果表明两者间不存在空间协整关系；若 LME 及 DLME 统计量均显著为正，则两者间存在“近协整关系”（$\alpha>0$，$\beta>\alpha$）。

4. 空间非对称单位根检验与门槛协整

单位根检验是分析单个变量变化趋势，协整检验则是分析变量之间的共同变化趋势。单位根检验与协整理论和空间门槛效应模型可能通过以下两种方式结合：其一，对变化趋势，则可能存在突变（跳跃），即存在门槛效应，在时间序列及面板数据研究中，这一理论体系被称为非经典计量经济学下的结构突变单位根检验与协整理论；其二，随着非线性计量经济模型的发展，如何将非对称单位根检验与门槛协整理论应用到空间数据中也成为空间门槛效应模型未来拓展方向之一。

5.4　空间门槛效应模型案例研究

为了使读者对空间 STAR 模型有一个更好的理解，这一章节采用随机生成数据的形式

对空间 SEM-STAR 模型的估计及检验进行仿真模拟。首先，设定样本数 n 为 3600，将空间自相关系数 λ 赋值为 0.2，平滑变量 γ 赋值为 3，各变量系数 β_i、δ_i 的初始值均设定为 1；随机生成范围为 (0,1) 且样本容量为 n 的两个自变量 x_1、x_2，并利用空间误差 STAR 数据生成过程及给定的参数值生成因变量 y；使用 queen 类型的二阶连续矩阵（包含低阶）。不同模型设定估计结果比较见表 5.4。

表 5.4　不同模型设定估计结果比较

项目	OLS 模型	空间 STAR 模型	SEM	空间误差 STAR 模型
β_0	0.0946* (2.02)	0.1573* (2.058)	0.1753*** (3.6037)	0.0919 (1.472)
δ_0		−0.1558 (−1.194)		0.0094 (0.089)
β_1	1.4829*** (24.25)	0.9709*** (8.929)	1.2960*** (21.6706)	0.9351*** (9.152)
δ_1		1.1044*** (5.977)		1.0506*** (5.924)
β_2	1.3842*** (22.39)	0.9194*** (8.526)	1.4084*** (23.2584)	0.9683*** (9.417)
δ_2		0.9903*** (5.329)		0.9397*** (5.273)
γ		2.4947*** (5.197)		2.7037*** (4.951)
c		0.5014*** (59.119)		0.5041*** (60.166)
λ			0.2693*** (74.93)	0.1924*** (19.2974)
$LM_{\lambda=0}$	76.6213***	92.9666***		
$LM_{\varphi=0}$	331.7612***		280.9772***	
$LM_{\lambda=\varphi=0}$	408.3825***			

注：括号内值为相应的统计量；

***、*分别表示在 1%、10%的显著性水平上显著

表 5.4 表明，OLS 估计量下的各参数估计结果均显著，但 LM 检验却为模型误设提供了强有力的证据。空间误差相关检验及非线性检验的独立和联合检验结果均显著，即拒绝不存在空间误差自相关及非线性的原假设。检验结果表明，导致 OLS 回归估计量有效性低的原因是遗漏交叉回归项引起的遗漏变量偏差及忽略了空间误差自相关。因此，一种方法是首先估计空间 STAR 模型，表 5.4 中的第二行回归结果表明这一模型设定是正确的。在空间 STAR 模型中，所有回归系数均显著，估计得到系数的大小与预期相似。而模型的

LM 检验却表明存在空间误差自相关。对空间误差 STAR 模型的估计证明，忽略空间误差的相关关系明显地导致了膨胀的 t 值。另一种方法则是首先对空间误差自相关项进行调整即建立 SEM，随后对遗漏变量偏误进行检测。由图 5.1 可知，两种方法都指向建立同时包含空间误差自相关项及非线性特征的空间 SEM-STAR 模型。

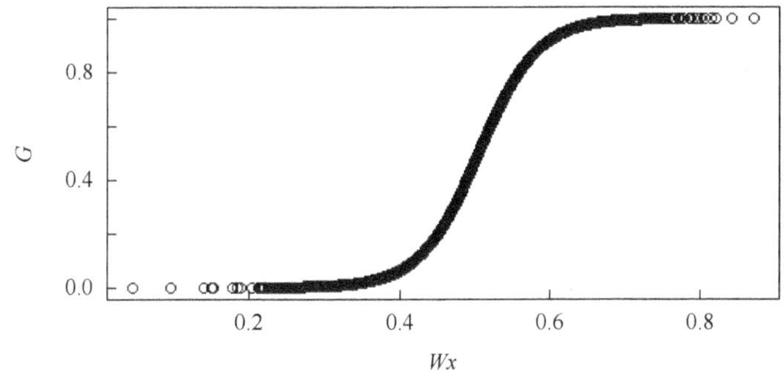

图 5.1　基于 SEM-STAR 模型的转换函数

5.5　本 章 小 结

Tong（1978）首次提出的时间序列非线性门槛模型，为解释经济现象、分析经济问题开拓了利用逐段线性化手段来处理非线性系统的方法体系；Hansen（1999a）联合考虑数据的时效性及丰富性，将非线性门槛的时间序列数据基础扩展到面板数据，进一步丰富了非线性门槛理论；随着空间计量经济学的发展，空间门槛也被提出并运用到实证分析中，空间门槛属于非线性空间计量经济学的一部分。

非线性空间计量经济学的发展可简单分为两个阶段：第一阶段空间计量经济学文献中，空间结构突变主要通过引入允许斜率及截距随空间变化的虚拟变量（Anselin，1988a；Lambert and McNamara，2009），构建包括 GWR（Fotheringham et al.，2003）、空间扩张回归（Casetti，1972）等半参数空间计量模型，或建立随机系数空间数据模型（Anselin，1988a）等方法进行处理；第二阶段非线性空间计量经济学的核心是将门限机制及平滑转换机制等非线性估计方法考虑到空间计量经济模型中，如 Lebreton（2005）通过将服从平滑转换过程的空间自回归项合并到转换函数中首次构建了空间视角的 STAR 模型；Gress（2004）、Basile 和 Gress（2004）、Basile（2008）等建立了非参数空间 STAR 模型；一些学者如孙建（2011）等则通过对利用空间过滤技术消除样本数据的空间相关性后的面板门槛模型进行估计以达到空间计量模型与门槛机制的结合。Pede 等（2009）首次提出了同时考虑非线性与空间误差自相关的空间误差平滑转移模型，并采用新古典增长模型对其估计与检验程序进行了实证应用。Pede 等（2014）对包含 ARAR-STAR、SAR-STAR、SEM-STAR 三种模型形式的空间 STAR 模型簇的估计及检验方法等进行了推理运算，为空间门槛理论模型的发展奠定了基础。赵玉等（2015）首次将时间滞后项加入到静态空间面板 STAR 模型中，扩展了动态 SAR-STAR 模型。

在借鉴时间序列及面板门槛模型的基础上，空间门槛效应模型的估计与检验方法已经得到了开端式的发展。空间门槛效应模型发展至今却只局限于STAR模型的设立、估计及检验，而空间非线性门槛如空间自回归门槛、空间滞后门槛、空间误差门槛及空间杜宾门槛等模型的估计和检验方法的研究仍是空白，这一非线性空间计量模型体系还有待发展。鉴于此，对空间门槛的模型的研究将成为非线性门槛计量的主要方向及突破点。

第6章 展 望

6.1 时序数据门槛模型研究展望

时序数据门槛模型在经济学的许多领域都有广泛的应用。为了使模型的理论发展能跟上实际应用的步伐，研究人员在不断丰富 TAR 模型的理论研究成果，从不同角度对模型理论进行了深入研究。本书作为一本实用性教材，主要目的在于介绍理论模型和方法，并应用于实际案例之中。因此，本书存在一定的局限性，还有很多方面仍值得开展进一步的拓展性研究。

TAR 模型的参数估计是目前时间序列分析方法论发展的重要方向之一，自从 Chan（1993）提出超一致估计方法以来，在 TAR 模型的应用研究中都是采用这种方法来估计模型参数。但是由于 Chan（1993）的方法在样本无穷大情况下估计量才能具有优良性质，而通常的经济分析所具有的样本量较小，在未来的研究中需要研究它的小样本性质。

总的来说，已有的门槛自回归、非对称单位根与门槛协整检验方法或多或少都存在某些缺陷，因此，还没有一个让人们普遍接受的检验方法，新的方法正处在研究和发展中。从非对称单位根检验和门槛协整的提出到目前为止才短短的十来年时间，理论发展还不成熟，在这么短的时间内要解决如此多艰难的问题也是不现实的。鉴于本书的研究都处于当今计量经济学理论方法发展前沿，许多方法处在进一步探索与完善当中。在未来时序数据门槛模型的研究中，在模型设定、研究方法和检验统计量选择方面进行进一步扩展研究。正如经典意义上的单位根与协整一样，非对称单位根与门槛协整也将成为我国经济和金融分析中不可或缺的计量分析工具。

6.2 面板数据门槛模型研究展望

关于静态面板门槛回归模型，Hansen（1999a）提出的估计方法是针对具有固定效应的静态面板门槛回归模型，同时假定模型是同方差的。而未涉及异方差情况和具有随机效应的门槛回归模型，因此，这是未来研究的可行方向。

关于动态面板门槛回归模型，虽然 Caner 和 Hansen（2004）证明了含有内生解释变量的门槛回归估计值是渐近一致的，但尚未证明估计值的渐近有效性，因此，对估计值的渐近有效性的研究将会是一个有价值的研究内容。

关于 PSTR 模型，González 等（2005）发展的 PSTR 模型考虑的是固定效应情况，因此，带有随机效应的模型也是一个待研究的方向。此外，允许转换函数中包含多个变量也具有很大的实际意义，是一个值得研究的方向。

6.3 空间数据门槛效应研究展望

第 5 章中已经对所有可能的空间计量及门槛机制的结合模型做了简单的介绍，而空间门槛的使用除了存在模型识别的问题外，更重要的是如何构建一个可以同时检验空间效应及门槛效应的检验统计量和使用哪种估计方法才能得到无偏（或一致）、有效的估计。这也是空间门槛模型的未来研究展望，是其发展的核心内容。

Pede 等（2014）提出了一种基于时间序列研究的平滑过渡自回归模型将非线性空间动态和机制切换行为纳入传统空间滞后和误差计量模型的新方法，并对未来研究方向进行了一定的展望。空间 STAR 模型属于允许参数随空间单位不同而变化的空间回归模型体系。特殊的是，空间 STAR 模型考虑了空间机制的参数变化，而空间机制是由模型内生性决定的。空间 STAR 模型相对于以往空间参数变化的空间回归方法而言，具有相对容易估计且解析性较强的优势。此外，STAR 模型还提供了与传统空间计量模型结合的可能性，如与空间自回归误差、空间滞后相关变量模型，或组合了滞后与误差相关的 ARAR 模型的结合等。Pede 等（2014）开拓性地提出了四种空间 STAR 模型：广义空间 STAR 模型、空间误差 STAR（SEM-STAR）模型、空间滞后 STAR（SAR-STAR）模型及空间 ARAR-STAR 模型，给出了每一种模型的 ML 估计程序，并建立了一系列新的拉格朗日乘数检验来研究非线性空间系统的切换和（或）空间依赖。通过蒙特卡罗模拟仿真检验表明，所有的检验在大小方面都表现良好。在空间线性模型的零假设下，每一个检验都会产生一个 95%置信区间内的拒绝频率。这些检验也显示了相对良好的空间依赖（空间误差和空间滞后过程）和 STAR 非线性检验势。几乎无一例外的是，为某一特定选择而设计的检验具有最高的检验势。然而，不幸的是，与不同的检验相关联的空间过程在本质上似乎是相似的。因此，个体与联合非线性状态检验具有对抗传统空间误差和（或）滞后过程的检验势，空间依赖检验具有对抗空间 STAR 非线性的检验势，这显然使具有空间自相关和内生机制转换行为的横截面模型的设计更加复杂。

对其他可行的空间面板门槛模型的性质进行分析是今后研究中的主要思路，但可预见的是，基于对非空间模型的从特殊到一般的估计策略及在不同的 LM 检验的 p 值的基础上选择不受限制的模型很可能是有效的。对使用蒙特卡罗模拟仿真检验实现模型最优选择的研究路径来说，从特殊到一般的研究策略要比从一般到特殊的策略更有效（Florax et al.，2003；Mur and Angulo，2009；Piras and Prucha，2014）。参数检验统计量的扩展和模型估计方法的比较也是空间 STAR 模型未来研究思路之一。参数检验统计量可以扩展到包括似然比（LR）或似然优势检验统计量（Pollak and Wales，1991）等，特别是 Bera 和 Yoon（1993）提出的有条件的 LR 统计量。小样本性质下的空间 STAR 模型 IV 估计量与 ML 估计量的比较也仍然未知。此外，还可以进行如误差非正态下的 ML 估计及异方差下的非线性 IV 等估计结果的比较。对转换函数和转换变量性质进一步的研究也是空间 STAR 模型的扩展方向。可用于识别空间机制的转换函数有很多，在空间上的分裂可用均匀分布来表示，或用其他指数分布如贡伯兹（Gompertz）函数、两参数威布尔分布、极端值分布，或 Brain-Cousens 模型（Schabenberger and Pierce，2002）等。对使用一系列转换函数来分析多重机制转换（Holt and Craig，2006）或允许两区制间存在多个转换点的单个转换函数（Dijk et al.，2002）的分析对空间 STAR 模型的未来研究意义重大。在实证及经验分析中，转换变量的选择很多，当前的问题可以集中在使用空间滞后的因变量或其他内生变量作为转换变量，这将需要修改空间 STAR 的对数似然函数和相应的雅可比矩阵。使用不包含在线性回归规范中的转换变量，也可能是基于 LM 统计的搜索策略的有效研究途径。此外，考虑将更多形式的空间交互效应加入 STAR 模型中及将空间效应加入指数函数形式而非逻辑函数的转换函数中等策略均是空间 STAR 模型很好的扩展方向。

不同于空间 STAR 模型，目前，静态及动态空间面板门槛模型的研究还属于空白状态，如何合理有效地建立空间面板门槛模型乃至建立有效的估计及检验方法等都是未来空间面板门槛理论发展的热点和难点。作为空间面板门槛理论的扩展研究，非平衡空间计量经济学与空间过滤面板门槛理论均已初具雏形，但仍需进一步完善。非平衡空间计量经济学使得单位根与协整理论在空间层面上得到了长足的发展，但目前对这一理论的实证应用还较少见，鲜有学者对其存在的问题或不足进行进一步的研究。真正存在门槛问题的结构突变的单位根与协整理论，以及非对称单位根与协整理论的发展还仍未起步。空间过滤面板门槛虽然很好地规避了需直接对空间面板门槛模型进行估计检验的问题，将不符合经典分析框架的空间效应通过某种变换，重新纳入经典框架中，使得模型估计更加容易。但直接将空间效应从空间面板模型中过滤掉意味着直接忽视了模型中的空间效应，且空间过滤以后利用门槛面板模型所得出的回归结果与直接利用空间门槛面板回归模型所得出的结果比较，以及空间门槛面板模型参数的估计方法等问题都有待于进一步研究。

参考文献

白仲林. 2008a. 一种结构突变面板数据单位根的联合检验[J]. 数量经济技术经济研究，（10）：153-161.

白仲林. 2008b. 同期相关面板数据结构突变单位根检验的统计性质——中国 CPI 指数平稳性的经验证据[J]. 统计研究，（10）：86-91.

才国伟，钱金保. 2013. 解析空间相关的来源：理论模型与经验证据[J]. 经济学（季刊），12（3）：869-894.

蔡德容，张鑫. 2015. 基于面板门限模型的最终消费率与经济增长关系的实证研究[J]. 消费经济，（2）：8-11.

蔡经汉. 2011. 从农产品到食品的非对称价格传导过程——基于两区制门槛协整模型的研究[J]. 黎明职业大学学报，（2）：15-19.

曹杰，陶云，田永丽. 2002. 多维时间序列门限回归模型及其应用[J]. 气象科学，（2）：205-209.

陈海燕，杨宝臣. 2011. 基于 LSTR 模型的变结构面板单位根检验[J]. 系统管理学报，（1）：16-21，39.

陈洁，田铮，黄维，等. 2010. 平滑转换向量误差修正模型的非线性协整 SupLM 检验[J]. 数理统计与管理，（3）：456-463.

陈强. 2014. 高级计量经济学及 Stata 应用[M]. 北京：高等教育出版社.

陈友春，朱文婕. 2014. 自激励门限自回归模型下我国人口增长率的时间序列分析[J]. 生物数学学报，（1）：157-161.

陈昭. 2008. 时序非平稳性 ADF 检验法的理论与应用[J]. 广州大学学报（自然科学版），（5）：5-10.

丁姗姗. 2014. 非线性时间序列模型 STAR 的扩展性研究[D]. 济南：山东大学.

杜文杰. 2009. 农业生产技术效率的政策差异研究——基于时不变阈值面板随机前沿分析[J]. 数量经济技术经济研究，（9）：107-118.

段忠东. 2012. 房地产价格与通货膨胀、产出的非线性关系——基于门限模型的实证研究[J]. 金融研究，（8）：84-96.

范剑青，姚琦伟. 2005. 非线性时间序列——建模、预报及应用[M]. 北京：高等教育出版社.

房林，邹卫星. 2007. 多种单位根检验法的比较研究[J]. 数量经济技术经济研究，（1）：151-160.

高宇. 2012. 阈值协整模型在我国股指期货套利中的应用[D]. 成都：西南财经大学.

葛翔宇，吴洋，周艳丽. 2012. 门限协整套利：理论与实证研究[J]. 统计研究，（3）：79-87.

顾鞍明，徐化冰. 2011. 基于非线性时间序列的门限自回归模型建立[J]. 黑龙江科技信息，（30）：45.

胡进. 2007. 门限协整两步检验法的研究与应用[D]. 武汉：华中科技大学.

黄维. 2007. 向量误差修正模型中两类非线性调节检验研究[D]. 西安：西北工业大学.

黄维，田铮，杨政. 2008. 门限向量误差修正模型的门限同积 bootstrap 检验[J]. 系统工程理论与实践，28（7）：78-85.

金光球，汪莲，王宗志，等. 2006. 遗传门限自回归模型的改进及其应用[J]. 长江科学院院报，23（2）：31-34.

金菊良，丁晶，魏一鸣. 1999. 基于遗传算法的门限自回归模型在海温预测中的应用[J]. 海洋环境科学，18（3）：1-6.

李刚，顾雯. 2010. 经济增长中的政府功效和区域贫困化问题研究——基于中国 1038 个县（县级市）统计数据的实证分析[J]. 南京财经大学学报，（1）：1-8.

李海奇，洪永淼，毛尚熠. 2013. 基于广义交叉谱密度方法的线性和非线性格兰杰因果关系检验[J]. 数量经济技术经济研究，（5）：116-127.

李娟伟. 2010. 经济开放度与中国经济增长的关系研究[D]. 西安：西北大学.
李科. 2011. 我国经济增长对电力消费的阈值效应分析[J]. 中国软科学（7）：31-41.
李美洲. 2008. 门限及分数维协整分析及其在经济中的应用[D]. 广州：暨南大学.
李子奈. 2011. 计量经济学模型方法论[M]. 北京：清华大学出版社.
刘汉中，傅元海. 2008. 基于残差的非对称单位根自助法检验研究[J]. 数量经济技术经济研究，（8）：151-160.
刘汉中，李陈华. 2008a. ADF 与 PP 法在非对称单位根检验中的应用研究[J]. 预测，（6）：67-72.
刘汉中，李陈华. 2008b. 关于 ADF 与 PP 单位根检验方法的探讨[J]. 统计与决策，（1）：28-30.
刘汉中，王少平. 2008. Caner & Hansen 方法在协整检验中的应用研究[J]. 系统工程理论与实践，28（7）：61-67.
刘汉中. 2008. 阈值自回归、非对称单位根和阈值协整：估计与检验[D]. 武汉：华中科技大学.
刘汉中. 2009. 阈值自回归模型参数估计的小样本性质研究[J]. 数量经济技术经济研究，（10）：112-124.
刘汉中. 2010a. 门限自回归下的单位根检验可靠性研究[J]. 统计研究，（2）：98-106.
刘汉中. 2010b. 阈值协整参数的完全修正最小二乘估计的小样本性质[J]. 预测，（6）：71-75.
刘汉中. 2011. 平稳阈值自回归下的伪回归研究[J]. 统计研究，（1）：99-105.
刘康兵，申朴，Sterken E. 2011. 融资约束、不确定性与公司投资：基于制造业上市公司面板数据的证据[J]. 南开经济研究，（4）：86-97.
刘清春，王铮. 2009. 中国区域经济差异形成的三次地理要素[J]. 地理研究，28（2）：430-440.
刘潭秋，王巧玲. 2006. 新加坡汇率管理的 SETAR 模型研究及启示[J]. 系统工程，（7）：67-72.
刘潭秋. 2007. 人民币实际汇率的非线性特征研究[J]. 数量经济技术经济研究，（2）：11-18.
刘维奇，王景乐. 2009. 门限自回归模型中门限和延时的小波识别[J]. 山西大学学报（自然科学版），32（4）：521-527.
刘雪燕，张晓峒. 2009. 非线性 LSTAR 模型中的单位根检验[J]. 南开经济研究，（1）：61-74.
刘雪燕. 2009a. STAR 模型中退势单位根检验的小样本性质研究[J]. 统计研究，（3）：102-108.
刘雪燕. 2009b. 门限模型及其在我国宏观经济研究中的应用[D]. 天津：南开大学.
刘银萍. 2011. 非线性时间序列模型的设定研究[D]. 天津：天津财经大学.
刘志永. 2008. 带单位根的门限自回归模型的研究[D]. 乌鲁木齐：新疆大学.
陆根尧，李太龙，苏湘昱. 2015. 计量经济学教程[M]. 杭州：浙江大学出版社.
栾惠德. 2007. 带有结构突变的单位根检验——文献综述[J]. 数量经济技术经济研究，（3）：152-161.
罗小兰. 2007. 我国最低工资标准农民工就业效应分析——对全国、地区及行业的实证研究[J]. 财经研究，（11）：114-123.
聂思玥. 2014. 门限自回归模型的理论与应用研究[D]. 天津：南开大学.
欧阳敏华，雷钦礼. 2013. 一般门限非对称误差修正模型的估计与检验[J]. 统计研究，（10）：97-107.
欧阳志刚，韩士专. 2007. 我国经济周期中菲利普斯曲线机制转移的阈值协整研究[J]. 数量经济技术经济研究，（11）：27-36.
欧阳志刚. 2008. 阈值协整及其对我国的应用研究[D]. 武汉：华中科技大学.
欧阳志刚. 2009a. 我国利率的非线性动态调节及其货币政策效果[J]. 统计研究，（4）：33-40.
欧阳志刚. 2009b. 非线性误差校正模型中的阈值协整检验——基于阈值协整向量未知的扩展[J]. 数量经济技术经济研究，（1）：140-150.
欧阳志刚. 2010. 非线性阈值协整理论及其在我国的应用研究[M]. 北京：中国社会科学出版社.
欧阳志刚，史焕平. 2011. 后金融危机的货币供给过剩及其效应[J]. 经济研究，（7）：102-115.
彭方平. 2007. STR 模型及我国货币政策传导非线性研究[D]. 武汉：华中科技大学.
齐银才. 2010. 基于协整理论的经济分析与预测[D]. 武汉：武汉理工大学.
秦建群. 2008. 向量误差修正模型的建立及实证[J]. 统计与决策，（17）：37-40.

尚玉皇，刘璐璐. 2016. 通货膨胀与短期利率的非线性 Granger 因果检验[J]. 兰州财经大学学报，(6)：26-32.

邵燕敏，汪寿阳. 2012. 基于门限向量误差修正模型的中国与国际有色金属期货价格关联性研究[J]. 系统工程理论与实践，(11)：2387-2393.

苏梽芳，蔡经汉. 2009. 我国能源消费与出口贸易非线性协整关系实证研究[J]. 中央财经大学学报，(12)：69-74.

苏梽芳，蔡经汉. 2010. 我国 CPI 与 PPI 非线性调整的实证解释[J]. 中南财经政法大学学报，(2)：3-8.

苏梽芳，臧楠. 2011. 食品与非食品价格的长期均衡关系与短期非线性调整——基于两区制门槛协整模型的实证研究[J]. 财经研究，37 (2)：112-123.

孙建. 2011. 中国区域创新内生俱乐部收敛研究——空间过滤与门槛面板分析[J]. 科学学与科学技术管理，32 (7)：74-80.

唐莹. 2007. 基于均衡误差项的门限协整的理论研究与应用[D]. 武汉：华中科技大学.

田铮，杨政，韩四儿. 2009. 协整关系中门限效应的 Wald 检验[J]. 高校应用数学学报 A 辑，(1)：23-31.

汪朋，蔡翔云. 2008. 改进的阈值模型及其在风险价值中的应用[J]. 市场研究，(11)：35-39.

王火根，龙建辉. 2008. 能源消费与经济增长非线性关系分析：基于门限协整系统[J]. 技术经济与管理研究，159 (4)：94-97.

王俊，孔令夷. 2006. 非线性时间序列分析 STAR 模型及其在经济学中的应用[J]. 数量经济技术经济研究，23 (1)：77-85.

王少平，欧阳志刚. 2008. 中国城乡收入差距对实际经济增长的阈值效应[J]. 中国社会科学，(2)：54-66.

王双英，李东. 2012. 国际石油价格与我国石化生产的协整关系：基于 TAR 模型的研究[J]. 数理统计与管理，(1)：1-6.

王维国，刘德海. 2012. 面板协整检验的前沿进展及对计量经济学教学的启示[J]. 云南财经大学学报，(3)：11-16.

夏龙，冯涛. 2010. 公共支出与二元经济结构转换的阈值条件分析[J]. 农业技术经济，(12)：31-38.

谢征宇. 2014. 多元非线性格兰杰因果检验讨论[D]. 南京：南京大学.

辛杨，赵英才. 2008. 新经济增长点测度阈值模型研究[J]. 山东社会科学，(9)：60-62.

徐崇进. 2015. 我国政府债务与消费间的线性和非线性格兰杰因果关系分析[D]. 南昌：江西财经大学.

徐婧，孟娟. 2015. 贸易开放、经济增长与人力资本——基于面板门槛模型的研究[J]. 世界经济研究，(6)：84-91，128.

徐文佳，叶铭焕. 2016. 人民币实际汇率对中美进出口贸易的门限效应研究[J]. 中国商论，(23)：93-96.

杨继生，王少平. 2008. 非线性动态面板模型的条件估计数量经济技术经济研究[J]. 数量经济技术经济研究，(12)：149-156.

杨凯. 2016. 几类门限时间序列模型的推断研究[D]. 长春：吉林大学.

杨利雄，张春丽，李庆男. 2016. 基于傅里叶变换的含异质性结构突变的面板单位根检验[J]. 统计研究，(2)：86-90.

杨渺. 2002. 格兰杰因果关系的多元推广及应用研究[D]. 成都：西南财经大学.

杨政. 2005. 门限同积模型参数估计和门限检验的研究[D]. 西安：西北工业大学.

杨政，田铮. 2007. 协整模型中门限协整的一种辨识方法[J]. 系统仿真学报，(13)：2885-2888.

杨政，田铮，原子霞. 2008. 检验门限协整模型中的线性协整[J]. 控制理论与应用，(4)：613-618.

杨政，曾勇，原子霞. 2011. 几类非线性协整模型研究综述[J]. 数量经济技术经济研究，(10)：148-161.

臧楠，胡日东. 2011. 沪港股市非线性协整和信息引导实证研究[J]. 哈尔滨商业大学学报（社会科学版），(4)：63-68.

张海英，周志刚. 2014. 中国 R&D 强度与经济增长、产业结构调整的动态关系研究[J]. 经济问题探索，(6)：18-22.

张建华，涂涛涛. 2007. 结构突变时间序列单位根的“伪检验”[J]. 数量经济技术经济研究，(3)：142-151.

张洁. 2009. 阈值协整的参数估计问题及其应用研究[D]. 武汉：华中科技大学.

张亮. 2012. 门限自回归（TAR）模型及其在汇率波动问题中的研究[D]. 芜湖：安徽工程大学.

张亮，孙宏义，费为银. 2012. 汇率波动下门限自回归模型的适应性研究[J]. 安徽工程大学学报，27（3）：91-94.

张凌翔，张晓峒. 2009. 单位根检验中的 Wald 统计量研究[J]. 数量经济技术经济研究，（7）：146-158.

张五六. 2010. 两部门生产函数门限模型及应用——以能源消费与经济增长关系为例[J]. 数理统计与管理，29（6）：1052-1059.

张啸. 2013. 基于阈值协整的货币需求函数及中国未来通胀预期[D]. 武汉：华中科技大学.

张炎涛. 2012a. 经济增长与能源消费关系再研究——基于阈值协整的分析[J]. 贵州财经学院学报，（1）：19-26.

张炎涛. 2012b. 中国经济增长与碳排放之间的长期均衡关系及其短期非线性调整[J]. 技术经济，31（4）：75-81.

赵春艳. 2010. 平滑转换自回归模型中线性检验与单位根检验问题研究[J]. 数量经济技术经济研究，（7）：153-160.

赵进文，丁林涛. 2012. 贸易开放度、外部冲击与通货膨胀：基于非线性 STR 模型的分析[J]. 世界经济，（9）：61-83.

赵玉，刘耀彬，严武. 2015. 国际市场冲击下中国有色金属市场波动效应——一个空间经济的视角[J]. 软科学，29（12）：111-116.

赵振全，于震，杨东亮. 2007. 金融发展与经济增长的非线性关联研究——基于门限模型的实证检验[J]. 数量经济技术经济研究，24（7）：54-62.

中国经济增长前沿课题组，张平，刘霞辉. 2011. 城市化、财政扩张与经济增长[J]. 经济研究，46（11）：4-20.

钟波，陈珂. 2008. 运用基于 Bayes 估计的阈值模型计算 VaR[J]. 北京工商大学学报（自然科学版），（5）：71-74.

钟秋海，黎新华，张志方. 1985. 一类非线性模型建模方法及其在铁路客流量预报上的应用[J]. 控制理论与应用，2（1）：103-111.

钟秋海. 1989. 门限自回归模型建模方法的改进[J]. 北京理工大学学报，9（1）：137-142.

周敏，熊华. 2008. 基于门限自回归模型下物价指数时间序列分析[J]. 应用概率统计，（6）：666-670.

Abuaf N，Jorion P. 1990. Purchasing power parity in the long run[J]. The Journal of Finance，45（1）：157-174.

Agu C C，Chukwu J O. 2008. Toda and yamamoto causality tests between "bank-based" financial deepening and economic growth in Nigeria[J]. European Journal of Social Sciences，（2）：189-198.

Amsler C，Lee J. 1995. An LM test for a unit root in the presence of a structural change[J]. Econometric Theory，11（2）：359-368.

Andrews D W K，Ploberger W. 1994. Optimal tests when a nuisance parameter is present only under the alternative[J]. Econometrica，62（6）：1383-1414.

Andrews D W K. 1993. Tests for parameter instability and structural change with unknown change point[J]. Econometrica，61：821-856.

Ang A，Timmermann A. 2012. Regime changes and financial markets[J]. Annual Reviews of Financial Economics，4（1）：313-337.

Anselin L，Bera A K，Florax R，et al. 1996. Simple diagnostic tests for spatial dependence[J]. Regional Science and Urban Economics，26（1）：77-104.

Anselin L，Bera A K. 1998. Spatial dependence in linear regression models with an introduction to spatial econometrics[J]. Statistics Textbooks and Monographs，155：237-290.

Anselin L，Florax R J G M，Rey S J. 2004. Advances In Spatial Econometrics [M]. Berlin：Springer-Verlag.

Anselin L，Florax R J G M. 1995. Small Sample Properties of Tests for Spatial Dependence in Regression Models：Some Further Results[M]. Heidelberg：Springer-Verlag.

Anselin L，Le Gallo J，Jayet H. 2008. Spatial Panel Econometrics[M]. Berlin：Springer-Verlag.

Anselin L. 1988a. A test for spatial autocorrelation in seemingly unrelated regressions[J]. Economics Letters，28（4）：335-341.

Anselin L. 1988b. Spatial Econometrics：Methods and Models[M]. Amsterdam：Springer.

Anselin L. 1990. Some robust approaches to testing and estimation in spatial econometrics[J]. Regional Science and Urban Economics，20（2）：141-163.

Anselin L. 1995. Local Indicators of Spatial Association—LISA[J]. Geographical Analysis，27（2）：93-115.

Anselin L. 2001. Spatial Econometrics：In A Companion To Theoretical Econometrics[M]. Oxford：Basil Blackwell.

Anselin L. 2006. Spatial Analysis Laboratory，Department of Geography and National Center for Supercomputing Applications University of Illinois[R]. Urbana-Champaign，Urbana.

Arbia G. 2005. Introductory Spatial Econometrics with Applications to Regional Convergence[M]. Berlin：Springer-Verlag.

Arellano M，Bover O. 1995. Another look at the instrumental variable estimation of error-components models[J]. Journal of Econometrics，68（1）：29-51.

Arellano M. 2003. Panel Data Econometrics[M]. Oxford：Oxford University Press.

Aschauer，Alan D. 1989. Is public expenditure productive[J]? Journal of Monetary Economics，23(2)：177-200.

Aue A，Horvath L. 2011. Quasi-likelihood estimation in stationary and nonstationary autoregressive models with random coefficients [J]. Statistica Sinica，21（3）：973-999.

Auerbach A J，Corodnichenko Y. 2012. Measuring the output responses to fiscal policy[J]. Economic Policy，4（2）：1-27.

Baek E G，Brock W A. 1992. A general test for nonlinear granger causality：bivariate model[R]. Iowa State University，University of Wisconsin Madison.

Baharumshah A Z，Liew V K S. 2006. Forecasting performance of exponential smooth transition autoregressive exchange rate models[J]. Open Economies Review，17（2）：235-251.

Bai J，Carrion-i-Silvestre J L. 2009. Structural changes，common stochastic trends，and unit roots in panel data[J]. The Review of Economic Studies，76（2）：471-501.

Bai J，Ng S. 2004. A PANIC attack on unit roots and cointegration[J]. Econometrica，72（4）：1127-1177.

Bai J，Perron P. 1998. Estimating and testing linear models with multiple structural changes[J]. Econometrica，66：47-78.

Bai J. 1997. Estimating multiple breaks one at a time[J]. Econometric Theory，13（3）：315-352.

Balke N S，Fomby T B. 1997. Threshold cointegration[J]. International Economic Review，38（3）：627-646.

Baltagi B H，Liu L. 2008. Testing for random effects and spatial lag dependence in panel data models[J]. Statistics and Probability Letters，78（18）：3304-3306.

Baltagi B H，Pirotte A. 2010. Panel data inference under spatial dependence[J]. Economic Modelling，27（6）：1368-1381.

Baltagi B H，Song S H，Jung B C，et al. 2007. Testing for serial correlation，spatial autocorrelation and random effects using panel data[J]. Journal of Econometrics，140（1）：5-51.

Baltagi B H，Song S H，Koh W. 2003. Testing panel data regression models with spatial error correlation[J]. Journal of Econometrics，117（1）：123-150.

Banerjee A，Carrion-i-Silvestre J L. 2015. Cointegration in panel data with structural breaks and cross-section dependence[J]. Journal of Applied Econometrics，30（1）：1-23.

Banerjee A，Dolado J J，Galbraith J W，et al. 1993. Co-integration，error correction，and the econometric analysis of non-stationary data[J]. David Hendry，106（439）：518-521.

Banerjee A，Lumsdaine R L，Stock J H. 1992. Recursive and sequential tests of the unit-root and trend-break hypotheses：theory and international evidence[J]. Journal of Business and Economic Statistics，10(3)：271-287.

Basile R，Gress B. 2004. Semi-parametric spatial auto-covariance models of regional growth behaviour in Europe[J]. SSRN Electronic Journal，21：93-118.

Basile R. 2008. Regional economic growth in europe：a semiparametric spatial dependence approach[J]. Papers in Regional Science，87（4）：527-544.

Bec F，Guay A，Guerre E. 2008. Adaptive consistent unit root tests based on autoregressive threshold model[J]. Journal of Econometrics，142（1）：94-133.

Bec F，Salem M B，Carrasco M. 2004. Tests for unit-root versus threshold specification with an application to the purchasing power parity relationship[J]. Journal of Business and Economic Statistics，22(4)：382-395.

Bera A K，Yoon M J. 1993. Specification testing with locally misspecified alternatives[J]. Econometric Theory，9（4）：649-658.

Berben R P，van Dijk D. 1999. Unit root tests and asymmetric adjustment：a reassessment[R]. Working paper，Tinbergen Institute，Erasmus University of Rotterdam.

Berry B J L，Marble D F. 1968. Spatial Analysis：A Reader in Statistical Geography[M]. Upper Saddle River：Prentice-Hall.

Besag J，Green P，Higdon D，et al. 1995. Bayesian computation and stochastic systems[J]. Statistical Science，10（1）：3-41.

Besag J，Moran P A P. 1975. On the estimation and testing of spatial interaction in Gaussian lattice processes[J]. Biometrika，62（3）：555-562.

Besag J，York J，Mollié A. 1991. Bayesian image restoration，with two applications in spatial statistics[J]. Annals of the Institute of Statistical Mathematics，43（1）：1-20.

Bhattacharya P K，Brockwell P J. 1976. The minimum of an additive process with applications to signal estimation and storage theory[J]. Probability Theory and Related Fields，37（1）：51-75.

Blanchard O，Dell'Ariccia G，Mauro P. 2010. Rethinking macroeconomic policy[J]. Journal of Money，Credit and Banking，42（s1）：199-215.

Bruno M，Easterly W. 1998. Inflation crises and long-run growth[J]. Journal of Monetary Economics，41（1）：3-26.

Burridge P. 1980. On the cliff-ord test for spatial autocorrelation[J]. Journal of the Royal Statistical Society B，42：107-108.

Campbell J Y，Perron P. 1991. Pitfalls and opportunities：what macroeconomists should know about unit roots[J]. NBER Macroeconomics Annual，6：141-201.

Campbell J Y，Shiller R J. 1987. Cointegration and tests of present value models[J]. Journal of Political Economy，95（5）：1062-1088.

Campbell J Y，Shiller R J. 1991. Yield spreads and interest rate movements：a bird's eye view[J]. The Review of Economic Studies，58（3）：495-514.

Campbell J Y. 1995. Some lessons from the yield curve[J]. Journal of Economic Perspectives，9（3）：129-152.

Caner M，Hansen B E. 2001. Threshold autoregression with a unit root[J]. Econometrica，69（6）：1555-1596.

Caner M，Hansen B E. 2004. Instrumental variable estimation of a threshold model[J]. Econometric Theory，20（5）：813-843.

Caner M. 2002. A note on least absolute deviation estimation of a threshold model[J]. Econometric Theory，18（3）：800-814.

Canning D，Bennathan E. 2000. The social rate of return on infrastructure investments[R]. Policy Research Working Paper.

Carrion-i-Silvestre J L，Barrio-Castro T D，López-Bazo E. 2005. Breaking the panels：an application to the GDP per capita[J]. The Econometrics Journal，8（2）：159-175.

Casetti E. 1972. Generating models by the expansion method：applications to geographical research[J]. Geographical Analysis，4（1）：81-91.

Chan K S，Tong H. 1990. On likelihood ratio tests for threshold autoregression[J]. Journal of the Royal Statistical Society. Series B（Methodological），52（3）：469-476.

Chan K S，Tsay R S. 1998. Limiting properties of the least squares estimator of a continuous threshold autoregressive model[J]. Biometrika，85（2）：413-426.

Chan K S. 1993. Consistency and limiting distribution of the least squares estimator of a threshold autoregressive model[J]. The Annals of Statistics，21（1）：520-533.

Chen B，Hong Y. 2013. Detecting for smooth structural changes in GARCH models[J]. Econometric Theory，32：740-791.

Chernozhukov V，Hong H. 2003. An MCMC approach to classical estimation[J]. Social Science Electronic Publishing，115（2）：293-346.

Chong T T L. 1994. Consistency of change-point estimators when the number of changepoints in structural change models is underspecified[R]. Unpublished Manuscript，Department of Economics，University of Rochester.

Chow G C. 1960. Tests of equality between sets of coefficients in two linear regressions[J]. Econometrica，52：211-222.

Clements M P，Galvão A B. 2004. A comparison of tests of nonlinear cointegration with application to the predictability of US interest rates using the term structure[J]. International Journal of Forecasting，20（2）：219-236.

Cliff A D，Ord J K. 1972. Testing for spatial autocorrelation among regression residuals[J]. Geographical Analysis，4（3）：267-284.

Cliff A D，Ord J K. 1973. Spatial autocorrelation[R]. London Pion Ltd.

Cliff A D，Ord J K. 1981. Spatial Processes：Models & Applications[M]. London：Taylor & Francis Group.

Colletaz G，Hurlin C. 2006. Threshold effects of the public capital productivity：an international panel smooth transition approach[R]. Working Paper，University of Orleans.

Conley T G. 1999. GMM estimation with cross sectional dependence[J]. Journal of Econometrics，92（1）：1-45.

Cook S. 2007. A threshold cointegration test with increased power[J]. Mathematics and Computers in Simulation，73（6）：386-392.

Cover J P. 1992. Asymmetric effects of positive and negative money-supply shocks[J]. The Quarterly Journal of Economics，107（4）：1261-1282.

Crosby A W. 1986a. Ecological Imperialism：The Biological Expansion of Europe[M]. Cambridge：Cambridge University Press.

Crosby E A. 1986b. Private sector agricultural research in the united states[R]. Information Systems Division，National Agricultural Library.

Dacey M. 1968. A review of measures of contiguity for two and K-color maps[A]//Berry B，Marble D. Spatial Analysis：A Reader in Statistical Geography[C]. Englewood：Prentice-Hall.

Davies N，Petruccelli J D. 1986. Detecting non-linearity in time series[J]. Journal of the Royal Statistical Society. Series D（The Statistician），35（2）：271-280.

Davies R B，Harte D S. 1987. Tests for hurst effect[J]. Biometrika，74（1）：95-101.

Davies R B. 1977. Hypothesis testing when a nuisance parameter is present only under the alternative[J]. Biometrika，64（2）：247-254.

Debarsy N，Ertur C. 2010. Testing for spatial autocorrelation in a fixed effects panel data model[J]. Regional Science and Urban Economics，40（6）：453-470.

Denker M，Keller G. 1983. On U-statistics and v. mise' statistics for weakly dependent processes[J]. Zeitschrift für Wahrscheinlichkeitstheorie und Verwandte Gebiete，64（4）：505-522.

Di Iorio F，Fachin S. 2007. Testing for breaks in cointegrated panels-with an application to the Feldstein-Horioka puzzle[J]. Economics-The Open-Access，Open Assessment E-Journal，1：1-30.

Diamond J M. 1999. Guns，Germs and Steel：The Fate of Human Societies[J]. Journal of Policy Analysis and Management，22（1）：173-177.

Dijk D，Teräsvirta T，Franses P H. 2002. Smooth transition autoregressive models—a survey of recent developments[J]. Econometric Reviews，21（1）：1-47.

Diks C，Panchenko V. 2006. A new statistic and practical guidelines for nonparametric granger causality testing [J]. Journal of Economic Dynamics and Control，30：1647-1669.

Dixon. 2002. Essential fvs：a user's guide to the forest vegetation simulator[R]. Forest Management Service Center.

Dorfman A H. 2009. Chapter 36-inference on distribution functions and quantiles[J]. Handbook of Statistics，（29）：371-395.

Dufour J M. 1997. Some impossibility theorems in econometrics with applications to structural and dynamic models[J]. Econometrica，65（6）：1365-1387.

Elhorst J P. 2001. Dynamic Models in Space and Time[J]. Geographical Analysis，33（2）：119-140.

Elhorst J P. 2003. Specification and estimation of spatial panel data models[J]. International Regional Science Review，26（3）：244-268.

Elhorst J P. 2005. Unconditional maximum likelihood estimation of linear and log-linear dynamic models for spatial panels[J]. Geographical Analysis，37（1）：85-106.

Elhorst J P. 2010. Spatial Panel Data Models[M]. Berlin：Springer.

Elhorst J P. 2014. Spatial econometrics. From cross-sectional data to spatial panels[J]. James P Lesage，1（1）：245-260.

Elhorst P，Piras G，Arbia G. 2010. Growth and convergence in a multiregional model with space–time dynamics[J]. Geographical Analysis，42（3）：338-355.

Enders W，Granger C W J. 1998. Unit-root tests and asymmetric adjustment with an example using the term structure of interest rates[J]. Journal of Business and Economic Statistics，16（3）：304-311.

Enders W，Im K S，Lee J，et al. 2010. IV threshold cointegration tests and the Taylor rule[J]. Economic Modelling，27（6）：1463-1472.

Enders W，Siklos P L. 2001. Cointegration and threshold adjustment[J]. Journal of Business and Economic Statistics，19（2）：166-176.

Engle R F，Granger C W. 1987. Co-integration and error correction：representation，estimation，and testing[J]. Econometrica，62（2）：413-430.

Ertur C，Koch W. 2007. Growth，technological interdependence and spatial externalities：theory and evidence[J]. Journal of Applied Econometrics，22（6）：1033-1062.

Escribano A，Jorda O. 1999. Improved Testing and Specification of Smooth Transition Regression Models[M]. New York：Springer.

Esso L J. 2010. Threshold co-integration and causality relationship between energy use and growth in seven African countries[J]. Energy Economics，32：1383-1391.

Fazzari S M，Hubbard R G，Petersen B C，et al. 1988. Financing constraints and corporate investment[J]. Brookings Papers on Economic Activity，（1）：141-206.

Fazzari S M，Morley J，Panovska I. 2012. State-dependent effects of fiscal policy[R]. Australian School of Business Research Paper.

Fernald J G. 1999. Roads to prosperity?Assessing the link between public capital and productivity[J]. The American Economic Review，89（3）：619-638.

Fingleton B. 1999. Spurious spatial regression：some Monte Carlo results with a spatial unit root and spatial cointegration[J]. Journal of Regional Science，39（1）：1-19.

Fingleton. 1985. Spatial Data Analysis By Example[M]. Chichester：Wiley.

Florax R J G M，de Graaff T，Nijkamp P，et al. 2001. A General Misspecification Test for Spatial Regression Models：dependence，Heterogeneity，and Nonlinearity[J]. Journal of Regional Science，41（2）：255-276.

Florax R J G M，Folmer H，Rey S J. 2003. Specification searches in spatial econometrics：the relevance of Hendry's methodology[J]. Regional Science and Urban Economics，33（5）：557-579.

Fok D，van Dijk D，Franses P H. 2005. A multi-level panel STAR model for US manufacturing sectors[J]. Journal of Applied Econometrics，20（6）：811-827.

Fotheringham A S，Brunsdon C，Charlton M. 2003. Geographically Weighted Regression：The Analysis of Spatially Varying Relationships[M]. Hoboken：John Wiley & Sons.

Franses P H，van Dijk D. 2000. Non-Linear Time Series Models in Empirical Finance[M]. Cambridge：Cambridge University Press.

Getis A，Aldstadt J. 2004. Constructing the spatial weights matrix using a local statistic[J]. Geographical Analysis，36（2）：147-163.

Getis A，Griffith D A. 2002. Comparative spatial filtering in regression analysis[J]. Geographical Analysis，34（2）：130-140.

Getis A. 1990. Screening for spatial dependence in regression analysis[J]. Papers of the Regional Science Association，69（1）：69-81.

Getis A. 1995. Spatial filtering in a regression framework：examples using data on urban crime，regional inequality，and government expenditures[R]. New Directions in Spatial Econometrics.

Ghosh A，Phillips S. 1998. Warning：Inflation may be harmful to your growth[J]. Staff Papers，45（4）：672-710.

Goldfeld S M，Quandt R E. 1973. A Markov model for switching regressions[J]. Journal of Econometrics，1（1）：3-15.

González A，Teräsvirta T，Dijk D. 2005. Panel smooth transition regression models[R]. SSE/EFI Working Paper Series in Economics and Finance.

Gonzalo J，Pitarakis J Y. 2005. Threshold effects in multivariate error correction models[R]. Working Paper，Universidad carlos de Madrid.

Gørgens T，Skeels C L，Wurtz A. 2009. Efficient estimation of non-linear dynamic panel data models with application to smooth transition models[R]. Social Science Electronic Publishing.

Gramlich E M. 1994. Infrastructure investment：a review essay[J]. Journal of Economic Literature，32（3）：1176-1196.

Granger C W J，Teräsvirta T. 1993. Modelling non-linear economic relationships[M]. Oxford：Oxford University Press.

Granger C W J. 1969. Investigating causal relations by econometric model and cross-spectral methods. Econometrica，37（3）：424-438.

Granger C W J. 1980. Testing for causality：a personal viewpoint[J]. Journal of Economic Dynamics and Control，2：329-352.

Gregory A W，Hansen B E. 1996. Residual-based tests for cointegration in models with regime shifts[J]. Journal of Econometrics，70（1）：99-126.

Gress B. 2004. Semiparametric spatial autocovariance models[D]. University of California at Riverside PhD Dissertation.

Griffith D A. 1979. Urban dominance，spatial structure，and spatial dynamics：some theoretical conjectures and empirical implications[J]. Economic Geography，55（2）：95-113.

Griffith D A. 1988. Advanced Spatial Statistics[M]. Amsterdam：Kluwer Academic Publisher.

Griffith D A. 1992. Simplifying the normalizing factor in spatial autoregressions for irregular lattices[J]. Papers in Regional Science，71（1）：71-86.

Griffith D A. 1996. Spatial autocorrelation and eigenfunctions of the geographic weights matrix accompanying geo-referenced data[J]. Canadian Geographer，40（4）：351-367.

Griffith D A. 2000. A linear regression solution to the spatial autocorrelation problem[J]. Journal of Geographical Systems，2（2）：141-156.

Gutierrez L. 2010. Simple tests for cointegration in panels with structural breaks[J]. Applied Economics Letters，17（2）：197-200.

Haase P. 1995. Spatial pattern analysis in ecology based on Ripley's K-function：introduction and methods of edge correction[J]. Journal of Vegetation Science，6（4）：575-582.

Hadri K，Rao Y. 2008. Panel stationarity test with structural breaks[J]. Oxford Bulletin of Economics and Statistics，70（2）：245-269.

Hadri K. 2000. Testing for stationarity in heterogeneous panel data[J]. The Econometrics Journal，3（2）：148-161.

Haining R. 1988. Estimating spatial means with an application to remotely sensed data[J]. Communications in Statistics-Theory and Methods，17（2）：573-597.

Haining R. 1991. Estimation with heteroscedastic and correlated errors：a spatial analysis of intra-urban mortality data[J]. Papers in Regional Science，70（3）：223-241.

Hansen B E，Seo B. 2002. Testing for two-regime threshold cointegration in vector error-correction models[J]. Journal of Econometrics，110（2）：293-318.

Hansen B E. 1994. Autoregressive conditional density estimation[J]. International Economic Review，35（3）：705-730.

Hansen B E. 1996. Inference when a nuisance parameter is not identified under the null hypothesis[J]. Econometrica，64（2）：413-430.

Hansen B E. 1997a. Inference in TAR models[J]. Studies in Nonlinear Dynamics and Econometrics，2（1）：1.

Hansen B E. 1997b. Approximate asymptotic P values for structural-change tests[J]. Journal of Business and Economic Statistics，15（1）：60-67.

Hansen B E. 1997c. Studies in nonlinear dynamics and econometrics[J]. Quaterly Journal，2（1）：1-14.

Hansen B E. 1999a. Threshold effects in non-dynamic panels：Estimation，testing，and inference[J]. Journal of econometrics，93（2）：345-368.

Hansen B E. 1999b. Testing for linearity[J]. Journal of Economic Surveys，13（5）：551-576.

Hansen B E. 2000a. Sample splitting and threshold estimation[J]. Boston College Working Papers in Economics，68（3）：575-603.

Hansen B E. 2000b. Testing for structural change in conditional models[J]. Journal of Econometrics，97（1）：93-115.

Hansen B E. 2004. Bandwidth Selection for Nonparametric Distribution Estimation[EB/OL]. https://www.researchgate. net/publication/245580364_Bandwidth_Selection_for_Nonparametric_Distribution_Estimation.

Hansen B E. 2010. Averaging estimators for autoregressions with a near unit root[J]. Journal of Econometrics，

158（1）：142-155.

Hansen L P. 1982. Large sample properties of generalized method of moments estimators[J]. Econometrica：Journal of the Econometric Society，50：1029-1054.

Hausman J A，Taylor W E. 1981. Panel data and unobservable individual effects[J]. Econometrica：Journal of the Econometric Society：1377-1398.

Hausman J A. 1978. Specification tests in econometrics[J]. Econometrica：Journal of the Econometric Society，46（6）：1251-1271.

He M，Lin K P. 2011. Testing panel data models with spatially lagged dependent variable and spatially correlated error components[R]. Department of Economics，Portland State University，Spatial Econometrics Association Vth World Conference.

Hemmati A. 2006. A change in energy intensity：test of relationship between energy intensity and income in Iran[J]. Iranian Economic Review，11（15）：123-130.

Hepple L W. 1995. Bayesian techniques in spatial and network econometrics：2. Computational methods and algorithms[J]. Environment and Planning A，27（4）：615-644.

Hiemstra C，Jones J D. 1994. Testing for linear and nonlinear granger causality in the stock price-volume relation[J]. Journal of Finance，49（5）：1639-1664.

Ho T W. 2005. Investigating the threshold effects of inflation on PPP[J]. Economic Modelling，22（5）：926-948.

Holt M T，Craig L A. 2006. Nonlinear dynamics and structural change in the US hog—corn cycle：a time-varying STAR approach[J]. American Journal of Agricultural Economics，88（1）：215-233.

Holtedahl P，Joutz F L. 2004. Residential electricity demand in Taiwan[J]. Energy Economics，26（2）：201-224.

Hong Y. 2001. A testing for volatility spillover with application to exchange rates[J]. Journal of Econometrics，103：183-224.

Horvath L，Huskova M. 2005. Testing for changes using permutations of ustatistics[J]. Journal of Statistical Planning and Inference，128（2）：351-371.

Horvath L，Kokoszka P，Teyssiere G. 2001. Empirical process of the squared residuals of an ARCH sequence[J]. Annals of Statistics，29（2）：445-469.

Horvath M T K，Watson M W. 1995. Testing for cointegration when some of the cointegration vectors are prespecified[J]. Econometric Theory，11：984-1014.

Hsiao C. 2003. Analysis of Panel Data，2nd[M]. Cambridge：Cambridge University Press.

Hu J L，Lin C H. 2008. Disaggregated energy consumption and GDP in Taiwan：a threshold co-integration analysis[J]. Energy Economics，30（5）：2342-2358.

Im K S，Lee J，Tieslau M. 2005. Panel LM unit-root tests with level shifts[J]. Oxford Bulletin of Economics and Statistics，67（3）：393-419.

Im K S，Pesaran M H，Shin Y. 2003. Testing for unit roots in heterogeneous panels[J]. Journal of econometrics，115（1）：53-74.

Inoue A. 2001. Testing for distributional change in time series[J]. Econometric Theory，17（1）：156-187.

Iorio D F，Fachin S. 2007. Testing for breaks in cointegrated panels-with an application to the Feldstein-Horioka puzzle[J]. SSRN Electronic Journal，1（14）：1-23.

Jones D W. 1989. Urbanization and energy use in economic development[J]. Energy，10：29-44.

Jones E. 1981. The European Miracle：Environments，Economies and Geopolitics in the History of Europe and Asia[M]. Cambridge：Cambridge University Press.

Jorion P，Sweeney R J. 1996. Mean reversion in real exchange rates：evidence and implications for forecasting[J]. Journal of International Money and Finance，15（4）：535-550.

Kao C. 1999. Spurious regression and residual-based tests for cointegration in panel data [J]. Journal of

Econometrics，90（1）：1-44.

Kapetanios G，Shin Y. 2006. Unit root tests in three-regime SETAR models[J]. Econometrics Journal，9（2）：252-278.

Kapoor M，Kelejian H H，Prucha I R. 2007. Panel data models with spatially correlated error components[J]. Journal of Econometrics，140（1）：97-130.

Karavias Y，Tzavalis E. 2012. Generalized Fixed-T Panel Unit Root Tests Allowing for Structural Breaks[R]. Discussion Papers.

Karunamuni R J，Zhang S. 1996. Empirical Bayes detection of a change in distribution[J]. Annals of the Institute of Statistical Mathematics，48（2）：229-246.

Keith O. 1975. Estimation methods for models of spatial interaction[J]. Journal of the American Statistical Association，70（349）：120-126.

Kelejian H H，Prucha I R. 1997. Estimation of spatial regression models with autoregressive errors by two-stage least squares procedures：a serious problem[J]. International Regional Science Review，20（1-2）：103-111.

Kelejian H H，Prucha I R. 1998. A generalized spatial two-stage least squares procedure for estimating a spatial autoregressive model with autoregressive disturbances[J]. The Journal of Real Estate Finance and Economics，17（1）：99-121.

Kelejian H H，Prucha I R. 1999. A generalized moments estimator for the autoregressive parameter in a spatial model[J]. International Economic Review，40（2）：509-533.

Kelejian H H，Prucha I R. 2004. Estimation of simultaneous systems of spatially interrelated cross sectional equations[J]. Journal of Econometrics，118（1）：27-50.

Kelejian H H，Robinson D P. 1993. A suggested method of estimation for spatial interdependent models with autocorrelated errors，and an application to a county expenditure model[J]. Papers in Regional Science，72（3）：297-312.

Kelejian H H，Robinson D P. 1995. Spatial Correlation：A Suggested Alternative to the Autoregressive Model[M]. Berlin：Springer.

Khan M S，Ssnhadji A S. 2001. Threshold effects in the relationship between inflation and growth[J]. IMF Staff Papers，48（1）：1-21.

Kokoszka P，Teyssiere G. 2002. Change-Point detection in GARCH Models：Asymptotic and Bootstrap Tests[M]. Louvain：Universite catholique de Louvain.

Kose M A，Prasad E S，Terrones M E. 2003. Financial integration and macroeconomic volatility[J]. Imf Staff Papers，50（1）：119-142.

Kremer S，Bick A，Nautz D. 2013. Inflation and growth：new evidence from a dynamic panel threshold analysis[J]. Empirical Economics，44（2）：861-878.

Krugman P. 1993. First nature，second nature and metropolitan location [J]. Journal of Regional Science，33（2）：129-144.

Lambert D M，McNamara K T. 2009. Location determinants of food manufacturers in the United States，2000-2004：Are nonmetropolitan counties competitive?[J]. Agricultural Economics，40（6）：617-630.

Lauridsen J，Kosfeld R. 2006. A test strategy for spurious spatial regression，spatial nonstationarity，and spatial cointegration[J]. Papers in Regional Science，85（3）：363-377.

Lauridsen J，Mur J. 2004. Outliers in cross-sectional regression[R]. ERSA conference papers. European Regional Science Association.

Lauridsen J. 2006. Spatial autoregressively distributed lag models：equivalent forms，estimation，and an illustrative commuting model[J]. The Annals of Regional Science，40（2）：297-311.

Lebreton M. 2005. The NCSTAR model as an alternative to the GWR model[J]. Physica A：Statistical Mechanics and its Applications，355（1）：77-84.

Lee C C，Chang C P. 2005. Structural breaks，energy consumption，and economic growth revisited：evidence from Taiwan[J]. Energy Economics，27：857-872.

Lee C C，Chang C P. 2007. The impact of energy consumption on economic growth：evidence from linear and nonlinear models in Taiwan[J]. Energy，32：2282-2294.

Lee C C，Wu J L，Yang L. 2016. A simple panel unit-root test with smooth breaks in the presence of a multifactor error structure[J]. Oxford Bulletin of Economics and Statistics，78（3）：365-393.

Lee J，Strazicich M. 2004. Minimum LM unit root test with one structural breaks[Z]. Working Paper of Department of Economics，Appalachian State University.

Lee L. 2004. Asymptotic distributions of quasi-maximum likelihood estimators for spatial autoregressive models[J]. Econometrica，72（6）：1899-1925.

Lee L. 2007. GMM and 2SLS estimation of mixed regressive，spatial autoregressive models[J]. Journal of Econometrics，137（2）：489-514.

Lee L，Yu J. 2010. Estimation of spatial autoregressive panel data models with fixed effects[J]. Journal of Econometrics，154（2）：165-185.

Lee S，Ha J，Na O，et al. 2003. The cusum test for parameter change in time series models[J]. Scandinavian Journal of Statistics，30（4）：781-796.

Lee S. 1998. Coe cient constancy test in a random coe cient autoregressive model[J]. Journal of Statistical Planning and Inference，74（1）：93-101.

Leenders R T A J. 2002. Modeling social influence through network autocorrelation：constructing the weight matrix[J]. Social Networks，4（1）：21-47.

Lesage J P. 1997. Bayesian estimation of spatial autoregressive models[J]. International Regional Science Review，20（1-2）：113-129.

Lesage J P. 2000. Bayesian estimation of limited dependent variable spatial autoregressive models[J]. Geographical Analysis，32（1）：19-35.

Lesage J P，Pace R K. 2009. Introduction to Spatial Econometrics[M]. Boca Raton：CRC Press.

Levin A，Lin C F，Chu C S J. 2002. Unit root tests in panel data：asymptotic and finite-sample properties[J]. Journal of econometrics，108（1）：1-24.

Li J，Lee J. 2010. ADL tests for threshold cointegration[J]. Journal of Time，31（4）：241-254.

Lin C F J，Teräsvirta T. 1994. Testing the constancy of regression parameters against continuous structural change[J]. Journal of Econometrics，62（2）：211-228.

Liu X，Lee L. 2013. Two-stage least squares estimation of spatial autoregressive models with endogenous regressors and many instruments[J]. Econometric Reviews，32（5-6）：734-753.

Liu Y，Xie Y. 2013. Asymmetric adjustment of the dynamic relationship between energy intensity and urbanization in China[J]. Energy Economics，36（6）：43-54.

Lluís Carrion-i-Silvestre J，Barrio-Castro D，López-Bazo E. 2005. Breaking the panels：an application to the GDP per capita[J]. The Econometrics Journal，8（2）：159-175.

Lo M C，Zivot E. 2001. Threshold cointegration and nonlinear adjustment to the law of one price[J]. Macroeconomic Dynamics，5：533-576.

Lundbergh S，Teräsvirta T，van Dijk D. 2003. Time-varying smooth transition autoregressive models[J]. Journal of Business and Economic Statistics，21（1）：104-121.

Luukkonen R，Saikkonen P，Teräsvirta T. 1988. Testing linearity against smooth transition autoregressive models[J]. Biometrika，75（3）：491-499.

Maddala G S. 1971. The likelihood approach to pooling cross-section and time-series data[J]. Econometrica，39（6）：939-953.

Maekawa K，Lee S，Tokutsu Y. 2005. A note on volatility persistence and structural changes in GARCH models[R]. Faculty of Economies，University of Hiroshima.

Magnus J R. 1982. Multivariate error components analysis of linear and nonlinear regression models by maximum likelihood[J]. Journal of Econometrics，19（2-3）：239-285.

Mardia K V，Marshall R J. 1984. Maximum likelihood estimation of models for residual covariance in spatial regression[J]. Biometrika，71（1）：135-146.

McCloud N，Hong Y. 2011. Testing the Structure of Conditional Correlations in Multivariate GARCH models：A Generalized Cross-Spectrum Approach[J]. International Economic Review，52：991-1037.

McCulloch J H，Kwon H C. 1993. US term structure data，1947–1991[R]. Ohio State University Working Paper No. 93-96.

Ming C L，Zivot E. 2001. Threshold cointegration and nonlinear adjustment to the law of one price[J]. Discussion Papers in Economics at the University of Washington，5：533-576.

Montes-Rojas G V. 2010. Testing for random effects and serial correlation in spatial autoregressive models[J]. Journal of Statistical Planning and Inference，140（4）：1013-1020.

Moon H R，Perron B. 2004. Testing for a unit root in panels with dynamic factors[J]. Journal of econometrics，122（1）：81-126.

Moran P A P. 1948. The interpretation of statistical maps[J]. Journal of the Royal Statistical Society. Series B（Methodological），10（2）：243-251.

Moran P A P. 1950. A test for the serial independence of residuals[J]. Biometrika，37（1/2）：178-181.

Mundlak Y. 1978. On the pooling of time series and cross section data[J]. Econometrica：Journal of the Econometric Society，46（1）：69-85.

Mur J，Angulo A. 2009. Model selection strategies in a spatial setting：some additional results[J]. Regional Science and Urban Economics，39（2）：200-213.

Mur J，Trívez F J. 2003. Unit roots and deterministic trends in spatial econometric models[J]. International Regional Science Review，26（3）：289-312.

Mutl J，Pfaffermayr M. 2011. The Hausman test in a Cliff and Ord panel model[J]. The Econometrics Journal，14（1）：48-76.

Nishiyama Y，Jeong K. 2011. A consistent nonparametric test for nonlinear xausality-specification in time series regression [J]. Journal of Econometrics，165（1）：112-127.

Omay T，Hasanov M，Shin Y. 2017. Testing for unit roots in dynamic panels with smooth breaks and cross-sectionally dependent errors[J]. Computational Economics，（S1）：1-27.

Ord K. 1975. Estimation methods for models of spatial interaction[J]. Journal of the American Statistical Association，70（349）：120-126.

Ouedraogo I M. 2002. Electricity consumption and economic growth in Burkina Faso：a cointegration analysis[J]. Energy Economics，32（3）：524-531.

Pace R K，Barry R. 1997. Quick computation of spatial autoregressive estimators[J]. Geographical Analysis，29（3）：232-247.

Pace R K，Lesage J P. 2008. A spatial Hausman test[J]. Economics Letters，101（3）：282-284.

Papell D H. 2002. The great appreciation，the great depreciation，and the purchasing power parity hypothesis[J]. Journal of International Economics，57（1）：51-82.

Pede V O，Florax R J G M，Holt M T. 2009. A Spatial Econometric STAR Model with an Application to US County Economic Growth，1969-2003[R]. Working Papers.

Pede V O，Florax R J G M，Lambert D M. 2014. Spatial econometric STAR models：lagrange multiplier tests，Monte Carlo simulations and an empirical application[J]. Regional Science and Urban Economics，49：118-128.

Perron P，Zhu X K. 2005. Structural breaks with deterministic and stochastic trends [J]. Journal of Econometrics，129（1-2）：65-119.

Perron P. 1989. The great crash，the oil shock，and the unit root hypothesis[J]. Econometrica，57：1364-1401.

Perron P. 1997. Further evidence on breaking trend functions in macroeconomic variables[J]. Econometrica，80（2）：355-385.

Pesaran M H，Smith L V，Yamagata T. 2013. Panel unit root tests in the presence of a multifactor error structure[J]. Journal of Econometrics，175（2）：94-115.

Pesaran M H. 2006. Estimation and inference in large heterogeneous panels with a multifactor error structure[J]. Econometrica，74（4）：967-1012.

Pesaran M H. 2007. A simple panel unit root test in the presence of cross-section dependence[J]. Journal of Applied Econometrics，22（2）：265-312.

Petruccelli J D，Woolford S W. 1984. A threshold AR（1）model[J]. Journal of Applied Probability，21（2）：270-286.

Pippenger M K，Goering G E. 1993. A note on the empirical power of unit root tests under threshold processes[J]. Oxford Bulletin of Economics and Statistics，55：473-481.

Pippenger M K，Goering G E. 2000. Additional results on the power of unit root and cointegration tests under threshold processes[J]. Applied Economics Letters，7（10）：641-644.

Piras G，Prucha I R. 2014. On the finite sample properties of pre-test estimators of spatial models[J]. Regional Science and Urban Economics，46：103-115.

Pollak R A，Wales T J. 1991. The likelihood dominance criterion：a new approach to model selection[J]. Journal of Econometrics，47（2-3）：227-242.

Ripley B D. 1977. Modelling spatial patterns[J]. Journal of the Royal Statistical Society. Series B（Methodological），39：172-212.

Ripley B D. 1981. Spatial Statistics[M]. New York：Wiley.

Schabenberger O，Pierce F J. 2002. Contemporary statistical models for the plant and soil sciences[J]. Publications of the American Statistical Association，98（464）：1080-1082.

Schmidt P，Phillips P C B. 1992. LM tests for a unit root in the presence of deterministic trends[J]. Oxford Bulletin of Economics and Statistics，54（3）：257-287.

Sen A，Smith T E. 1995. Gravity Models of Spatial Interaction Behavior[M]. New York：Springer.

Sen M，Bera A K. 2011. Specification Testing for Panel Spatial Models[EB/OL]. https://www. researchgate. net/publication/228837964_Specification_Testing_for_Panel_Spatial_Models.

Seo M H，Shin Y. 2011. Inference for dynamic panels with threshold effects and endogeneity[R]. Mimeo，London School of Economics.

Seo M H. 2005. Unit root test in a threshold autoregression：asymptotic theory and residual-based block bootstrap[J]. Lse Research Online Documents on Economics，24（6）：1699-1716.

Seo M. 2006. Bootstrap testing for the null of no cointegration in a threshold vector error correction model[J]. Journal of Econometrics，134（1）：129-150.

Skalin J，Teräsvirta T. 2002. Modeling asymmetries and moving equilibria in unemployment rates[J]. Macroeconomic Dynamics，6（2）：202-241.

Smirnov O，Anselin L. 2001. Fast maximum likelihood estimation of very large spatial autoregressive models：a characteristic polynomial approach[J]. Computational Statistics and Data Analysis，35（3）：301-319.

Strauss J. 2000. Is there a permanent component in US real GDP[J]. Economics Letters，66（2）：137-142.

Tahmasbi R，Rezaei S. 2008. Change point detection in GARCH models for voice activity detection[J]. IEEE Transactions on Audio Speech and Language Processing，16（5）：1038-1046.

Tam P S. 2006. Breaking trend panel unit root tests[R]. Faculty of Business Administration，University of Macau.

Teräsvirta T，Anderson H M. 1992. Characterizing nonlinearities in business cycles using smooth transition autoregressive models[J]. Journal of Applied Econometrics，7（S1）：119-136.

Teräsvirta T. 1994. Specification，estimation，and evaluation of smooth transition autoregressive models[J]. Journal of the American Statistical Association，89（425）：208-218.

Tiao G C，Tsay R S. 1994. Some advance in non-linear and adaptive modeling in time-series[J]. Journal of Forecasting，（13）：109-131.

Tiefelsdorf M，Griffith D A. 2007. Semiparametric filtering of spatial autocorrelation：the eigenvector approach[J]. Environment and Planning A，39（5）：1193-1221.

Tobler W R. 1970. A computer movie simulating urban growth in the Detroit region[J]. Economic Geography，46（sup1）：234-240.

Tong H. 1978. On A Threshold Model[M]. Alphen aan den Rijn：Sijthoff & Noordhoff.

Tong H. 1983. Threshold Models in Non-linear Time Series Analysis[M]. Berlin：Springer-Verlag.

Tsay R S. 1989. Testing and modeling threshold autoregressive processes[J]. Journal of the American Statistical Association，84（405）：231-240.

Tsay R S. 1997. Unit-root tests with threshold innovations[R]. University of Chicago.

Westerlund J，Edgerton D L. 2008. A simple test for cointegration in dependent panels with structural breaks[J]. Oxford Bulletin of Economics and Statistics，70（5）：665-704.

Westerlund J. 2006. Testing for panel cointegration with multiple structural breaks[J]. Oxford Bulletin of Economics and Statistics，68（1）：101-132.

Whittle P. 1954. On stationary processes in the plane[J]. Biometrika，41（3/4）：434-449.

Yang Z，Li C，Tse Y K. 2006. Functional form and spatial dependence in dynamic panels[J]. Economics Letters，91（1）：138-145.

Zhang C，Murayama Y. 2000. Testing local spatial autocorrelation using k-order neighbours[J]. International Journal of Geographical Information Science，14（7）：681-692.

Zimmerman D，Haining R P. 1990. Spatial data analysis in the social and environmental sciences[J]. Transactions of the Institute of British Geographers，18（2）：287.

Zivot E. 2000. The power of single equation tests for cointegration when the cointegrating vector is pre-specified[J]. Econometric Theory，16（3）：407-439.

Zivot E，Andrews D W K. 1992. Further evidence on the great crash，the oil price shock and the unit root hypothesis[J]. Journal of Business and Economic Statistics，20（1）：25-44.

后记

门槛模型是非线性理论的重要内容，也是研究现实生活中诸多非线性问题的重要手段，因此非线性门槛模型成为越来越多学者的研究方向。然而，目前非线性门槛理论和模型散见于学术论文与教材中，却缺少一本似工具又似研究的教材来总结和示范。为了弥补这项缺失，本书专门对时间序列门槛模型、面板门槛模型和空间面板门槛模型进行详细介绍，并结合具体案例，对于门槛模型相关的问题进行详细分析，介绍其使用方法，使读者能够更加清晰地理解相关内容。最后附上相关案例的数据和代码，供读者进一步实践。

本书共 6 章，并可概括为 3 个部分。第 1～第 2 章为第一部分，第 1 章为绪论，主要介绍本书的写作目的和意义，以及关于非线性门槛模型的文献综述，便于读者从整体上了解非线性门槛模型的研究进展。第 2 章为预备概念及预备理论，简单介绍了时间序列数据、面板数据和空间数据模型的基本概念和相关模型，为后面的非线性门槛模型内容做铺垫。第 3～第 5 章为第二部分，是本书的主体部分，对时序数据门槛模型、面板数据门槛模型和空间数据门槛效应模型进行详细介绍，并结合实际案例对模型进行分析，便于独立理解和掌握。第 6 章为本书第三部分，主要介绍非线性门槛模型的未来展望。

本书由刘耀彬（南昌大学，Email：liuyaobin2003@163.com）、况明（南昌大学，Email：mm.kuang@gmail.com）共同设计总体框架，指导组织整本书的编写及排版工作，并进行最后审核。各章的具体撰写分工如下：第 1 章、第 2 章和第 6 章由邵翠（南昌大学，Email：shaocuincu2012@163.com）、蔡梦云（南昌大学，Email：2213314400@qq.com）和付艳琴（南昌大学，Email：1342067588@qq.com）共同完成，第 3 章由邵翠负责，第 4 章由蔡梦云负责，第 5 章由付艳琴负责。

在本书编写过程中，广泛参考了很多同行专家和学者的研究成果，并得到谢德金、邵汉华、雷瑶婷和柏玲等老师的大力帮助，在此一并致以真诚的谢意！本书出版分别得到“全国四个一批”项目（[2014]17 号）、中国学位与研究生教育学会研究课题（2017Y0601）南昌大学经济管理学院应用经济学省级重点一级学科和南昌大学研究生教材出版基金资助。

刘耀彬

2018 年 10 月 22 日

科学出版社

教师教学服务指南

为了更好服务于广大教师的教学工作，科学出版社打造了“科学 EDU”教学服务公众号，教师可通过扫描下方二维码，享受样书、课件、会议信息等服务。

样书、电子课件仅为任课教师获得，并保证只能用于教学，不得复制传播用于商业用途。否则，科学出版社保留诉诸法律的权利。

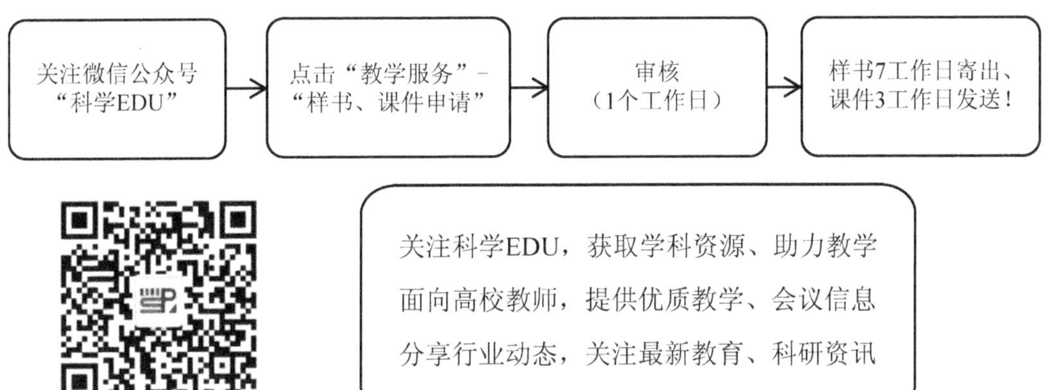

科学 EDU

学生学习服务指南

为了更好服务于广大学生的学习，科学出版社打造了“学子参考”公众号，学生可通过扫描下方二维码，了解海量经典教材、教辅信息，轻松面对考试。

面向高校学子，提供优秀教材、教辅信息
分享热点资讯，解读专业前景、学科现状
为大家提供海量学习指导，轻松面对考试

学子参考

教师咨询：010-64033787　QQ：2405112526　yuyuanchun@mail.sciencep.com
学生咨询：010-64014701　QQ：2862000482　zhangjianpeng@mail.sciencep.com